会计信息系统实践教程

——金蝶 ERP-K/3 WISE V14.2

程翠凤　仲之祥　编著

AIS

江苏大学出版社
JIANGSU UNIVERSITY PRESS
镇　江

图书在版编目(CIP)数据

会计信息系统实践教程：金蝶 ERP-K/3 WISE V14.2/程翠凤，仲之祥编著. —镇江：江苏大学出版社，2017.12(2022.2 重印)
ISBN 978-7-5684-0729-8

Ⅰ.①会… Ⅱ.①程… ②仲… Ⅲ.①会计信息－财务管理系统－教材 Ⅳ.①F232

中国版本图书馆 CIP 数据核字(2017)第 318350 号

内容提要

本书以金蝶公司新版产品“金蝶 ERP-K/3 WISE V14.2”为蓝本，依据教育部颁发的教学大纲，结合企业实际业务，以“理论联系实际，实操提升能力”为写作思想，让读者轻松、快速和系统地应用金蝶 ERP-K/3 会计信息系统。

本书以实例操作步骤模式编写，突破了许多图书以理论为主、实操性差的局限性。全书共分为 9 章，内容包括：金蝶 ERP-K/3 管理系统简介、账套管理、基础资料设置、总账管理系统、报表管理系统、工资管理系统、固定资产管理系统、应收/应付款管理系统和现金管理系统。

本书可作为高等院校财经类专业相关课程的教材，也可作为财会人员岗位培训教程，以及相关财务工作者和经营管理人员的参考用书。

会计信息系统实践教程：金蝶 ERP-K/3 WISE V14.2
Kuaiji Xinxi Xitong Shijian Jiaocheng

编　　著/程翠凤　仲之祥
责任编辑/柳　艳　权　研
出版发行/江苏大学出版社
地　　址/江苏省镇江市梦溪园巷 30 号(邮编：212003)
电　　话/0511-84446464(传真)
网　　址/http://press.ujs.edu.cn
排　　版/镇江文苑制版印刷有限责任公司
印　　刷/广东虎彩云印刷有限公司
开　　本/787 mm×1 092 mm　1/16
印　　张/18
字　　数/426 千字
版　　次/2017 年 12 月第 1 版
印　　次/2022 年 2 月第 4 次印刷
书　　号/ISBN 978-7-5684-0729-8
定　　价/39.80 元

如有印装质量问题请与本社营销部联系(电话：0511-84440882)

前言

在信息技术日新月异、管理理念层出不穷、企业信息化建设全面推进的大背景下，高等教育作为为社会输送高端人才的基地，面临着优化课程体系结构，使教学内容更贴近社会、贴近应用的改革要求。会计信息系统是一门典型的边缘学科，其内容随着管理理论、信息技术和企业应用的发展而不断更新。任何一门应用学科，只有紧密结合企业实际，才能使学科发展更具有生命力，由此对课程的实践性提出了更高的要求。在现行教育条件下，如何兼顾学科发展的前沿性、实践性和实践条件的差异性，为学习者提供一套先进、完整、可操作的实践体系，成为《会计信息系统实践教程》创作团队共同的目标。

1. 体系结构

本书共分9章，第1章详细介绍了金蝶ERP-K/3 WISE V14.2的安装环境要求、安装方法，图解通过金蝶云平台进行产品网上注册和进行License产品许可引入K/3许可文件的方法，让学习者知晓加密的作用与获得金蝶产品应用授权的途径和方法。第2章至第9章以金蝶公司新版产品金蝶ERP-K/3 WISE V14.2为蓝本，以企业实例为导向，分别介绍了构成会计信息系统最重要和最基础的账套管理、基础资料设置、总账管理、报表管理、工资管理、固定资产管理、应收/应付款管理、现金管理等系统的基本功能和使用方法，旨在以“理论联系实际，实操提升能力”为宗旨，使学习者提前熟悉企业实际业务场景，并同步检验学习者独立操作会计信息系统的能力。

2. 内容设计

除第1章外，每章都包括系统概述、实训内容、系统业务处理方法指导等内容，系统概述部分着重描述本章所介绍的金蝶ERP-K/3 WISE V14.2管理系统提供的功能、该系统与其他子系统的数据传递关系、业务操作流程，使学习者对该系统有一个大致的了解。实训内容均按照实训准备、实训目标、实训内容、实训资料、实训要求和操作指导的内容展开。实训准备指出了为了完成本实训应事先准备的数据环境、时间环境等；实训目标明确了通过该实训学习者应该掌握的知识和技能；实训内容简要介绍了本项实训应完成的主要工作；实训资料提供了企业实际业务，作为实训的背景资料；实训要求对完成实训提出了具体要求。操作指导部分基于实训资料给出具体、详尽的操作步骤，并借助注意事项对操作中遇到的问题给予特别提示，对于稍复杂的实训，附有参考答案，以便于学习者对照学习，快速掌握。

此外，为方便学习者学习，本实训教程使用的金蝶 ERP-K/3 WISE V14.2 软件产品从金蝶云平台（https://cloud.kingdee.com/qy/）下载安装，软件产品与当前企业应用完全同步，而并非使用演示版软件，旨在实现课堂教学与企业实践的无缝对接。

3. 特色品味

为了满足不同层次、不同教学条件会计信息系统实训的需要，我们经过反复论证和精心设计，形成本实践教程逻辑清晰、量身打造、独树一帜的风格，其特色归纳如下：

- **先进强大的实训平台**

本书采用的是领先的企业管理软件及 ERP 云服务商金蝶软件有限公司新版产品“金蝶 ERP-K/3 WISE V14.2 系统”，该软件功能强大，可以实现财务与业务一体化，包括财务系统、供应链系统、生产管理系统和人力资源系统等，符合各类企业的需求。本书图文并茂，让学习者轻松、快速掌握 ERP 软件的应用。

- **独具匠心的实训设计**

本书模拟江苏非凡工业有限公司的业务数据，详细讲述金蝶 ERP-K/3 WISE V14.2 系统的安装、财务系统日常单据处理和各种报表查询等操作。通过实例练习，在校学生可以尽快理解企业部门组织结构和企业所涉及的业务单据内容，从而更好地学习会计信息系统；已踏入社会并参加工作的学习者可以通过实例练习，然后结合自身企业情况，融会贯通地理解会计信息系统，提高财务管理水平。

- **随心所欲的拼装组合**

考虑到不同专业、不同学习对象的教学学时不同，本书的实训设计为“拼板”方式，既可以由上至下按顺序进行，也可以由教师根据教学条件、学习者基础和教学目标的不同，任意选择其中的若干实训，从而给予教学选择最大的自由度。

- **无师自通的学习能力培养**

考虑到在一定的教学条件下，很多实训在规定的教学学时内无法安排，需要由学习者在课外自行完成，本书对每个实训的方方面面都做了周密考虑，故操作指导部分，针对不同业务给予非常详尽的操作步骤，以此为对照，学习者便可以按部就班地完成全部实训，掌握 ERP 管理软件的要领。

本书主要作为高等院校会计学、财务管理、审计和信息管理与信息系统专业相关课程的教材，对于信息化环境下学习者了解企业的财务管理与实际业务，以及将财务管理与信息系统结合非常有帮助。本书也可作为财会人员岗位培训教材，以及相关财务工作者和经营管理人员的学习资料。

本书由程翠凤、仲之祥编著，第1—7章由程翠凤执笔，第8—9章由仲之祥、程翠凤执笔。本实践教程在编写过程中得到了盐城智联科技有限公司（金蝶软件有限公司合作伙伴）倾力支持，在此深表谢意。

由于计算机会计是一个发展极为迅速的领域，其理论框架和方法体系正处于逐步发展和不断完善的阶段，因此在本实践教程的编写过程中，我们虽然做了不少努力，但由于水平有限，书中的缺点和错漏仍在所难免。我们诚挚地希望读者对本实践教程的不足之处给予批评指正（可发邮件至 chengcuif@126.com）。

作 者

2017 年 10 月

目 录

第一章

金蝶 ERP-K/3 WISE V14.2 管理系统简介

会计信息系统是一门跨越会计、管理、计算机等多门学科的课程,是典型的跨专业综合学科。它在强调理解理论知识和原理的同时,也要求对实践操作融会贯通,因此一般在高校开设该课程均必须配备相应的实践课程。这门课程的授课对象复杂,在会计、财务管理和审计专业一般是作为必修课程,其他学科也将其作为选修课程,这就对实践教学提出了很高的要求。为适应该课程授课对象的差异性,选择一种适应性、操作性强的实训软件就显得十分重要。

本教程选择金蝶 ERP-K/3 WISE(V14.2)(以下简称金蝶 K/3)管理系统作为实训平台。

一、金蝶 K/3 的功能特点

金蝶 K/3 是企业级解决方案,定位于中国企业管理软件的中端应用市场,可以满足不同竞争环境下,不同制造、商务模式下,以及不同运营模式下的企业使用。金蝶 K/3 提供了企业从日常运营、财务管理、人力资源管理、客户关系管理到办公事务处理等全方位的企业管理解决方案,是一套财务与业务高度集成的一体化管理信息系统。

金蝶 ERP-K/3 管理系统以中小型企业多部门应用为目标,适应于多种企业类型和行业性质,它可以运行于单机系统及局域网环境下。金蝶 K/3 管理系统以全面会计核算和企业级财务管理为基础,实现购销存业务处理、会计核算和财务监控的一体化管理,为企业经营决策提供了预测、控制和分析手段,并能有效控制企业成本和经营风险。

金蝶 K/3 是智慧工厂 ERP 的首选品牌。金蝶 K/3 推出了国内首个可落地的、可交付的智能制造解决方案,通过有步骤地制造体系改革,能够帮助中国中小型企业在短期内实现智能制造的转型与升级。

二、数据关联

金蝶 K/3 财务功能模块组成和各模块之间的数据流向如图 1-1 所示。

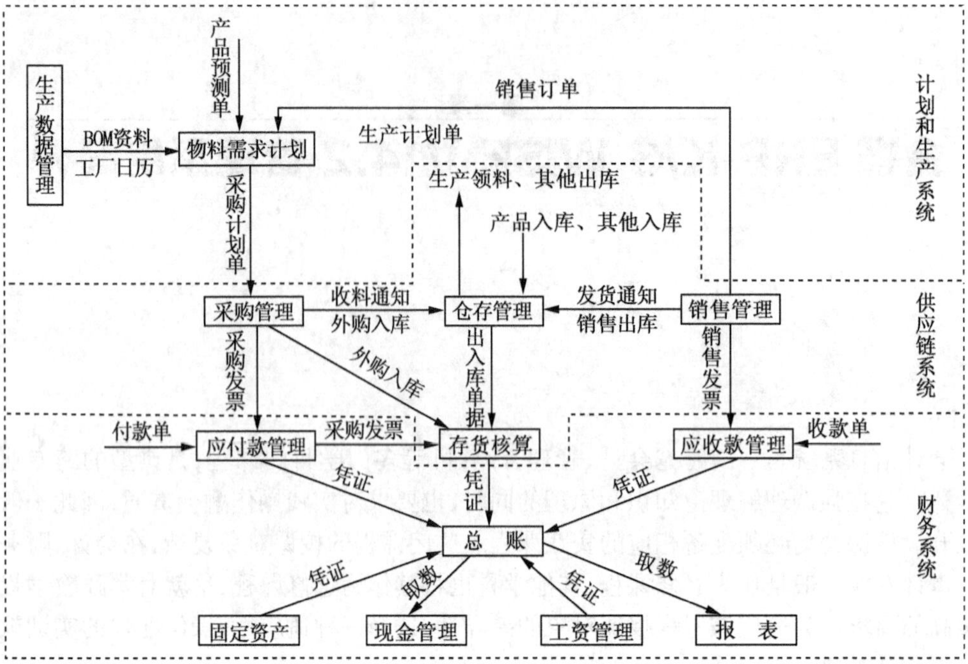

图 1-1

1. 财务系统

财务系统包括总账系统、报表与财务分析系统、应收款管理系统、固定资产管理系统、应付款管理系统、工资管理系统和现金管理系统。

（1）总账系统。总账系统是以凭证为原始数据，通过凭证输入和处理，完成记账和结账、账簿查询及打印输出等工作，同时提供往来款核算和管理、部门核算和管理、项目核算和管理。总账系统与其他业务系统联用时，可以接收从业务系统传递过来的记账凭证进行会计核算，达到财务、业务一体化的目的。

（2）报表与财务分析系统。报表与财务分析系统主要根据会计核算数据（如总账系统产生的总账及明细账等数据）完成各种会计报表的编制工作，如资产负债表、利润表等，同时可以自定义报表，如部门费用情况表等。分析功能可以根据报表数据生成各种分析表和分析图等。

（3）应收款和应付款管理系统。应收款系统主要管理销售发票、应收单、应收票据及销售收款单据的录入、审核，并进行应收款项与收款单的核销。应收款系统对企业的应收账款进行综合管理，生成相关单据和凭证并传递到总账系统，具有客户信用管理、现金折扣管理和坏账管理、抵销应付款及催收管理等功能，同时它还能生成应收账龄分析、欠款分析、回款分析、资金流入预测等销售业务的统计分析报表。应收款系统与销售系统联用时，能接收销售系统传递的销售发票并进行审核。该系统可单独使用，也可与总账系统联接使用，所生成的凭证即时传递到总账系统，确保财务信息的一致性。

应付款系统的功能与应收款系统类似，但数据则为应收款的反方向数据。

（4）固定资产管理系统。固定资产管理系统主要是对设备进行管理，即存储和管理固定资产卡片，灵活地进行增加、删除、修改、查询、打印、统计与汇总。进行固定资产的变动核算，输入固定资产增减变动或项目内容变化的原始凭证后，自动登记固定资产明细账，更新固定资产卡片，完成计提折旧和分配，费用分配转账凭证可自动转入总账系统，可灵活查询、统计和打印各种账表。

(5) 工资管理系统。工资管理系统是以职工个人的原始工资数据为基础，完成职工工资的计算，工资费用的汇总和分配，计算个人所得税，查询、统计和打印各种工资表，自动编制工资费用分配表、转账凭证传递给账务处理等。

(6) 现金管理系统。现金管理系统是对现金业务和银行业务进行管理，可以登录现金日记账、银行日记账，录入银行对账单数据与银行日记账进行对账处理，随时可以与总账下科目进行对账，以保证双方系统数据的一致性，同时提供支票管理功能。

2. 供应链系统

供应链系统主要包括销售管理系统、采购管理系统、仓存管理系统和存货核算管理系统。

(1) 销售管理系统。销售管理系统是以销售业务为主线，兼顾辅助业务管理，实现销售业务管理与核算一体化。销售管理系统提供销售报价、销售订单、销售出库和销售开票功能，随时查询各种销售明细账等账簿。

(2) 采购管理系统。采购管理系统可以实现对采购业务的全程管理。采购管理提供采购订单、采购入库和采购开票功能，可以从“生产管理”中生成采购建议后，直接生成采购订单传递到采购管理系统，随时查询各种采购订单执行情况明细账等账簿。

(3) 仓存管理系统。仓存管理系统主要以物料流动为处理对象，做到账实相符。系统提供采购入库、产品入库、其他入库、盘盈入库、销售出库、生产领料、其他出库、调拨和组装业务处理。可以随时查询即时库存和收发存汇总表等账簿。

(4) 存货核算管理系统。存货核算管理系统主要针对企业存货的收、发、存业务进行成本核算，首先核算出入库成本，再计算出库成本，从而即时掌握存货的耗用情况，及时、准确地把种类存货成本归集到各成本项目和成本对象上，为企业的成本核算提供基础数据；动态反映存货资金的增减变动，提供存货资金周转和占用的分析，为降低库存、减少资金积压、加速资金周转提供决策依据。各业务单据可以根据凭证模板生成凭证传递到账务处理系统进行财务核算，使业务与财务无缝连接。

计划和生产系统在财务实际工作中接触很少，这里不赘述。

金蝶 K/3 系统是将总账系统作为中心环节，以凭证将其他各业务系统与总账系统联接，以实现信息共享，在总账系统将各业务系统数据转化为财务数据后，进行综合分析，并由各报表系统对结果进行输出，分析系统对结果进行分析。用一句话说就是：分散式数据收集、集中式数据处理、分散式数据分析。

由于时间所限，本教程仅选择其中的财务系统作为学习对象。

三、相关名词

1. License 产品许可证

License 产品许可证是金蝶授予客户的正版软件注册码文件。注册码文件中附有客户产品信息，需妥善管理并备份 License 在客户电脑里。License 产品许可证所起的作用相当于加密卡的作用。

客户通过获得的产品序列号和 CDKEY 到金蝶产品注册网站（http：//reg. kingdee. com）认证，下载金蝶产品许可证（License 许可文件），获得产品使用授权。

金蝶提供的 License 产品许可证有以下几种：硬盘许可证、智能卡许可证、IP 许可证等。

2. 硬盘许可证

硬盘许可证是金蝶通过获得的电脑硬盘硬件指纹生成 License 产品许可证。客户通过访问金蝶产品注册网站，输入获得的软件特征码，获得硬盘许可文件（License 许可文件）。

3. 智能卡许可证

智能卡许可证是金蝶通过获得的 USB 盘硬件指纹生成 License 产品许可证。客户通过访问金蝶产品注册网站，输入获得的软件特征码，获得智能卡许可证（License 许可文件）。

4. 限时 License

限时 License 是金蝶面向机构和合作伙伴提供限定一定期限的许可文件。限时 License供金蝶机构和合作伙伴售前支持、客户培训、技术支持使用。如果使用的限时 License超过限定的一定期限，限时 License 即失效，不可再继续使用。

金蝶直属机构或者金蝶合作伙伴按照金蝶公司规定，通过相关部门的审核，获取限时 License。

5. 产品序列号

产品序列号是金蝶为每套产品提供对应的唯一授权序列号。客户打开产品包装盒，查看用户许可协议，获取产品序列号。

6. CDKEY

CDKEY 是每个 License 的密钥。金蝶为每个唯一授权的产品序列号提供对应的 CDKEY。客户必须妥善保管 CDKEY。

客户打开产品包装盒里的密码封条，获取 CDKEY。客户通过访问金蝶产品注册网站，输入产品序列号和 CDKEY，获取 License 许可文件。

7. 软件特征码

软件特征码是电脑的硬件指纹，是硬盘的唯一标识。

客户安装产品后，系统自动获取软件特征码。客户通过产品序列号和 CDKEY，访问金蝶产品注册网站，输入软件特征码，获取 License 许可文件。

8. Kingdee ID

Kingdee ID 作为用户遍访金蝶网站的通行证,同时成为金蝶客户服务中心的重要登录方式。Kingdee ID 由用户登录金蝶网站自助申请,不由金蝶发放。

客户的 Kingdee ID 关联客户重要信息。客户务必慎重输入并妥善管理 Kingdee ID。这将直接影响到客户享受金蝶正版用户的权利和个性化服务(客户服务中心提供三种登录方式:Kingdee ID、产品序列号、客户服务号)。

四、金蝶 ERP-K/3 管理软件的安装

(一)系统技术架构

金蝶 ERP-K/3 管理软件采用的是纯组件式开发技术,采用三层架构体系,即逻辑上分为数据服务器、应用服务器和客户端。采用三层架构设计,可以提高系统效率与安全性,降低硬件投资成本。

物理上,既可以将数据库服务器、应用服务器和客户端安装在一台计算机上(即单机应用模式),也可以将数据库服务器和应用服务器安装在一台计算机上,而将客户端安装在另一台计算机上(网络应用模式,但只有一台服务器);当然还可以将数据库服务器、应用服务器和客户端分别安装在 3 台不同的计算机上(网络应用模式,且有 2 台服务器)。如果是 C/S 网络应用模式,在服务端和客户端分别安装了不同的内容,需要进行三层结构的互联。在系统运行过程中,可根据实际需要随意切换远程服务器,即通过在登录时改变服务器名称来访问不同服务器上的业务数据,从而实现单机到网络应用模式的转换。

由于采用三层技术架构,因此可以很好地解决网络高峰时的网络拥堵问题,采用 SQL Server 大型数据库管理系统可以容纳海量数据,采用组件式开发可以使网络用户各司其职,互不干扰。

(二)金蝶 ERP-K/3 安装顺序

(1)在安装金蝶 ERP-K/3 前需要安装数据库服务器,即需要安装 SQL Server 2005 或者 SQL Server 2008;

(2)安装金蝶 ERP-K/3 前需进行环境检测,即进行第三方组件的安装,检测符合安装条件才可进行 K/3 安装;

(3)安装金蝶 ERP-K/3 软件系统。

(三)金蝶 ERP-K/3 管理软件安装

金蝶 ERP-K/3 管理系统属于应用软件范畴,软件产品安装包可登录金蝶云平台(https://cloud.kingdee.com/qy/)进行下载,软件产品网络模式安装环境要求及步骤如下。

1. 数据库服务器配置建议(见表 1-1)

表 1-1

数据库服务器配置建议组件	要　求
处理器	处理器类型: Intel Xeon 或 AMD Opteron,推荐 Xeon E3/E5/E7 系列 支持 Intel Itanium(OS 需 Windows Server IA64 版),但不推荐 处理器速度: 最低:2.0 GHz(对于 Itanium 为 1.6 GHz) 推荐:2.4 GHz 或更快处理器 处理器物理核心总数: 最低:4 核心 推荐:4 核心(100 并发以内或数据库实体 10 GB 以内) 8 核心(100~200 并发或数据库实体 10~20 GB) 16 核心(200 并发以上或数据库实体 20 GB 以上)
内存	物理内存: 最少:4 GB 推荐:8 GB(100 并发以内或数据库实体 10 GB 以内) 16 GB(100~200 并发或数据库实体 10~20 GB) 32 GB(200 并发以上或数据库实体 20 GB 以上) 内存 4GB 以上推荐安装 64 位服务器操作系统
存储	存储类型: SAS 企业级存储,数据盘推荐设置为 RAID 5/10/50 建议 200 并发以上配备光纤外储,能有效降低数据库磁盘 I/O 压力 存储空间: 按数据库实体增长率的估算值规划
网络	局域网: 速率:1.0 Gbps 到中间层服务器 延时:<20 ms 丢包:<0.1%
操作系统	K/3 数据库服务器支持的操作系统: Windows Server 2012 Datacenter/Standard Windows Server 2003 Standard/Enterprise/DataCenter SP1/SP2[①] Windows Server 2003 Standard/Enterprise/DataCenter 64 位 ×64 SP1/SP2[①] Windows Server 2003 Enterprise/DataCenter 64 位 IA64 SP1/SP2[①②] Windows Server 2008 Standard/Enterprise/DataCenter[③] Windows Server 2008 Standard/Enterprise/DataCenter 64 位 ×64[③] Windows Server 2008 Enterprise/DataCenter 64 位 IA64[②③] Windows 2000 Server/Advanced Server/DataCenter Server SP4[④] Windows 2000 Advanced Server/DataCenter Server 64 位 IA64 SP4[②④]
操作系统	其他未提及的操作系统版本不提供官方支持,金蝶 K/3 数据库服务器在此类操作系统上可能可以运行但未经严格测试,也可能完全不能运行

续表

数据库服务器配置建议组件	要　求
数据库引擎	金蝶 ERP-K/3 数据库服务器支持的数据库引擎： SQL Server 2005 Standard/Enterprise SP3 SQL Server 2005 Standard/Enterprise 64 位 ×64 SP3 SQL Server 2005 Enterprise 64 位 IA64 SP3[2] SQL Server 2008 Standard/Enterprise SQL Server 2008 Standard/Enterprise 64 位 ×64 SQL Server 2008 Enterprise 64 位 IA64[2] SQL Server 2012 Standard/Enterprise[5] SQL Server 2012 Enterprise 64 位 IA64[2] 其他未提及的数据库引擎版本不提供官方支持，金蝶 ERP-K/3 数据库服务器在此类数据库引擎上可能可以运行但未经严格测试，也可能完全不能运行。 非简体中文环境下部署 K/3 数据库服务器的注意事项请见注解[6] K/3 商业分析模块 + SQL Server 2008 环境的部署注意事项见注解[7]

注解①：同时也支持 Windows Server 2003 R2 对应版本，Windows Server 2003 R2 是 Windows Server 2003 的功能扩展包，两者系统兼容性是一致的。

注解②：64 位 IA64 架构的 K/3 数据库服务器暂不支持数据库服务部件安装，因此新建、备份、恢复这三种账套操作不能在中间层进行，需通过 SQL Server 进行，但其他功能不受影响。数据库服务部件不是 K/3 的必需组件，K/3 数据库服务主要功能不依赖它工作。64 位 ×64 架构的 K/3 数据库服务器无以上限制。

注解③：只支持 Windows Server 2008 完全安装，不支持服务器核心安装（Server Core Installation）。

注解④：不推荐使用 Windows 2000 系列，其 MSDTC 效能较低，会降低 K/3 整体性能。

注解⑤：不推荐使用 SQL Server 2000 标准版，只推荐企业版，因为标准版最大只能支持 2GB 物理内存，会降低 K/3 整体性能。但 SQL Server 2005/2008 标准版并没有物理内存限制，可以推荐使用。

注解⑥：在非简体中文环境安装 SQL Server，请把排序（Collation）设为 Chinese_PRC_CI_AS[CI 表示大小写不敏感（Case Insensitive）、AS 表示重音敏感（Accent Sensitive）]，否则 K/3 数据库服务器不能正常工作。SQL Server 2005/2008 默认安装过程中可以设置排序，SQL Server 2000 需要选择自定义安装才能设置排序。排序在安装后不能更改，所以请在非简体中文环境安装时一定要正确设置排序。

注解⑦：如需用 K/3 商业分析（BI），且数据库引擎为 SQL Server 2008，数据库服务器需安装“SQL Server 2005 向后兼容组件”（SQL Server 2005 Backward Compatibility Components），它是 SQL Server 2008 Features Pack 的一部分。

2. 数据库服务器安装步骤

（1）以具有本机系统管理员的身份登录，关闭其他应用程序，特别是防病毒软件。安装 MS SQL Server 2008（备注：K/3 支持 MS SQL Server 2005、SQL Server 2008、SQL Server 2012）。

（2）运行安装光盘“金蝶 K/3 安装光盘（DVD）”，选择“环境检测”。选择“数据库服务部件”，见图 1-2。

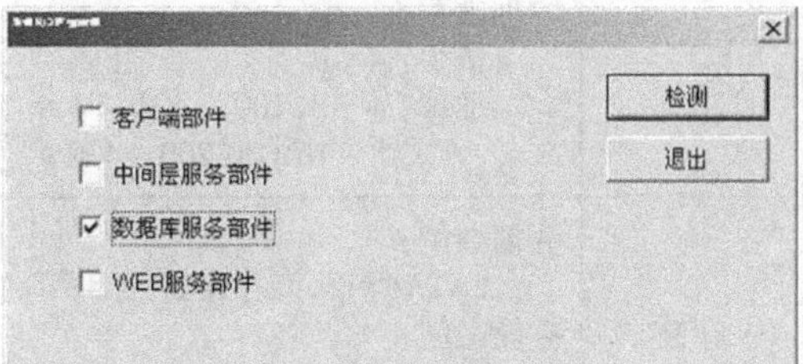

图 1-2

（3）若有未安装的必需部件，程序会提示；“环境检测”通过后，安装数据库服务部件，见图 1-3。

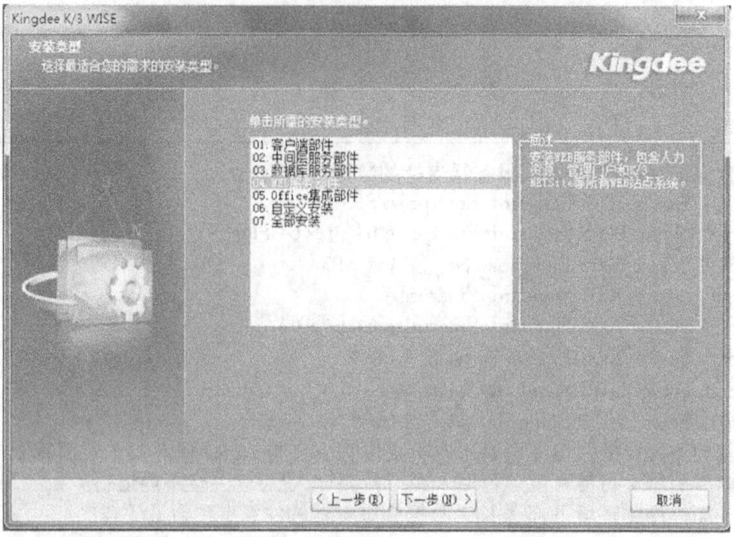

图 1-3

3. 中间层服务器配置建议(见表 1-2)

表 1-2

组件	要　求
处理器	处理器类型: Intel Xeon 或 AMD Opteron 推荐 Xeon E3/E5 系列 处理器速率: 最低: 2.0 GHz 推荐: 2.4 GHz 或更快 处理器物理核心总数: 最低: 4 核心
处理器	推荐: 6 ~ 8 核心(200 并发以内) 12 ~ 16 核心(200 ~ 400 并发) 400 并发以上请增加中间层服务器,下同
内存	物理内存: 最少: 4 GB 推荐: 4 GB(200 并发以内) 8 ~ 16 GB(200 ~ 400 并发,需要安装 64 位操作系统)
存储	存储类型: SATA/SAS,推荐设置为 RAID 1/5 存储空间: 最少: 20 GB 空闲空间 推荐: 40 GB 或更多空闲空间
网络	局域网: 速率: 100 Mbps 到客户端,1.0 Gbps 到数据库和 Web 服务器 延时: <20 ms 丢包: <0.1%

续表

组件	要　求
操作系统	K/3 中间层服务器支持的操作系统： Window Server 2012 Datacenter/Standard Window Server 2003 Standard/Enterprise/DataCenter SP1/SP2① Window Server 2003 Standard/Enterprise/DataCenter 64 位×64 SP1/SP2① Window Server 2008 Standard/Enterprise/DataCenter② Window Server 2008 Standard/Enterprise/DataCenter 64 位×64② Window 2000 Server/Advanced Server/DataCenter Server SP4③ 其他未提及的操作系统版本不提供官方支持，金蝶 K/3 中间层服务器在此类操作系统上可能可以运行但未经严格测试，也可能完全不能运行 在虚拟机系统中运行 K/3 中间层的特别说明请见注解④

注解①：同时也支持 Windows Server 2003 R2 对应版本，Windows Server 2003 R2 是 Windows Server 2003 的功能扩展包，两者系统兼容性是一致的。

注解②：只支持 Windows Server 2008 完全安装，不支持服务器核心安装(Server Core Installation)。

注解③：不推荐使用 Windows 2000 系列，其 MSDTC 效能较低，会降低 K/3 整体性能。

注解④：中间层加密服务不支持在虚拟机(VMWare、Virtual PC 等)中运行，加密服务在虚拟机中将总运行为演示版，也不支持 License 文件导入。但加密服务之外的其他中间层组件可以正常在虚拟机中运行。

4. 中间层服务器安装步骤

(1) 以具有本机系统管理员的身份登录，关闭其他应用程序，特别是防病毒软件。

(2) 进入"控制面板"→"添加/删除 Windows 组件"选择"应用程序服务器"，见图 1-4。若操作系统是 Windows 2000 Server，忽略此步骤。

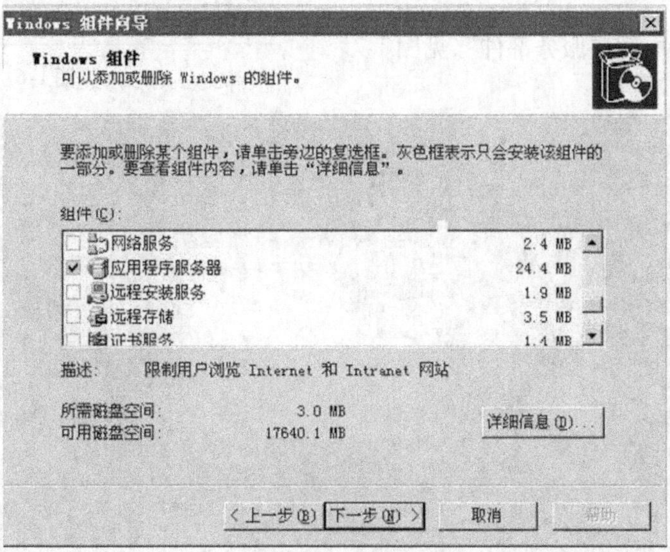

图 1-4

(3) 点击"详细信息"，选择"启用网络 COM+访问"和"启用网络 DTC 访问"，若需要安装金蝶 K/3 WEB/人力资源部件，还需要选择"ASP. NET"和"Internet 信息服务(IIS)"，见图 1-5。若操作系统是 Windows 2000 Server，忽略此步骤。

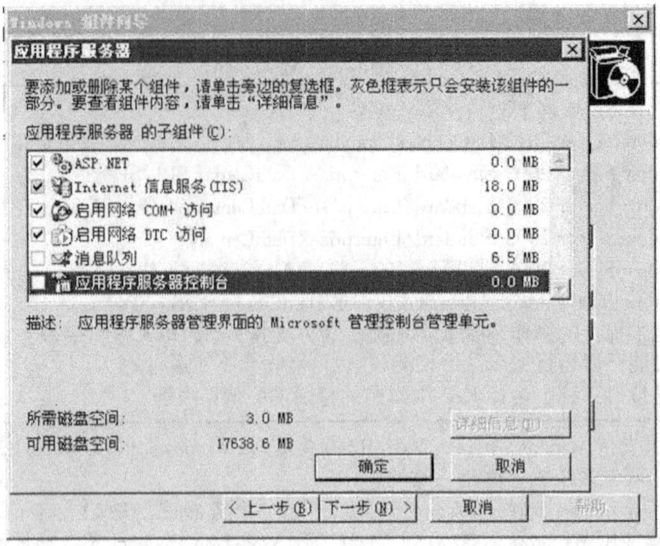

图 1-5

(4) 运行安装程序，选择"环境检测"。

(5) 若有未安装的必需部件，程序会提示进行安装，切换到资源盘目录下进行环境安装，"环境检测"通过后，选择安装"中间层服务部件"，按照提示安装即可，见图1-6。

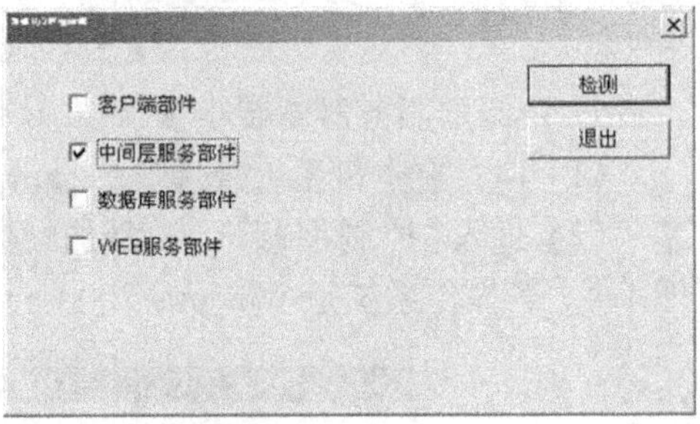

图 1-6

选择安装"中间层服务部件"，见图1-7。

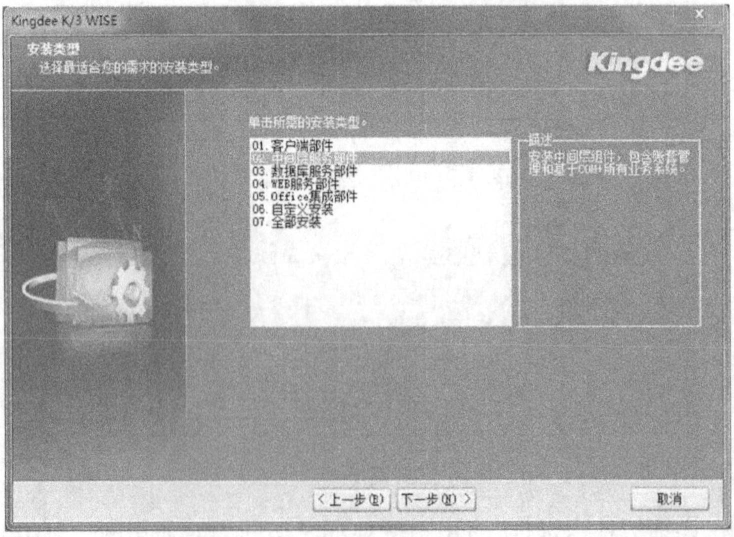

图 1-7

可以通过自定义安装选择安装所有或部分中间层组件包，见图 1-8。

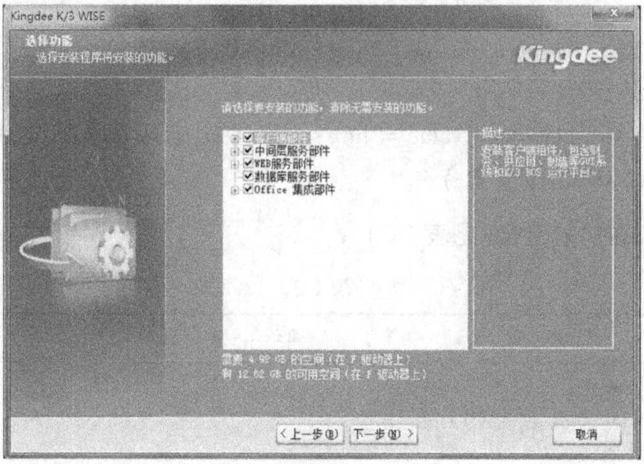

图 1-8

（6）安装完成后，会自动运行“注册中间层组件”（或手动运行“程序”→“金蝶 K/3”→“金蝶 K/3 服务器配置工具”→“中间层组件注册”），见图 1-9。

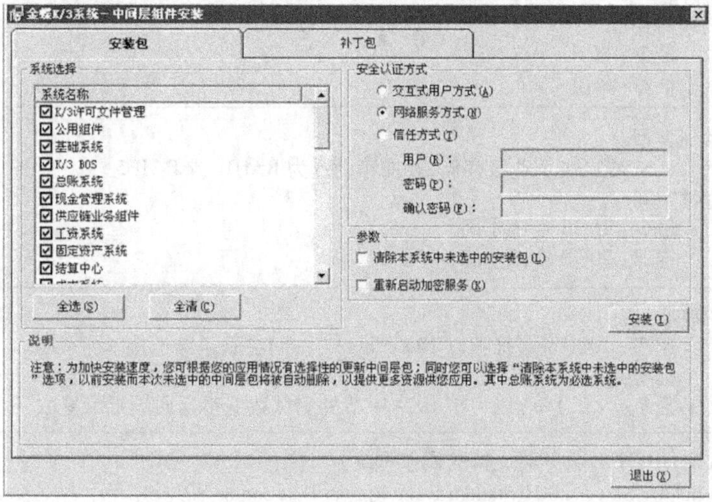

图 1-9

（7）运行“程序”→“金蝶 K/3”→“金蝶 K/3 服务器配置工具”→“账套管理”，新建或恢复、注册账套。

注意：

➢ 若中间层服务器操作系统是 Windows Server 2003，且安装了 Windows Server 2003 SP2 补丁，需要下载并安装微软补丁，补丁号为 KB936296。

➢ 如果 Web 服务器和中间层分开部署，Web 服务器需要做如下的修改才能正常登录 HR 客户端平台。

以记事本格式打开：

Kingdee\K3ERP\KDHRAPP\IISServer\server\Kingdee. K3. HR. Server. exe. config

<!-webservice 的路径如下->

<add key="k3hrwebservice"value="http://localhost/k3hrwebservice/"/>

修改为

<add key="k3hrwebservice"value="http://中间层 IP 地址/k3hrwebservice/"/>

然后重新启动 KDHRHost 服务

5. WEB 服务器配置建议(见表 1-3)

表 1-3

组件	要　求
处理器	处理器类型: Intel Xeon 或 AMD Opteron 处理器速度: 最低: 1.6GHz 推荐: 2.4GHz 或更快处理器 处理器核心总数: 最低: 2 核心 推荐: 8 核心
内存	物理内存: 最少: 4GB 推荐: 8GB
存储	存储类型: SCSI 或更快企业级存储,并推荐设置为 RAID1 或 RAID5 存储空间: 最少: 10GB 空闲空间 推荐: 20GB 空闲空间
网络	网络质量: 速率: 100Mbps,推荐以 1000Mbps 与中间层服务器连接 延时: <20ms(以大小 1024 字节的测试数据包返回结果为准) 丢包: <0.1%(以大小 1024 字节的测试数据包返回结果为准)
操作系统	K/3 HR/Web 服务器支持的操作系统: Windows Server 2003 Standard/Enterprise/DataCenter SP1/SP2① Windows Server 2003 Standard/Enterprise/DataCenter 64 位×64 SP1/SP2① Windows Server 2008 Standard/Enterprise/DataCenter② Windows Server 2008 Standard/Enterprise/DataCenter 64 位×64② Window Server 2012 Datacenter/Standard Window Server 2012 R2 Standard Windows 2000 Server/Advanced Server/DataCenter Server SP4③ 其他未提及的操作系统版本不提供官方支持,金蝶 K/3 HR/Web 服务器在此类操作系统上可能可以运行但未经严格测试,也可能完全不能运行

注解①: 同时也支持 Windows Server 2003 R2 对应版本,Windows Server 2003 R2 是 Windows Server 2003 的功能扩展包,两者系统兼容性是一致的。

注解②: 只支持 Windows Server 2008 完全安装,不支持服务器核心安装(Server Core Installation)。

注解③: 不推荐使用 Windows 2000 系列,其 MSDTC 效能较低,会降低 K/3 整体性能。

6. WEB 服务器安装步骤

(1) 以具有本机系统管理员的身份登录,关闭其他应用程序,特别是防病毒软件。

(2) 进入"控制面板"→"添加/删除 windows 组件"选择"应用程序服务器",见图 1-10。

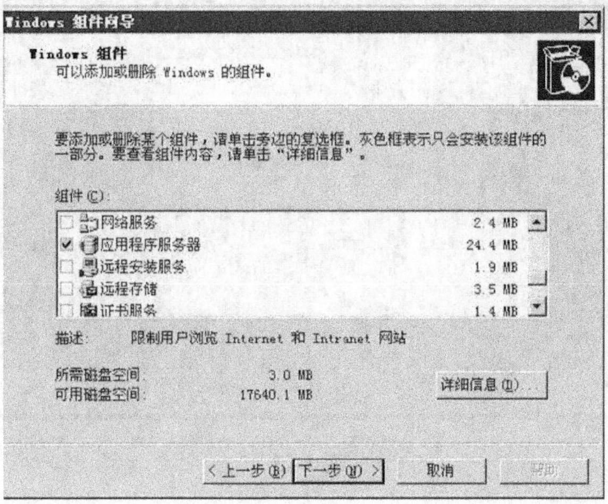

图 1-10

(3) 点击"详细信息",选择"ASP. NET""Internet 信息服务(IIS)""启用网络 COM + 访问""启用网络 DTC 访问",见图 1-11。

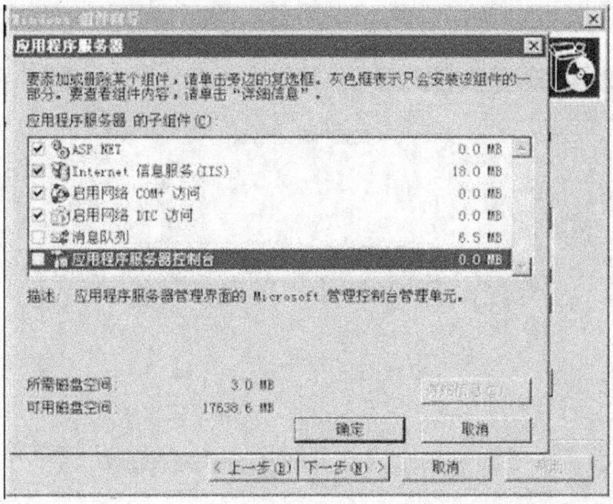

图 1-11

(4) 运行安装程序,选择"环境检测",见图 1-12。

(5) 若有未安装的必需部件,程序会提示您放入资源光盘进行安装,切换到资源盘目录下进行环境安装。"环境检测"通过后,根据实际情况选择安装"WEB 服务部件",按照提示安装即可,见图 1-13。

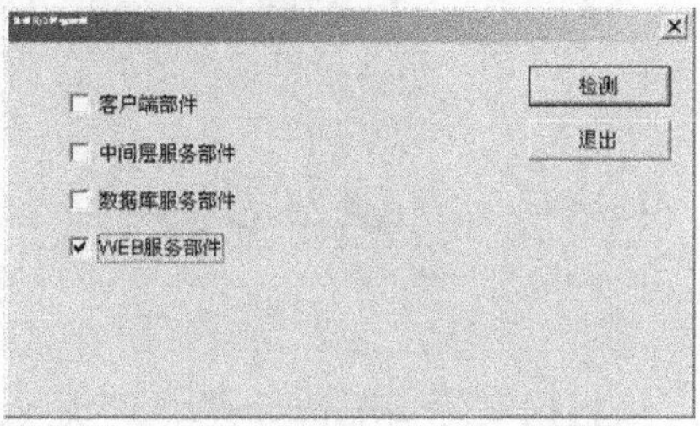

图 1-12

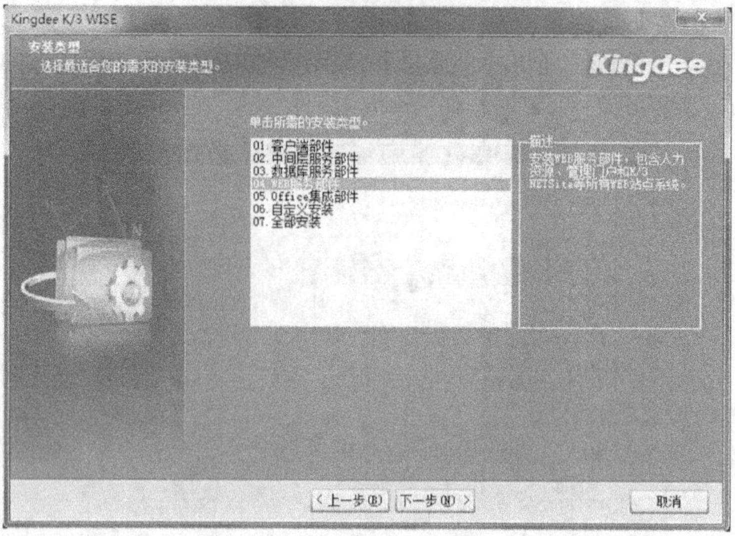

图 1-13

（6）安装完成后，系统会自动运行注册 WEB 端服务部件（或手工运行“程序”→“金蝶 K/3”→“金蝶 K/3 服务器配置工具”→“HR WEB 服务组件注册”）。

（7）安装完成后，系统会自动运行“站点及远程组件配置工具”（或手动运行“程序”→“金蝶 K3”→“金蝶 K/3 服务器配置工具”→“站点及远程组件配置工具”），直接点击下一步至完成，见图 1-14。

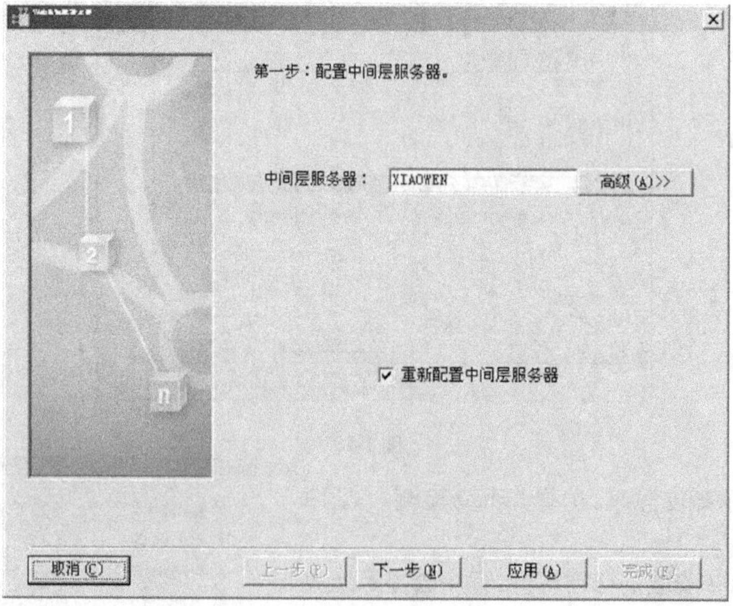

图 1-14

根据实际情况选择模块，然后点击“完成”。

7. 客户端配置建议(见表 1-4)

表 1-4

组件	要　求
处理器	处理器类型: 酷睿或更快的 X86 处理器 处理器速度: 最低:双核 2.0GHz 推荐:双核 2.4GHz 或更快
内存	物理内存: 最少:2.0GB 推荐:4.0GB 或更大
存储	存储空间: 最少:10GB 空闲空间 推荐:20GB 或更多空闲空间
网络	局域网: 速率:100Mbps 延时:<20ms 丢包:<0.1% 广域网: 速率:256Kbps 每客户端 延时:<100ms 丢包:<2.0% (广域网仅支持 WEB 模块,GUI 模块走广域网要通过终端远程接入方案)
操作系统	K/3 客户端支持的操作系统: Windows 10 Professional Windows 8 Core/Professional/Enterprise Windows 8 Core/Professional/Enterprise ×64 Windows XP Professional SP2/SP3 Windows XP Professional 64 位 ×64 SP2 Windows Vista Ultimate/Enterprise/Busness SP1 Windows Vista Ultimate/Enterprise/Busness 64 位 ×64 SP1 Windows 7 Home Basic/Home Premium/Professional/Ultimate Windows 7 Home Basic/Home Premium/Professional/Ultimate 64 位 Windows Server 2003 Standard/Enterprise/DataCenter SP1/SP2① Windows Server 2003 Standard/Enterprise/DataCenter 64 位 ×64 SP1/SP2 ① 其他未提及的操作系统版本不提供官方支持,金蝶 K/3 客户端在此类系统上可能可以运行但未经严格测试,也可能完全不能运行
Web 浏览器	K/3 HR/CRM/Portal 支持的 Web 浏览器版本: Microsoft Internet Explorer 6.0 SP1/SP2 – 32 位③ Microsoft Internet Explorer 7.0 – 32 位③ Microsoft Internet Explorer 8.0 – 32 位③ Microsoft Internet Explorer 9.0 – 32 位③ 仅 HR/Web 客户端需要 Web 浏览器,普通 K/3 GUI 客户端并不需要。 其他未提及的 Web 浏览器版本不提供官方支持,金蝶 K/3 HR/Web 客户端在此类 Web 浏览器上可能可以运行但未经严格测试,也可能完全不能运行

注解①:同时也支持 Windows Server 2003 R2 对应版本,Windows Server 2003 R2 是 Windows Server

2003 的功能扩展包,两者系统兼容性是一致的。

注解②:不推荐使用 Windows 2000 系列,其 MSDTC 效能较低,会降低 K/3 整体性能。

注解③:如果采用64 位操作系统作为 HR/Web 客户端,请使用其内置的 32 位 IE 访问 K/3 HR/Web 站点,64 位 Windows 系统都内置 32 位和 64 位两套 Internet Explorer,操作系统默认也是调用 32 位版。

8. 客户端安装步骤

(1) 以具有本机系统管理员的身份登录,关闭其他应用程序,特别是防病毒软件。

(2) 运行安装程序,选择"环境检测",选择检测"客户端部件",见图 1-15。

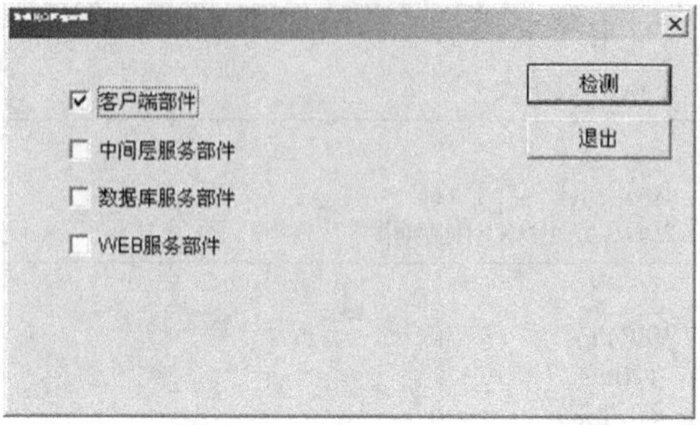

图 1-15

(3) 若有未安装的必需部件,程序会提示您放入资源光盘进行安装,切换到资源盘目录下进行环境安装,"环境检测"通过后,选择安装"客户端部件",按照提示安装即可,见图 1-16。

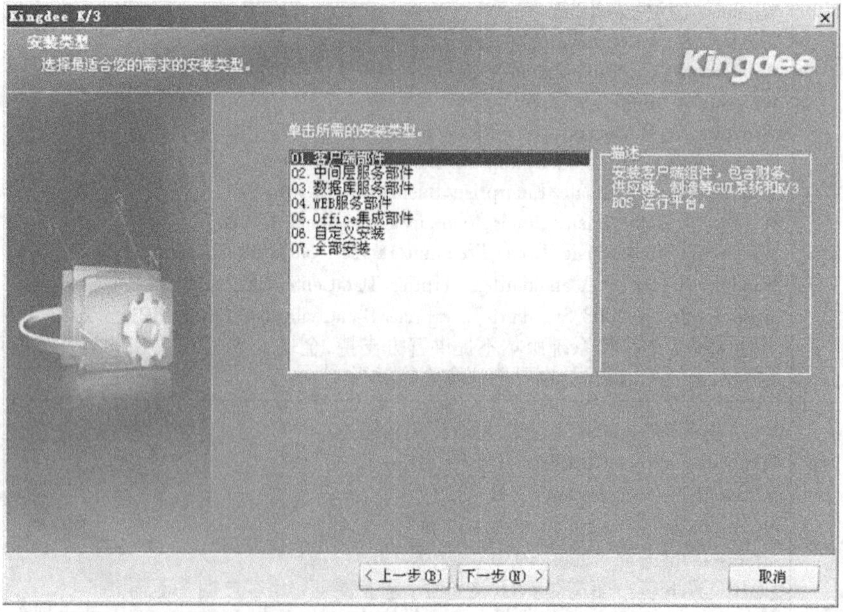

图 1-16

可以通过自定义安装选择安装全部或部分客户端组件,见图 1-17。

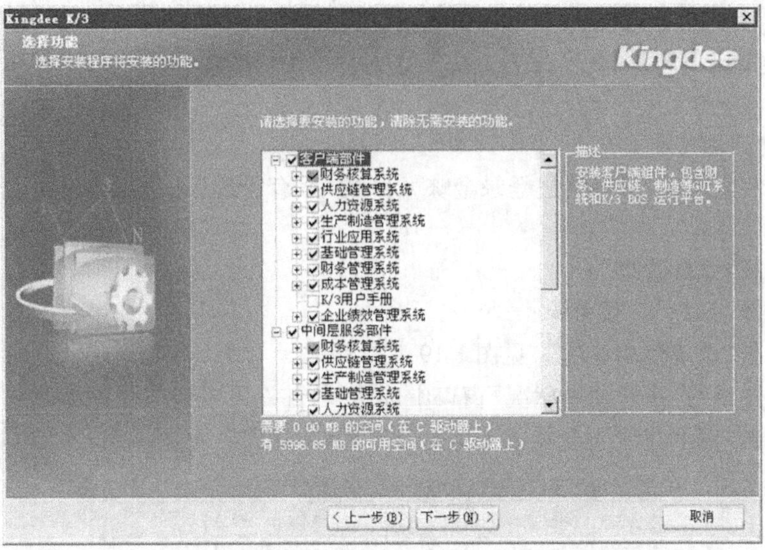

图 1-17

(4) 客户端安装完毕后，运行“程序”→“金蝶 K/3”→“金蝶 K/3 工具”→“远程组件配置工具”，完成远程组件的注册和配置，整个客户端安装过程完成。

9. 自定义组合安装

如果所有或多个部件部署在同一台机器上，可以在安装的时候选择“自定义安装”，然后复选需要安装的部件进行安装，见图 1-18。

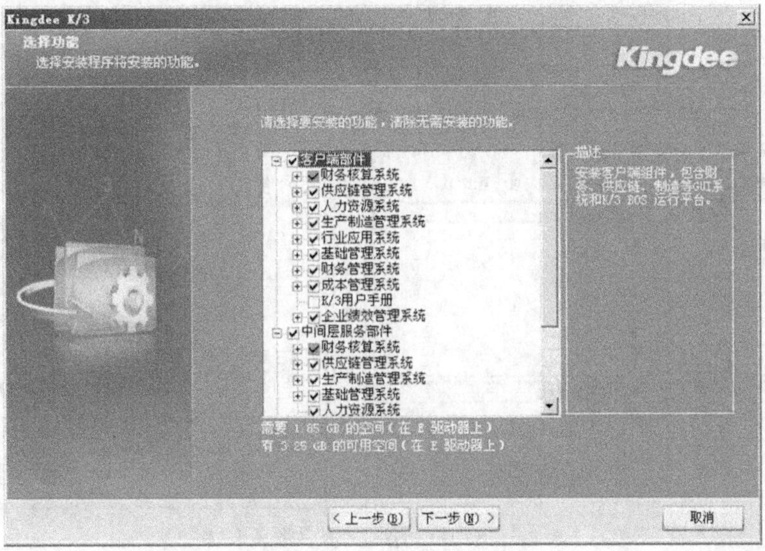

图 1-18

注意：“自定义安装”默认只选中客户端、中间层服务和数据服务部件及系统工具，如需安装中间层财务管理下的管理驾驶舱、WEB 服务部件、数据仓库服务部件、IMTS 及人力资源系统服务部件，请用户根据需要自行勾选。

五、金蝶 ERP-K/3 产品注册

1．启动产品注册

产品安装完成后，可以通过登录金蝶 K/3 的“账套管理”来启动产品注册流程。具体步骤如下：

（1）登录“账套管理”；

（2）选择“系统”下拉菜单；

（3）点击“系统使用状况”，见图 1-19；

（4）在弹出的“系统使用状况”窗口中选择“软件许可申请”，见图 1-20；

（5）点击“网上注册”，开始进入下一环节“网上注册”，见图 1-21。

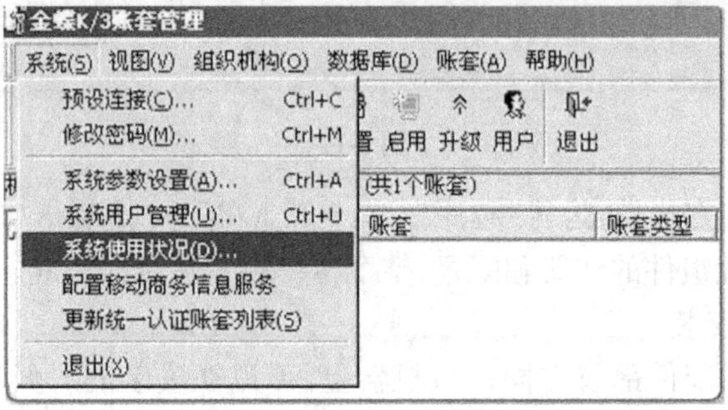

图 1-19

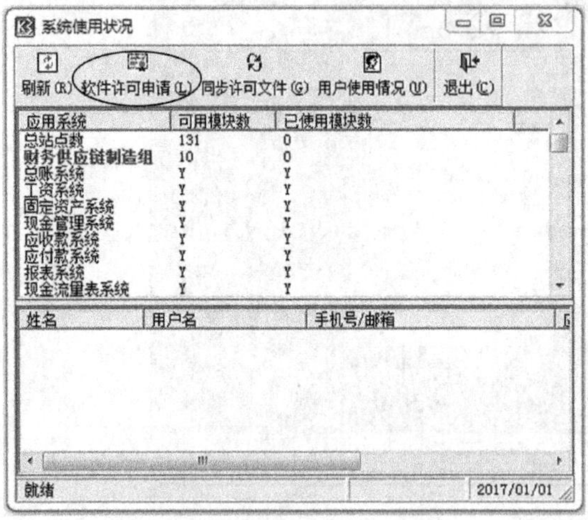

图 1-20

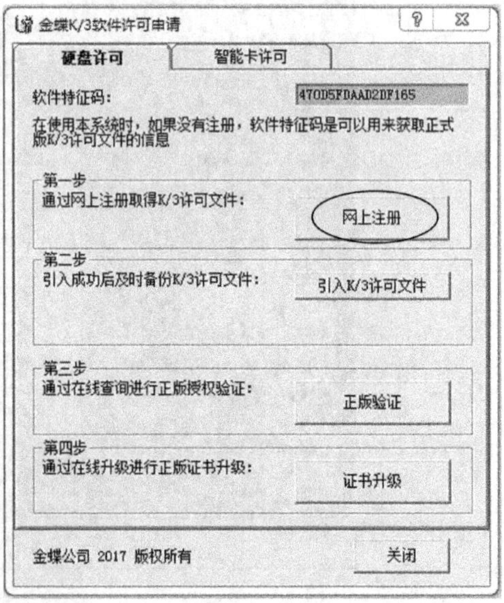

图 1-21

2. 网上注册

网上注册具体步骤如下：

第一步：注册管理员账号。

进入金蝶云——企业平台(https://cloud.kingdee.com/qy/)，见图 1-22。

图 1-22

如果已有云通行证账号可直接登录，如第一次使用，点击右上角“立即注册”，填写手机/邮箱、密码、验证码，点击确定，完成管理员账号注册。见图 1-23。

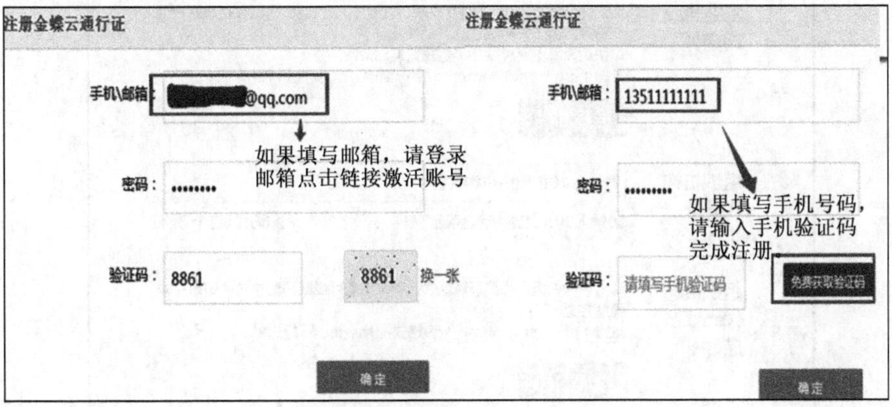

图 1-23

第二步：注册企业。

管理员账号登录后，点击“注册新企业”，如图 1-24、图 1-25 所示：

法人企业填写：

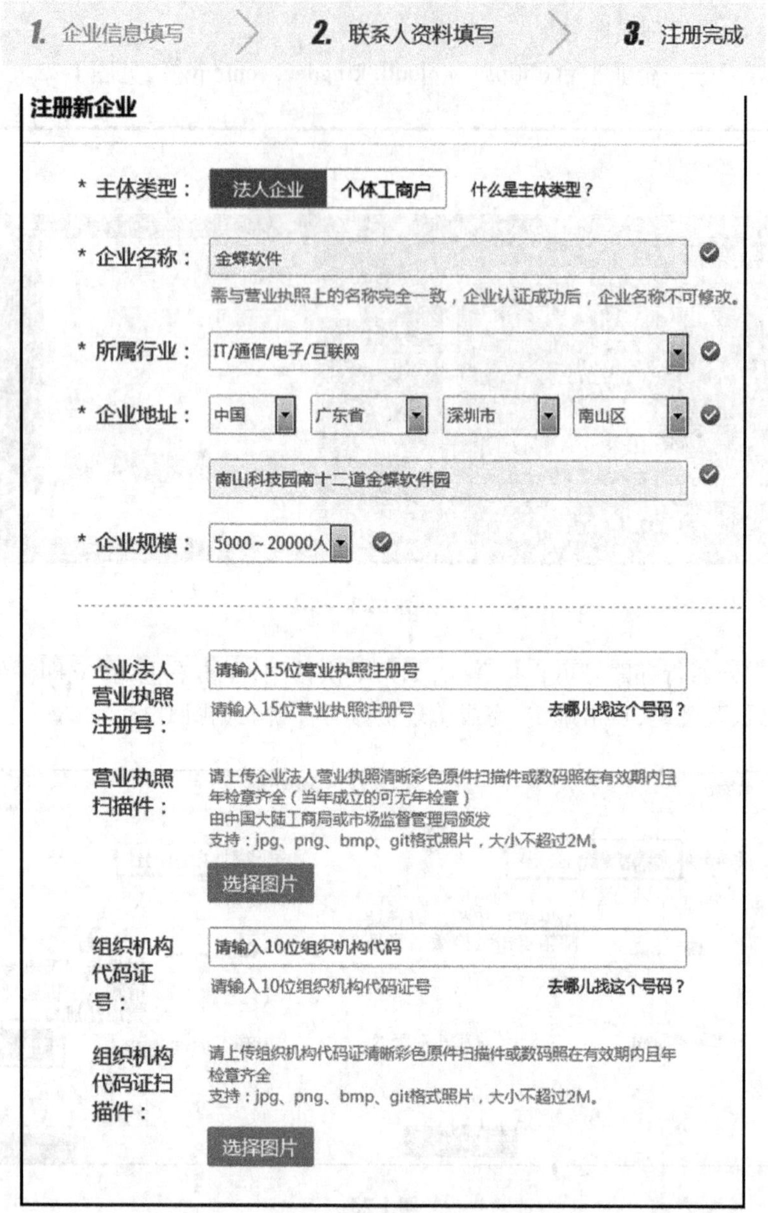
1. 企业信息填写
2. 联系人资料填写
3. 注册完成
注册新企业
* 主体类型：
法人企业
个体工商户
什么是主体类型？
* 企业名称：
金蝶软件
需与营业执照上的名称完全一致，企业认证成功后，企业名称不可修改。
* 所属行业：
IT/通信/电子/互联网
* 企业地址：
中国
广东省
深圳市
南山区
南山科技园南十二道金蝶软件园
* 企业规模：
5000～20000人
企业法人营业执照注册号：
请输入15位营业执照注册号
请输入15位营业执照注册号
去哪儿找这个号码？
营业执照扫描件：
请上传企业法人营业执照清晰彩色原件扫描件或数码照在有效期内且年检章齐全（当年成立的可无年检章）
由中国大陆工商局或市场监督管理局颁发
支持：jpg、png、bmp、git格式照片，大小不超过2M。
选择图片
组织机构代码证号：
请输入10位组织机构代码
请输入10位组织机构代码证号
去哪儿找这个号码？
组织机构代码证扫描件：
请上传组织机构代码证清晰彩色原件扫描件或数码照在有效期内且年检章齐全
支持：jpg、png、bmp、git格式照片，大小不超过2M。
选择图片

图 1-24

个体工商户填写：

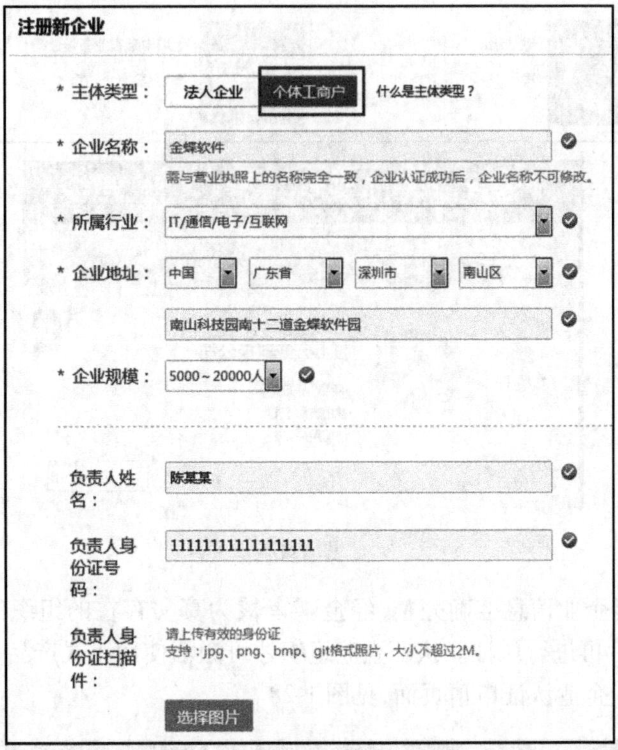

图 1-25

联系人资料填写，点击“下一步”，完成注册，如图 1-26 所示。

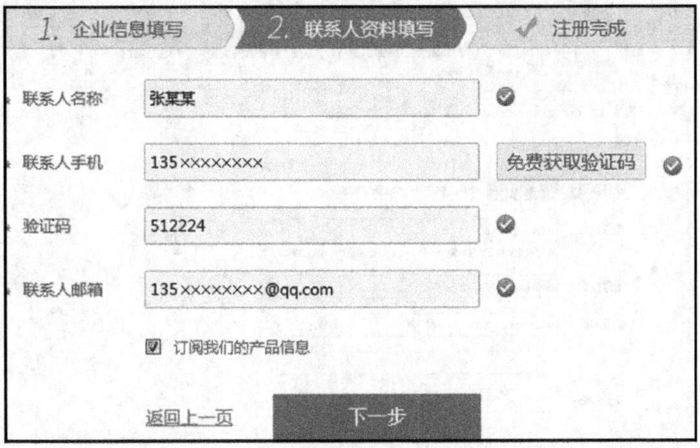

图 1-26

进入“我的企业”可查看与维护所有注册企业组织。企业分为“认证企业”和“非认证企业”，以“V”标识，未认证时灰显，认证后“V”标识激活为橙色，如图 1-27 所示。

图 1-27

认证企业：指企业信息准确完整，经金蝶审核为真实存在的组织的企业或个人。您可以在确定购买后再进行认证。认证企业组织才可激活使用正式产品。

点击“V”进入企业认证申请页面，见图 1-28。

图 1-28

第三步：产品管理。

金蝶提供先试用后购买服务,企业注册后,可添加试用产品,见图 1-29。

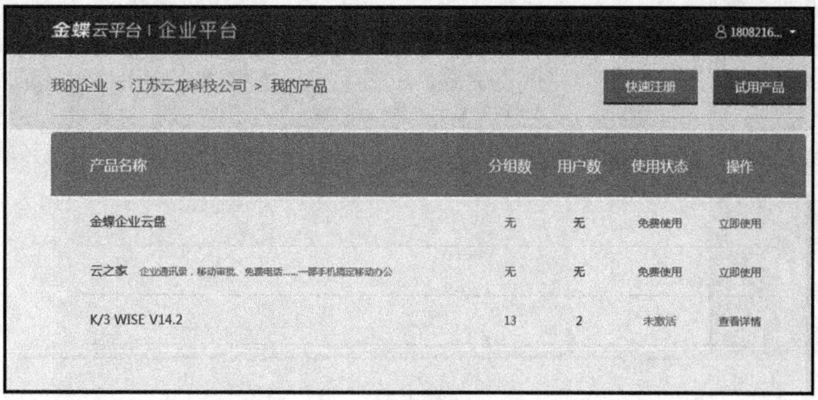

图 1-29

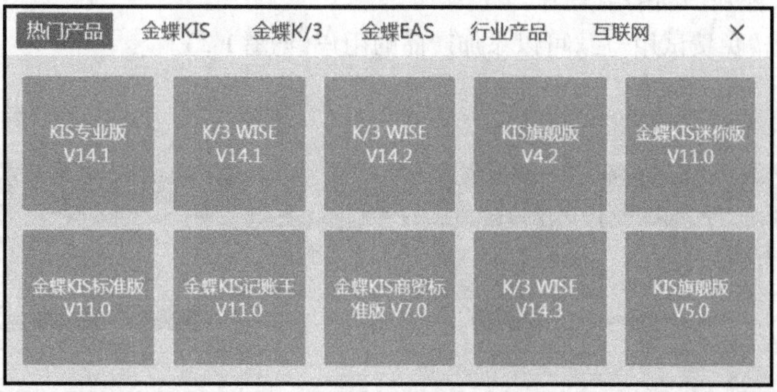

图 1-30

添加完成后,产品会出现在“我的产品”,直接点击进入产品模块,见图 1-31。

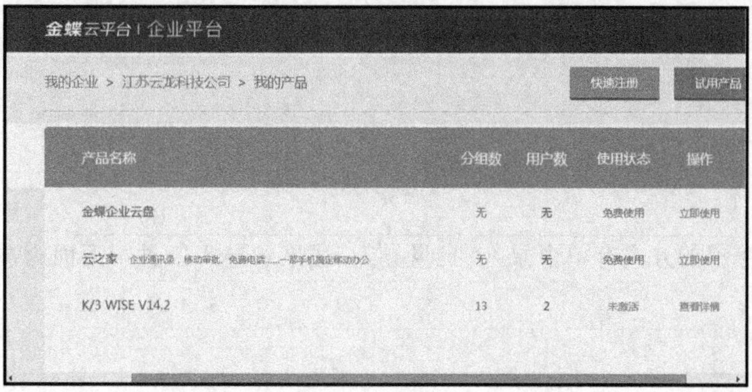

图 1-31

第四步:激活产品或申请试用。

购买用户输入产品序列号与 CDKEY,试用用户点击“免费试用”。

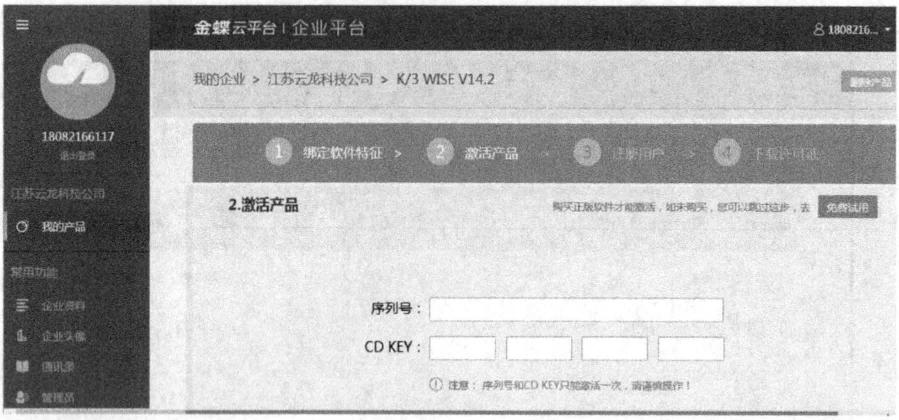

图 1-32

第五步：添加产品的用户。

用户点击“免费试用”后，可以添加产品的用户，见图 1-33。

图 1-33

“添加用户”的方式有单个录入、批量导入、通讯录导入三种。下面为单个录入的图示，见图 1-34。

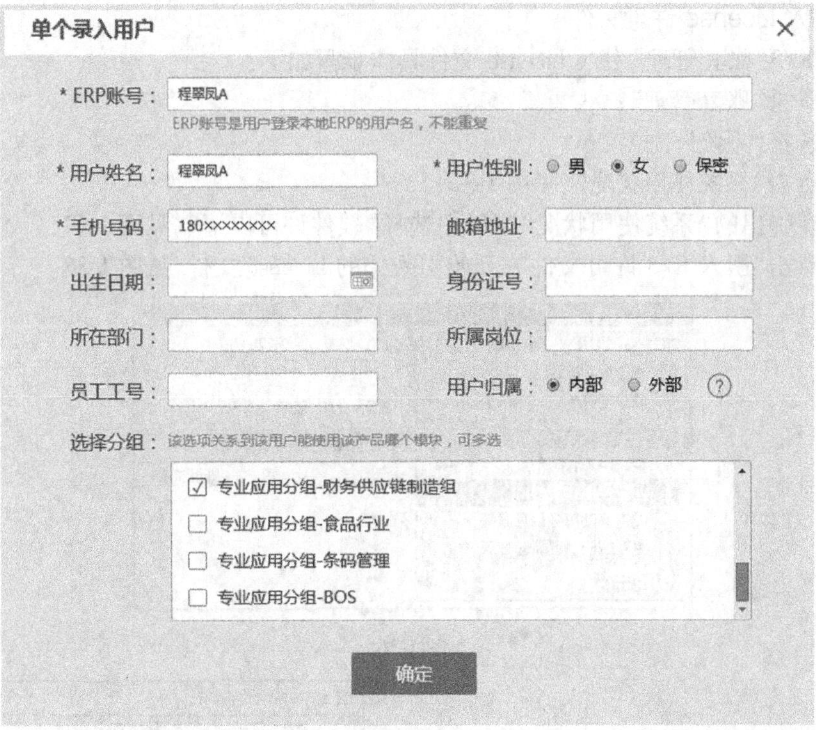

图 1-34

第六步：获取 License 许可文件。

点击注册用户窗口右上角的“下一步”按钮，则完成了所有的步骤，获取 License 许可文件，下载许可证并解压，如图 1-35 所示。

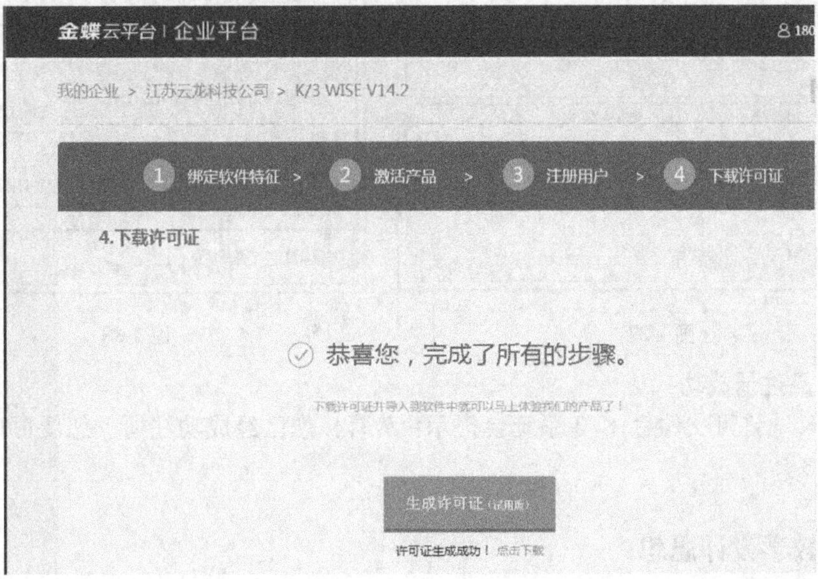

图 1-35

3. 引入 License 许可文件

登录 K/3“账套管理”引入 License 文件具体步骤如下：

（1）登录“账套管理”；

（2）选择“系统”下拉菜单；

（3）点击“系统使用状况”，见图 1-36；

（4）在弹出的“系统使用状况”窗口中选择“软件许可申请”，见图 1-37；

（5）点击“引入 K/3 许可文件”，开始引入您的 License 文件，见图 1-38。

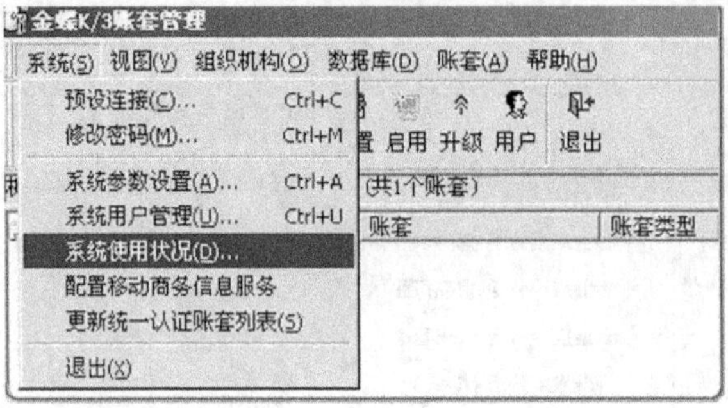

图 1-36

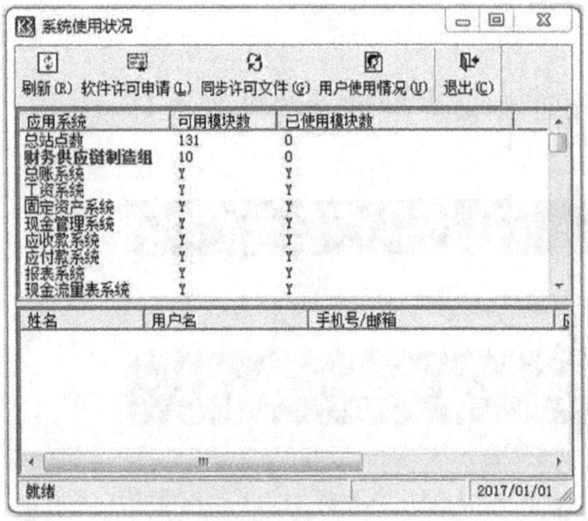

图 1-37

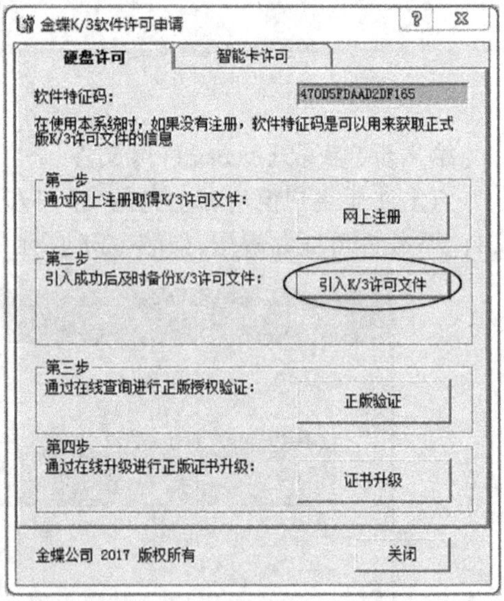

图 1-38

4. 产品注册成功

引入 K/3 许可文件后，K/3 系统会提示：恭喜！您已经成功注册。您便可以正常使用金蝶 K/3。

六、教学设计思想

本书每章都包括系统功能概述、实训准备、实训目标、实训内容、实训资料、实训要求、操作指导等内容。系统功能概要描述金蝶 ERP-K/3 管理系统所提供的基本功能,使学生对该系统功能有基本的认识;实训准备指出为了完成该实训应该事先准备的系统环境;实训目标明确了通过该实训学生应该完成的任务和掌握的知识及技能;实训内容指定该实训应完成的主要工作;实训资料提供了实训的模拟操作资料;实训要求确定以哪个用户的身份进行操作;操作指导针对实训资料给出具体的操作方法及解释,并借助注意事项对实训中遇到的问题给予特别提示。

另外,为了使本实训适用于不同教学条件下的教学需要,本书根据实训内容为教师提供以下教学课时分配,供参考。以每课时标准 45 分钟计算,每个实训所需课时如表 1-5 所示,对于专业必修课和选修课因课时不同有所差异,具体的实训内容如表 1-6 所示。

表 1-5　实训教学课时分配一览表

序号	实训项目名称	基本内容	实训课时	性质
1	账套管理和用户管理	企业建账、用户管理	4	必修
2	基础资料设置	科目设置、客商设置等	2	必修
3	总账管理系统初始化	辅助账设置、余额录入等	2	必修
4	总账管理系统日常业务处理	凭证填制、审核、记账等	4	必修
5	总账管理系统期末业务处理	自动转账、对账等	2	必修
6	报表管理系统	报表格式设计、报表公式设计、报表编制等	4	必修
7	固定资产管理系统	初始设置、日常业务处理、折旧处理等	4	选修
8	薪资管理系统	工资项目建立、业务处理、数据结转等	4	选修
9	应收/应付款管理系统	应收单据处理、收款单据处理等	4	选修
10	现金管理系统	现金处理、银行对账	2	选修
	合计		32	

表 1-6　教学建议

课程性质	必选内容	可选内容	达到的教学要求
必修	实训一 ～ 实训六	实训七 ～ 实训十	掌握总账、报表操作,了解财务业务一体化工作原理
选修	实训一 ～ 实训六		掌握总账、报表操作

第二章

账套管理

一、金蝶 K/3 及账套管理操作流程

(一) 金蝶 K/3 操作流程

在使用 ERP 管理系统之前,用户首先需要了解它的操作流程,操作流程分为:

第一阶段: 建账——→静态(基础)资料准备和录入——→初始数据录入

总账初始数据录入
固定资产初始数据录入 ——→结束初始化
现金管理初始数据录入

第二阶段: 应收、应付系统日常处理
固定资产系统日常处理
总账系统日常凭证录入
现金管理日常处理
→ 凭证生成 ——→凭证审核——→凭证过账

第三阶段: 期末处理: 汇兑损益调整——→期末损益调整——→自动转账凭证生成——→凭证审核过账——→报表系统生成报表——→现金流量表生成现金流量表——→报表分析系统进行分析,出各种分析报表和分析指标——→固定资产系统结账——→现金管理系统结账——→总账系统结账

在使用金蝶 K/3 系统进行业务处理之前,首先要建立账套。账套建立成功后进行系统设置,系统设置包含系统参数设置、基础资料设置和初始数据录入。系统参数是设置与账套有关的信息,如账套的公司名称、地址、记账本位币等。基础资料是录入业务单据时要获取的基础数据,如会计科目、客户资料和物料资料等。之后,录入账套启用会计期间的初始数据,如会计科目的期初数据、累计数据和物料初始数据,然后检查数据是否正确,是否符合启用要求,如果符合,则可以结束初始化并启用账套。之后,可以进行日常的业务处理,如销售发票、采购发票、收款单、付款单、固定资产单据的处理,最后相应数据都归结到总账系统,系统根据已保存的单据数据可生成相应的报表。每个月的业务工作处理完成后,可以进行月末结账,进入下一会计期间继续处理业务。

(二)账套管理操作流程

账套管理操作流程见图 2-1。

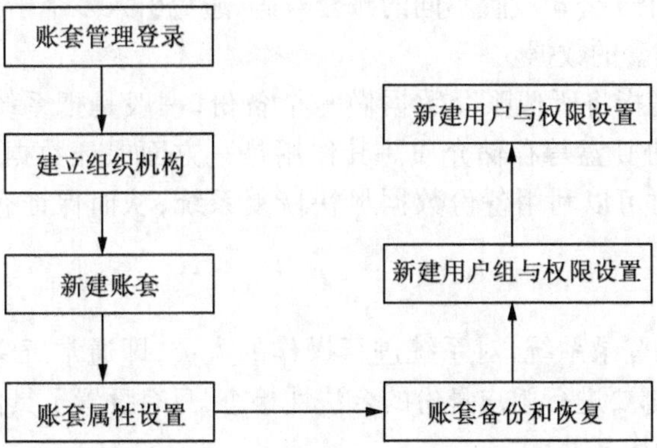

图 2-1

二、账套管理概述

账套管理的主要功能是对金蝶 K/3 管理系统的各种模块进行统一的操作管理和数据维护,包括以下几个内容。

账套管理:账套是指一组紧密相关的数据,一般每一个独立核算的企业在系统中都要建立一个账套。

用户管理:为了数据的安全和保密,金蝶 K/3 提供了用户集中管理功能。该功能可以避免与业务无关的人员进入系统,又可以对系统各个子系统的操作进行协调,让其各负其责。它主要包括设置用户、定义用户组及设置用户权限等。

用户权限管理:规定哪些人可以进入管理软件系统、进入后可以做哪些事情、具有哪些模块的操作权。各种用户之间的权利如何相互制约。

数据的安全管理:包括账套数据引入和输出。

三、相关术语的定义

1. 账套

会计信息系统就是指用计算机代替人工进行账务、业务处理等工作。因此用户必须建立一个账套文件,账套指的是一组相互关联的数据,每一个企业的数据在系统内部都体现为一个账套。账套管理包括账套的建立、修改、引入和输出等。

一个账套是由多个子系统账套构成的,这些子系统账套共享公用的基础信息,在启用新账套之前,应根据企业实际情况及业务要求,手工整理出基础资料,而后将这些资料按照要求输入系统中,完成初始建账工作。

2. 账套引入和账套输出

账套引入指将系统外某账套数据引入本系统中,若计算机故障或被病毒侵犯导致数据丢失或损坏,可引入数据。此外,在企业集团中,母公司可以将子公司的账套数据定期引入母公司系统,以便进行各种数据分析和合并工作。因此,集团公司在建立账套时就应该预先规划,为每一个子公司设置不同的账套号码,避免引入多个子公司数据时因账套号相同而覆盖了其他账套的数据。

账套输出功能是指将所选账套数据做一个备份,一般是把系统产生的数据备份到硬盘、移动硬盘、移动 U 盘等存储介质。其作用是一方面保证数据的完整性,另一方面当系统数据被破坏时可以利用备份数据尽快恢复系统,从而保证企业日常业务的正常进行。

3. 用户

用户是指有权限登录系统,对系统进行操作的人员,即通常意义上的"操作员"。每一次注册登录系统,都要进行用户身份的合法性检查,只有设置了具体的用户并赋予权限后才能进行相关的操作。

实训一　账套管理和用户管理

【实训准备】

已成功安装金蝶 K/3 管理软件系统,将计算机系统日期修改为"2017 年 01 月 01 日"。

【实训目标】

1. 掌握金蝶 K/3 管理软件中账套建立、备份和恢复方法。
2. 掌握用户管理方法。
3. 掌握用户权限控制方法。

【实训内容】

1. 登录账套管理
2. 建立账套
3. 启用账套
4. 备份账套
5. 恢复及删除账套
6. 添加用户
7. 设置用户权限
8. 修改账套信息

【实训资料】

1. 新建公司机构及账套

(1) 公司机构代码:01

(2) 公司名称:江苏非凡股份有限公司

(3) 账套号:01. ＊＊＊(注:＊＊＊为班级号 + 你所在班级中的顺序号)

（4）账套名：你的姓名（该账套所属企业为工业企业）

（5）账套类型：标准供应链

2. 设置账套参数

（1）公司名称：江苏非凡工业有限公司

（2）记账本位币：人民币 RMB

（3）账套启用期间：2017 年 01 月 01 日

3. 添加用户

用户名	认证方式	用户组	权限
你的姓名 A	密码认证，自己设置	Users（一般用户组）	授予所有权限
你的姓名 B	密码认证，自己设置	Administrators（系统管理员组）	不需授权

（注：如你的姓名是“张华”，则添加的第一个用户名为“张华 A”，依此类推）

【实训要求】

以“Admin”的身份进行账套管理和用户管理。

【操作指导】

1. 登录账套管理与建立账套

（1）执行操作系统“程序”|“金蝶 K/3 WISE”|“金蝶 K/3 服务器配置工具”|“账套管理”命令，初次使用无密码，直接确定，进入“账套管理”窗口。如图 2-2 所示。

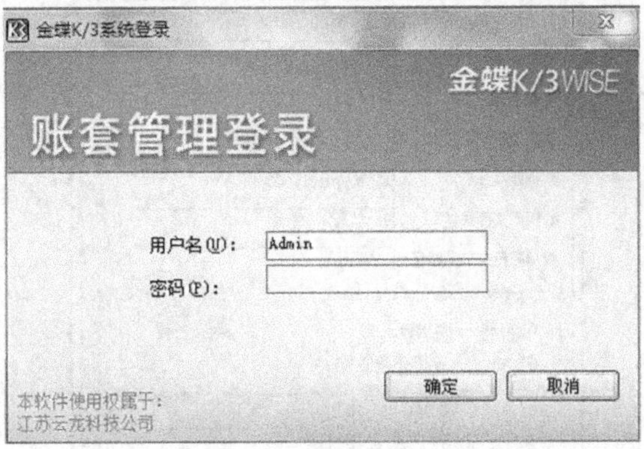

图 2-2

（2）点击“组织机构”下的“添加机构”按钮，建立组织机构，输入组织机构的代码和名称，单击“确定”。此时在账套管理主界面的左边显示出了新建的组织机构，用户可在这个组织机构下建立账套信息，如图 2-3 所示。

注意：如果在机构属性里加入了密码，则在进入金蝶 K/3 系统主控台时，如果选择了该组织机构，系统首先要求用户输入该机构的密码，如果密码错误，就不会显示该机构下的账套信息。

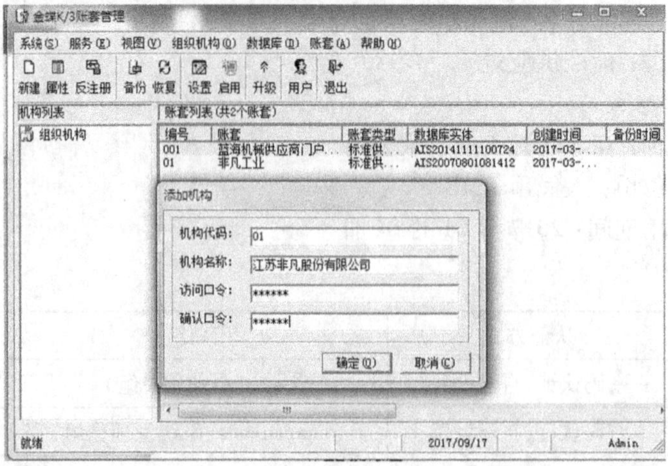

图 2-3

(3) 选中建立的组织机构“江苏非凡股份有限公司”,点击“新建”按钮,建立新账套,同时要选好数据库的路径,数据库文件路径默认为 C:\Program Files\Microsoft SQL Server\MSSQL\BACKUP\,建议改为“d:\k3data\”或“d:\非凡\”,如图 2-4 所示。

注意: 账套号由两段构成,其中“01”为组织机构代码,“101”为你所在班级号 + 你在所在班级中的顺序号。

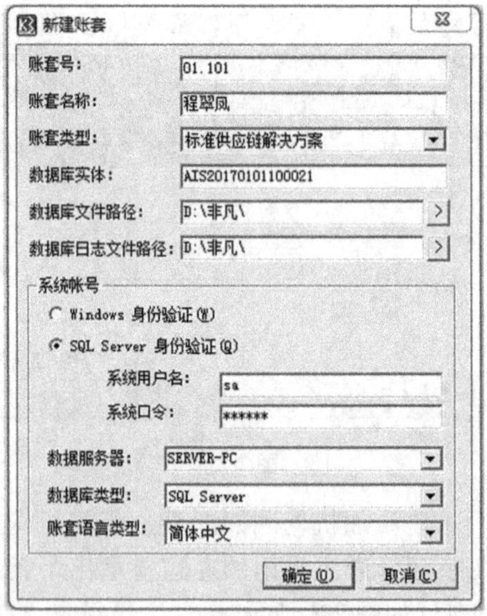

图 2-4

(4) 根据“实训资料”中参数要求设置其基本参数:点击“设置”按钮,设置“系统”“总账”“会计期间”参数,并启用,如图 2-5、图 2-6 和图 2-7 所示。

注意:

系统:录入用户企业实际的名称和其他资料。

总账：按用户的实际情况录入，其中“凭证过账前必须审核”可以选择也可以不选择，在以后的设置中还可以再次确认。

会计期间：按用户使用的会计期间严格录入，一经确认无法更改。

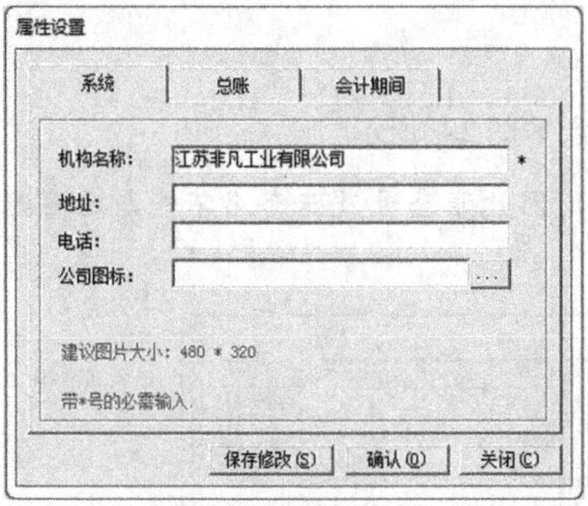

图 2-5

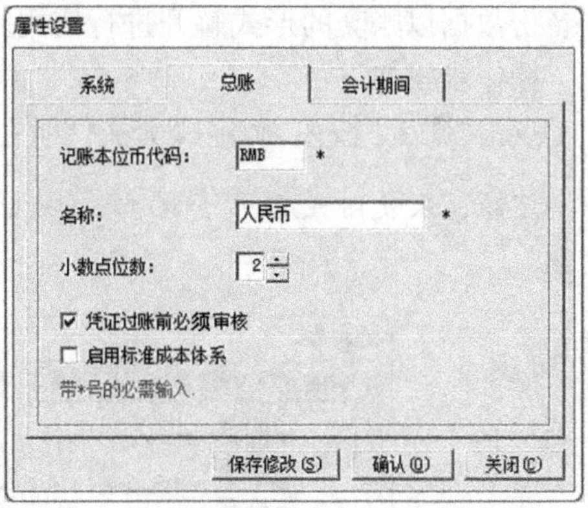

图 2-6

2. 账套备份

为了保证使用数据的安全性，我们要定期做数据备份。

操作步骤如下：

选中备份的账套，点击“备份”按钮，选择“完全备份”，确定备份文件存放的路径，如图 2-7、图 2-8 所示。

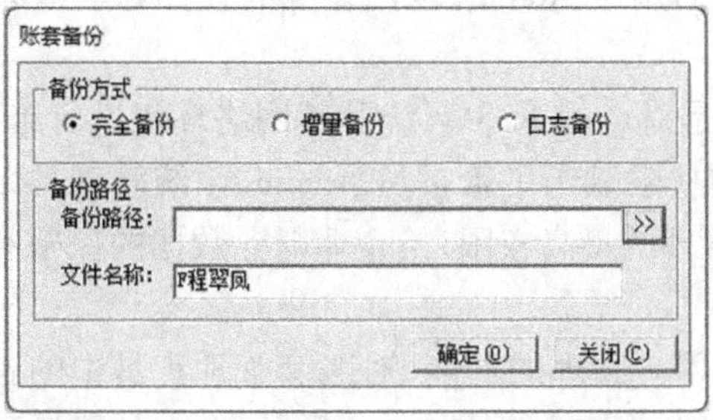

图 2-7

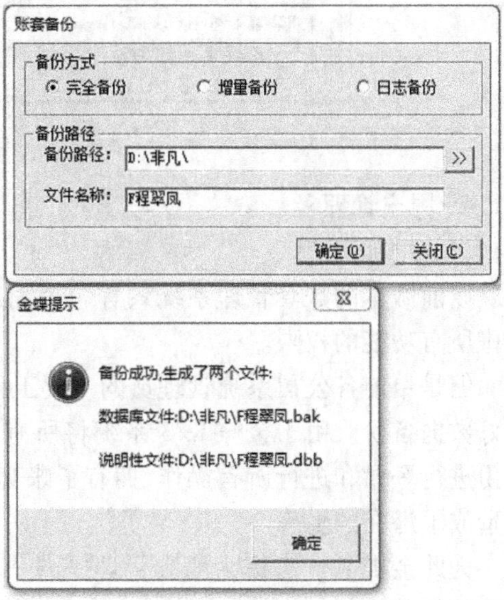

图 2-8

注意：(1) 第一次备份要用完全备份。

(2) 备份后生成 *. dbb 和 *. bak 文件。

(3) 要定期将硬盘数据备份拷贝到外部设备上，拷贝时需将备份生成的两个文件全部拷贝。

3. 账套恢复

当原账套数据遭到损坏，导致无法再使用原账套时，我们可用“恢复”功能将原账套的备份数据以账套的形式解开进行使用。

操作步骤如下：

点击“账套”按钮，确定账套文件所在的路径，如图 2-9 所示。

注意：恢复时是以账套的形式恢复出来的，因此账套号及账套名不能与已存账套重复。

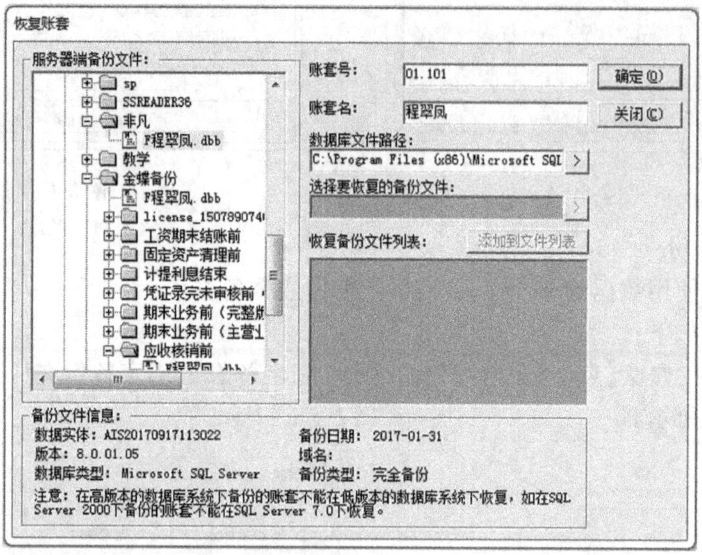

图 2-9

4. 用户管理

(1) 增加用户

以前版本的账套管理系统只有一个固定的用户 Admin，该用户具有使用账套管理系统中所有功能的权限。

但是目前各公司系统管理员的主要工作是对金蝶 K/3 系统及其网络环境进行维护，做好数据备份。由于金蝶 K/3 系统将所有的权限赋予了管理员 Admin，系统管理员以该身份进行登录和进行所有操作，拥有了账套管理的最高权限，给企业财务数据的保密和安全造成了潜在的隐患。

为此金蝶 K/3 考虑为账套管理提供一个用户管理的功能，对账套管理工具中的各种功能的使用进行相应的权限控制，将账套管理中的各功能授权给不同的用户，从而增强账套管理的安全性。

由于之前产品注册时系统管理员在金蝶云平台增加了用户，此处系统管理员可通过“账套管理”中的“用户导入”功能对企业金蝶 K/3 产品进行操作员管理，如图 2-10、图 2-11 所示。

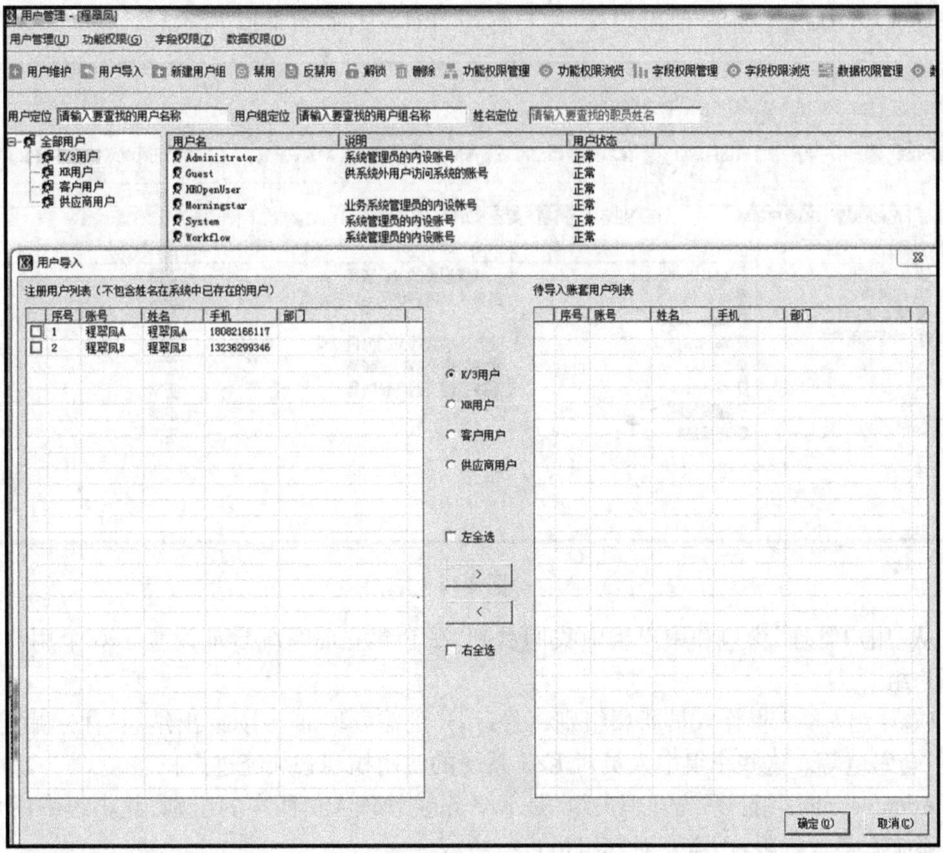
用户管理 - [程翠凤]
用户管理(U) 功能权限(G) 字段权限(Z) 数据权限(D)
用户维护 用户导入 新建用户组 禁用 反禁用 解锁 删除 功能权限管理 功能权限浏览 字段权限管理 字段权限浏览 数据权限管理
用户定位 请输入要查找的用户名称 用户组定位 请输入要查找的用户组名称 姓名定位 请输入要查找的职员姓名
全部用户
K/3用户
HR用户
客户用户
供应商用户
用户名 说明 用户状态
Administrator 系统管理员的内设账号 正常
Guest 供系统外用户访问系统的账号 正常
HROpenUser 正常
Morningstar 业务系统管理员的内设帐号 正常
System 系统管理员的内设账号 正常
Workflow 系统管理员的内设账号 正常
用户导入
注册用户列表（不包含姓名在系统中已存在的用户）
序号 账号 姓名 手机 部门
1 程翠凤A 程翠凤A 18082166117
2 程翠凤B 程翠凤B 13236299346
待导入账套用户列表
序号 账号 姓名 手机 部门
K/3用户
HR用户
客户用户
供应商用户
左全选
右全选
确定(O) 取消(C)

图 2-10

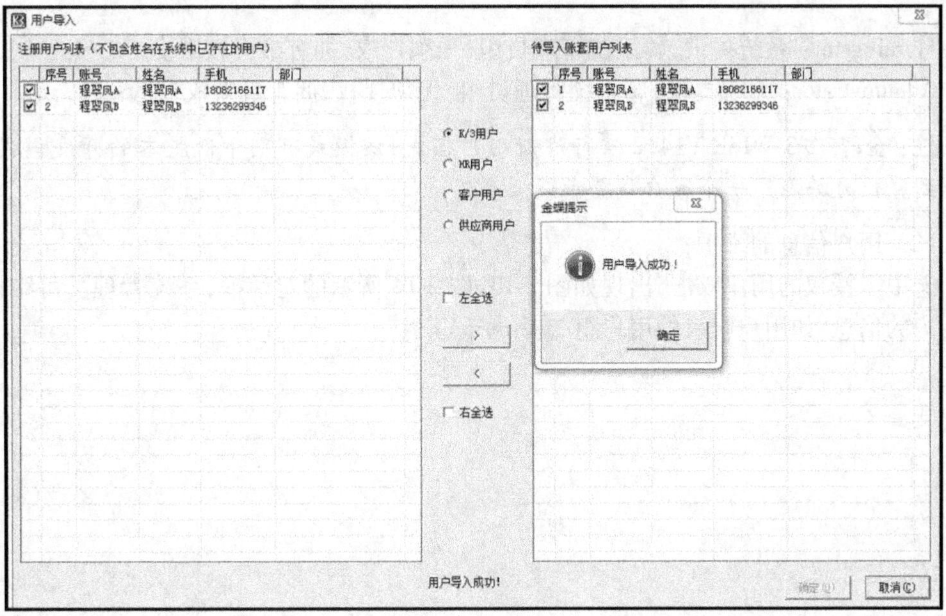
用户导入
注册用户列表（不包含姓名在系统中已存在的用户）
序号 账号 姓名 手机 部门
1 程翠凤A 程翠凤A 18082166117
2 程翠凤B 程翠凤B 13236299346
待导入账套用户列表
序号 账号 姓名 手机 部门
1 程翠凤A 程翠凤A 18082166117
2 程翠凤B 程翠凤B 13236299346
K/3用户
HR用户
客户用户
供应商用户
金蝶提示
用户导入成功！
确定
左全选
右全选
用户导入成功!
确定(O) 取消(C)

图 2-11

导入成功后相应用户便出现在“用户管理”窗口中，如图 2-12 所示。

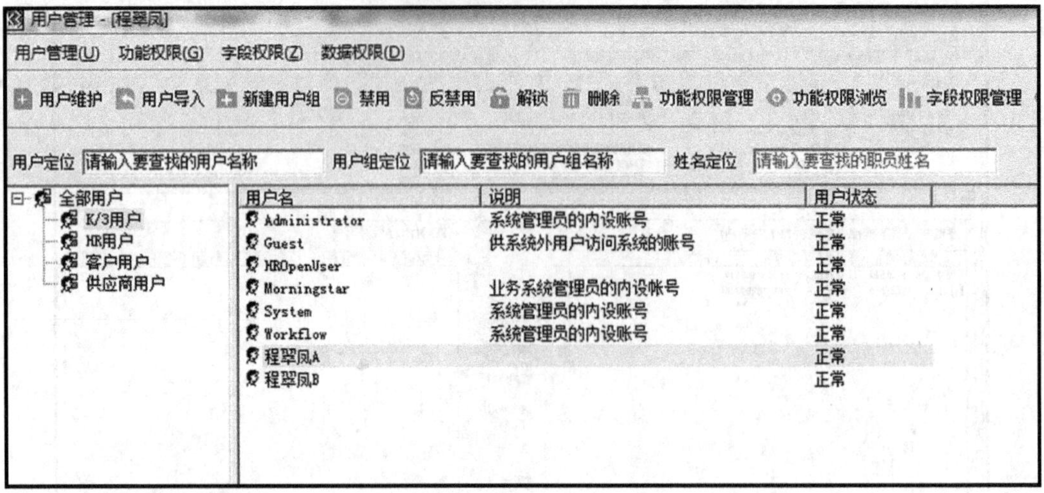

图 2-12

从“用户管理”窗口和用户组中我们看到，账套建立后系统自动设置了 6 个用户和 4 个用户组。

Users 组：K/3 操作人员所属组别，可按用户的需要增加，例如：出纳组、往来账组、财务组、仓库组等。这些小组中人员对 K/3 系统的使用权利必须经过授权。

Administrators 组：系统管理员组，是 K/3 系统管理人员所在的组别，此小组中用户对 K/3 系统有最大权限，不需要对其组员进行授权。

Guest：系统提供，可以对 K/3 系统进行查询，属于 Users 组，如果需要其他权限可以授权。

Morningstar：系统提供，属系统管理员组，无须授权，拥有最大权限。

Administrator：系统提供，属系统管理员组，无须授权，拥有最大权限。

注：金蝶 K/3 WISE V14.2 实行注册用户模式，该模式有别于低版本的开发模式，同一个用户仅允许在同一个客户端登录。

（2）用户信息的维护

选中需授权的用户双击，出现如图 2-13、图 2-14 所示的对话框，系统管理员可维护引入用户的信息，如用户归入的用户组、初始密码等。

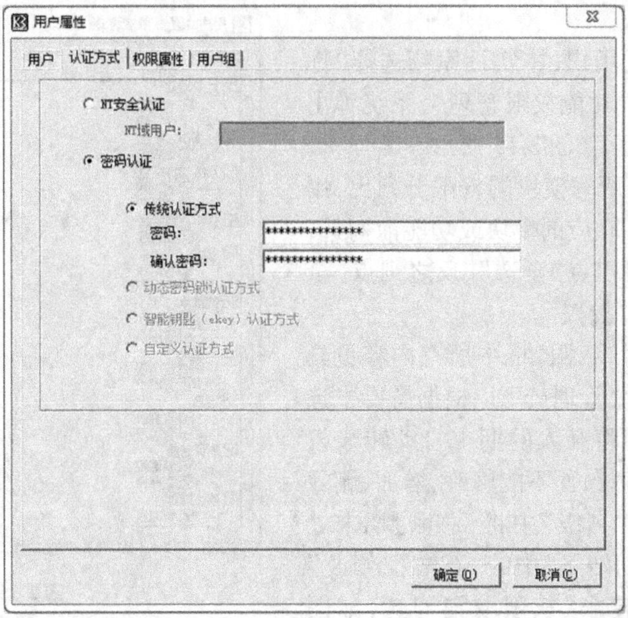

图 2-13

按照实训资料要求，这里需要将“你的姓名 B”用户归到 Administrators 组，如图 2-14 所示。

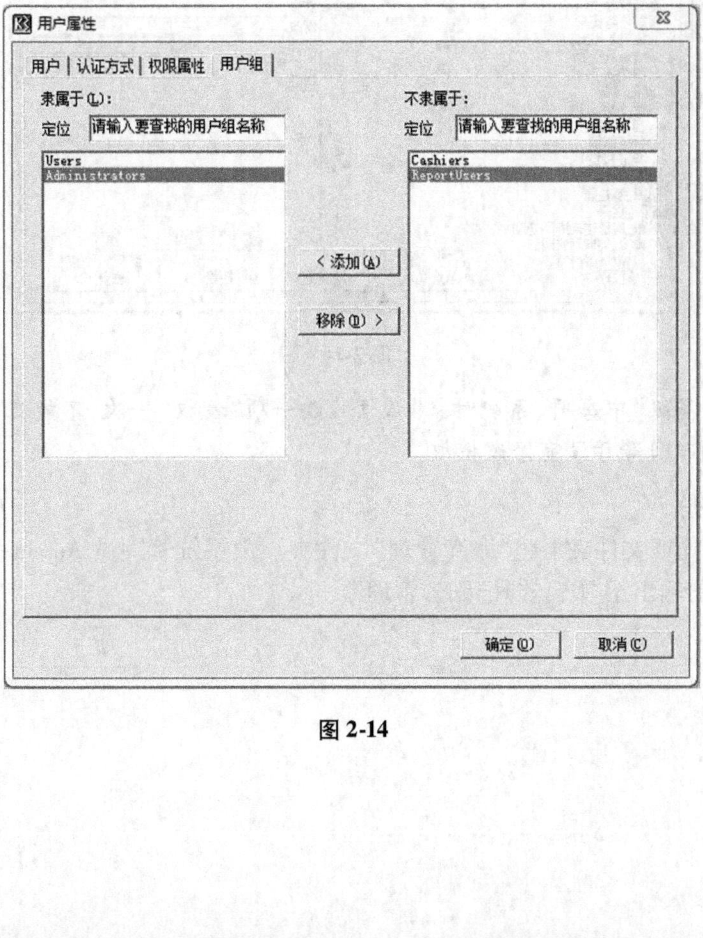

图 2-14

(3) 用户授权

选中需授权的用户(本实训案例选择“你的姓名 A”),点击“功能权限管理”,系统弹出“权限管理”对话框,如图 2-15 所示。

权限:系统将所有模块的权限分列出,用户可以根据需要在相应的模块或功能前勾选,如果想全部选中可以点“全选”,反之则点“全清”。选好之后按“授权”。

“高级”键:对“权限”框中所有内容更具体细致的权限,系统管理员可以根据需要来选择。例如:企业想将某人的期末自动转账权限设置成只有查询权,而不能修改、增加、删除和自动转账,则在“高级”中将“总账_期末处理”功能下的“自动转账”中的“新增”“修改”“删除”和“自动转账”权限取消勾选,如图 2-16 所示。

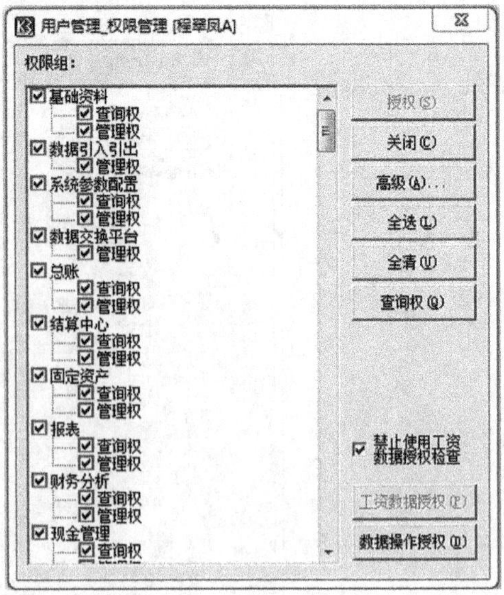

图 2-15

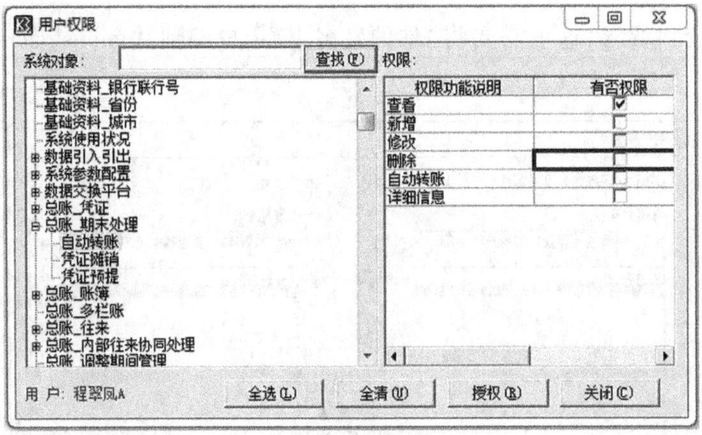

图 2-16

注意:在“高级”中每项“系统对象”必须修改一项“授权”一次,不能在全部修改后授权,否则前面的项目等于没有修改授权。

5. 账套备份

在“D:\非凡\”文件夹下建“账套管理”文件夹。由系统管理员 Admin 登录账套管理手动将账套备份输出至“D:\非凡\账套管理”。

第三章

基础资料设置

一、功能概述

基础资料是系统日常业务处理必需的数据，是系统运行的基石。一个账套总是由若干个子系统构成，这些子系统共享公用的基础资料信息。基础资料一旦不全或错误将会导致系统无法使用。在业务处理之前，应根据企业的实际情况，结合系统基础资料设置的要求，事先做好基础数据的准备工作。系统中设置基础资料，实际上是为各系统的业务操作提供基础资料的查询和获取来源。

二、相关概念与术语

1. 结算方式

结算方式是指企业银行存款收支形式，如本票、汇票、支票。一般企业的资金结算超出现金使用范围的都使用银行票据进行，这些结算票据种类多、数量大，为保证正确性需要定期把银行存款账与对账单进行核对。结算方式设置主要内容包括：结算方式编码、结算方式名称、票据管理标志等。

2. 凭证类别

凭证类型设置的功能是实现对凭证类别的设定与管理，并将设定的结果保存在凭证类型文件中，财会人员可以根据需要设置适合自身业务特点的凭证类型。凭证设置有以下几种方法：（1）设置成收款凭证、付款凭证、转账凭证3类凭证；（2）设置成现收、现付、银收、银付、转账5类；（3）设置成一种通用的凭证类型——记账凭证，即不区分收付转业务的凭证制作方式，适用于业务量小、核算比较简单的企业；（4）自定义类型。

实训二　基础资料设置

【实训准备】

引入账套管理的备份数据。将系统日期修改为“2017 年 01 月 01 日”。

【实训目标】

1. 掌握金蝶 K3 管理软件中基础资料设置的内容及设置方法。

2. 理解基础资料设置在整个系统中的重要性。

【实训内容】

1. 引入会计科目
2. 新增、修改会计科目
3. 币别管理
4. 凭证字管理
5. 计量单位管理
6. 结算方式管理
7. 客户资料管理
8. 供应商资料管理
9. 部门资料管理
10. 职员资料管理
11. 核算项目类别管理
12. 物料资料管理

【实训资料】

1. 增加两种币别(见表 3-1)

表 3-1

币别代码	币别名称	记账汇率	折算方式
HKD	港币	0.85	原币 * 汇率 = 本位币
USD	美元	6.45	原币 * 汇率 = 本位币

2. 增加凭证字为“记”字

3. 增加两个计量单位组及相应组里的计量单位(见表 3-2)

表 3-2

计量单位组	代码	计量单位名称	系数
重量组	KG	公斤	1
	T	吨	1 000

续表

计量单位组	代码	计量单位名称	系数
数量组	J	件	1
	X	箱	50

4. 增加支票结算方式(见表3-3)

表3-3

代码	名称
JF06	现金支票
JF07	转账支票

5. 新增相关核算项目资料

(1) 新增“部门”资料(见表3-4)

表3-4

代码	名称
01	财务部
02	行政部
03	销售部(上级组)
03.01	销售一部
03.02	销售二部
04	生产部
05	供应部

(2) 新增“职员”资料(见表3-5)

表3-5

代码	姓名	部门
001	张华	财务部
002	李萍	行政部
003	王林	销售一部
004	赵立	销售二部
005	刘红	生产部
006	孙晴	生产部
007	钱益明	供应部

（3）新增“供应商”资料（见表3-6）

表3-6

代码	名称
01	华东区（上级组）
01.01	恒星公司
01.02	南方公司
02	华北区（上级组）
02.01	王码公司
02.02	强发公司

（4）新增“客户”资料（见表3-7）

表3-7

代码	名称
01	华东区（上级组）
01.01	长城公司
01.02	天达公司
02	华中区（上级组）
02.01	宏基公司
02.02	长海公司

（5）新增“原料”核算项目类别，代码01（见表3-8）

表3-8

属性名称	属性类别	属性长度
采购成本	实数	
用途	文本	20

（6）新增“成品”核算项目类别，代码02（见表3-9）

表3-9

属性名称	属性类别	属性长度
标准成本	实数	
出厂价	实数	
零售价	货币	
销售政策	文本	255

6. 会计科目维护

（1）增加会计科目(见表3-10)

表3-10

科目代码	科目名称	外币核算	数量金额辅助核算	核算项目	备注
1002	银行存款	所有币别			
1002.01	建设银行	人民币			
1002.02	中国银行	美元			期末调汇
1002.03	工商银行	港元			期末调汇
1123	预付账款				
1123.01	报纸杂志费				
1221	其他应收款				
1221.01	个人借款			职员	
1403	原材料		√(计量单位：公斤)	物料	
1405	库存商品		√(计量单位：件)	物料	
2211	应付职工薪酬				
2211.01	应付工资				
2211.02	应付福利费				
2211.03	工会经费				
2221	应交税费				
2221.01	应交增值税				
2221.01.01	进项税额				借方方向
2221.01.05	销项税额				
5001	生产成本				
5001.01	直接材料				
5001.02	直接人工				
5001.03	制造费用				
5101	制造费用				
5101.01	折旧费				
5101.02	工资及福利				
6001	主营业务收入		√(计量单位：件)	部门、职员、物料	
6401	主营业务成本		√(计量单位：件)	物料	
6601	销售费用				
6601.01	工资及福利费				
6601.02	办公费				
6601.03	招待费				

续表

科目代码	科目名称	外币核算	数量金额辅助核算	核算项目	备注
6601.04	折旧费				
6601.05	差旅费				
6601.06	其他				
6602	管理费用				
6602.01	工资及福利				
6602.02	折旧费				
6602.03	通信费			部门、职员	
6602.05	其他				
6603	财务费用				
6603.01	利息				
6603.02	汇兑损益				

（2）会计科目的修改(表 3-11)

表 3-11

科目代码	科目名称	往来业务核算	核算项目
1122	应收账款	√	客户
2202	应付账款	√	供应商

7. 新增“物料”资料

对于未购买 K/3 业务流程模块,需要利用总账系统对某些存货科目进行简单的数量金额核算的用户,在设“物料”核算项目的具体内容时要注意,必须先设好相关存货明细科目,然后再去添加物料核算项目,否则新增的存货明细不能进行真正的数量金额辅助核算。

已购买 K/3 业务模块的用户则不需在总账系统设置存货的明细科目,只要在存货一级科目里挂接“物料”核算项目即可(见表 3-12)。

先设上级组:　01　原材料

　　　　　　　02　产成品

表 3-12

代码	名称	属性	计量单位	计价方法	存货科目	销售收入	销售成本
01.01	甲材料	外购	公斤	加权平均	1403	6 051	6 402
01.02	乙材料	外购	公斤	加权平均	1403	6 051	6 402
02.01	A 产品	自制	件	加权平均	1405	6 001	6 401
02.02	B 产品	自制	件	加权平均	1405	6 001	6 401

【实训要求】

以"你的姓名 A"用户的身份进行基础资料的设置。

【操作向导】

1. K/3 系统登录

(1) 双击 K/3 主控台,选择组织机构,输入访问的公司密码,登录 K/3 客户端,如图 3-1 所示。

图 3-1

(2) 用户第一次登录时需要验证手机号码,并设置登录密码,如图 3-2 所示。

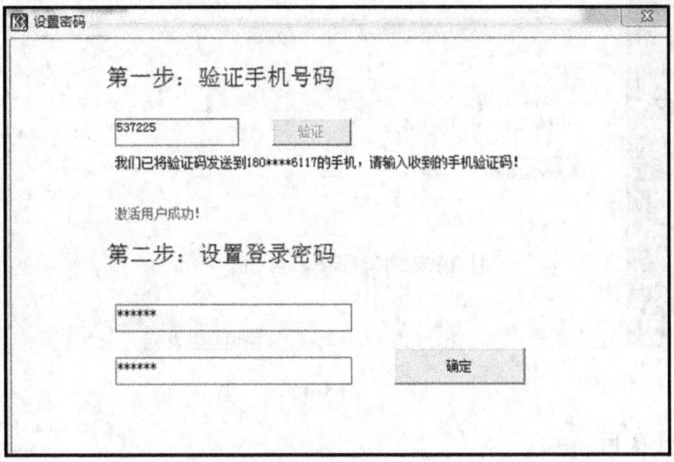

图 3-2

(3) 采用命令用户身份登录,输入登录用户的用户名与密码,即可以顺利登录,如图 3-3 所示。

注意:使用中的用户名一定要经过系统管理员授权,用户在真正使用时要以企业中实际运营人员分工操作。

图 3-3

(4) 用户登录成功后即可在自己权限范围内进行相应操作,如图 3-4 所示。

图 3-4

2. 引入会计科目

根据实训资料,案例企业是一家工业企业,所以要引入工业企业的会计科目。

点击"基础" |"公共资料"|"科目",在"文件"菜单下的"从模板中引入科目",选择新会计准则科目,点击"引入",并全选新会计准则科目,如图 3-5、图 3-6 所示。

图 3-5

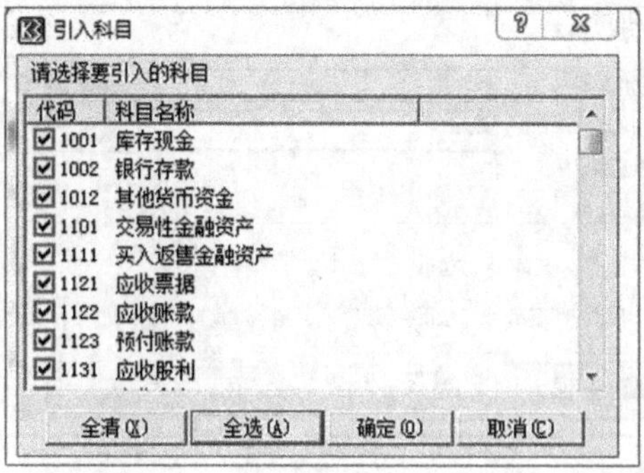

图 3-6

3. 增加币别：美元、港币

执行“基础”|“公共资料”|“币别”，进入图 3-7 所示的窗口，点击“新增”按钮，输入美元、港币的币别信息，如图 3-8、图 3-9 所示。

注意：

(1) 币别代码：表示货币币别的代码，本系统使用 3 个字符表示。建议使用一般惯例编码，如：RMB、HKD、USD 等。

(2) 在输入货币代码时尽量不要使用“ $ ”符号，因为该符号在自定义报表中已有特殊含义，如果使用该符号，那么在自定义报表中定义取数公式时可能会遇到麻烦。

(3) 记账汇率：是该币别与记账本位币之间的换算系数。

系统默认“人民币”为记账本位币，用户可以根据实际情况更改，默认的记账本位币的折算系数为 1，无须选择。

(4) 折算公式：是配合记账汇率的，有两种方式可供选择，用以表明该币别与记账本位币之间换算的公式。

(5) 金额小数位数：指该币别的精确的小数位数。

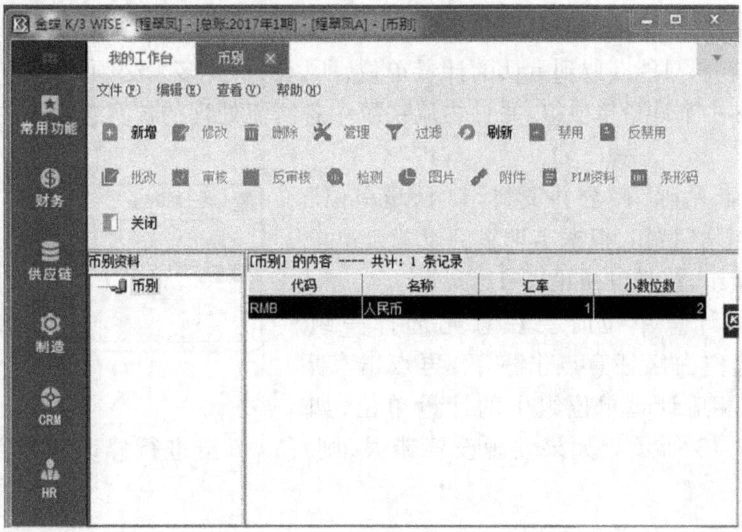

图 3-7

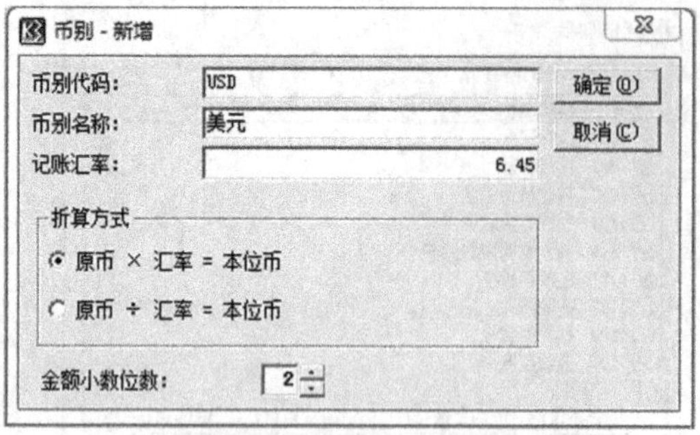

图 3-8

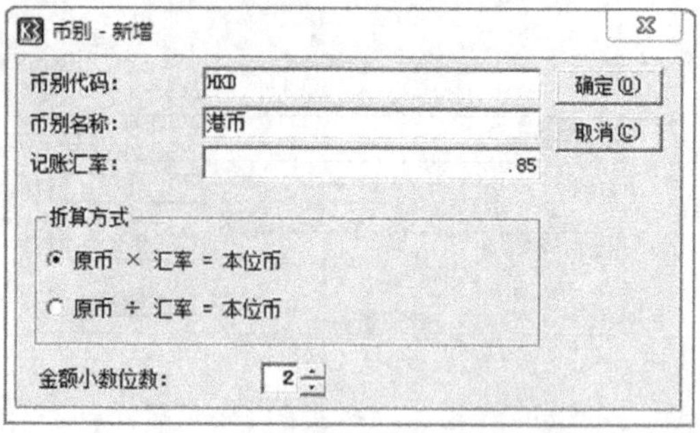

图 3-9

4. 凭证字

执行“基础”|“公共资料”|“凭证字”,进入图 3-10 所示的窗口,点击“新增”按钮,输入凭证字“记”字。

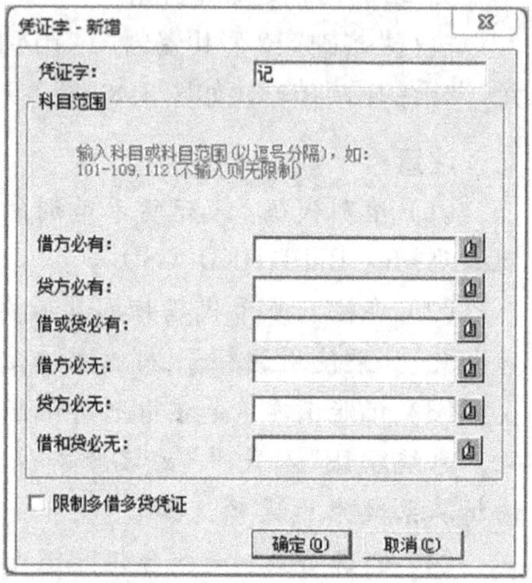

图 3-10

5. 计量单位

(1) 物料的设置必定涉及计量单位。金蝶 K/3 中计量单位设置先要设置计量单位组,再在组中设置计量单位。

(2) 由于有些物料的计量单位可能会有几个,一个为主计量单位,其他为辅助计量单位,为了能够体现该物料多种计量方法及这些计量单位之间的运算关系,金蝶 K/3 将其设置成一个一个计量单位组,在组中各计量单位是主计量单位和辅助计量单位的关系。因此一个计量单位组系统只默认一个计量单位,默认计量单位的系数为 1。此计量单位组中其他的计量单位都为辅助计量单位,辅助计量单位的系数是多少,则其为默认计量单位的多少倍。在设置物料信息时,物料只能获取到默认的计量单位,所以用户有多少必须要用的计量单位,则必须要设置多少个计量单位组,并且物流系统中各物流处理的核算都是用主计量单位来参与计算的。

(3) 执行“基础”|“公共资料”|“计量单位”命令,点击“新增”按钮,根据实训案例设置计量单位组——重量组、数量组,如图 3-11 所示。

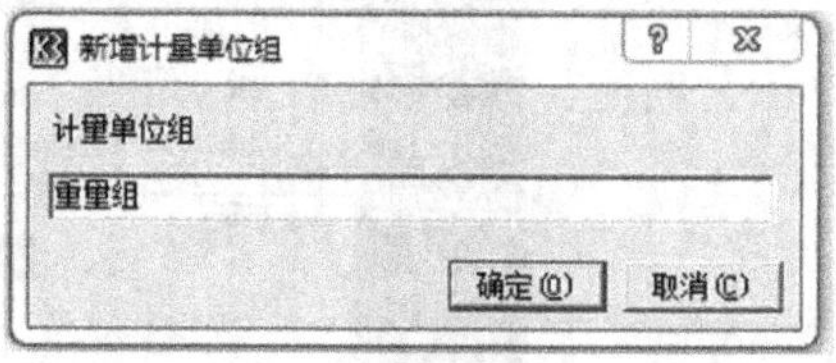

图 3-11

(4) 新增计量单位时要注意先选择一组别,再在右边空白区任意点击一下,再点击“新增”,再输入相应计算单位组中的计量单位,如图 3-12、图 3-13 所示。如果发现设置错误,则可以双击进行修改或按“删除”按钮删除。

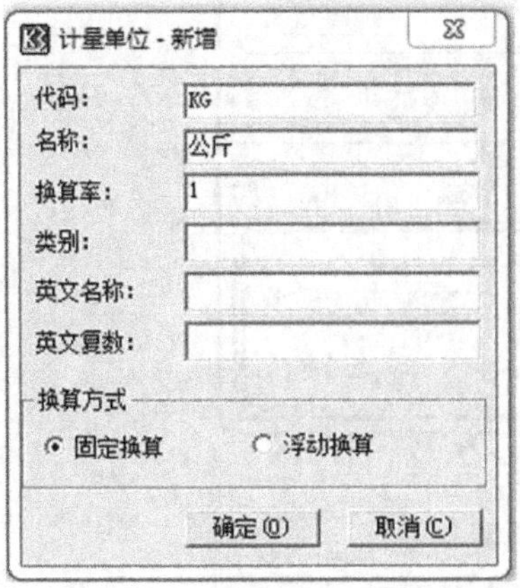

图 3-12

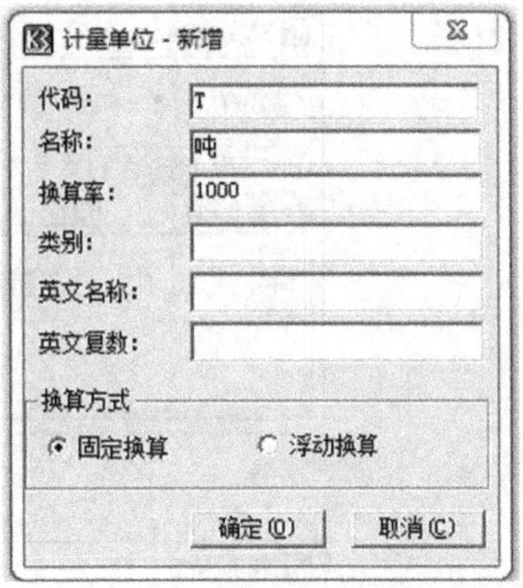

图 3-13

（5）如果某组别下有计量单位，必须先将计量单位删除，才能删除此组别。

6. 结算方式

执行“基础”|“公共资料”|“结算方式”，进入如图 3-14 所示的窗口，点击“新增”按钮，新增“现金支票”和“转账支票”这两种结算方式。

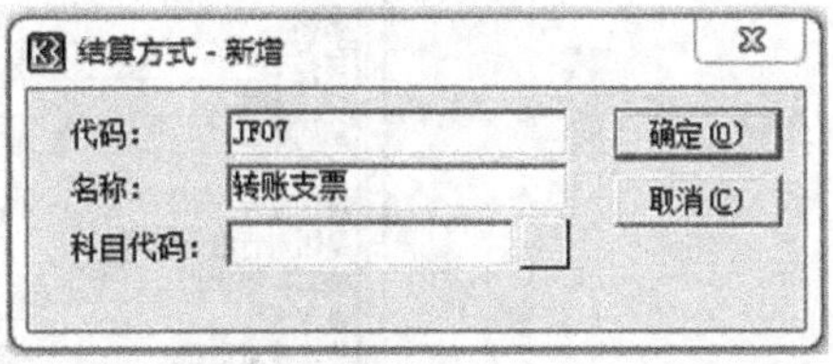

图 3-14

7. 新增“产成品核算项目”类别

（1）核算项目是 K/3 系统设置的一些特殊的项目资料，系统提供了客户、职员、供应商、物料、仓位、部门、分支机构和现金流量项目等组别，运用面非常广泛。核算项目与会计科目连用，其功能类似明细科目，但弥补了明细会计科目设置过多不利运行等缺陷。核算项目还是 K/3 子系统的各种单据的内容，为系统的各项操作提供了基础资料的查询和获取。对于核算项目的类别，可以进行浏览、修改、增加、删除等操作，对于已发生业务的核算项目，系统提示不允许修改和删除。

（2）K/3 系统已经预设了核算类别：客户、部门、职员、物料、仓库、供应商等。用户不要对预设类别进行删除操作，但可以根据自己的需要增设核算项目类别。

（3）部门：可以与会计科目相连参与财务账务处理，同时也是采购销售系统、仓存系统和存货核算系统中各种单据的组成部分。

（4）执行“基础”|“公共资料”|“部门”命令，进入部门维护窗口，点击“新增”按钮，录入“01 财务部”“02 行政部”等部门，如图 3-15、图 3-16、图 3-17 所示。

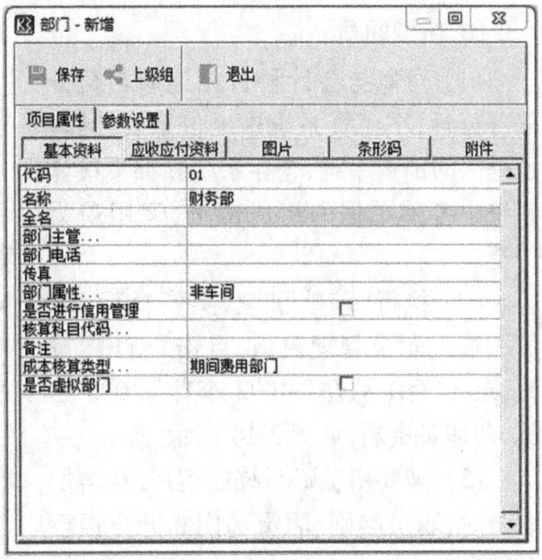

图 3-15

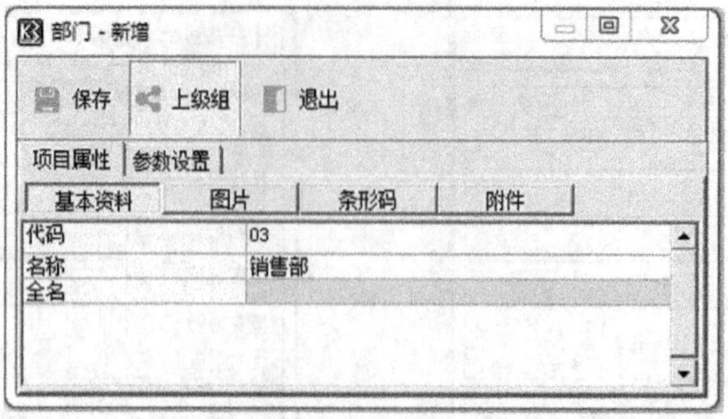

图 3-16

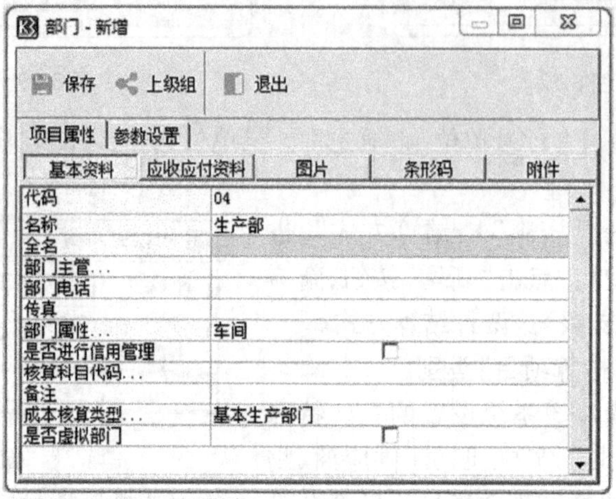

图 3-17

注意：销售部此处需点击“上级组”图标。

8. 新增职员

（1）可以与会计科目相连参与财务账务处理，在工资系统中地位重要，同时也是采购销售系统、仓存系统和存货核算系统中各种单据的组成部分，运用最为广泛。

（2）执行“基础”|“公共资料”|“职员”，进入职员管理窗口，点击“新增”按钮，录入“001 张华”“002 李萍”“003 王林“等职员资料，如图 3-18 所示。

（3）需要用工资系统的用户，在增加职员时，职员类别、职员部门和开户银行及账号必须输入。在输入非必需项目时，有些项目取自辅助资料或其他资料，当鼠

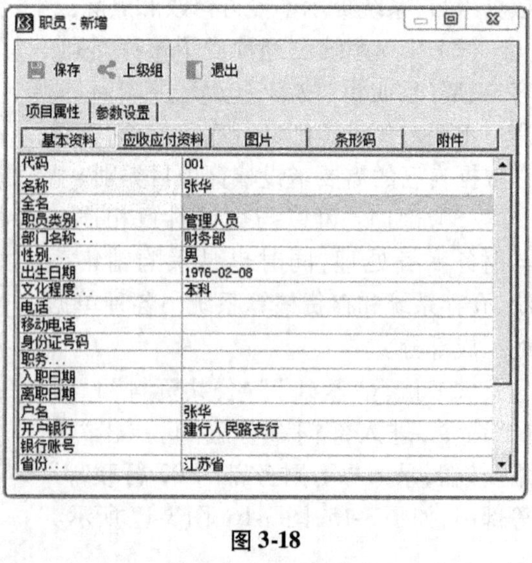

图 3-18

标点击到该项目的空格时,会自动弹出下拉菜单供用户选择,也可在点击该项目空格后按F7键,选择所需项目后按“确定”。

(4)职员资料属性注解。

① 代码和名称:必输项目,代码由用户自己定义,名称是职员的姓名。

② 职员类别:非必输项目,但如果用户要使用本软件的工资系统,则必须根据实际情况从辅助资料中的职员类别中选取,因为此内容的选择关系到工资分配的问题。

③ 开户银行及账号:非必输项目,但如果用户使用本软件工资系统且从银行发放工资,则必须输入每个职工的银行账号。

④ 部门名称:非必输项目,但使用工资系统的用户,最好选择一下,有利于职工的分类。

⑤ 其他:都是非必输项目,可以根据情况录入。

9. 新增仓库

(1)是业务系统处理业务操作中必不可少的内容,系统允许仓位分级设置,级次间以圆点分隔,各级次长度允许任意设置。

(2)执行“基础”|“公共资料”|“仓库”,进入仓库管理窗口,点击“新增”按钮,录入“001 原料仓”“002 成品仓”等仓库资料,如图3-19所示。

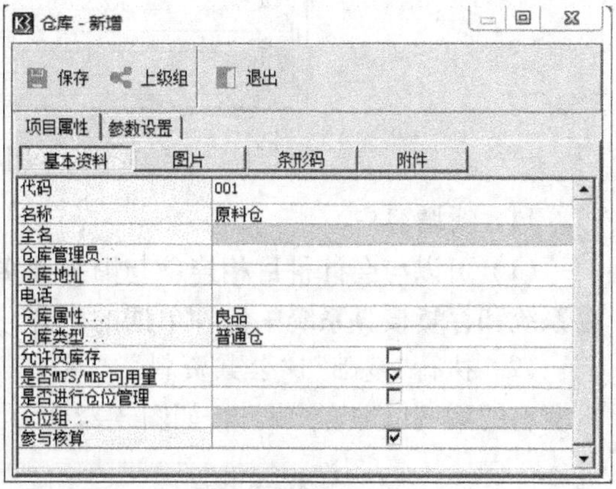

图 3-19

10. 新增供应商

(1)可以与会计科目相连参与财务账务处理,同时也是应付账款系统、采购系统、仓存系统和存货核算系统中各种单据的内容。

(2)执行“基础”|“公共资料”|“供应商”,进入供应商管理窗口,点击“新增”按钮,按实训资料的案例增加供应商资料,如图3-20、图3-21所示。

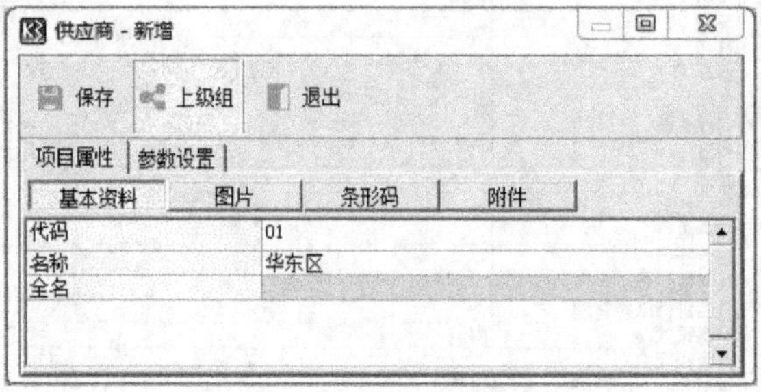

图 3-20

(3)在输入项目时,有些项目取自辅助资料等,当鼠标点击到该项目的空格时,会自动弹出下拉菜单供用户选择,也可在点击该项目空格后按F7键,选择所需项目后按“确定”。系统允许供应商分级设置,级次间以圆点分隔,各级次长度允许任意设置(如代码为01,名称为华东区,代码为01.01,名称为恒星公司),当第一级设定为供应商类别时,只要输入代码和名称即可。

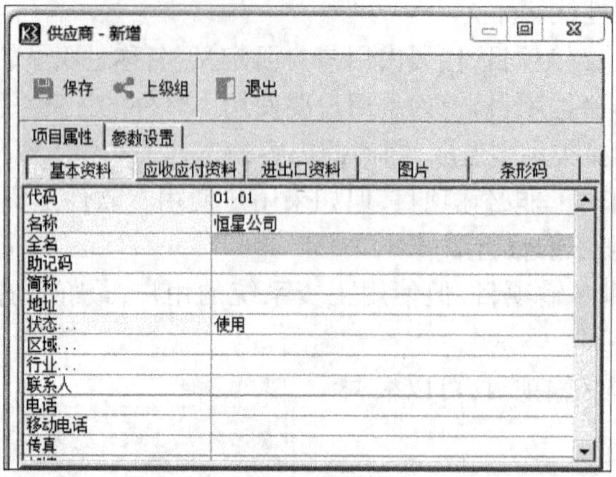

图 3-21

11. 新增客户

(1) 可以与会计科目相连参与财务账务处理,同时也是应收账款系统、采购系统、仓存系统和存货核算系统中各种单据的内容。

(2) 执行"基础"|"公共资料"|"客户",进入客户管理窗口,点击"新增"按钮,按实训资料的案例增加客户资料,如图3-22所示。

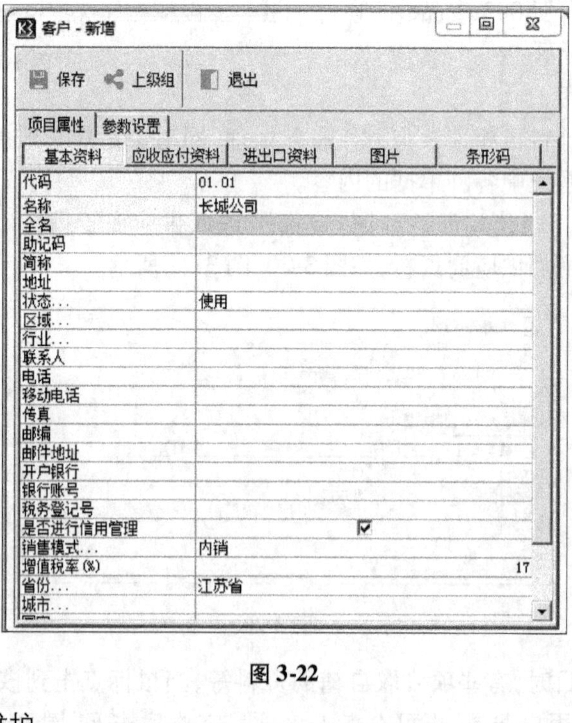

图 3-22

12. 会计科目维护

(1) 科目设置模块的功能是将单位会计核算中使用的科目逐一按要求描述给系统,

并将科目设置的结果保存在科目文件中，实现对会计科目的管理。用户可以根据会计核算和管理的需要，设置适合自身业务特点的会计科目体系。金蝶 K/3 中会计科目可以引入，但引入的只是一级科目，二级科目需要用户自行设置。会计科目的设置涉及物流系统核算及财务入账等关键操作，用户要慎重设置。在会计科目设置窗口中可以对会计科目进行浏览、增加、修改、删除、科目禁用、管理科目禁用、预算数据输入、科目计息的定义和全部科目属性情况预览、打印等操作，其具体操作与其他基础数据操作方式相似。

（2）执行“基础”|“公共资料”|“科目”，点击“新增”按钮，按实训资料的案例增加、修改相关会计科目。

（3）科目属性注解。

① 科目代码：代表会计科目的代码，会计科目的代码应该按照一定的规则进行编制，以便在使用中清晰明了，子科目与父科目之间是用小数点来进行分隔的。二级以后的明细科目代码位数设置可以根据用户的需要自行设定，没有限制。

② 助记码：非必输项目，输入目的是帮助用户输入时不必查询。

③ 科目名称：必须输入。

④ 科目类别：有六种法定的科目类别，每个类别都分成几个小类。

⑤ 余额方向：余额方向是指该科目的余额默认的余额方向，一般资产类科目的余额方向在借方，负债类科目的余额方向在贷方。会计科目的这项属性对于账簿或报表输出的数据有直接影响，系统将根据会计科目的默认余额方向来反映输出的数值。

⑥ 外币核算：选择不核算外币，表示该会计科目没有外币核算。

选择核算某一种外币，表示该会计科目核算一种外币。

选择核算所有外币表示该会计科目涉及所有的外币核算。

⑦ 期末调汇：如选择了外币核算，则必须选择，选择后系统将在月底自动进行期末调汇并生成一张凭证。

⑧ 往来业务核算：在一些需要核对往来业务的科目中设置，选择后此类科目在输入凭证时系统会要求输入往来业务核算代码，并会对此类科目进行往来业务核销。如果用户不用应收、应付子系统，则应收账款和应付账款要使用这项功能。此项选择将影响到“往来业务对账单”和“账龄分析表”的输出。

⑨ 现金等价物：用于现金流量表，如果该科目是现金类科目就选择，但非必输项目。一般现金类科目有现金、银行存款、其他货币资金和一部分短期投资及其明细科目。

⑩ 数量金额辅助核算：选择此项目后，会计科目不仅核算金额，而且核算数量，在输入凭证时要求用户既输金额又输数量（如果用户不使用购销存系统，而原材料、产成品等又需要核算数量，则该类科目要用到此功能）。

⑪ 单位组和缺省单位：只有选择了“数量金额辅助核算”这一功能后，才起作用。

⑫ 现金、银行科目：用于“现金”“银行存款”科目。

⑬ 出日记账：选择此项目后的科目会自动出日记账，一般用于“现金”“银行存款”科目。

⑭ 科目计息：企业为了准确地计算资金的时间价值，而需要对部分科目实行计算利息。例如“应收票据”等，并要录入“日利率”。

⑮ 预算科目：按用户实际情况输入，预算科目主要用于帮助用户建立预算管理体制，

通过设置科目预算值，提供事前监控的手段，当在录入凭证时，设置的科目数据超过科目预算值或低于预算值时，系统将提供不检查、警告、禁止使用三种方式给用户进行处理。点击“科目预算”，录入每月的预算数。

⑯ 核算项目：操作方法是，点击“核算项目”，再点击“增加核算项目类别”，选择所需核算项目类别。核算项目是金蝶 K/3 设置的一些特殊的项目资料，运用面非常广泛。与会计科目连用，其功能类似明细科目，但弥补了明细会计科目设置过多不利运行等缺陷，并能够重复使用下挂到各个科目下。

(4) 增设 1002.01 建设银行（不核算外币）、1002.02 中国银行（核算美元）、1002.03 工商银行（核算港币）。

本实训案例有外币业务，所以在录入会计科目时，在“外币核算”一栏选择计价币别。有外币核算的会计科目都必须在月末调汇，如果用户需要使用 K/3 系统提供的“自动调汇”功能，则必须在“期末调汇”栏打勾，否则只能手工录入凭证，如图 3-23 所示。

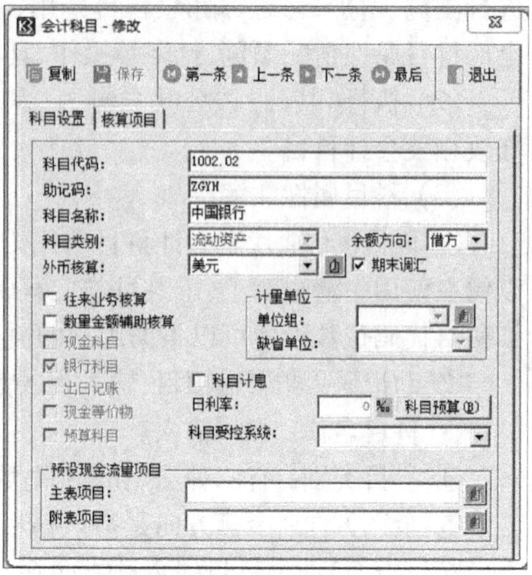

图 3-23

(5) 应收账款和应付账款要按往来单位进行核算。

① 应收账款科目可以直接挂核算项目“客户”（不设明细科目而设核算项目，是因为核算项目可以无限制地设置，如要新增客户，只要在核算项目中增加，与之相连的会计科目就能取到，明细下级科目在数量上有所限制，不够灵活）。应付账款科目下挂核算项目“供应商”，如图 3-24、图 3-25 所示。

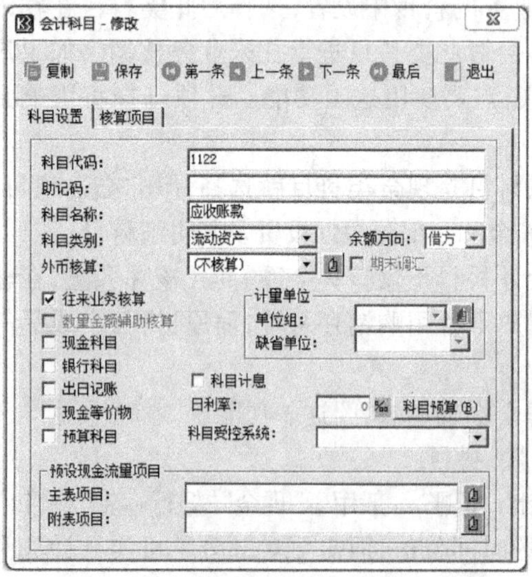

图 3-24

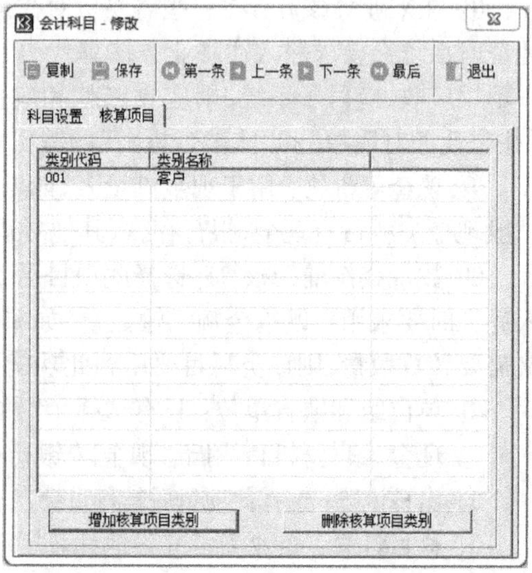

图 3-25

② 如果用户使用了 K/3 系统的“应收、应付管理系统”,在这里也可以不挂核算项目,将应收、应付账款作为总账科目,在“应收、应付系统”中有“业务核销”功能,具体明细账可以在“应收、应付系统”中找到,如果不用“应收、应付系统”,则一定要下挂核算项目。

(6) 其他应收款下设明细科目,1221.01 个人借款并按借款职员分别核算。

其他应收款和其他应付款科目一般用户都设有许多明细科目,用户可以根据自身需要设置。本案例中个人借款中按职员一一核算,可以将核算项目“职员”挂上;如果职员人数很多但大都用不到,则可以新设“个人借款名单”的核算项目类别,将有名字的职工加入,以后也可以添加。其他应收款下“1221.01 个人借款”设置方法如图 3-26、图 3-27 所示。

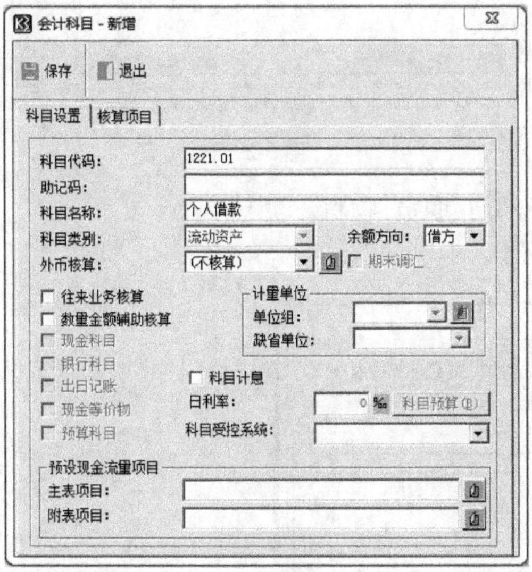

图 3-26

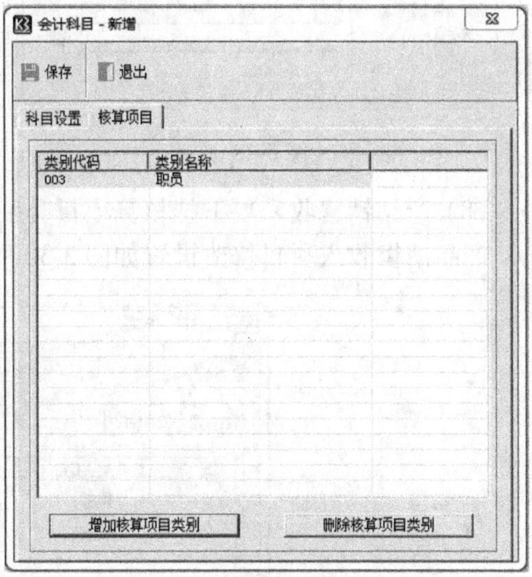

图 3-27

(7) 原材料、库存商品按具体物料核算,并且要核算数量。

本实训案例是按不使用 K/3 物流系统的用户设计的,如果使用物流系统,原材料和库存商品的数量核算可以在物流系统中进行,总账系统只要按大类计算金额即可(即相当于总账科目)。而根据本实训案例,在原材料和库存商品科目分别下挂“原料”和“成品”核算项目类别,并在“数量金额辅助核算”选项前打勾(进行数量金额核算),计量单位分别是公斤和件,如图 3-28、图 3-29 所示。

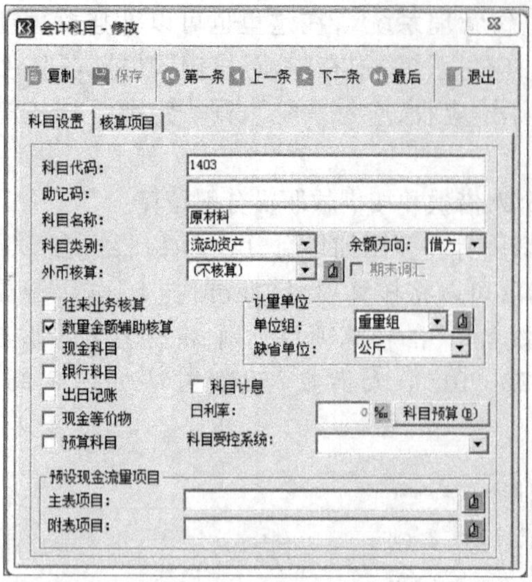

图 3-28

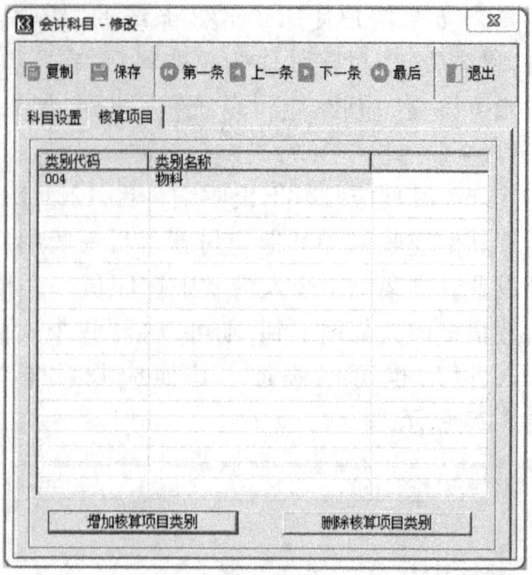

图 3-29

（8）产品销售收入要下挂核算项目类别：部门、职员、物料。

产品销售收入科目修改设置如图 3-30 所示。

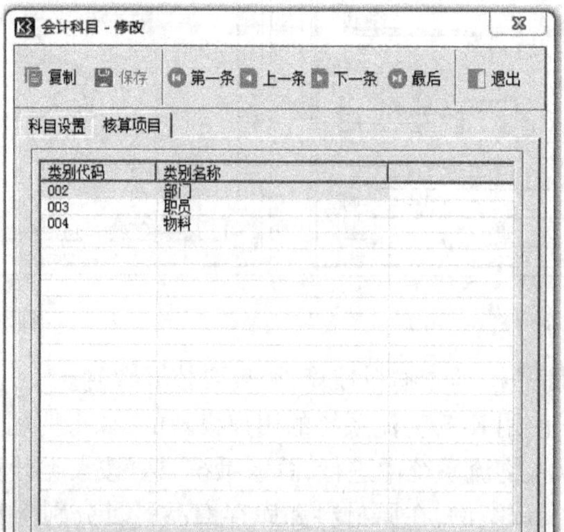

图 3-30

（9）管理费用科目设置。

管理费用下设 6602.01 工资及福利；6602.02 折旧费；6602.03 通信费；6602.04 其他；通信费下挂部门和职员，点击“科目预算”进行预算设置（通信费—销售一部/王林本年最高预算为 1 200 元，通信费 - 销售二部/赵立本年最高预算为 1 500 元），如图 3-31 所示。

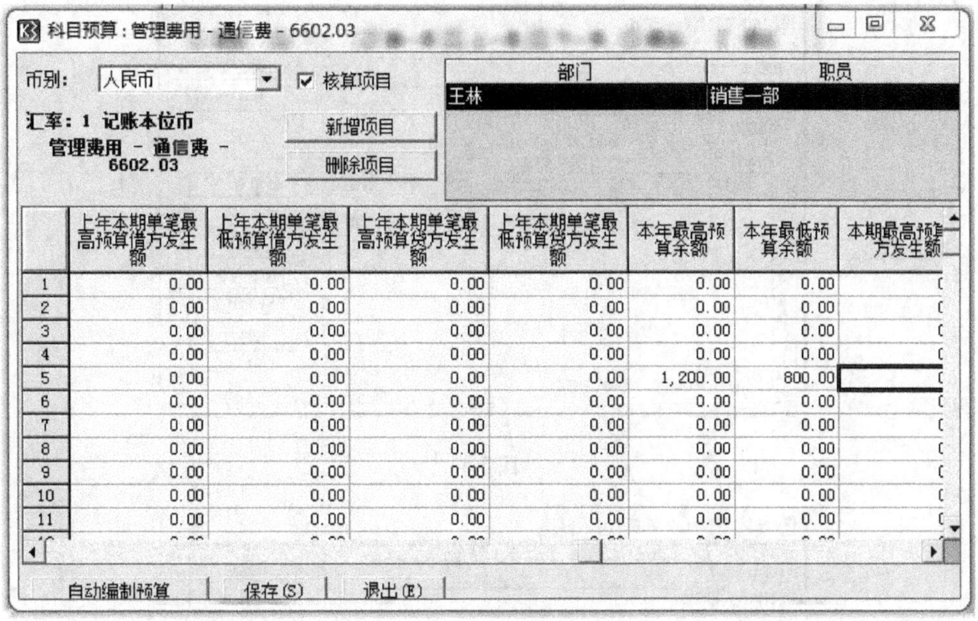

图 3-31

13. 新增“物料”资料

（1）物料的设置关系到 K/3 系统物流的结算，其商业、工业系统对于物料的设置各不相同，这里主要用于一些不使用物流供应链系统的用户在总账中使用物料进行的财务操作，以工业为例。

（2）执行“基础”|“公共资料”|“核算项目管理”，点击“新增”按钮，按实训资料的案例增加核算项目类别，可以在此处输入类别名称，并可输入相应的属性名称、属性类型及长度，当属性类型为整数、实数或日期时，不用输入长度。输入完毕后单击“确认”，则系统保存所增加的类别，单击“取消”则不保存。

（3）在此增加“原料”和“成品”两个核算项目类别。在增加核算项目类别时，用户可以根据需要在“新增核算项目类别”对话框中增加“自定义属性”字段，一般可以不设置。

（4）本实训案例是不使用物流系统的，所以“物料”核算项目就不能使用，因为在物料资料中有一项必填项目“存货、销售、成本科目代码”，此项目一经设定，数量金额核算就不能使用了，故在此新增两个核算项目类别“01 原料”“02 成品”，如图 3-32、图 3-33 所示。

（5）执行“基础”|“公共资料”|“物料”，点击“新增”按钮，按实训资料的案例增加物料资料。录入物料资料时注意先录入两个上级组“原材料”“产成品”，如图 3-34 所示；之后再录入这两个上级组中的存货，如图 3-35、图 3-36 所示。

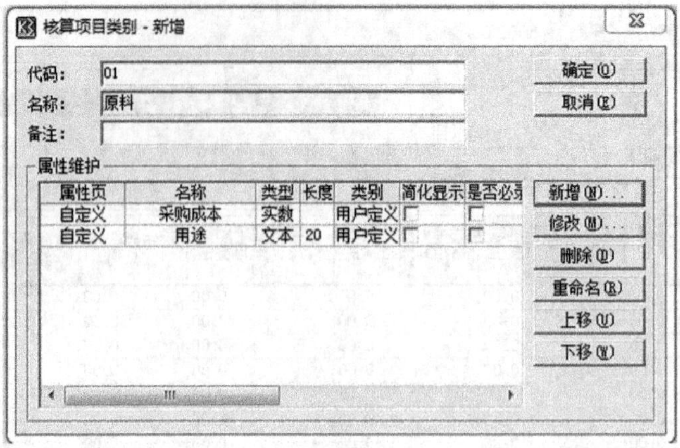

图 3-32

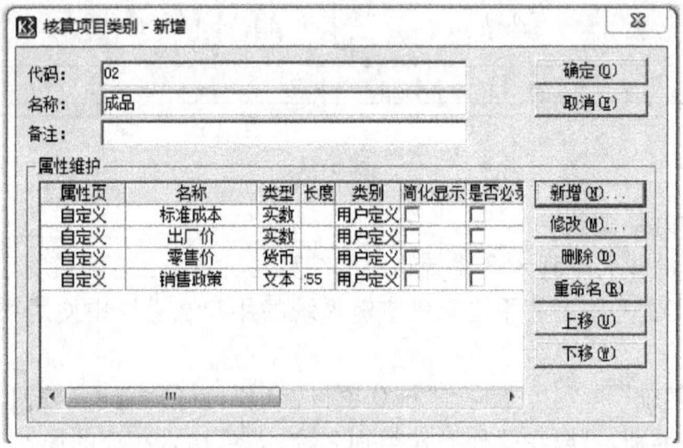

图 3-33

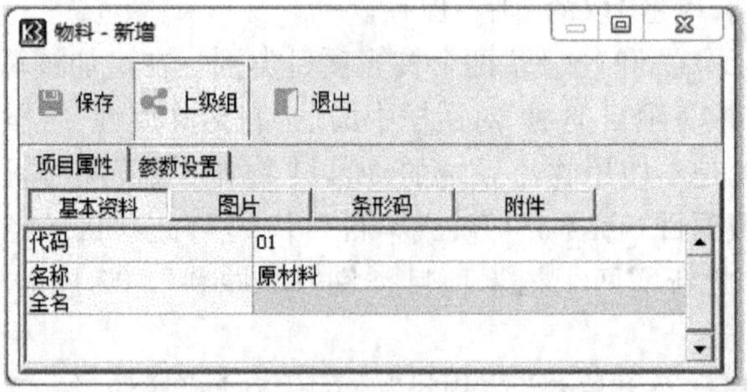

图 3-34

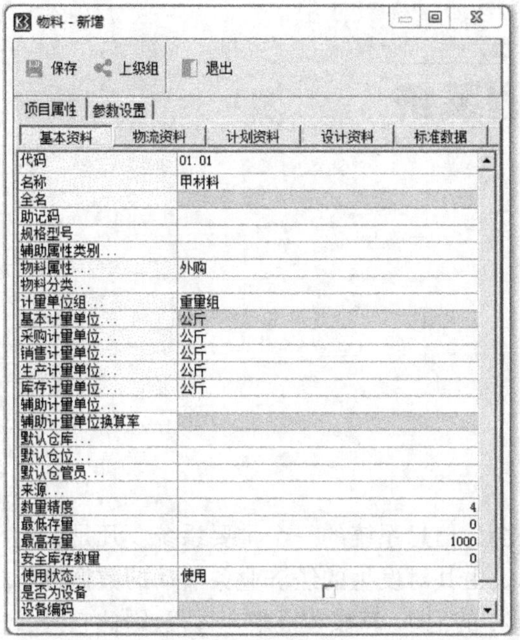

图 3-35

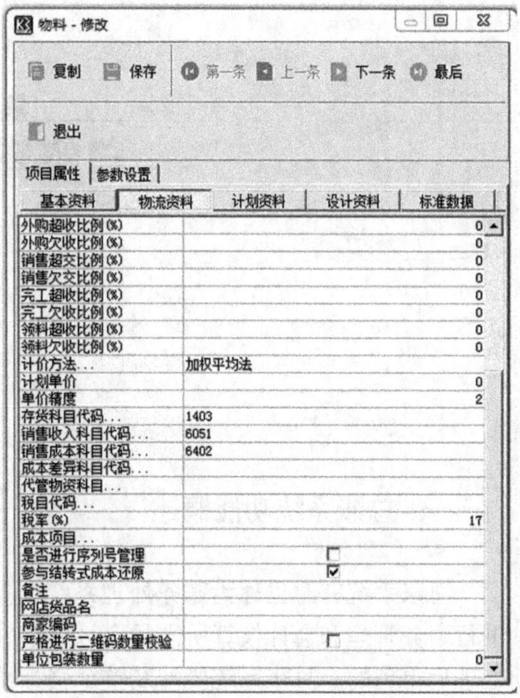

图 3-36

14. 账套备份

在“D:\非凡\”文件夹下建“基础资料”文件夹。由系统管理员 Admin 登录账套管理手动将账套备份输出至“D:\非凡\基础资料”。

第四章

总账管理系统

一、总账系统功能概述

总账系统有时也称为账务处理系统，它是会计信息系统的一个重要系统。凡是企业进行财务管理和会计核算所需的会计信息，都是由其对发生的经济业务活动的数据进行处理后得到的。总账系统要涉及整个会计核算中的记账、算账和报账全过程，因此它是会计信息系统的基础和核心，是整个会计信息系统最基本和最重要的内容。

总账系统是以凭证为原始数据，通过对凭证的处理，完成记账、结账、账表的查询与打印等账务处理工作。

完整的总账系统的功能结构包括以下内容：

1. 系统初始化

系统初始化包括科目初始数据引入、科目初始数据录入、现金流量初始数据录入、结束初始化和反初始化等。

2. 凭证处理

凭证处理包括凭证的录入、审核、查询、修改、记账、打印等功能。

3. 账簿管理

账簿管理包括总账、明细账、多栏账、核算项目账、余额表、日报表及各种汇总表查询、打印等功能。

4. 期末业务处理

期末业务处理主要完成期末结转业务记账凭证的自动编制，包括自动完成期末调汇、月末分摊、计提、期间损益结转等业务和期末结账等工作。

5. 往来管理

往来管理主要包括核销管理、往来对账、账龄分析、坏账统计分析等。

二、总账系统和其他系统之间的关系

总账系统是会计信息系统的核心系统，它概括反映企业供产销等全部经济业务的综合信息。它在整个会计信息系统中处于中枢地位,其他各个系统的数据都必须传输到总账系统中,同时要把数据传递到其他系统中供它们利用。

三、总账系统的业务处理流程

对于实际业务较简单、核算要求比较低的企业,可以只使用总账系统,按照“制单→审核→记账→结账”的核算流程进行操作即可。对于实际业务较复杂,核算要求较高的企业,可以使用总账系统的辅助核算功能进行核算管理,例如往来核算与管理。

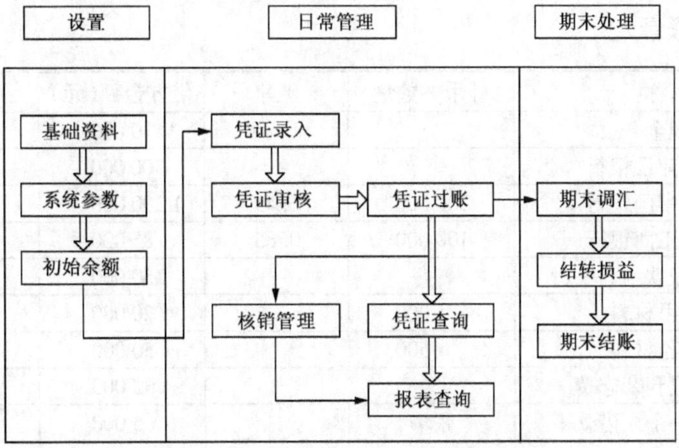

如果企业业务核算很复杂,管理要求很高,则可同时使用除总账以外的其他系统,共同进行账务处理,如使用应收款管理系统来进行客户往来核算,用薪资系统来进行薪资核算等,企业还可以使用购销存系统来进行购销存业务的核算管理。

实训三　总账系统初始化

总账系统初始化包括总账系统参数设置与期初余额输入。期初余额输入是指在利用会计软件建账时,如果以前是手工会计模式,则以建账日的前一天作为手工会计账的结账日,将手工会计账进行结账,核对无误后对数据经过整理加工再将其输入电子账簿中。

【实训准备】

引入基础资料设置的备份数据。将系统日期修改为“2017 年 01 月 01 日”,以符合实训资料要求。

【实训目标】

1. 掌握金蝶 K/3 中总账系统参数设置的内容与方法。
2. 理解总账系统参数设置在整个系统中的重要性。
3. 输入总账系统初始数据并结束初始化。

【实训内容】

总账系统参数。

总账系统期初数据录入。

【实训资料】

1. 设置总账系统参数

设置"本年利润"科目代码;启用往来业务核销;新增凭证检查凭证号;数量单价位数为2位;凭证过账前必须审核;账簿核算项目名称显示相应代码;凭证审核与反审核人必须为同一人;银行存款科目必须输入结算方式与结算号;现金流量科目必须输入现金流量项目;结账要求损益类科目余额为零;其他选项作为了解,保持系统默认设置。

2. 初始余额录入

科目名称	外币/数量	汇率	借方金额(元)	贷方金额(元)
库存现金			30 000	
银行存款—建设银行			500 000	
银行存款—中国银行	200 000	6.45	1 290 000	
银行存款—工商银行	100 000	0.85	85 000	
应收账款			150 000	
原材料—甲材料	1 000		20 000	
—乙材料	500		50 000	
预付账款—报刊杂志费			2 000	
其他应收款—个人借款	张华		5 000	
坏账准备				5 000
固定资产			560 0000	
累计折旧				900 000
应付账款				300 000
短期借款				100 000
实收资本				6 427 000
合　计			7 732 000	7 732 000

应收账款科目期初数据:

客户	时间	金额(元)	业务编号
长城公司	2016.12.06	80 000	001001
宏基公司	2016.11.25	70 000	001002
合　计		150 000	

应付账款期初数据:

供应商	时间	金额(元)	业务编号
恒星公司	2016.09.12	120 000	002001
王码公司	2016.06.03	180 000	002002
合　计		300 000	

【实训要求】

以增加的第二个操作员“你的姓名 B”的身份登录金蝶 K/3 主控台进行操作。

【操作指导】

1. 登录金蝶 K/3 主控台

以操作员“你的姓名 B”登录金蝶 K/3 主控台，此时由于该操作员是第一次登录金蝶 K/3 主控台，故需要验证手机号码，并设置登录密码，方法与前述“你的姓名 A”首次登录时操作方法相同。

2. 总账系统参数设置

(1) 登录金蝶 K/3 主控台，执行“基础”|“系统设置”|“系统设置”命令，打开“总账”中的“系统参数”。

(2) 弹出系统参数对话框，其中第一个“系统”中，用户只要填入用户企业的资料即可；第三个“会计期间”中内容是不得修改的，其启用时间与新建账套的启用期间相同（故总账的会计期间是由新建账套时确定的，不能更改）；第二个“总账”中参数是总账系统的基础，设置时用户要认真考虑再选择，如图 4-1 所示。

(3) 参数详解

“本年利润科目”：用户按右边选择键选择正确的本年利润科目。

“科目名称显示在科目代码前”：在凭证录入的时候，会计科目的显示一般情况下是科目编码显示在前，选中此项，则名称在前，编码在后，此为非必需项目。

“显示科目最新余额、预算额”：选中此项，可在凭证录入的时候，即时显示该科目的最新余额、预算额，包括未过账凭证，便于用户判断、决策和及时查询，用户可以按需要选择，建议用户选择。

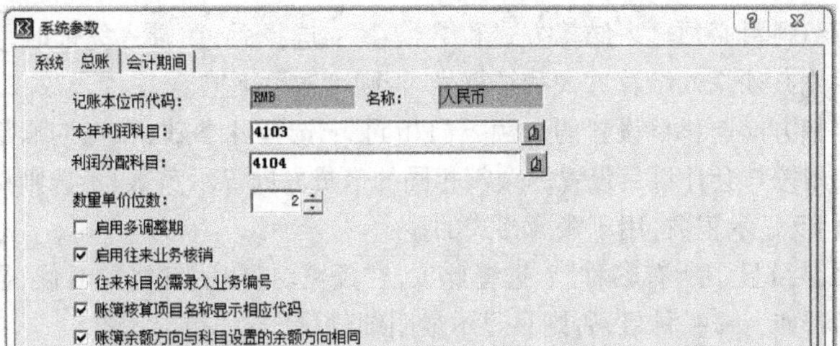

图 4-1

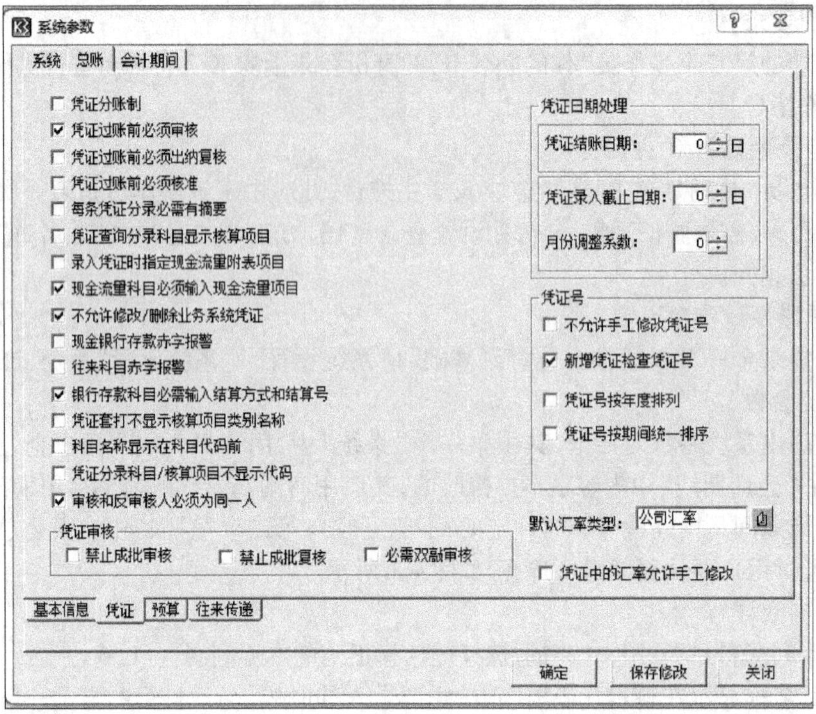

图 4-2

“结账前要求损益类科目余额为零”：如果选择该参数，则总账在结账前必须结转损益。损益结转采用账结法的企业，须选中此项；损益结转采用表结法的企业，则不需要此项选择。

“银行存款科目必须输入结算方式和结算号”：选择后，在录入凭证时，如果涉及“银行存款”科目则必须录入结算方式和结算号，否则可输可不输。

“账簿余额方向与科目设置的余额方向相同”：选择此参数，在查询账簿时如果会计科目是负数，则按与会计科目设置的余额相同的借贷方向显示负数，不选则按与科目设置的借贷方向相反显示正数，用于账簿格式的显示。

“明细账科目显示所有名称”：选择此项，在预览、打印明细账的时候，显示该明细科目的全部内容，如上一级科目；否则只显示最明细科目。

“现金流量科目必须输入现金流量项目”：选择此参数，则设置了现金流量的会计科目在录入凭证时就必须录入该会计科目所属的现金流量项目。

“账簿核算项目名称显示相应代码”：选择后在预览、打印账簿时，会显示核算项目的名称及相应的代码。

“启用往来业务核销”：选择此参数后，总账系统中各会计科目可以进行往来业务核销，此功能是针对会计科目设的参数。不使用 K/3 系统“应收、应付管理系统”的用户最好选择此参数，可以进行应收应付业务的账务核销，对于已使用 K/3 系统“应收、应付管理系统”的用户可以按业务需要对除应收、应付以外的会计科目进行设定。

“往来科目必须录入业务编号”：选择此参数后，设置了往来业务核算的会计科目在凭证录入时必须录入业务编号。

“凭证/明细账分级显示核算项目名称”：选择后在查看凭证/明细账时，会分级显示核算项目的名称。

“多栏账损益类科目期初余额从余额表取数”：选择此项后，多栏账制作时涉及损益科目的，则期初余额从余额表中取得。

“现金银行存款赤字报警”：选择此参数后，在录入现金、银行凭证时如果现金、银行存款出现负值，系统会自动发出警告。

“凭证分账制”：对于有外币核算的企业实现按外币原币进行独立的账务处理，其主要适用于金融行业，在凭证录入的时候，会计科目必须按选定的币别进行录入，保证外币核算的完整性。此参数一般只使用于金融行业，一般企业不选用。

“凭证号按年度排列”：有此选项，凭证号按年度排列，否则按每一会计期间排列。

“新增凭证检查凭证号”：在网络应用的时候，如果不需要系统分配的凭证号，自己录入，可选此项；否则，系统自动给新增的凭证增加凭证号。

“每条凭证分录必须有摘要”：选中此项，凭证录入时，系统会自动检测每条分录是否有摘要，如果没有则不予保存，如果有机制凭证，系统会自动在每条分录上添上摘要。

“凭证过账前必须审核”：对凭证过账作出限制。

“凭证审核”：系统提供两种限制，一是禁止成批审核，二是必须双敲审核。它主要是满足金融、证券等特殊行业的需要。

“科目预算”：系统对科目不符合预算（大于最高预算或小于最低预算）的科目录入提供三种选择：不检查、警告（可继续录入）、禁止使用（不可继续录入）。

3. 初始数据录入

（1）初始余额的录入分两种情况进行处理：一是账套的启用时间是会计年度的第一个会计期间，只需录入各个会计科目的初始余额；另一种情况是账套的启用时间非会计年度的第一个会计期间，此时需录入截止到账套启用期间的各个会计科目的本年累计借、贷方发生额、损益的实际发生额、各科目的初始余额，本实训案例启用期间为1月，是第一种情况。

（2）执行“基础”|“系统设置”|“初始化”|“总账”|“科目初始数据录入”命令，打开“初始数据录入”窗口。在初始数据输入窗口中系统以不同的颜色来标识不同的数据：白色区域：表示可以直接录入的账务数据资料，它们是最明细级普通科目的账务数据；黄色区域：表示为非最明细科目的账务数据，这里的数据是系统根据最明细级科目的账务数据或核算项目数据自动汇总计算出来的；绿色区域：系统预设或文本状态，此处的数据不能直接输入。

（3）中国银行和工商银行科目数据为外币业务，要选择“美元”和“港币”币别才能录入。其数据录入后在“人民币”状态下是无法看到的，必须选择“综合本位币”才能查看到“银行存款”的总额。如图4-3、图4-4所示。

图 4-3

图 4-4

(4) 如果科目设置了核算项目,系统在初始数据录入的时候,会在科目的核算项目栏中做一标记“对勾”,点击“对勾”,系统就自动切换到核算的初始余额录入窗口,每录完一笔,系统会自动新增一行。实训案例中“应收账款”和“应付账款”下设有核算项目,所以必须按“客户”和“供应商”明细录入,不能直接录入,必须点击“对勾”处,如图 4-5、图 4-6 所示。使用“应收、应付管理系统”的用户“应收账款”及“应付账款”的余额可以不录入而直接从“应收款管理系统”和“应付款管理系统”的期初余额处传送过来。

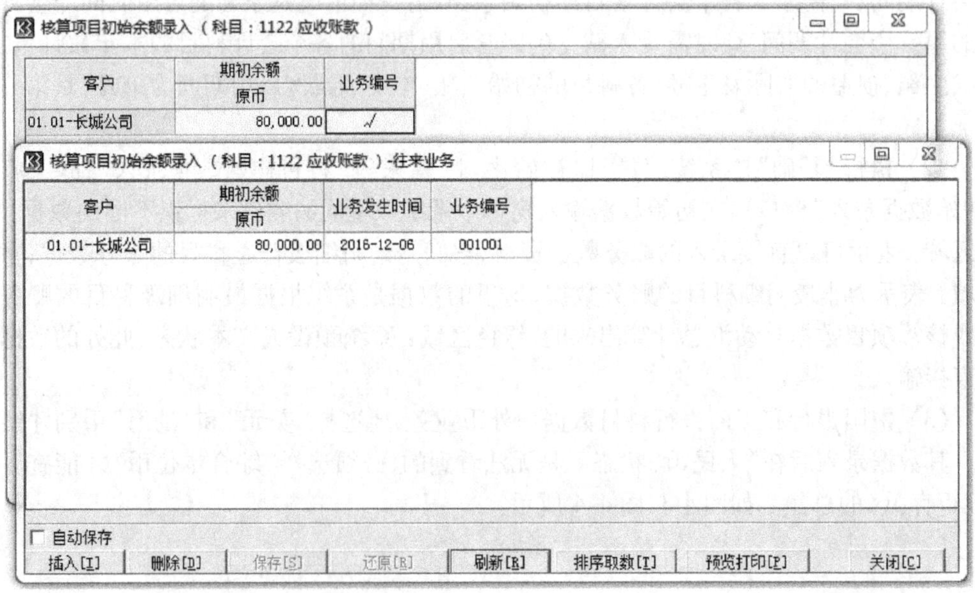

图 4-5

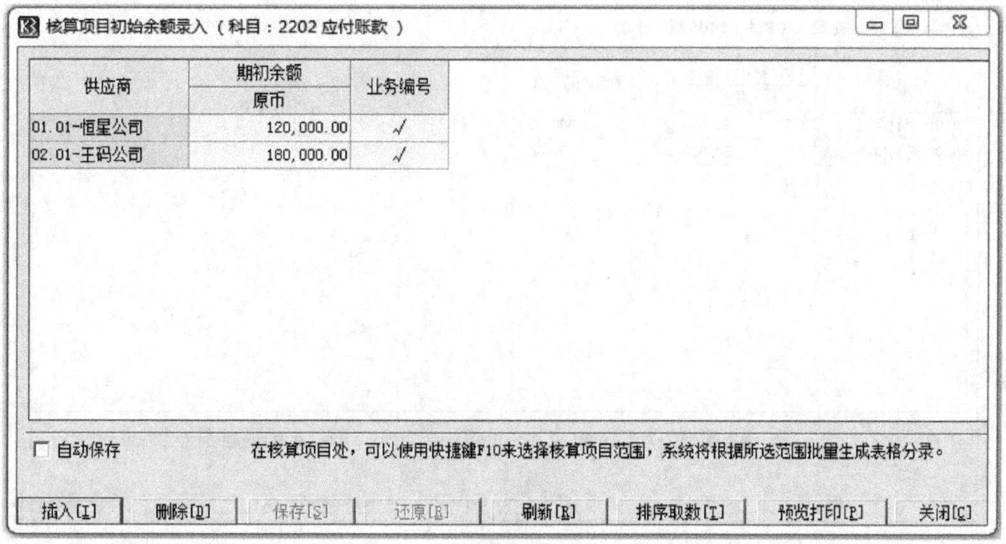

图 4-6

注意：如果已购买应收、应付管理系统，则应收、应付款项初始数据可在应收、应付管理系统里录入后再传递到总账系统，而不需要在总账系统里录入。

（5）如果科目是数量金额核算，当光标移到该科目时，系统自动弹出“数量”栏供用户录入；这里“原材料”是数量金额式的数据，录入时会自动弹出“数量”栏，又因为有核算项目，所以数量在“核算项目初始余额录入”对话框中录入，如图 4-7、图 4-8 所示。

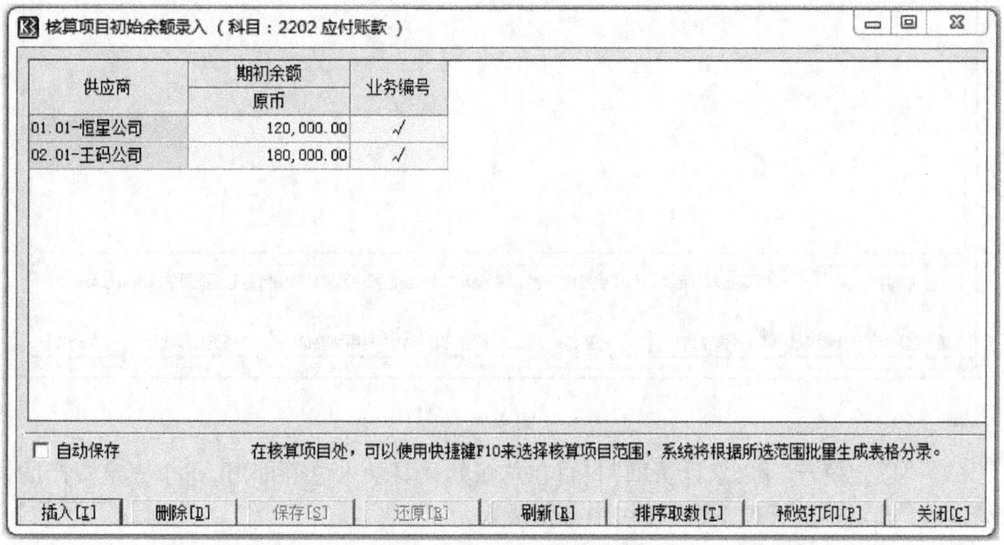

图 4-7

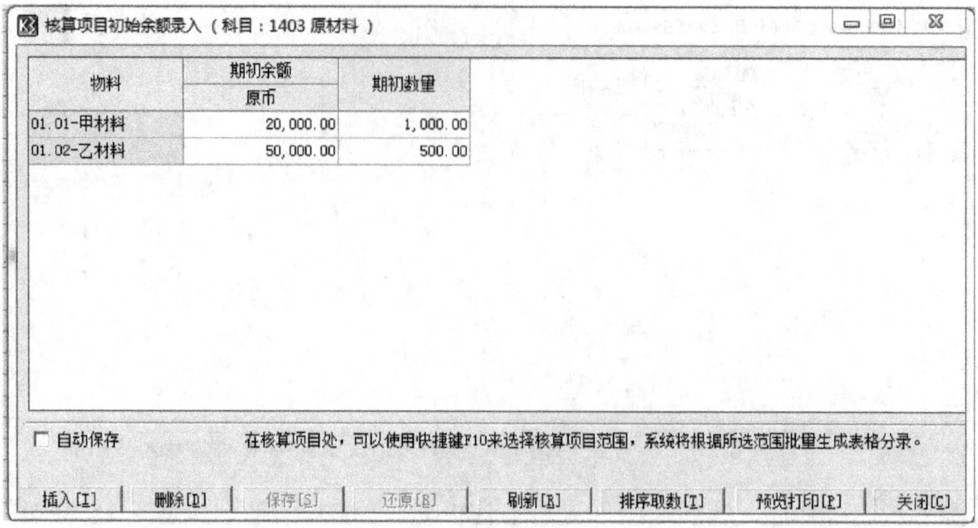

图 4-8

（6）实训案例资料中“其他应收款——个人借款”下设有“职员”核算项目，所以必须按“职员”明细录入，不能直接录入，必须点击“对勾”处，如图 4-9 所示。

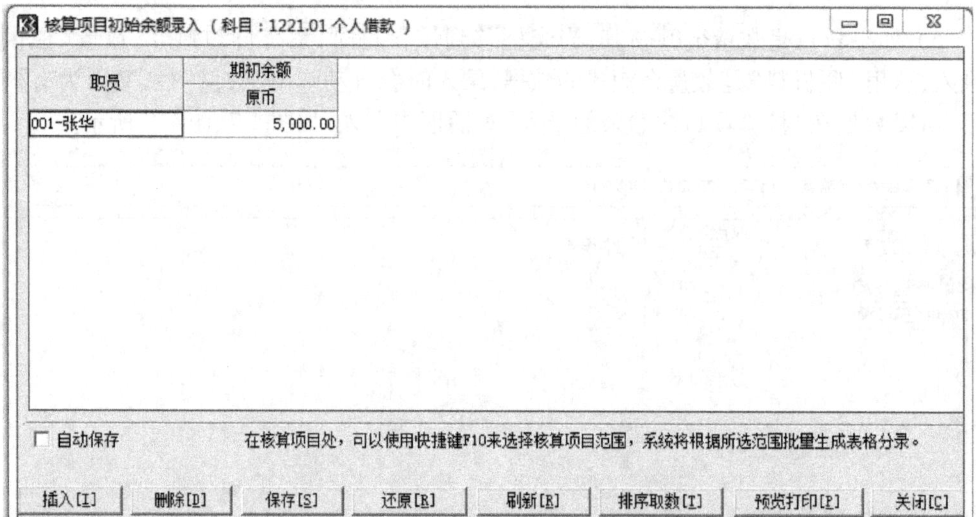

图 4-9

（7）“固定资产”和“累计折旧”科目在总账处只要录入总额即可，每个固定资产的详细资料在“固定资产管理系统”模块中分别录入。

（8）如果用户是从中间的会计期间做初始化的（比如 5 月份），则录入的初始数据是 4 月底、5 月初的余额数据，所有的会计科目都必须录入“本年借方累计发生额（数量）”“本年贷方累计发生额（数量）”和“期初余额（5 月初余额）”。而在处理损益类科目时有一些特别，就必须录入借贷方累计发生额（损益类科目每月月底余额一般都转入“本年利润”科目，所以月底余额也为 0），同时还必须多录入一项内容——“本年累计实际发生额”。(因为系统无法取到在账套启用之前所发生的损益类科目的实际发生额,所以这里就需要用户将损益类科目的本年累计实际发生额在初始化时录入系统,这样系统才能对损益类科目的实际发生额进行处理,才能保证有关业务资料数据的准确。损益类科目的本年累计实际发生额与损益类科目的借方累计或贷方累计数是不同的,它们之间往往会不一致。例如:某年的营业收入为2 000万元,后来又发生销货退回20万元,那么营业收入的实际发生额为1 980万元。但在实际进行账务处理时,退货的20万元就有可能会借记“销售收入”,这样销售收入的累计贷方就是2 000万元,这显然与销售收入的实际发生是不一致的。因此,在输入本年累计损益实际发生额项目时一定要输入它的实际发生额数据,否则将来在输出利润表及其他有关损益类科目的报表时,所取数据可能会不正确。)

(9) 数据输入无误后,点击“平衡”图标按钮或查看栏中的“试算平衡”项目,系统会弹出试算平衡表窗口对数据进行试算平衡。系统进行试算平衡时是将所有的有关账务数据全部合计在一起进行的,因此只有将所有的本位币、外币、核算项目、数量金额账等全部数据录入完毕之后才能够进行总账数据的试算平衡,试算平衡后就可以结束初始化了。

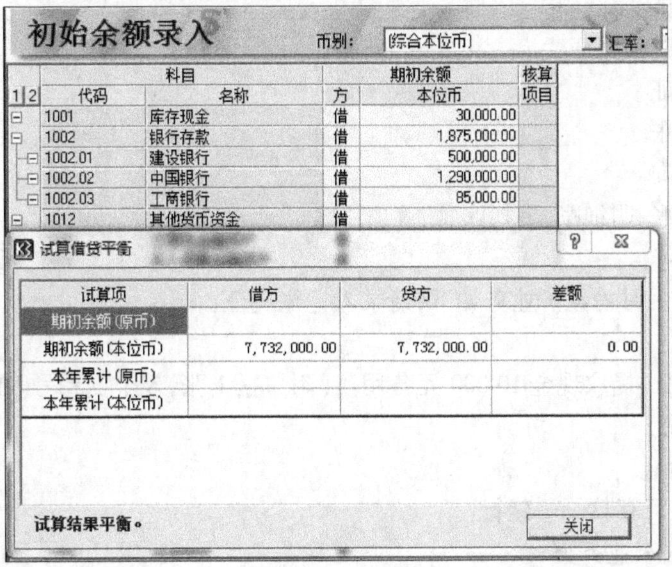

图 4-10

4. 结束初始化

(1) 执行“基础”|“系统设置”|“初始化”|“总账”|“结束初始化”命令,结束总账系统的初始化。

(2) 当总账系统的初始化工作结束后发现问题时,可以点击“基础”|“系统设置”|“初始化”|“总账”|“反初始化”修改数据。

5. 账套备份

在“D:\非凡\”文件夹下建“总账初始化”文件夹。由系统管理员 Admin 登录账套管理手动将账套备份输出至“D:\非凡\总账初始化”。

实训四　总账系统日常业务处理

【实训准备】

引入"D:\非凡\总账初始化"的备份数据。将系统日期修改为"2017 年 1 月 31 日"。

【实训目标】

1. 掌握金蝶 K/3V14.2 管理软件中总账系统日常业务处理的相关内容。
2. 掌握总账日常业务类型、操作方法及步骤。
3. 掌握账簿查询的内容与方法。

【实训内容】

1. 设置常用摘要
2. 填制凭证
3. 修改与删除凭证
4. 审核凭证
5. 凭证记账
6. 凭证查询
7. 查询总账、明细账、多栏账、核算项目账

【实训资料】

1. 2017 年 1 月份经济业务如下,请录入记账凭证:

(1) 提现类

业务 1:5 日,提取现金 10 000 元备用。(附单据 1 张,现金支票号 XJ001)

摘要:提现

借:库存现金　　10 000

　　贷:银行存款——建行　　10 000

(2) 应付往来业务类

业务 2:10 日,偿还前欠恒星公司的货款 120 000 元。(附单据 1 张,银行转账支票号 ZZR001)

摘要:偿还欠款

借:应付账款——恒星　　120 000

　　贷:银行存款——建行　　120 000

(3) 多核算项目类

业务 3:15 日,销售一部王林向宏基公司销售 A 产品 80 件,每件售价 500 元(不含税价),货款客户暂欠。(附单据 1 张,销售适用税率 17%)

摘要:赊销商品

借:应收账款——宏基公司　　46 800

　　贷:主营业务收入——销售一部 / 王林 / A 产品(80 件)　　40 000

应交税费——应交增值税——销项税额 6 800

业务4：16日，销售二部赵立向天达公司销售B产品100件，每件售价200元(不含税价)，货款客户暂欠。(附单据1张，销售适用税率17%)

摘要：赊销商品

借：应收账款——天达公司 23 400

贷：主营业务收入——销售二部/赵立/B产品(100件) 20 000

应交税费——应交增值税——销项税额 3 400

(4) 数量金额业务类

业务5：20日，采购甲材料1 000公斤，单价50元/公斤；乙材料500公斤，单价40元/公斤，以建行存款支付。(附单据4张，银行转账支票结算号ZZR002)

摘要：采购材料

借：原材料——甲材料 50 000(1 000公斤)

——乙材料 20 000(500公斤)

应交税费——应交增值税——进项税额 11 900

贷：银行存款——建设银行 81 900

(5) 涉及外币业务类

业务6：25日，收到某外商交来投资款20 000美元，存入中行美元户，双方约定按汇率为6.45确定投资方股权。(附单据2张，银行转账支票结算号ZZR003)

摘要：收到投资

借：银行存款——中国银行 20 000×6.45 129 000

贷：实收资本 129 000

(6) 个人往来业务类

业务7：26日，销售一部王林借差旅费800元，现金支付。(附单据1张)

摘要：借支差旅费

借：其他应收款——个人借款(王林) 800

贷：库存现金 800

(7) 部门核算项目业务类

业务8：30日，支付财务部、供应部与行政部人员本月通信费。(附单据3张)

摘要：支付通信费

借：管理费用——通信费/财务部/张华 400

——通信费/供应部/钱益明 500

——通信费/行政部/李萍 300

贷：库存现金 1 200

2. 凭证其他相关操作

(1) 将前面所做的所有记账凭证审核、过账。

(2) 假设当月5日的提现记账凭证金额出错，正确应为1 000元，请用红字冲销法更正。

3. 查询管理费用总分类账、明细账

4. 查询应交税费——应交增值税多栏式明细账

5. 查询应付账款——恒星公司总账

6. 查询应付账款——恒星公司明细账

7. 查询“主营业务收入”的核算项目组合表

【实训要求】

1. 以增加的第一个用户“你的姓名 A”的身份登录填制凭证,修改凭证、删除凭证;

2. 以增加的第二个用户“你的姓名 B”的身份进行凭证审核,查询凭证、记账、账簿。

【操作指导】

一、凭证录入

1. 操作员登录

以操作员“你的姓名 A”的身份登录主控台,执行“财务”|“财务会计”|“总账”|“凭证处理”|“凭证录入”命令,打开“凭证录入”对话框,如图 4-11 所示。

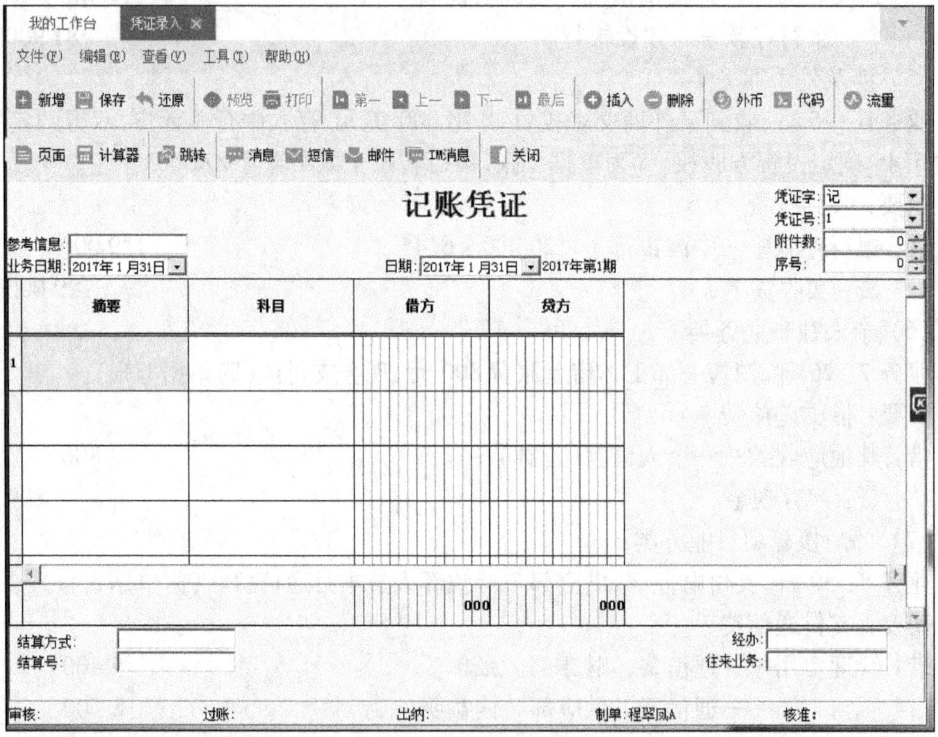

图 4-11

有关凭证按钮说明如下:

① 新增:用于新增凭证。

② 保存:用于保存录入的凭证内容。

③ 还原:发现凭证录入错误,要将凭证内容整个删除,可以点击“还原”。“还原”功能并非将已保存后的凭证删除,而是将凭证保存前的操作全部废除。

④ 插入、删除：插入或删除凭证中的某一条分录。

⑤ 外币：外币凭证的格式和一般凭证的格式不同，用于两者格式的切换。

⑥ 代码：查询功能，按 F7 也可，用于查询系统提供的各种资料和参数，在凭证录入时有“摘要”“会计科目”和各种“核算项目”可以查询。

⑦ 流量：针对科目属性中指定为现金类科目或现金等价物的会计科目，可以在此定义其现金流量内容，是做现金流量表的一种方法。

⑧ 关闭：退出凭证录入界面。

⑨ 日期：凭证录入的日期，录入后业务日期会跟着改变。系统会自动给出上一次录入的最后一张凭证的日期，可以修改。凭证录入的日期若在当前的会计期间之前，则系统不允许输入；但允许输入本期以后的任意期间的记账凭证，在过账时系统只处理本期的记账凭证，以后期间的凭证不作处理。

⑩ 凭证字：从下拉菜单中选择用户需要的凭证字，本实训案例为“记”。

⑪ 凭证号：凭证会按号自动产生。

⑫ 附件数：直接录入凭证后原始单据的数量。

⑬ 摘要：对凭证分录的文字解释，可以直接录入，也可以用 F7 到摘要库中读取。系统提供了摘要库的功能，在凭证录入界面，将光标移动到摘要栏，按功能键 F7，您可以选择已录入摘要库中的摘要，点击“确定”后，摘要会自动添入当前的凭证中，可以对摘要库进行编辑：增加、修改、删除。

⑭ 会计科目：录入科目代码，可以按 F7 查询。

⑮ 核算项目：在凭证界面正下方的中间，如果会计科目下挂了核算项目，则会根据下挂的核算项目类别自动显示出来，核算项目内容可以按 F7 查询。

⑯ 金额：在输入完前面的项目以后，如果没有外币和数量的分录，就可以输入金额了，金额分为借方金额和贷方金额两栏，每条分录的金额只能在借方或贷方，不能在借贷双方同时存在。若要输入负金额，在录入数字后再输入“ - ”号，系统即会以红字显示。如果需要清除金额栏中的数据，只需将光标移至金额处，敲“ESC”键即可。

⑰ 币别、汇率、原币金额：当会计科目有外币核算时，点击“外币”键转换到外币凭证格式。币别可以按 F7 查询，汇率在选择了币别后自动提供。原币金额是指外币的金额，录入后系统会根据外币汇率 × 原币金额得出本位币的金额。

⑱ 单位、单价和数量：当会计科目要进行数量金额核算时，系统会自动弹出数量格式让用户录入。单位系统会根据会计科目属性中提供的内容自动出现，用户只要录入单价和金额即可。系统会检验数量单价的乘积是否与原币金额相等，如不相等，系统会提示是否继续。

⑲ 往来业务：对选择了核算往来业务的会计科目，要录入往来业务的编码。

⑳ 结算方式和结算号：银行存款的结算方式和结算单据的号码，用户可以录入也可以不录入。

㉑ 经办：对于涉及“现金”和“银行存款”等科目的凭证，每做完一笔，出纳人员都需要在凭证上面签字，此时，可以点击“编辑”菜单中的“出纳复核”，系统会自动地将当前用户的姓名添在凭证的“出纳”栏上，您还可以直接将经办人的姓名写在凭证上。

㉒ 如果在系统参数中设置了"显示科目最新余额和预算额",在凭证录入界面的左上角(新增、保存和还原键下方)会出现该分录会计科目的最新余额和预算额。用户在此可以对有预算的科目进行控制。

2. 业务1:银行科目类操作指导

(1) 以"你的姓名 B"身份登录凭证录入功能模块。

(2) 单击"新增"按钮。

(3) 将光标移至"日期",单击"日期"尾部的索引按钮,修改凭证日期为"2017 年 1 月 5 日"。

(4) 将光标移至凭证右上角"凭证字"处,单击"凭证字"右端的参照按钮,根据经济业务选择相应的凭证类别,凭证号一般由系统自动编号。本实训案例由于凭证字只有一种,故所有经济业务系统均默认凭证字为"记"字,用户无须选择,录入附件数"1"(即现金支票的存根联),如图 4-12 所示。

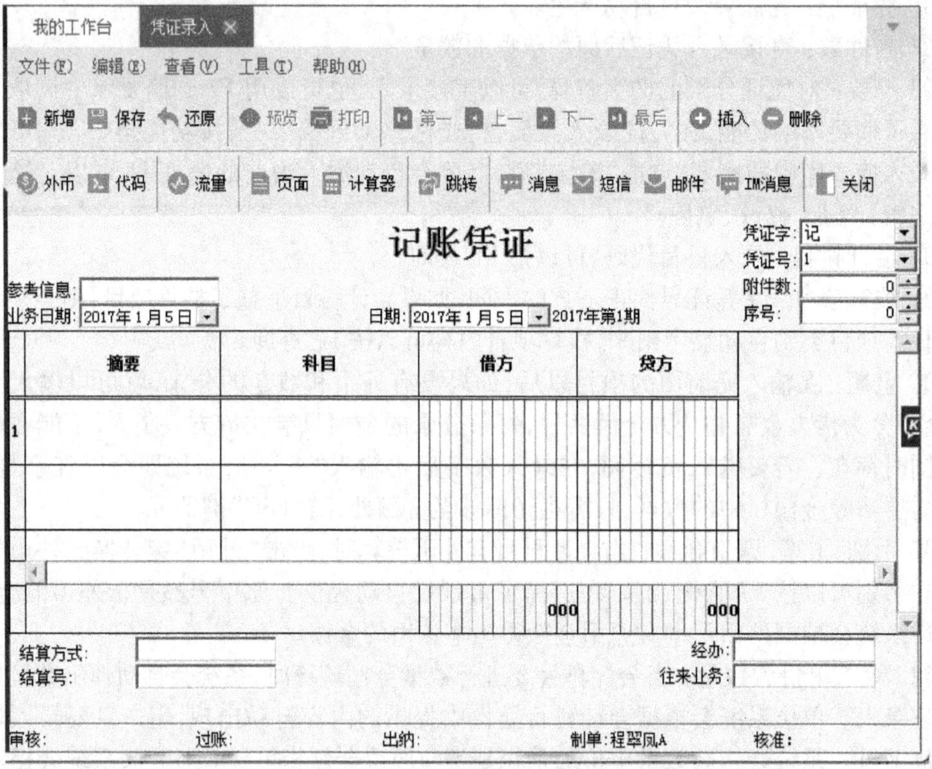

图 4-12

(5) 将光标移至"摘要"栏,按键盘上"F7"功能键,系统弹出"凭证摘要库"窗口,点击"编辑"选项卡,如图 4-13 所示。

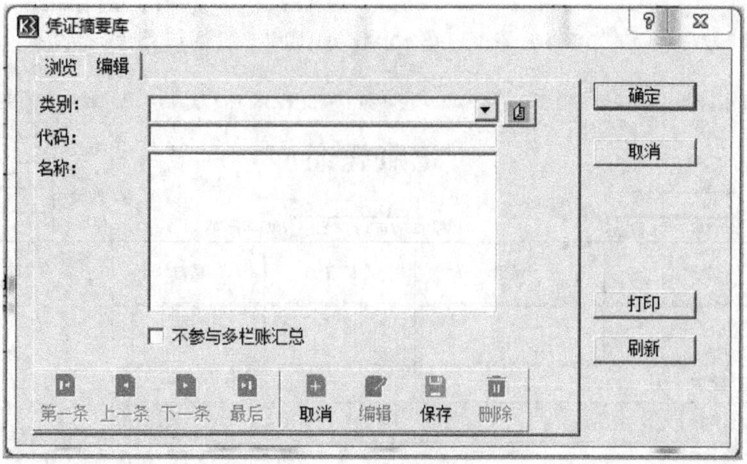

图 4-13

（6）点击“类别”右端的 ，弹出“摘要类别”编辑窗口，点击“编辑”选项卡，再点击“新增”按钮，输入“货币资金”凭证类别，点击“保存”按钮，如图 4-14 所示。

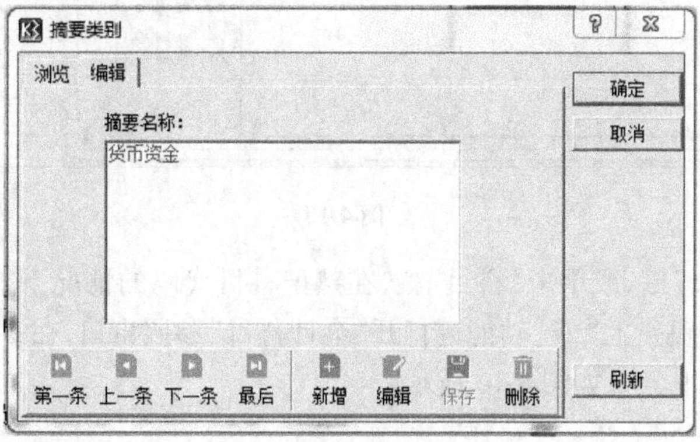

图 4-14

（7）选择“货币资金”类别，输入摘要代码“001”，名称处输入“提现”，点击“确定”按钮，其他需要的常用摘要均可按此方法添加，添加完成后关闭凭证摘要库。

（8）在凭证录入窗口摘要处按键盘上“F7”功能键，在“凭证摘要库”窗口中选择“提现”这一摘要，如图 4-15 所示。

（9）常用摘要可采用上述方法，另外摘要也可在摘要栏直接输入摘要内容，如“提现”。

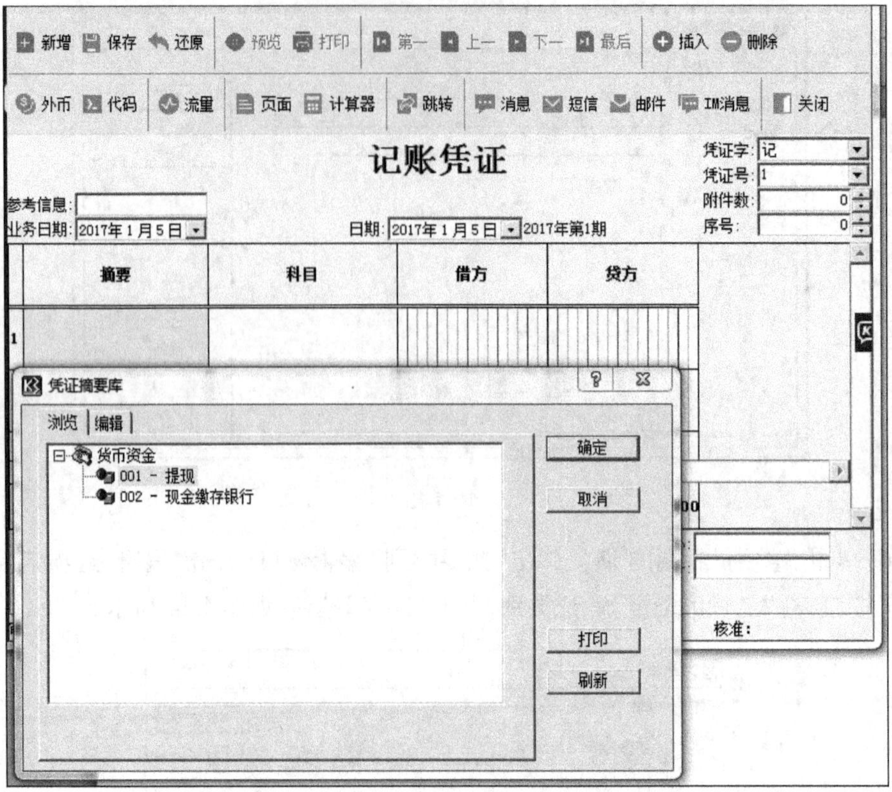

图 4-15

（10）按“Enter”键，或单击“科目”栏，在熟记科目代码的情况下直接输入“1001”，也可双击科目栏或按键盘上“F7”功能键打开“会计科目”参照窗口，在参照窗口选择“资产”类科目“1001 库存现金”，如图 4-16 所示。

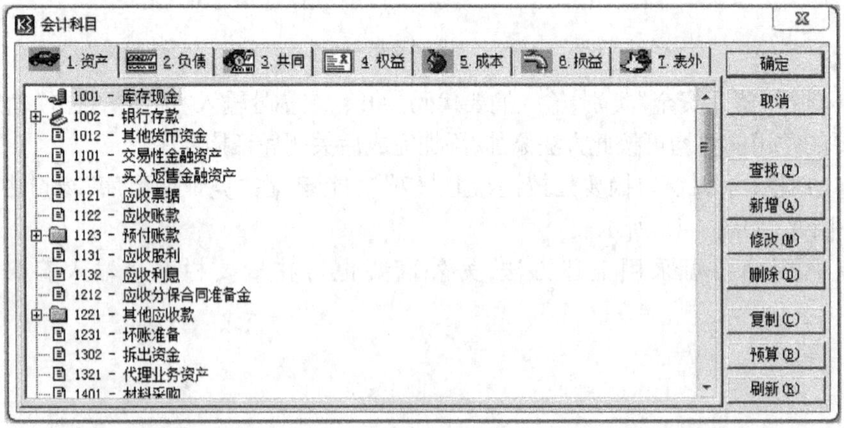

图 4-16

（11）按“Enter”键，或单击“借方”栏，录入金额“10 000”，完成凭证第一行录入。

（12）按“Enter”键，将光标移至第二行“摘要”栏，可复制上一行摘要或按键盘上

"F7"功能键在常用摘要库中选择相应摘要即可。

(13) 按"Enter"键,在"科目"栏手工录入"1002.01",也可双击科目栏或按键盘上"F7"功能键打开"会计科目"参照窗口,在参照窗口选择"资产"类科目"1002.01 建设银行"。

(14) 按"Enter"键,或单击"贷方"栏,录入贷方金额"10 000",或直接按键盘上"="键,系统自动按借贷相等的等式添加贷方金额。

(15) 此处由于第二行的会计科目"1002.01 建设银行"是银行科目,故系统弹出"辅助项"窗口。在"辅助项"窗口的"结算方式"栏按键盘上"F7"功能键,选中"JF06 现金支票",在结算号处输入"XJ001",再在"经办"处输入"张华",单击"保存"按钮,如图 4-17 所示。

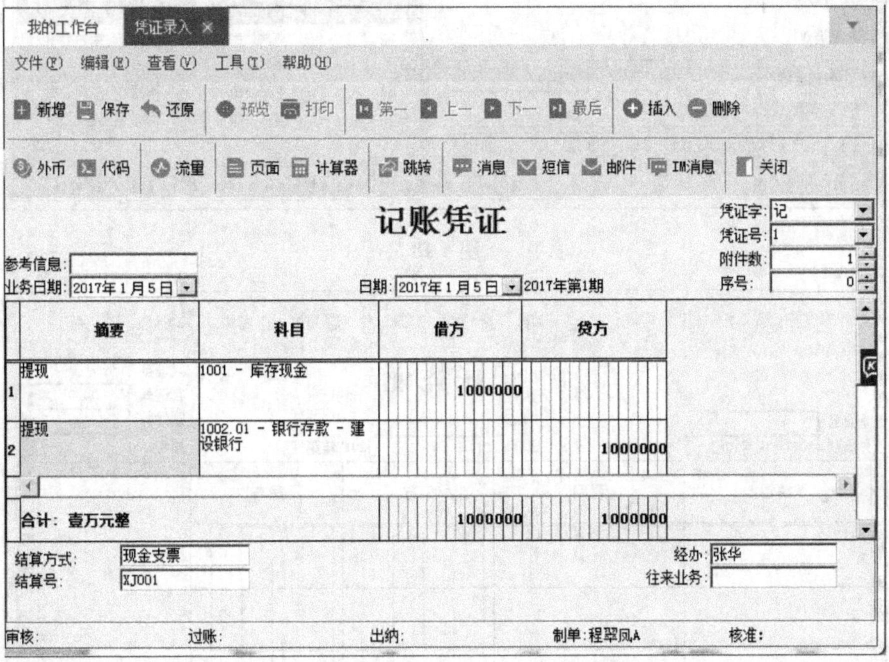

图 4-17

3. 业务2:应付往来业务类操作指导

涉及"应付账款""应收账款"科目的,在启用"应付、应收系统"的情况下,一般由单据自动生成并将凭证传入总账系统,这里主要讲述在总账系统直接录入应付、应收往来业务类的操作。

(1) 在凭证录入模块,单击"新增"按钮。

(2) 将光标移至"日期",单击"日期"尾部的索引按钮,修改凭证日期为"2017.01.10"。

(3) "凭证字""凭证号""附件数""摘要"操作方法与业务 1 相同,不再赘述。

(4) 按"Enter"键,或单击"科目"栏,在熟记科目代码的情况下直接输入"2202",也可双击科目栏或按键盘上"F7"功能键打开"会计科目"参照窗口,在参照窗口选择"负债"类科目"2202 应付账款"。

（5）“2202 应付账款”科目为供应商核算项目，故需在“辅助项”窗口“供应商”处按键盘上“F7”功能键打开“核算项目——供应商”参照窗口，勾选“高级”即☑ 高级(V)，单击“搜索”，如图 4-18 所示；选中“恒星公司”，点击“确定”，如图 4-19 所示，录入借方金额“120 000”。

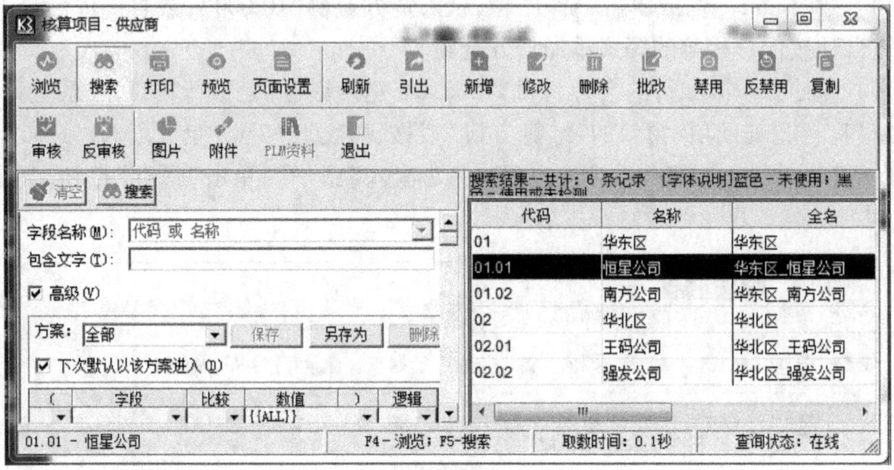

图 4-18

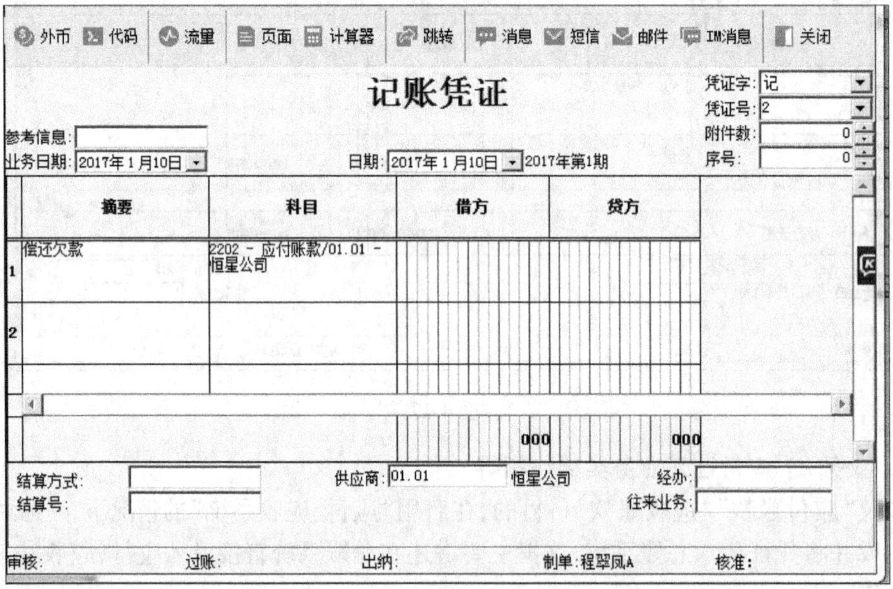

图 4-19

（6）按“Enter”键，光标移至第二行“摘要”栏，复制上一行摘要。

（7）按“Enter”键，在“科目”栏手工录入“1002.01”；或按参照按钮，在“科目”窗口选中“1002.01 建设银行”并双击。在“辅助项”窗口的“结算方式”栏选中“JF07 转账支票”，结算号处录入“ZZR001”，经办人处输入“张华”，贷方金额处按“＝”号，单击“保存”按钮；由于该科目是现金流量科目，系统弹出“现金流量项目指定”窗口，如图 4-20 所示。

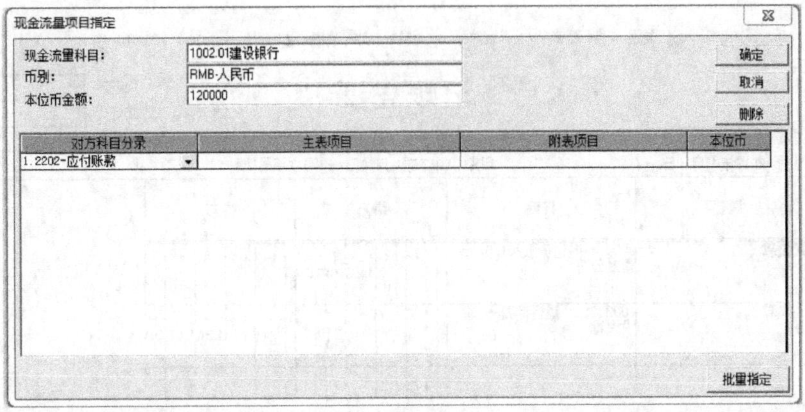

图 4-20

（8）在“主表项目”栏按键盘上的“F7”功能键，打开“核算项目——现金流量项目”参照窗口，勾选“高级”即☑ 高级(V)，单击“搜索”，如图 4-21 所示；选中“购买商品、接受劳务支付的现金”并双击，如图 4-22 所示，再单击“确定”按钮，输入的业务 2 的凭证界面如图 4-23 所示，最后单击“保存”按钮保存凭证。

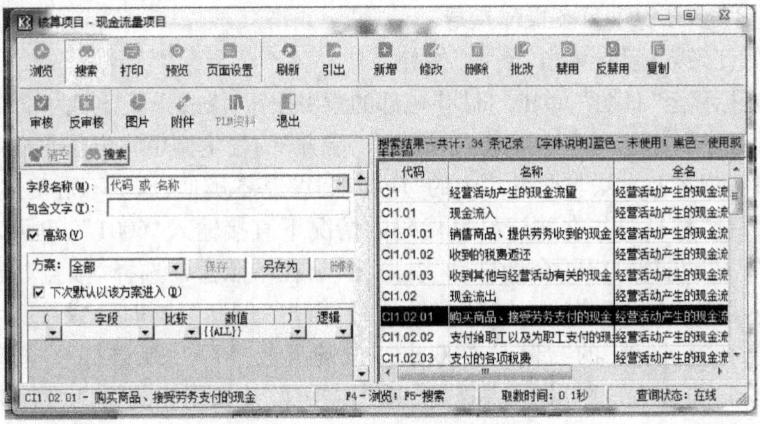

图 4-21

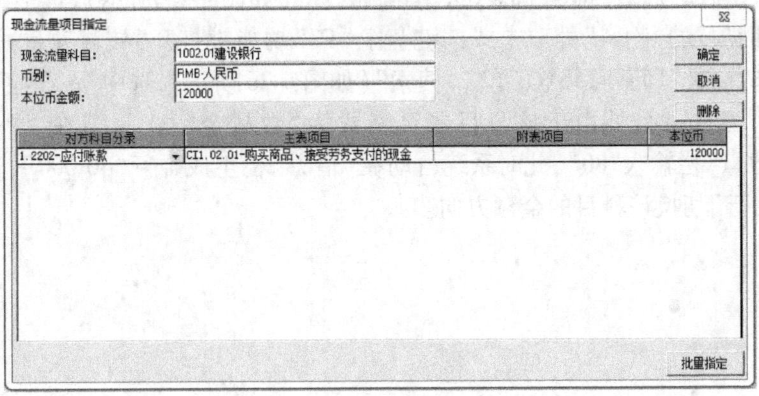

图 4-22

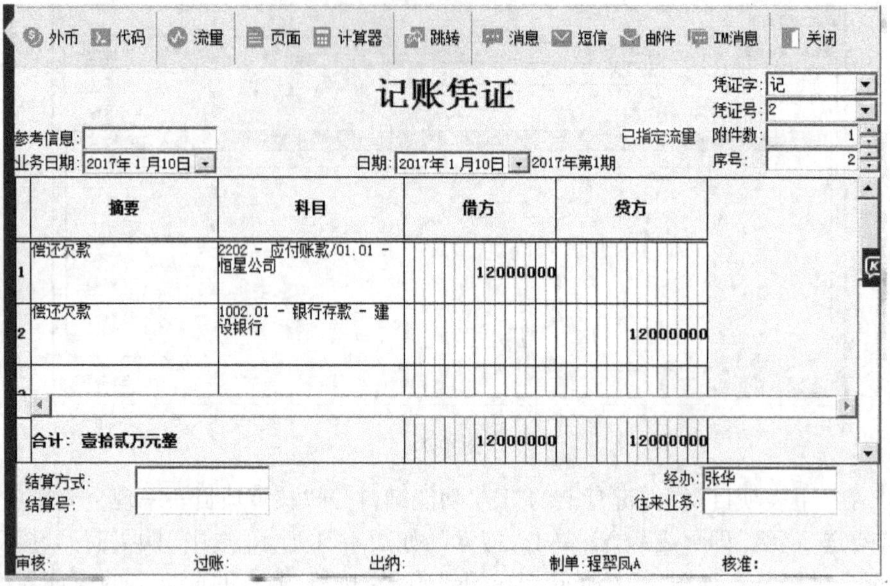

图 4-23

4. 业务 3：多核算项目类操作指导

（1）在凭证录入模块，单击“新增”按钮。

（2）将光标移至“日期”，单击“日期”尾部的索引按钮，修改凭证日期为“2017.01.15”。

（3）“凭证字”“凭证号”“附件数”“摘要”“借方”的发生额填写方法与前相同，“应收账款”科目填写内容及方法与业务 2 中的“应付账款”基本类似，这里不再赘述。

（4）第二行“科目”栏，在熟记科目代码的情况下直接输入“6001”，也可双击科目栏或按键盘上“F7”功能键打开“会计科目”参照窗口，在参照窗口选择“损益”类科目“6001 主营业务收入”，在“贷方”栏输入键盘上“=”号，点击“保存”按钮后，系统提示输入核算项目，此时，需在“辅助项”的“部门”处双击或按键盘上“F7”功能键打开“核算项目——部门”参照窗口，勾选“高级”即☑ 高级(V)，单击“搜索”（如图 4-24 所示），选中“销售一部”后双击；在“辅助项”的“职员”处双击或按键盘上“F7”功能键打开“核算项目——职员”参照窗口，勾选“高级”即☑ 高级(V)，单击“搜索”（如图 4-25 所示），选中“王林”后双击；再在“辅助项”的“物料”处双击或按键盘上“F7”功能键打开“核算项目——物料”参照窗口，勾选“高级”即☑ 高级(V)，单击“搜索”（如图 4-26 所示），选中“A 产品”后双击；在经办处录入“王林”；另外由于该科目账页格式为“数量金额式”，需在“单价”栏输入“500”，在“数量”栏输入“80”，此时系统自动在“借方”栏生成金额“40 000”，这时可通过键盘上“空格键”切换该科目的金额方向。

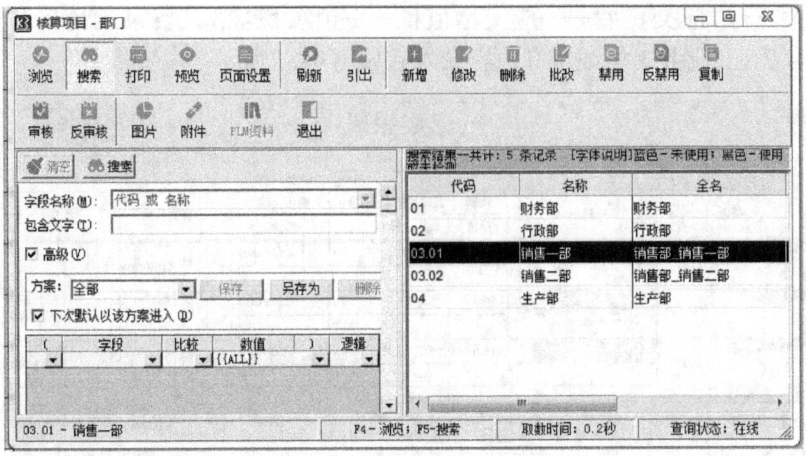

图 4-24

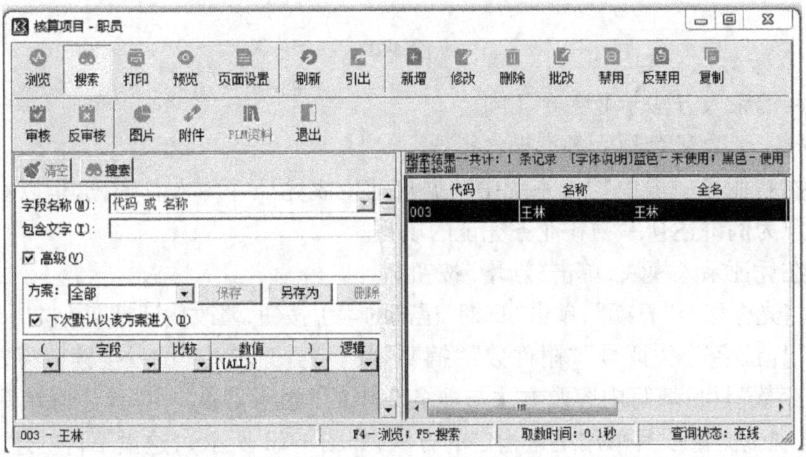

图 4-25

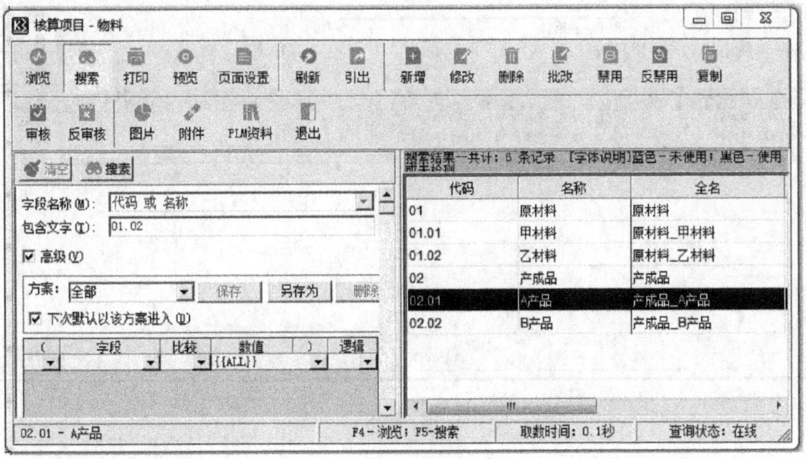

图 4-26

（5）第三行“应交税费——应交增值税——销项税额”只要录入科目与金额即可。录完后保存凭证，业务3凭证所有内容录入后如图4-27所示。

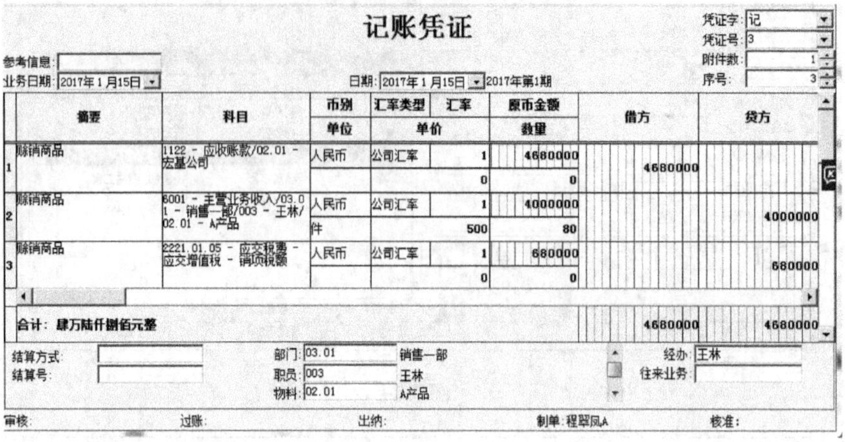

图 4-27

业务4的录入方法与业务3相同。

5．业务5：数量金额业务类操作指导

仓库物料业务一般由物流系统中单据自动生成凭证并传入总账，这里以不使用物流系统的用户为例讲述仓库物料业务凭证的填写。

（1）在凭证录入模块，单击“新增”按钮。

（2）将光标移至“日期”，单击“日期”尾部的索引按钮，修改凭证日期为“2017.01.20”。

（3）“凭证字”“凭证号”“附件数”“摘要”及“借方”“贷方”的发生额填写方法与前相同，“银行存款”科目填写内容及方法与业务2中的“银行存款”相同（注意填写现金流量项目，这里现金流量项目采用批量指定的方法，如图4-28所示），这里不再赘述。

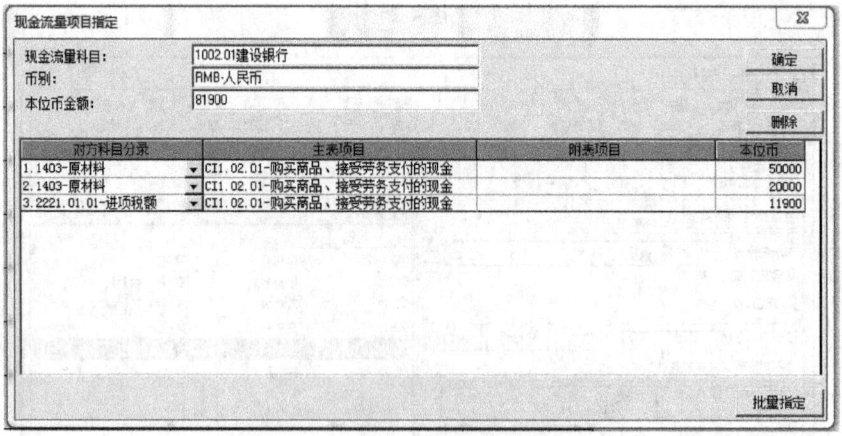

图 4-28

（4）第一行“科目”栏，在熟记科目代码的情况下直接输入“1403”，也可双击科目栏或按键盘上“F7”功能键打开“会计科目”参照窗口，在参照窗口选择“资产”类科目“1403

原材料”。由于该科目被设置为“物料”核算项目科目，故需在“辅助项”的“物料”处双击或按键盘上“F7”功能键打开“核算项目——物料”参照窗口，勾选“高级”即☑ 高级(V)，单击“搜索”如图4-29所示，选中“甲材料”后双击；又因该科目账页格式为“数量金额式”，需在“单价”栏输入“50”，在“数量”栏输入“1000”，此时系统自动在“借方”栏生成金额“50000”；用同样的方法完成第二行“原材料——乙材料”相关内容的录入。

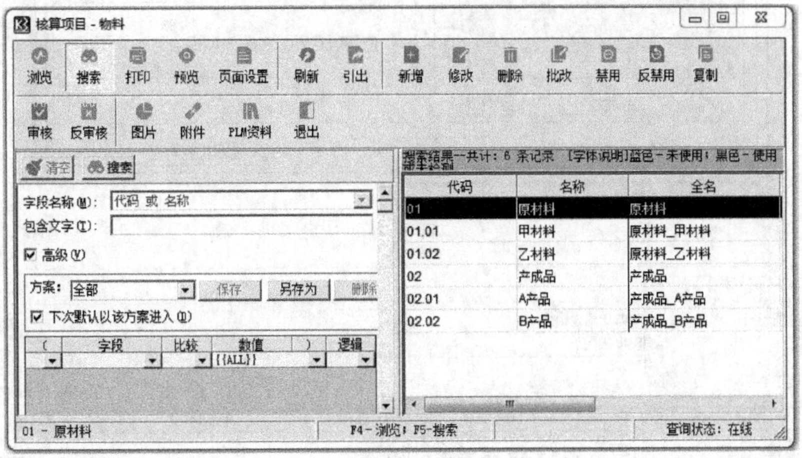

图 4-29

(5) 第三行“应交税费——应交增值税——进项税额”只要录入科目与金额即可。

(6) 在第四行科目处输入“1002.01”科目代码，在“贷方”处按键盘上“＝”号系统自动生成“81900”，点“保存”按钮，这时系统弹出要求输入结算方式的对话框，选择结算方式“转账支票”，输入结算号“ZZR002”，单击“保存”按钮，这时系统弹出“现金流量项目指定”窗口，在“现金流量项目指定”窗口(如图4-30所示)点击“批量指定”按钮，在“批量指定”窗口(如图4-31所示)单击“全选”，点击“确定”后，在“现金流量项目指定”窗口的“主表项目”处按键盘上功能键“F7”选择相应的现金流量项目(如图4-32所示)，输完后单击“确定”，则完成了业务4所有内容的录入，录入后的凭证如图4-33所示。

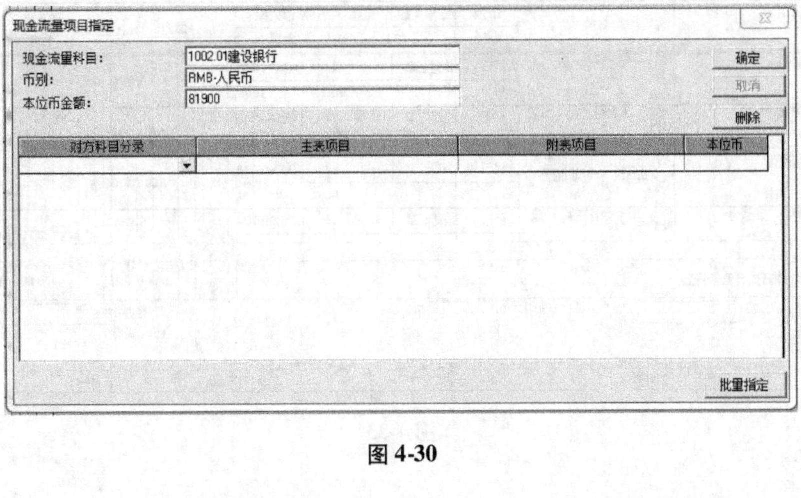

图 4-30

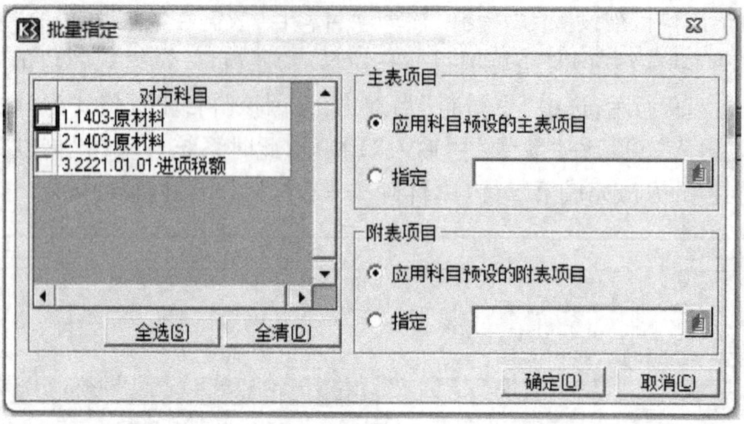

图 4-31

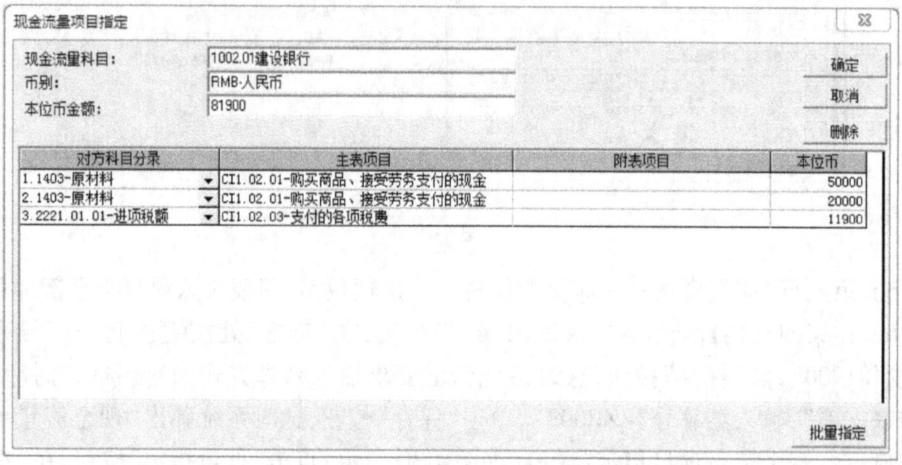

图 4-32

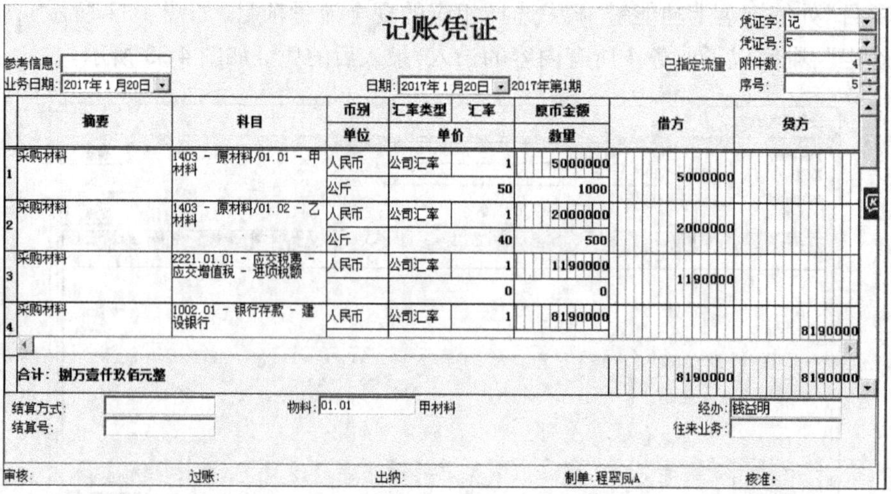

图 4-33

6. 业务6：外币凭证类操作指导

（1）在凭证录入模块，单击“新增”按钮。

（2）将光标移至“日期”，单击“日期”尾部的索引按钮，修改凭证日期为“2017.01.25”。

（3）“凭证字”“凭证号”“附件数”“摘要”及“借方”“贷方”的发生额填写方法与前相同。

（4）对于第一行的科目填写，在“科目”栏，在熟记科目代码的情况下直接输入“1002.02”，也可双击科目栏或按键盘上“F7”功能键打开“会计科目”参照窗口，在参照窗口选择“资产”类科目“1002.02 中国银行”，由于该科目为美元户，凭证多了“外币”栏，如图4-34 所示，录入外币原币数量“20000.00”，按“Enter”键，系统自动根据显示的汇率6.45和原币数量自动计算出并显示本币金额“129000.00”；按“Enter”键，系统提示输入结算方式，在“辅助项”处，将“结算方式”设置为“JF07 转账支票”，“结算号”为“ZZR003”；“实收资本”科目填写内容及方法这里不再赘述；内容输入完毕后单击“保存”按钮，系统提示须进行“现金流量项目指定”，选择对方科目分录和主表项目，并且填写原币“20 000”，如图4-35 所示。所有内容填写好的凭证如图4-36 所示。

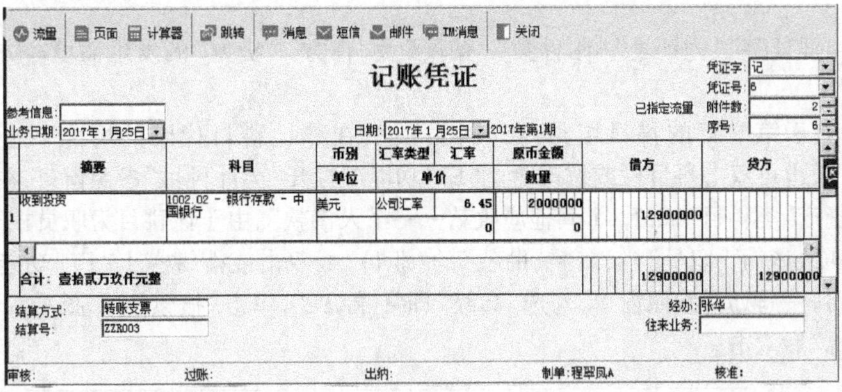

图 4-34

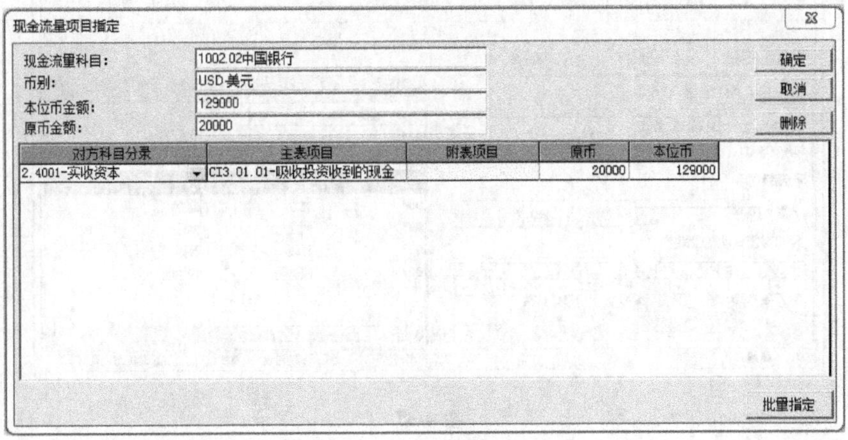

图 4-35

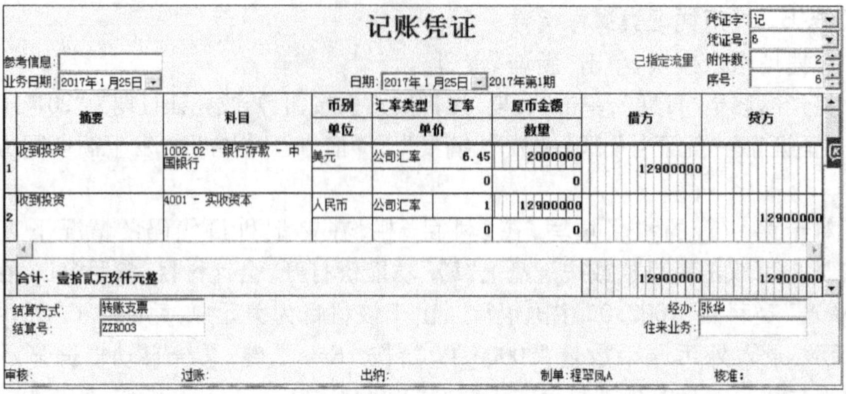

图 4-36

7. 业务7：职员核算项目业务类操作指导

（1）在凭证录入模块，单击“新增”按钮。

（2）将光标移至“日期”，单击“日期”尾部的索引按钮，修改凭证日期为“2017.01.26”。

（3）“凭证字”“凭证号”“附件数”“摘要”及“借方”“贷方”的发生额填写方法与前相同。

（4）对于第一行的科目填写，在“科目”栏，在熟记科目代码的情况下直接输入“1221.01”，也可双击科目栏或按键盘上“F7”功能键打开“会计科目”参照窗口，在参照窗口选择“资产”类科目“1221.01 其他应收款——个人借款”，由于该科目为职员核算科目，凭证辅助项处多了“职员”栏，在“辅助项”的“职员”处双击或按键盘上“F7”功能键打开“核算项目——职员”参照窗口，勾选“高级”即☑ 高级(V)，单击“搜索”（如图 4-37 所示），选中“王林”后双击。

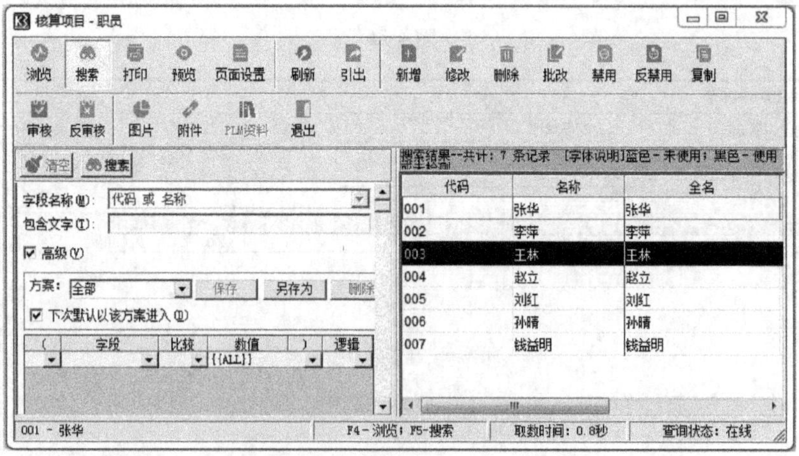

图 4-37

（5）在第二行科目处输入“1001”科目代码，在“贷方”处按键盘上“＝”号系统自动生成“800”，点“保存”按钮，这时系统弹出“现金流量项目指定”窗口，在“主表项目”栏按键盘上的“F7”功能键，打开“核算项目——现金流量项目”参照窗口，勾选“高级”即☑ 高级(V)，单击“搜索”，选中“支付其他与经营活动有关的现金”双击，如图 4-38 所示，再单击“确定”按钮。输入的业务 7 的凭证界面如图 4-39 所示，最后单击“保存”按钮保存凭证。

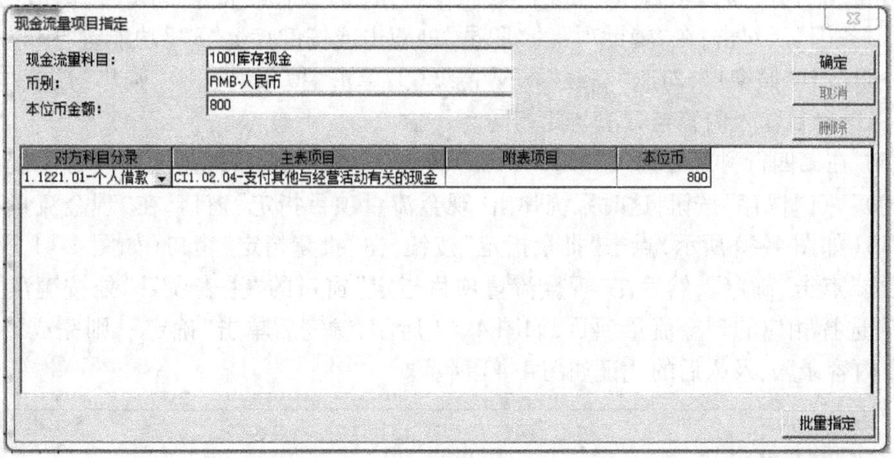

图 4-38

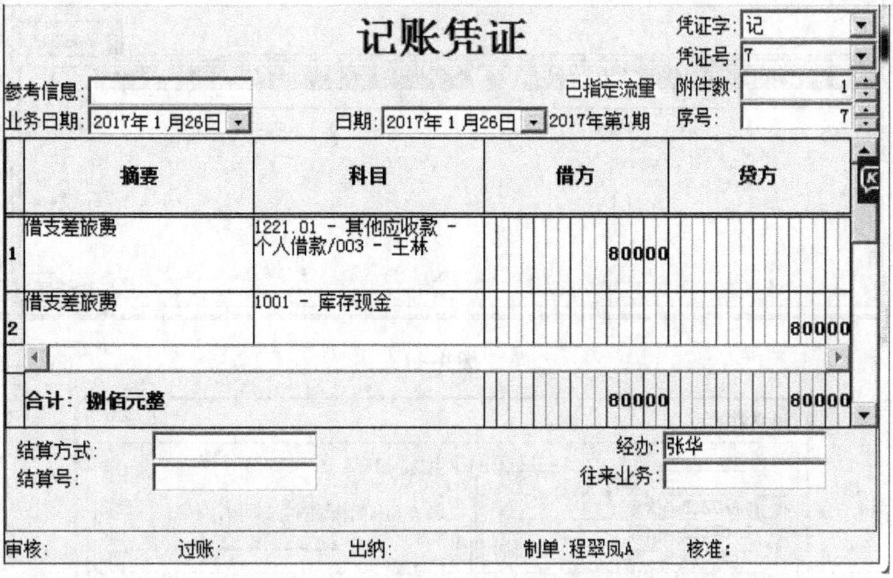

图 4-39

8. 业务 8：部门核算项目业务类操作指导

（1）在凭证录入模块，单击“新增”按钮。

（2）将光标移至“日期”，单击“日期”尾部的索引按钮，修改凭证日期为“2017.01.30”。

（3）“凭证字”“凭证号”“附件数”“摘要”及“借方”的发生额填写方法与前相同。

(4) 对于第一行的科目填写,可在“科目”栏,在熟记科目代码的情况下直接输入“6602.03”,也可双击科目栏或按键盘上“F7”功能键打开“会计科目”参照窗口,在参照窗口选择“损益”类科目“6602.03管理费用——通信费”,由于该科目为部门、职员核算项目科目,凭证在辅助项处多了“部门”“职员”栏,在“辅助项”的“部门”处双击或按键盘上“F7”功能键打开“核算项目——部门”参照窗口,勾选“高级”即☑ 高级(V),单击“搜索”,选中“财务部”后双击;在“辅助项”的“职员”处双击或按键盘上“F7”功能键打开“核算项目——职员”参照窗口,勾选“高级”即☑ 高级(V),单击“搜索”,选中“张华”后双击;第二行、第三行科目输入内容与方法与此相同。

(5) 在第四行科目处输入“1001”科目代码,在“贷方”处按键盘上“=”号系统自动生成“1200”,点“保存”按钮,这时系统弹出“现金流量项目指定”窗口,在“现金流量项目指定”窗口(如图4-40所示)点击“批量指定”按钮,在“批量指定”窗口(如图4-41所示)单击“全选”点击“确定”,然后在“现金流量项目指定”窗口的“主表项目”处按键盘上功能键“F7”选择相应的现金流量项目,如图4-42所示,输完后单击“确定”,则完成了业务8的所有内容录入,录入后的凭证如图4-43所示。

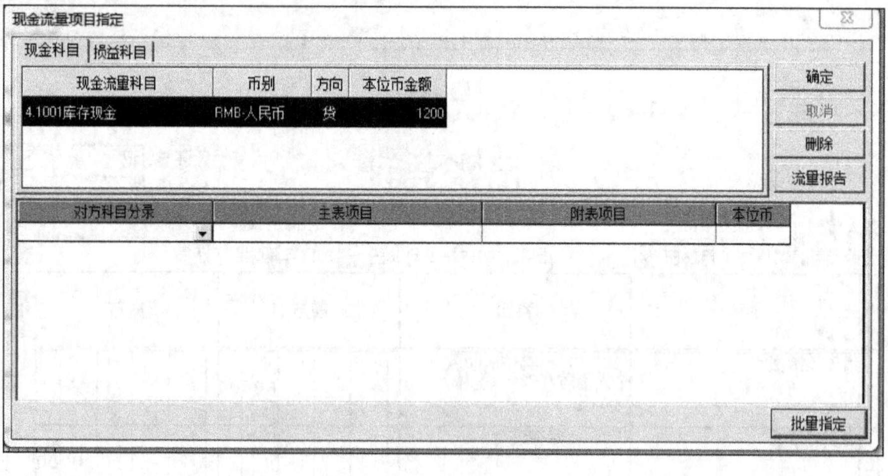

图 4-40

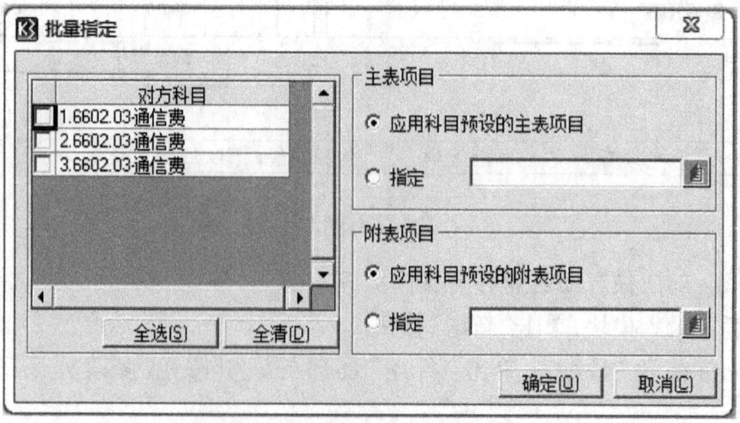

图 4-41

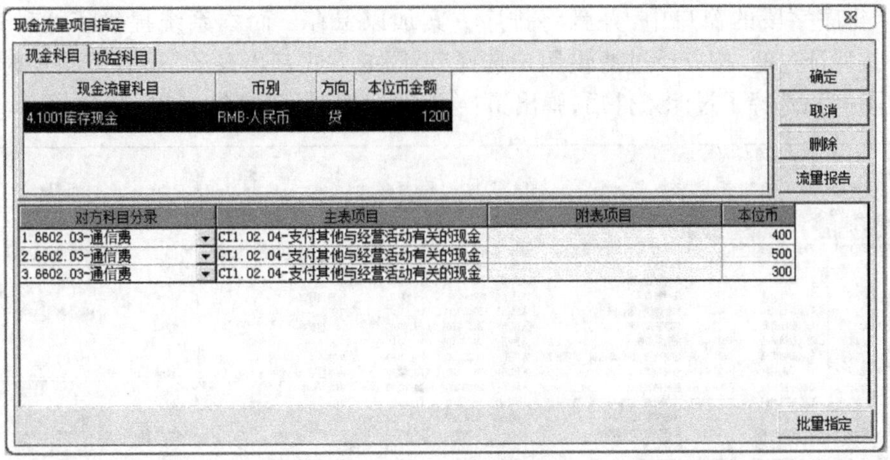

图 4-42

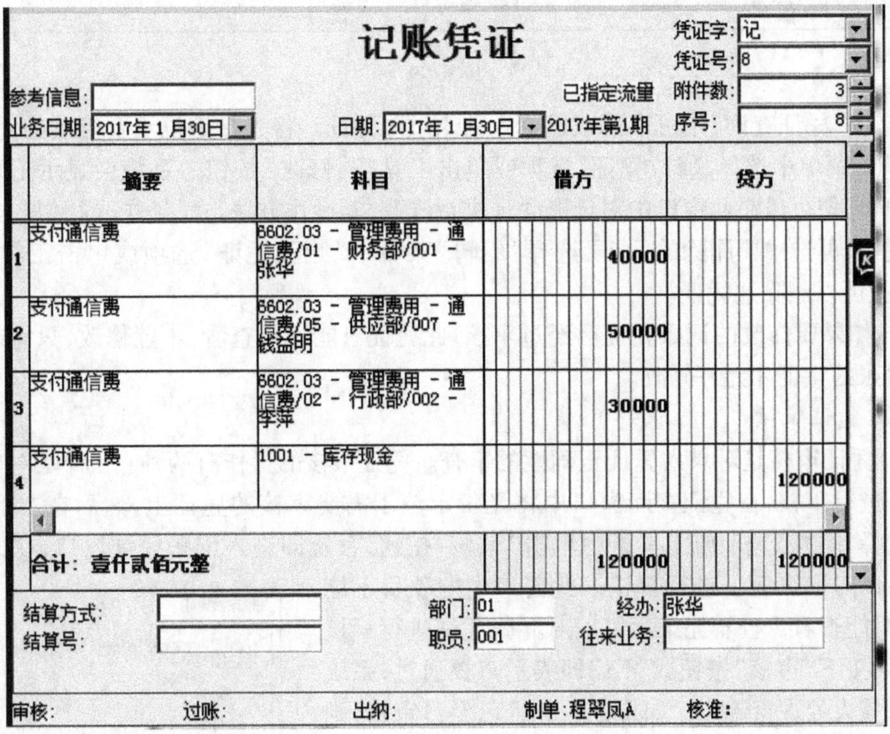

图 4-43

二、凭证修改和删除

1. 凭证的修改和删除必须在"凭证查询"中进行,凭证查询功能提供了十分丰富的凭证处理功能。在单击"凭证查询"后,系统弹出凭证过滤窗口(过滤窗口有"条件""排序"和"方式"三种。对于过滤条件,您可以选择对方科目、核算项目类别、核算项目代码、核算项目名称等字段进行组合查询,如果要删除过滤条件,请点击鼠标右键,选择"删除一行"。对于设置的过滤条件,您还可以对过滤条件进行排序处理,选择需要进行排序的字段，加入排序字段的窗口中，并且将排序方案加以保存。而本系统提供了两种过滤方式——按凭证过滤、按分录过滤供用户选择，不同的方式其出现的“会计分录序时簿”的形式也不同），选择了过滤条件后，弹出了“会计分录序时簿”窗口，如图 4-44 所示。

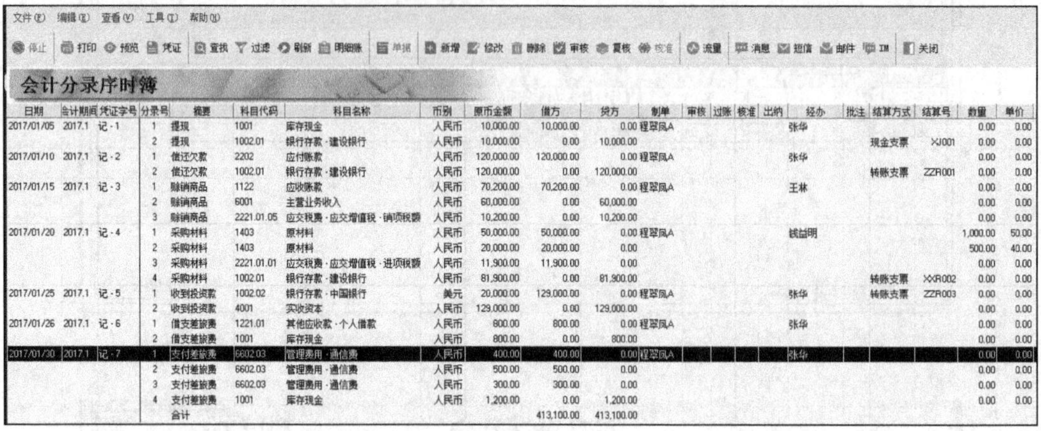

日期	会计期间	凭证字号	分录号	摘要	科目代码	科目名称	币别	原币金额	借方	贷方	制单	审核	过账	核准	出纳	经办	批注	结算方式	结算号	数量	单价
2017/01/05	2017.1	记-1	1	提现	1001	库存现金	人民币	10,000.00	10,000.00	0.00	程翠凤A					张华				0.00	0.00
			2	提现	1002.01	银行存款-建设银行	人民币	10,000.00	0.00	10,000.00								现金支票	XJ001	0.00	0.00
2017/01/10	2017.1	记-2	1	偿还欠款	2202	应付账款	人民币	120,000.00	120,000.00	0.00	程翠凤A					张华				0.00	0.00
			2	偿还欠款	1002.01	银行存款-建设银行	人民币	120,000.00	0.00	120,000.00								转账支票	ZZR001	0.00	0.00
2017/01/15	2017.1	记-3	1	赊销商品	1122	应收账款	人民币	70,200.00	70,200.00	0.00	程翠凤A					王林				0.00	0.00
			2	赊销商品	6001	主营业务收入	人民币	60,000.00	0.00	60,000.00										0.00	0.00
			3	赊销商品	2221.01.05	应交税费-应交增值税-销项税额	人民币	10,200.00	0.00	10,200.00										0.00	0.00
2017/01/20	2017.1	记-4	1	采购材料	1403	原材料	人民币	50,000.00	50,000.00	0.00	程翠凤A					钱益明				1,000.00	50.00
			2	采购材料	1403	原材料	人民币	20,000.00	20,000.00	0.00										500.00	40.00
			3	采购材料	2221.01.01	应交税费-应交增值税-进项税额	人民币	11,900.00	11,900.00	0.00										0.00	0.00
			4	采购材料	1002.01	银行存款-建设银行	人民币	81,900.00	0.00	81,900.00								转账支票	XXR002	0.00	0.00
2017/01/25	2017.1	记-5	1	收到投资款	1002.02	银行存款-中国银行	美元	20,000.00	129,000.00	0.00	程翠凤A					张华		转账支票	ZZR003	0.00	0.00
			2	收到投资款	4001	实收资本	人民币	129,000.00	0.00	129,000.00										0.00	0.00
2017/01/26	2017.1	记-6	1	借支差旅费	1221.01	其他应收款-个人借款	人民币	800.00	800.00	0.00	程翠凤A					张华				0.00	0.00
			2	借支差旅费	1001	库存现金	人民币	800.00	0.00	800.00										0.00	0.00
2017/01/30	2017.1	记-7	1	支付差旅费	6602.03	管理费用-通信费	人民币	400.00	400.00	0.00	程翠凤A					张华				0.00	0.00
			2	支付差旅费	6602.03	管理费用-通信费	人民币	500.00	500.00	0.00										0.00	0.00
			3	支付差旅费	6602.03	管理费用-通信费	人民币	300.00	300.00	0.00										0.00	0.00
			4	支付差旅费	1001	库存现金	人民币	1,200.00	0.00	1,200.00										0.00	0.00
				合计					413,100.00	413,100.00											

图 4-44

2．在“凭证查询”中可以修改已录入的未过账凭证。将光带定位于要修改的凭证处，在“编辑”菜单中选择“修改凭证”选项或单击工具条“修改”按钮。系统会显示记账凭证修改窗口，您可以在此窗口中对记账凭证进行修改，其操作方法与凭证录入相似。如果要删除凭证，可选中要删除的凭证，选择“编辑”菜单中“删除凭证”选项或单击工具条“删除”按钮可以删除此凭证。

3．如果要修改的记账凭证已经过审核，此凭证只能进行查看，不能修改，只有未审核且未过账的凭证才允许修改。

三、凭证审核

1．凭证审核是对录入凭证正确性的审查。凭证审核的操作有两种：一种是对单张凭证一一进行审核，在凭证查询窗口中将光带定位于需要审核的凭证上，然后在“编辑”菜单中选择“审核”选项或工具条中单击“审核”按钮，系统即进入记账凭证窗口，在此窗口中您可以对记账凭证进行审核。此窗口中的项目不能修改，只能查看。查看完毕后可以对此张凭证进行审核并签章，按下“审核”按钮或“F3”即表示审核通过，系统会在审核人处进行签章。如果记账凭证已经过审核，则在按下“审核”按钮后会消除原审核签章。另一种是成批审核，选择“编辑”菜单中“成批审核”选项，选择“审核未审核的凭证”（如图 4-45 所示），则将会计序时簿中所有凭证成批审核了（也可以选择反审核将已审核的凭证成批反审核）。

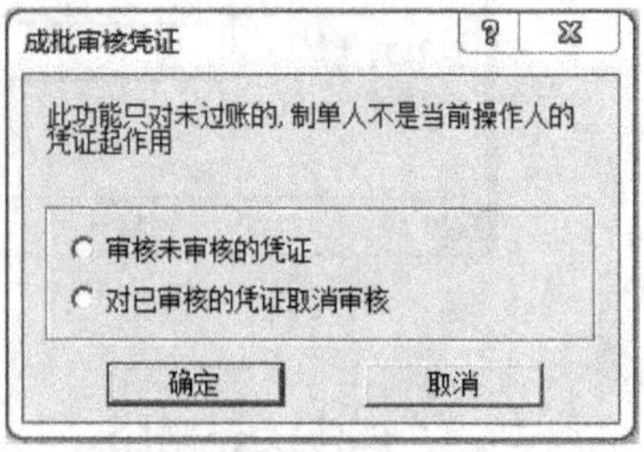

图 4-45

2．审核人与制单人不能为同一操作员，否则系统拒绝审核签章，本实训案例应该将审核操作员更换为“你的姓名 B”后再进行凭证的审核。

四、凭证过账

1. 凭证过账就是系统将已录入的记账凭证根据其会计科目登记到相关的明细账簿中的过程。经过记账的凭证以后将不再允许修改，只能采取补充凭证或红字冲销凭证的方式进行更正。因此，在过账前应该对记账凭证的内容仔细审核，系统只能检验记账凭证中的数据关系错误，而无法检查业务逻辑关系。

2. 凭证过账是一项十分简单的操作，可以在过账向导的带领下，轻松地完成过账操作。用户可以在“凭证查询”中“编辑”菜单中选择“过账”“全部过账”和“全部反过账”来操作，也可以用凭证过账向导完成。

3. 执行“财务会计”|“总账”|“凭证处理”|“凭证过账”命令，弹出凭证过账向导框，如图 4-46 所示。在过账过程中，用户如果选择“停止过账”，则系统会对所有的记账凭证的凭证号和错误进行检查，一旦发现断号和过账错误，系统会给出错误提示信息，并中止过账。如果用户选择“继续过账”，则系统发现断号和过账错误后并不停止，只是在“过账信息”对话框中提示错误信息（如图 4-47 所示）。过账时用户也可以根据自身的需要指定过账范围。

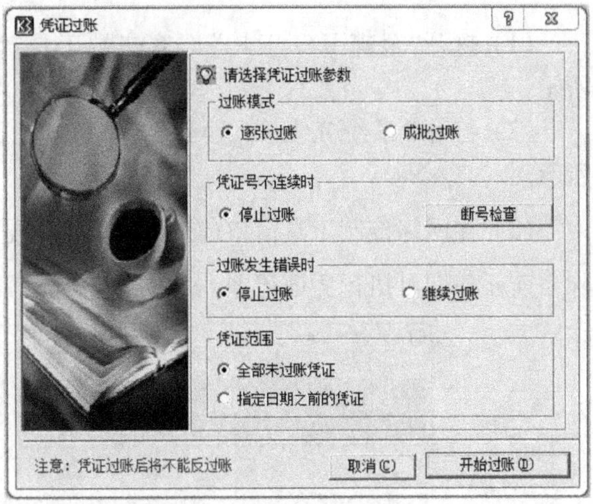

图 4-46

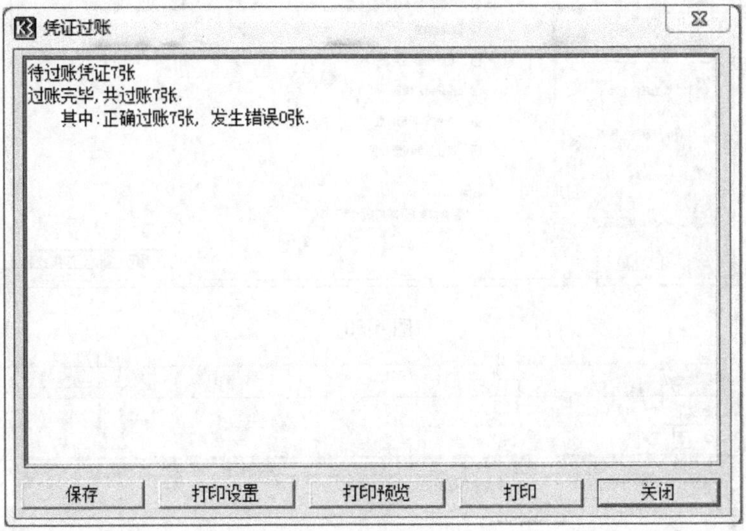

图 4-47

4. 用户在执行“凭证处理”中的“凭证过账”功能时，系统往往会提示“当前使用的功能与其他用户有冲突，目前无法使用”(如图 4-48 所示)，这是因为网络控制的原因，可通过以下步骤清除相关任务后再执行凭证过账，方法如下：

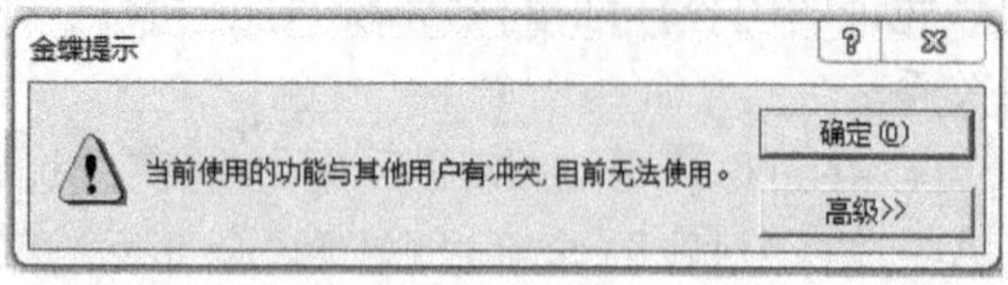

图 4-48

(1) 打开“金蝶 K/3 工具”|“客户端工具”，如图 4-49 所示。

(2) 打开“系统工具”|“网络控制工具”，如图 4-50 所示。

(3) 在网络控制工具窗口(如图 4-51)中点击“ ”清除当前任务即可执行凭证记账。

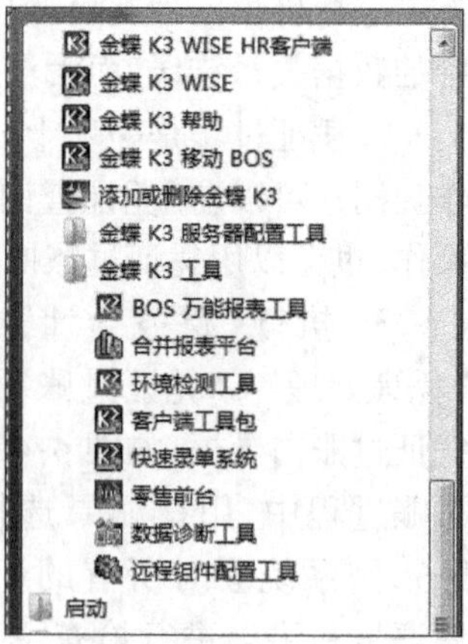

图 4-49

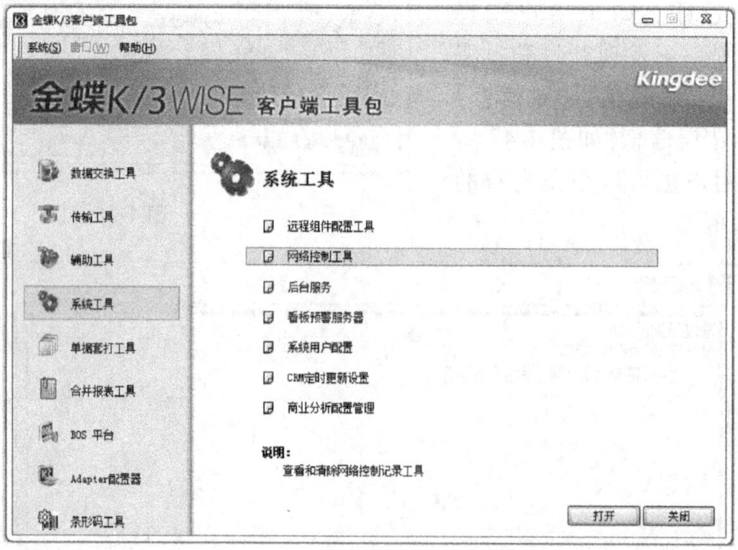

图 4-50

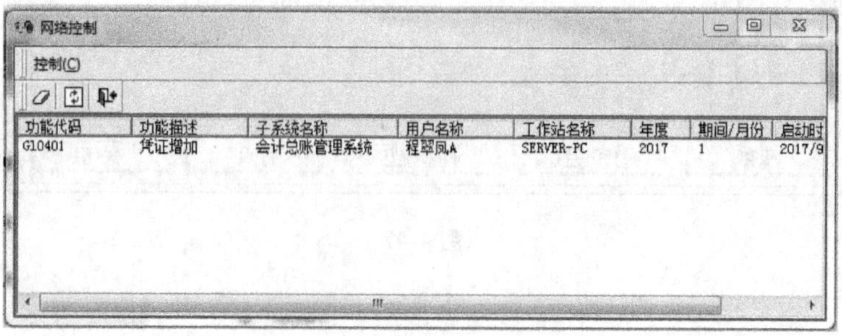

图 4-51

5. 过账后的凭证如果有误,可通过"冲销"功能进行红冲(全额红冲或差额红冲);若采用的是全额红冲,则红冲后需要再录入一张正确的凭证。"冲销"是在"凭证查询"中,编辑菜单下"冲销",只有已过账的凭证才能应用"冲销"。实训案例中5日填写的提现记账凭证金额出错,正确应为1 000元,用红字冲销法更正的操作步骤如下:

(1) 执行"凭证查询"|"会计分录序时簿"命令,光带选中要红冲的凭证,点击"编辑"菜单中的"冲销",如图4-52所示。

(2) 将凭证上"借方""贷方"金额修改为红字9 000,保存即可,如图4-53所示。

(3) 红冲生成的凭证系统将其保存到临时凭证库,因此需更换操作员"你的姓名B"对凭证进行"凭证审核"与"凭证过账"。凭证审核与凭证过账步骤与前相同,此处不再赘述。

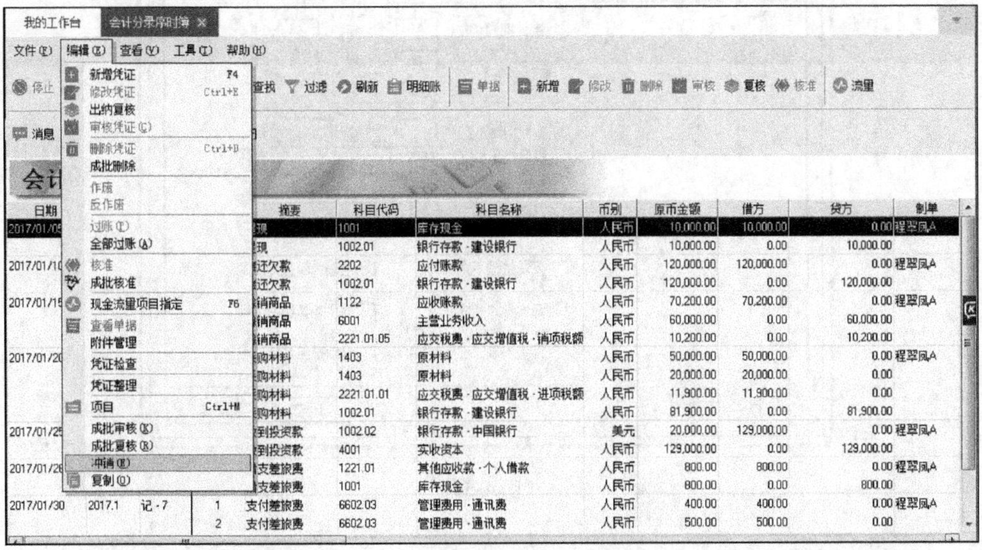

图 4-52

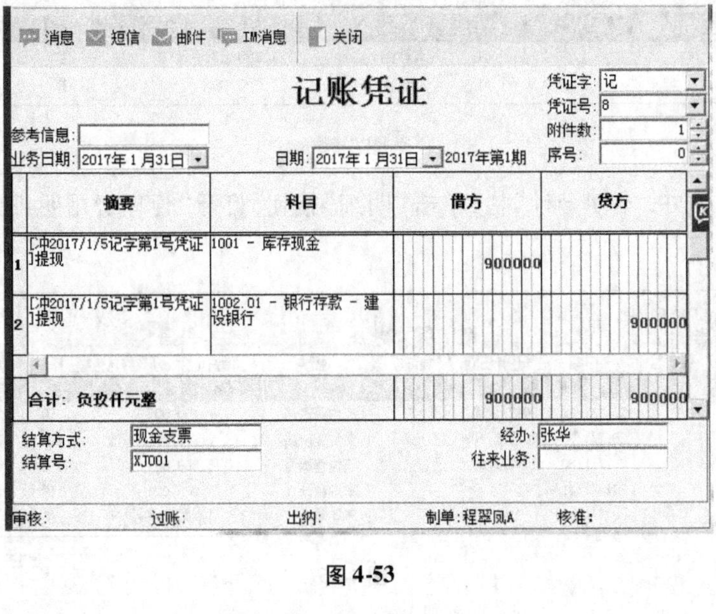

图 4-53

五、账簿查询

1．查询“6602 管理费用”总账

（1）以“你的姓名 B”身份登录金蝶主控台，在“财务”选项卡中执行“财务会计”|“总账”|“账簿”|“总分类账”命令，打开“总账查询条件”窗口。

（2）直接录入或参选科目编号“6602”（如图 4-54 所示），单击“确定”按钮，打开“管理费用总账”窗口，如图 4-55 所示。

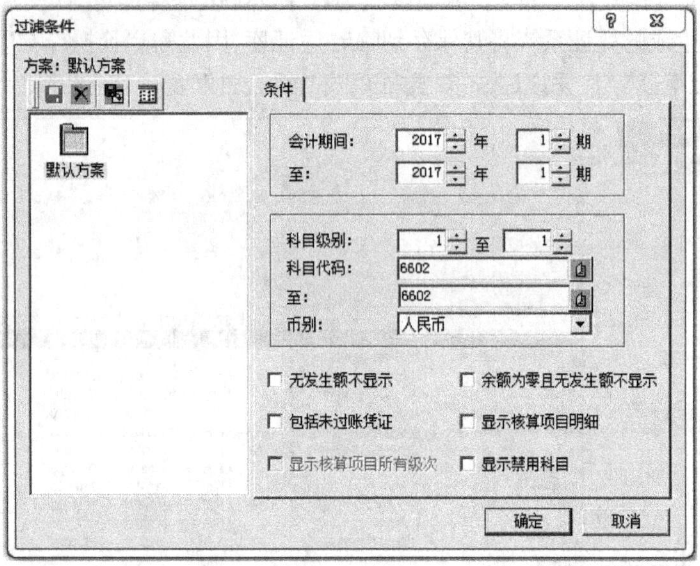

图 4-54

总分类账

科目代码	科目名称	期间	摘要	借方	贷方		余额
6602	管理费用	1	年初余额			平	
		1	本期合计	1,200.00		借	1,200.00
		1	本年累计	1,200.00		借	1,200.00

图 4-55

（3）单击选中“本期合计”栏，单击“明细”按钮，打开“管理费用明细账”窗口，如图 4-56所示。

明细分类账 --[6602]管理费用

科目代码	科目名称	日期	业务日期	凭证字号	摘要	借方金额	贷方金额		余额
6602	管理费用	2017/1/1			年初余额			平	
		2017/1/30	2017/1/30	记 - 7	支付差旅费	400.00		借	400.00
		2017/1/30	2017/1/30	记 - 7	支付差旅费	500.00		借	900.00
		2017/1/30	2017/1/30	记 - 7	支付差旅费	300.00		借	1,200.00
		2017/1/31			本期合计	1,200.00		借	1,200.00
		2017/1/31			本年累计	1,200.00		借	1,200.00

图 4-56

（4）单击选中“记—7”所在行，单击“凭证”按钮，打开相应的记账凭证，如图 4-57 所示。

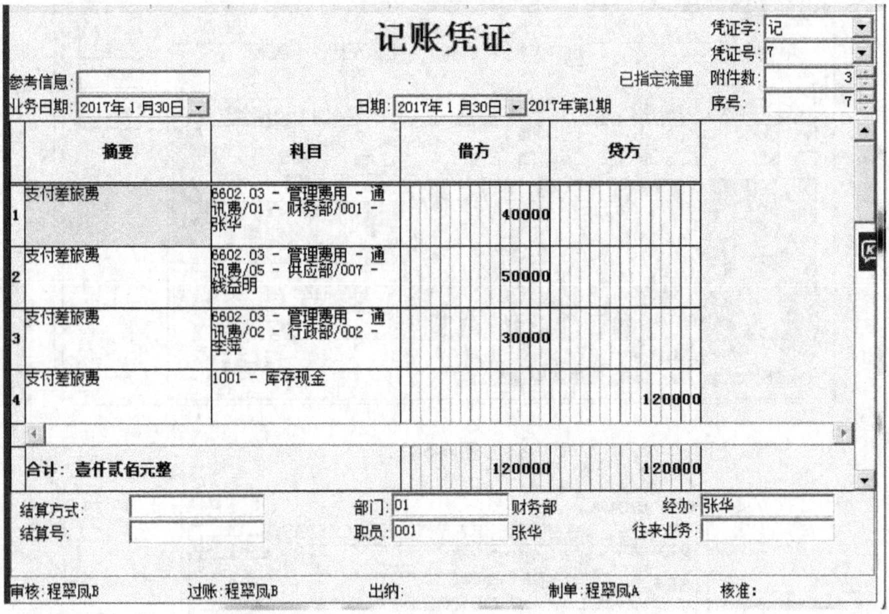

图 4-57

（5）单击“退出”按钮退出。

注意：

◆ 若在总账查询条件录入科目范围，可查询一定科目范围内的总账。

◆ 在明细账中单击“总账”“凭证”按钮，可以联查到总账及相应的记账凭证。

2. 查询“6602 管理费用”明细账

（1）以“你的姓名 B”身份登录金蝶主控台，在“财务”选项卡中执行“财务会计”|“总账”|“账簿”|“明细分类账”命令。

（2）直接录入或单击“科目编号”栏的参选按钮录入“6602”，单击“确定”按钮，打开“管理费用明细账”窗口。

（3）单击“退出”按钮退出。

3. 定义并查询“应交税费——应交增值税”多栏账

（1）以“你的姓名 B”身份登录金蝶主控台，在“财务”选项卡中执行“财务会计”|“总账”|“账簿”|“多栏账”，打开“多栏账”窗口。

（2）单击“设计”按钮，打开“多栏账定义”对话框。

（3）在“多栏式明细账定义”窗口中选中“编辑”选项卡，单击“新增”按钮，单击“会计科目”右侧参照按钮，打开会计科目列表，选择“2221.01 应交增值税”，单击“自动编制”按钮后保存，点击“确定”，返回“多栏式明细分类账”对话框（如图 4-59 所示）。

（4）单击“多栏账名称”栏下的三角按钮，打开下拉列表，选择“应交增值税多栏明细账”，单击“确定”按钮，显示应交增值税多栏账，如图 4-60 所示。

（5）关闭“多栏账”窗口返回。

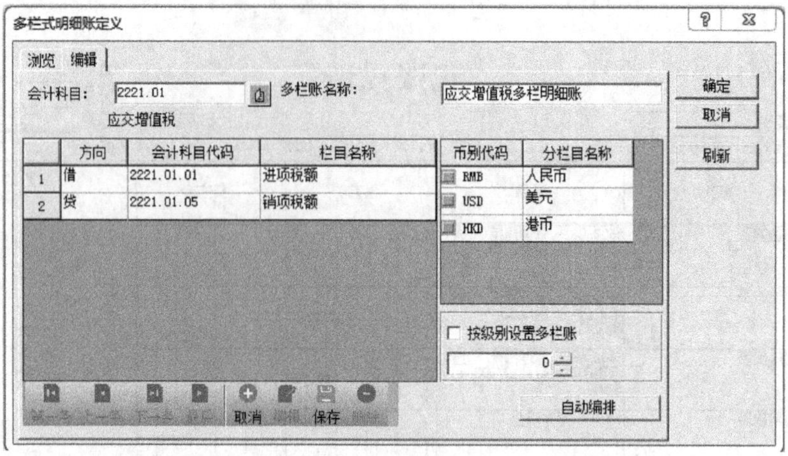

图 4-58

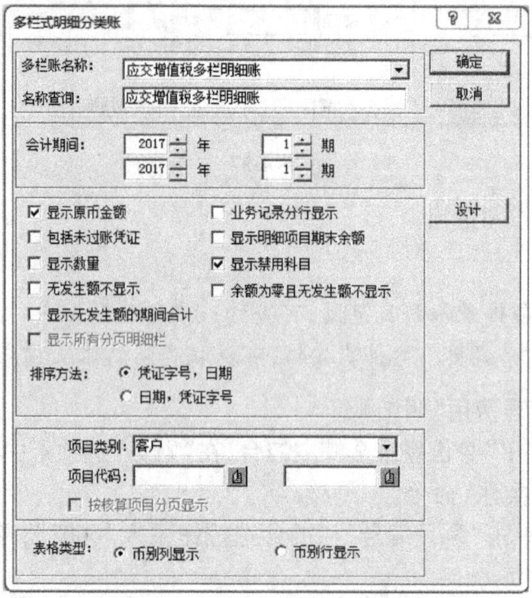

图 4-59

多栏式明细账 期间：2017年第1期

日期	凭证字号	摘要	借方	贷方	余额		借方	贷方
					方向		进项税额	销项税额
2017/1/1		年初余额			平			
2017/1/15	记-3	赊销商品		10,200.00	贷	10,200.00		10,200.00
2017/1/20	记-4	采购材料	11,900.00		贷	-1,700.00	11,900.00	
2017/1/31		本期合计	11,900.00	10,200.00	贷	-1,700.00	11,900.00	10,200.00
2017/1/31		本年累计	11,900.00	10,200.00	贷	-1,700.00	11,900.00	10,200.00

图 4-60

注意：

◆ 多栏账查询中，普通科目多栏账由系统将要分析科目的下级科目自动生成“多栏账”。

◆ 自定义账栏时可以对栏目的分析方向、分析内容、输出内容及格式进行自定义。

◆ 为满足多科目的综合管理，可以根据需要将不同的科目和不同级次的科目定义在一个多栏账中。

4. 查询应付账款——恒星公司总账

核算项目分类总账用于查询带有核算项目设置的科目总账。

(1) 在主界面窗口，执行“财务会计”|“总账”|“账簿”|“核算项目分类总账”，系统弹出“过滤条件”窗口，如图 4-61 所示。

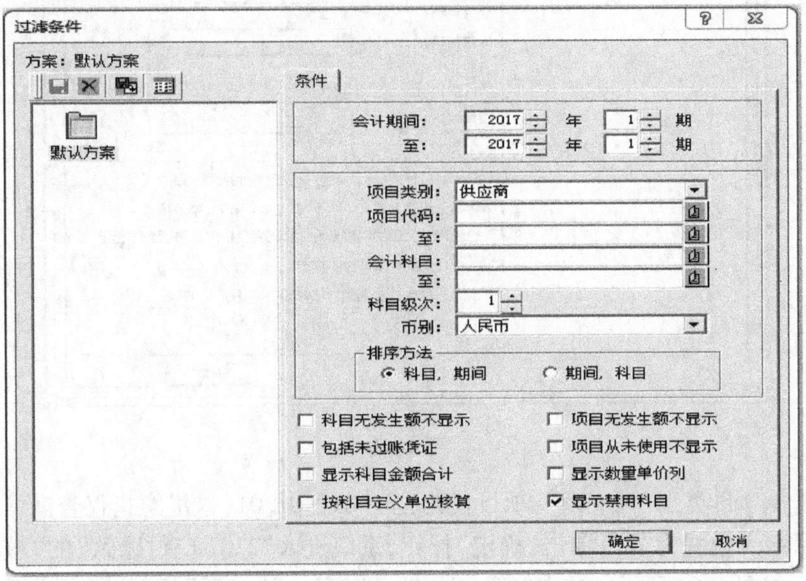

图 4-61

查询时，重点是“项目类别”的选择，如客户、供应商、部门、职员、物料或者仓库等项目，其他过滤条件设置方法基本同前面的总分类账设置。

(2) 选择项目类别“供应商”，项目代码：空(这里意指所有供应商)，单击“确定”按钮，系统进入“2202 应付账款”的“核算项目分类总账”窗口，如图 4-62 所示。单击“第一”“上一”“下一”“最后”按钮，可以查看不同核算项目的数据。

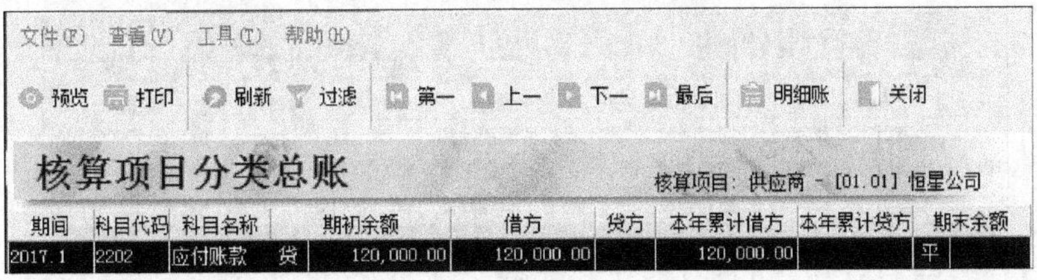

图 4-62

5. 查询应付账款——恒星公司明细账

核算项目明细账用于查询核算项目的明细账。

(1) 在主界面窗口,执行“财务会计”|“总账”|“账簿”|“核算项目明细账”,系统弹出“过滤条件”窗口,如图 4-63 所示。

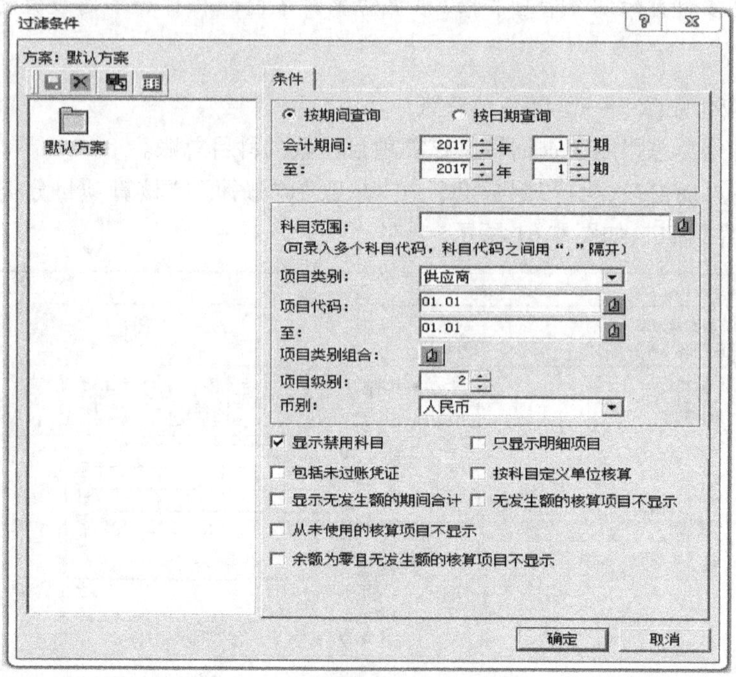

图 4-63

(2) 选择项目类别“供应商”,项目代码:01.01—01.01(这里意指仅查询恒星公司的数据),项目级别设置为“2”,单击“确定”按钮,系统进入“2202 应付账款”的“核算项目明细账”窗口,如图 4-64 所示。单击“第一”“上一”“下一”“最后”按钮,可以查看不同核算项目的数据。

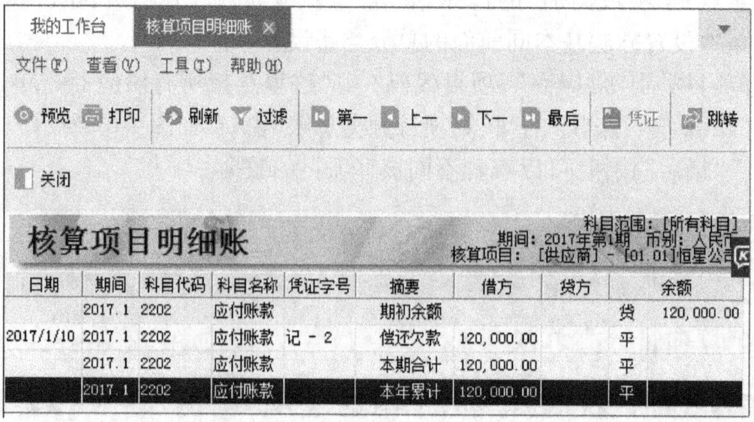

图 4-64

6. 查看"主营业务收入"的核算项目组合表

(1) 以"你的姓名B"身份登录金蝶主控台,在"财务"选项卡中执行"财务会计"|"总账"|"财务报表"|"核算项目与科目组合表"功能。

(2) 设置查询时期、项目级别、科目范围、取数类型(这里取数类型选取借方发生金额、贷方发生金额、借方数量、贷方数量),如图4-65所示。

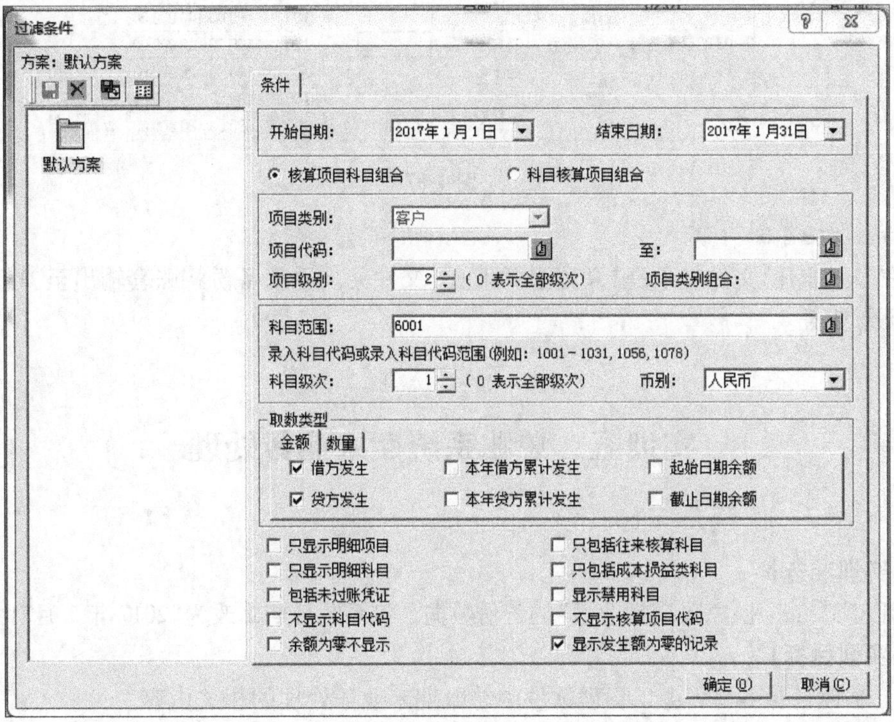

图4-65

(3) 设置项目类别组合,如图4-66所示。设置完毕点击"确定"按钮,"主营业务收入"的核算项目组合表见图4-67所示。

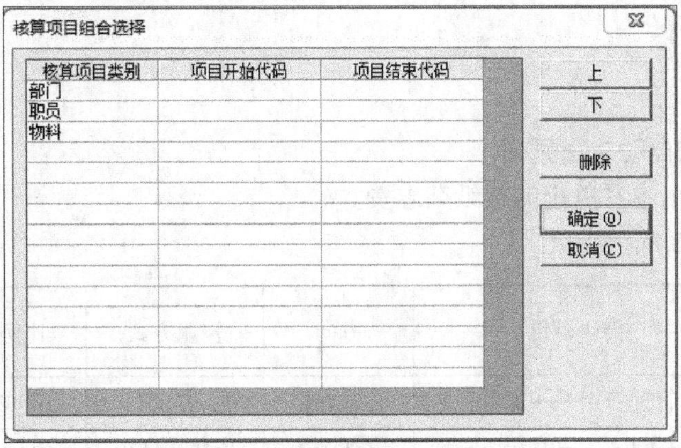

图4-66

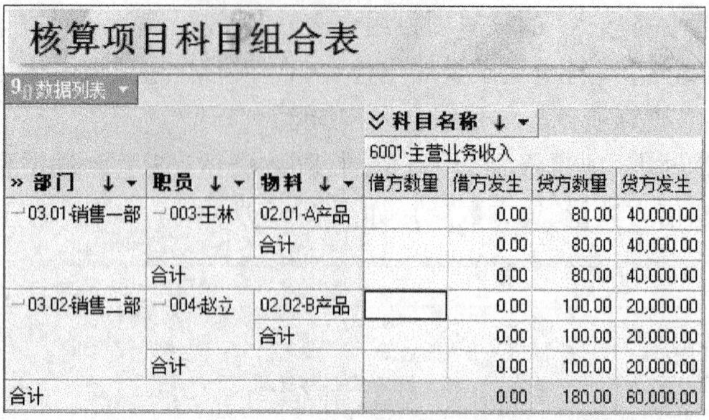

核算项目科目组合表

9▯数据列表

部门	职员	物料	借方数量	借方发生	贷方数量	贷方发生
			6001·主营业务收入			
03.01·销售一部	003·王林	02.01·A产品		0.00	80.00	40,000.00
		合计		0.00	80.00	40,000.00
	合计			0.00	80.00	40,000.00
03.02·销售二部	004·赵立	02.02·B产品		0.00	100.00	20,000.00
		合计		0.00	100.00	20,000.00
	合计			0.00	100.00	20,000.00
合计				0.00	180.00	60,000.00

图 4-67

六、数据备份

在 D:\非凡\文件夹下建“总账日常业务”文件夹。手动备份将账套输出至 D:\非凡\总账日常业务。

实训五　总账系统期末业务处理

【实训准备】

引入“D:\非凡\总账日常业务”的备份数据。将系统日期修改为“2017 年 1 月31 日”。

【实训目标】

1. 掌握金蝶 K/3V14.2 管理软件中总账期末业务处理的相关内容。

2. 掌握总账期末业务操作类型、操作方法及操作步骤。

【实训内容】

1. 定义自动转账凭证

2. 生成机制凭证

3. 对账

4. 结账

【实训资料】

1. 制作几张自动转账凭证

(1) 摊销应由本月负担的报纸杂志费。

名称：摊销报纸杂志费

转账期间	会计科目	方向	转账方式	比例	包含本期未过账凭证
1－12	管理费用——其他	自动判定	转入	100%	
	预付账款——报纸杂志费	自动判定	按公式转出	100%	包含

（2）按短期借款年初余额100 000元和3%年利率计算本月应负担的短期借款利息。

名称：计提短期借款利息

转账期间	会计科目	方向	转账方式	比例	包含本期未过账凭证
1－6	财务费用——利息	自动判定	按公式转出	100%	
	应付利息	自动判定	转入	100%	包含

2. 期末处理

（1）进行当月的期末调汇操作，生成凭证并审核过账。

港币：期末汇率：0.87

美元：期末汇率：6.40

（2）结转当期损益。

（3）将结转损益的记账凭证过账。

【实训要求】

以“你的姓名A”身份定义自动转账凭证，并生成机制凭证；由“你的姓名B”审核凭证，并将凭证过账和对账、结账。

【操作指导】

1. 自动转账

为了总结某一会计期间（如月度和年度）的经营活动情况，必须定期进行结账。结账之前，按企业财务管理和成本核算的要求，必须进行成本费用的摊销与计提、期末调汇及损益结转等工作。若为年底结转，还必须结平本年利润和利润分配账户。为了方便用户，K/3系统提供了能够自动生成可按比例转出指定科目的“发生额”“余额”“最新发生额”“最新余额”等项数值并生成会计凭证的功能。

下面以定义“摊销应由本月负担的报纸杂志费”的自动转账凭证为例，说细介绍自动转账的操作方法。

（1）在主界面窗口，执行“财务会计”|“总账”|“结账”|“自动转账”，系统弹出“自动转账凭证”窗口，如图4-68所示。

在浏览窗口中可以查看已设置好的自动转账凭证，在编辑窗口中可对自动转账凭证进行新增和编辑等操作。

（2）在“编辑”窗口，单击“新增”按钮，录入名称“摊销报纸杂志费”，选择机制凭证“自动转账”，按转账期间右边的编辑按钮，系统弹出“转账期间”设定窗口，单击“全选”按钮，单击“确定”按钮，返回“自动转账凭证”窗口。

（3）在第1条分录中录入凭证摘要“摊销报纸杂志费”，科目获取“6602.05 其他”，选择方向“自动判定”，选择转账方式“转入”。

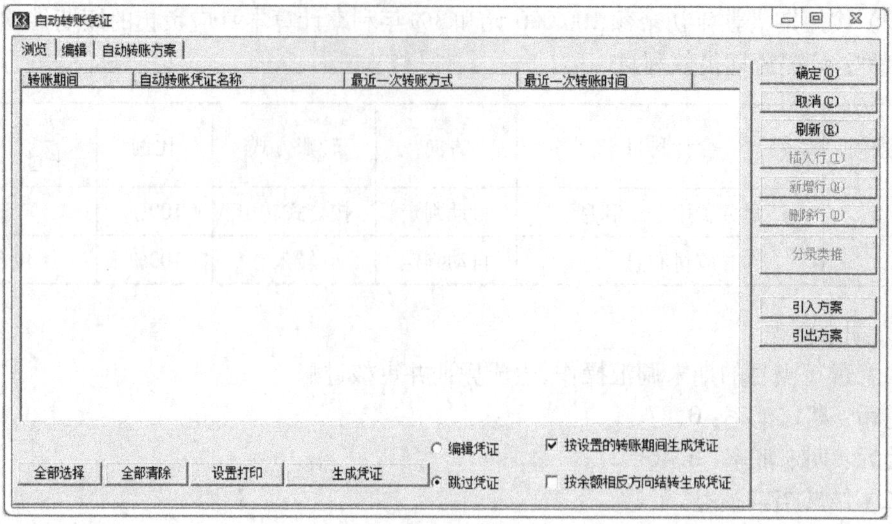

图 4-68

(4) 在第 2 条分录中录入摘要“摊销报纸杂志费”,科目获取“1123.01 报纸杂志费”,方向“自动判定”,转账方式为“按公式转出”,公式方法为“公式取数”,公式定义单击“下设”按钮,系统弹出“公式定义”窗口,如图 4-69 所示。

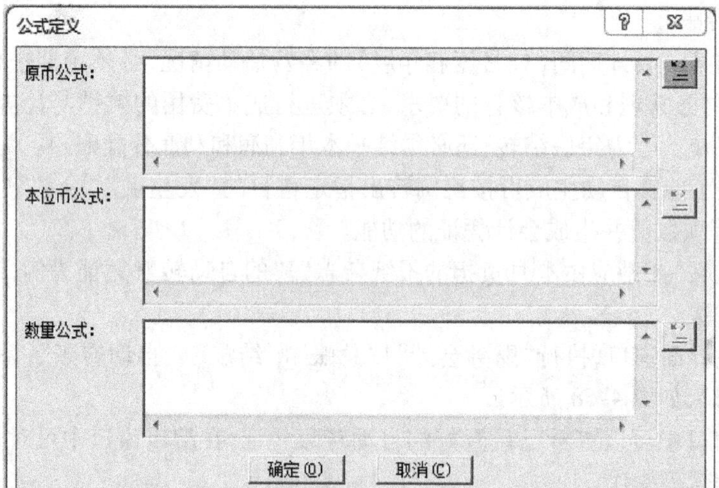

图 4-69

单击窗口右侧的“公式向导”按钮,系统弹出“报表函数”窗口,如图 4-70 所示。

选中常用函数下的“ACCT”函数(该函数为总账科目取数函数,共七个参数,函数详解见报表部分),单击“确定”按钮,系统进入“函数表达式”设置窗口,科目获取“1123.01 报纸杂志费”,取数类型获取“C 期初余额”,起始期间与结束期间设为“1”,如图 4-71 所示。

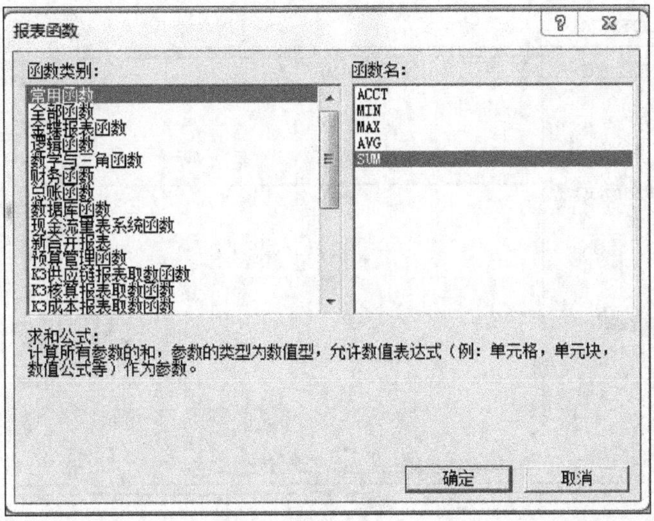

图 4-70

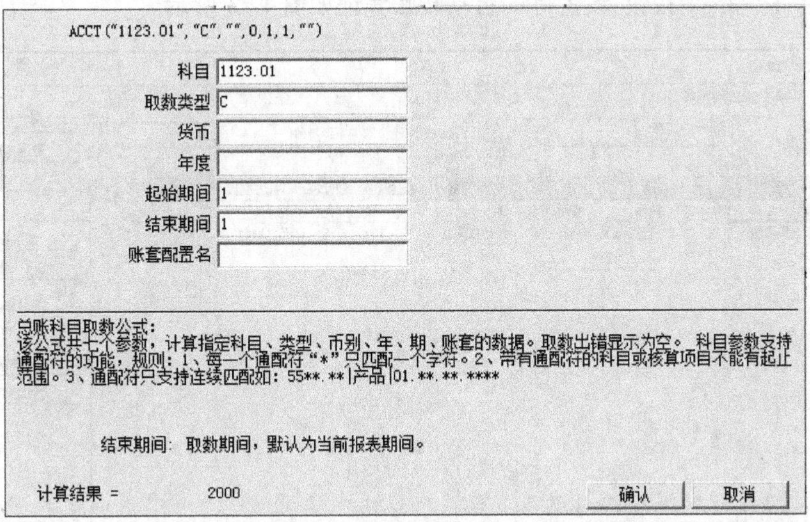

图 4-71

单击“确定”按钮，返回“公式定义”窗口，在原币公式“ACCT("1123.01","C","",0,1,1,"")”后面输入“/12”（如图 4-72 所示），单击“确定”按钮，返回“自动转账凭证窗口”。

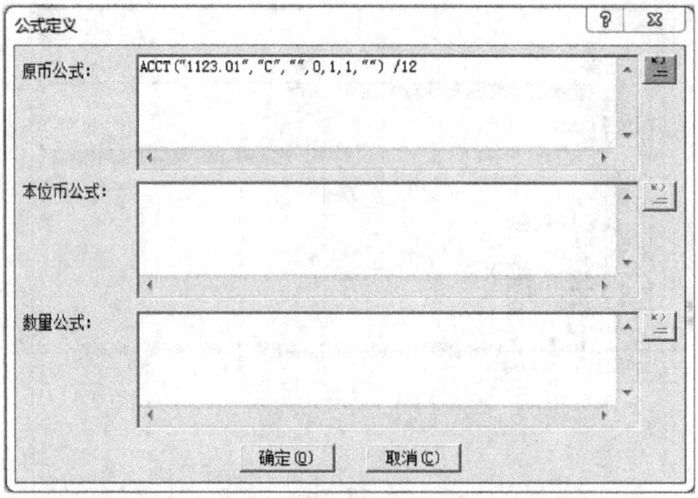

图 4-72

（5）单击“保存”按钮，设置好的自动转账凭证如图 4-73 所示。

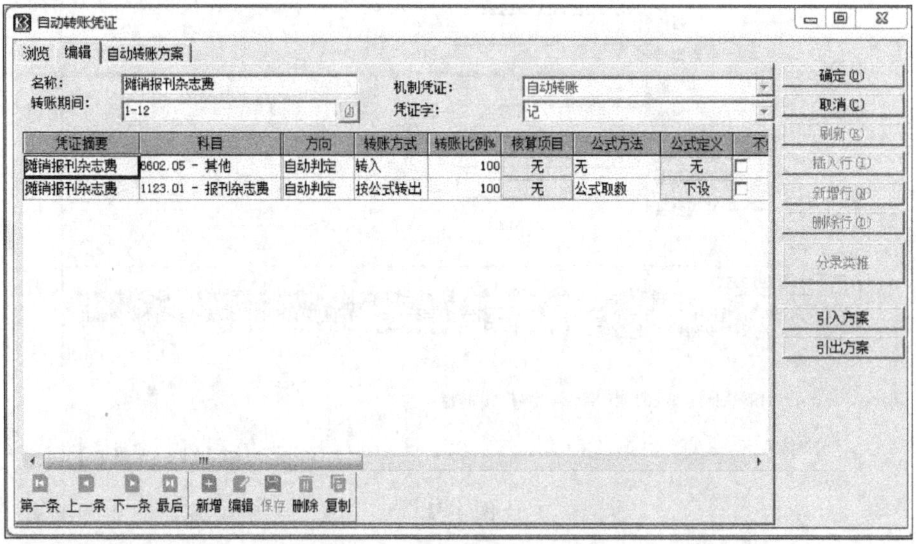

图 4-73

内容详解：

转账期间：系统提供了 1—12 个会计期间，根据本案例应该全选。

凭证字：选择生成凭证的凭证字。

凭证摘要：手工录入正确的意思表达。

科目：点击后会自动弹出科目对话框，用户可以选择需要的会计科目。选择科目时必须注意要选择科目的最明细一级，若是非明细科目，则只能转出。

币别：显示币别。

方向：会计分录的借贷方向，可以根据转账方式“自动判断”，除非确定，否则建议用户选择“自动判断”。

转账方式：科目的“余额”“借方发生额”“贷方发生额”等转出的金额和方式，共有6种。

转入：指该会计科目属于转入科目。

按比例转出余额：按该科目余额的百分比例转出。

按比例转出贷方发生额：按该科目的贷方发生额的比例转出。

按比例转出借方发生额：按该科目的借方发生额的比例转出。

按公式转出：根据后面的“公式定义”中的公式取数转出。

按公式转入：根据后面的“公式定义”中的公式取数转入。

转账比例：用于选择了比例转入（出）的转账方式，直接录入百分比例。

核算项目：如果会计科目下还下挂核算项目，则在此选择相应的核算项目。

包含本期未过账凭证：选择“包含”和“不包含”二者之一。

公式定义：当“转出方式”选择“按公式转入或转出”，则在此定义公式，根据科目是否下设外币及数量，可以录入原币取数公式、本位币取数公式、数量取数公式。公式设置可以按“F7”或点按工具条中“获取”按钮进入公式向导辅助输入，公式的语法与自定义报表完全相同，通过取数公式可取到账上任意的数据。另外，在公式中还可录入常数。

（6）切换到“浏览”窗口，选中刚才所建立的自动转账凭证，如图4-74所示。

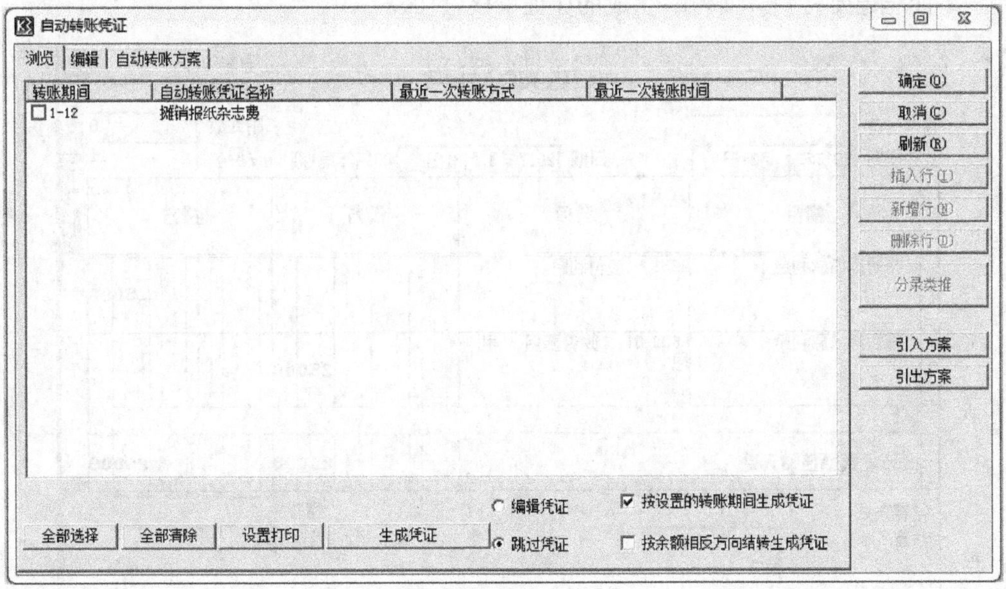

图 4-74

（7）单击“生成凭证”按钮，稍后系统弹出提示窗口（如图4-75所示），单击“关闭”，进入“财务会计”|“总账”|“凭证处理”|“凭证查询”，设定过滤条件后进入“会计分录序时簿”窗口中可以查询到刚才生成的凭证。

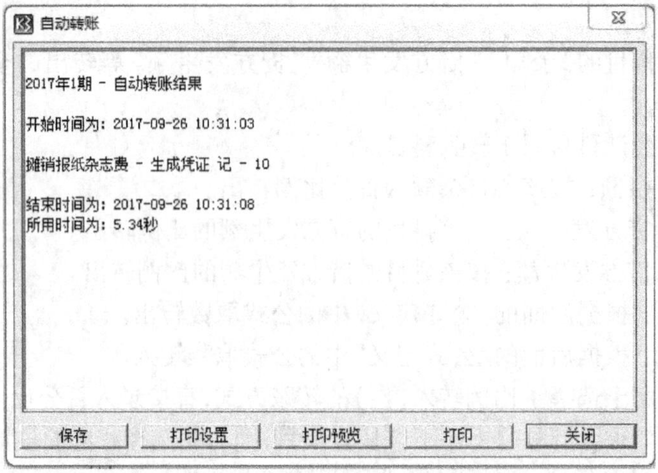

图 4-75

计提短期借款利息的自动转账凭证定义与生成方法同上。这里要注意的是系统自动生成的转账凭证的借方、贷方均为红字金额，不符合我们凭证处理的习惯，这里我们需要通过“凭证查询”中的“修改”功能，通过按键盘上“ - ”键先将借方、贷方金额变为蓝字，再通过空格键将借方、贷方金额调整至相反的方向，调整后的自动转账凭证如图 4-76 所示。用户不能忘记要将“自动转账”生成的凭证审核、过账。

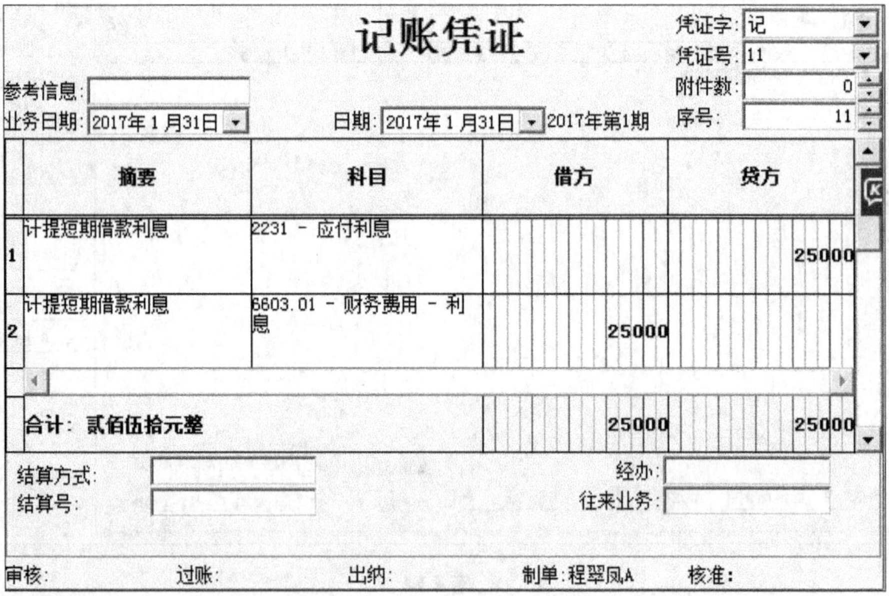

图 4-76

2．期末调汇

（1）本功能主要用于对外币核算的账户在期末自动计算汇兑损益，生成汇兑损益转账凭证。只有在会计科目中设定了“期末调汇”的科目才会进行期末调汇处理。用户在使用“期末调汇”功能时一定要在所有涉及外币业务的凭证和要调汇的会计科目数据全部录入完毕并审核过账后才能进行,以免调汇数据不正确。

(2) 在期末调汇之前,首先需进入公共资料的"汇率体系",对需调汇的外币的期末汇率进行维护,图 4-77 为本实训案例美元的期末汇率维护界面。

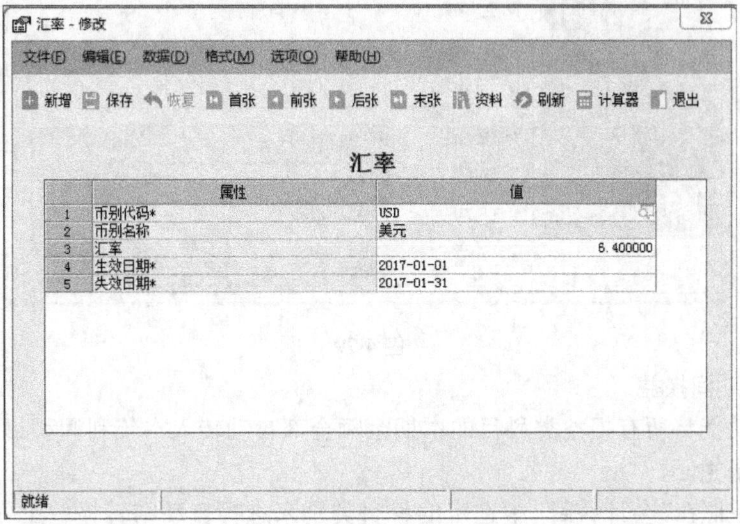

图 4-77

(3) 在总账的"结账"功能中,单击"期末调汇",系统会进入期末调汇向导窗口(如图 4-78 所示)。本实训案例美元月初汇率为 6.45,期末汇率为 6.40;港币月初汇率为 0.85,期末汇率为 0.87。

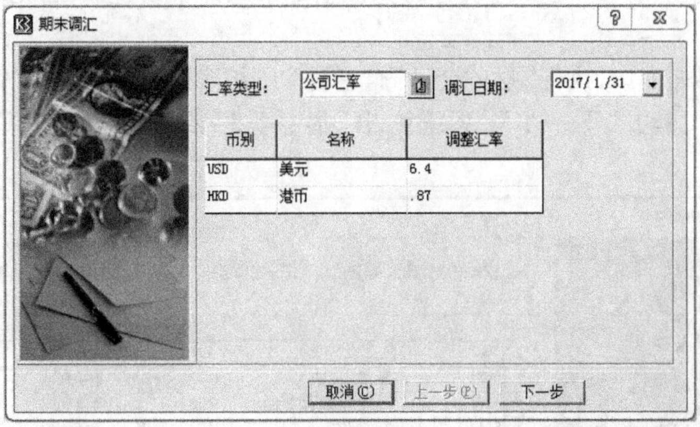

图 4-78

(4) 单击"下一步"按钮,系统进入如图 4-79 所示的窗口,在窗口中"汇兑损益科目"处按 F7 键获取"6603.02 - 汇兑损益"科目,勾选"生成转账凭证"和勾选生成"汇兑损益"选项,选择正确的凭证字,核对与维护摘要,单击"完成"按钮。稍后系统弹出提示"已生成一张调汇转账凭证,凭证字号为:记—××"。

在凭证查询的"会计分录序时簿"中可查看生成的凭证。用户不能忘记要将"期末调汇"生成的转账凭证审核、过账。

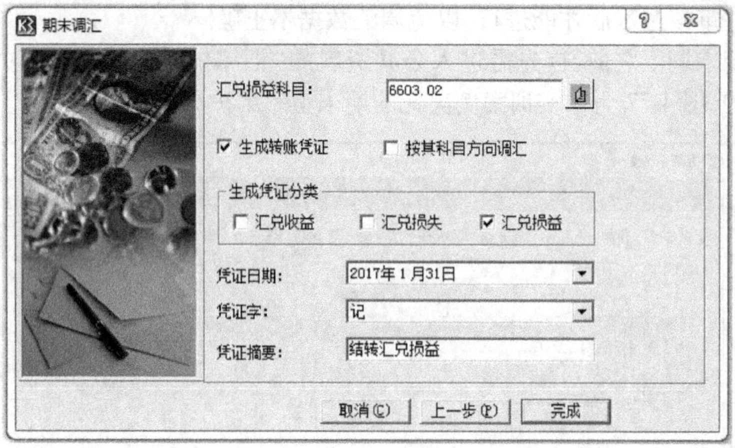

图 4-79

3. 结转期间损益

使用此功能将所有损益类科目的本期余额全部自动转入本年利润科目,自动生成结转损益的记账凭证。

系统是按照在“会计科目”中选定的科目类别来进行自动结转损益工作的。只有在科目类别中设定为“损益类”的科目余额才能进行自动结转。在日常财务处理中,损益类科目的余额在每期的期末都要结转到本年利润科目中去。如果要结转本期损益,建议您最好使用系统提供的“结转本期损益”功能,否则在输出有关损益类的会计报表时会出现不正确的数据。

在结转损益前用户一定要将所有的凭证全部录入并审核过账,否则结转损益数据不正确。

(1) 在主界面窗口,执行“财务会计”|“总账”|“结账”|“结转损益”,系统弹出“结转损益”向导窗口,单击“下一步”,系统弹出“损益类科目对应本年利润科目”窗口,如图 4-80 所示。

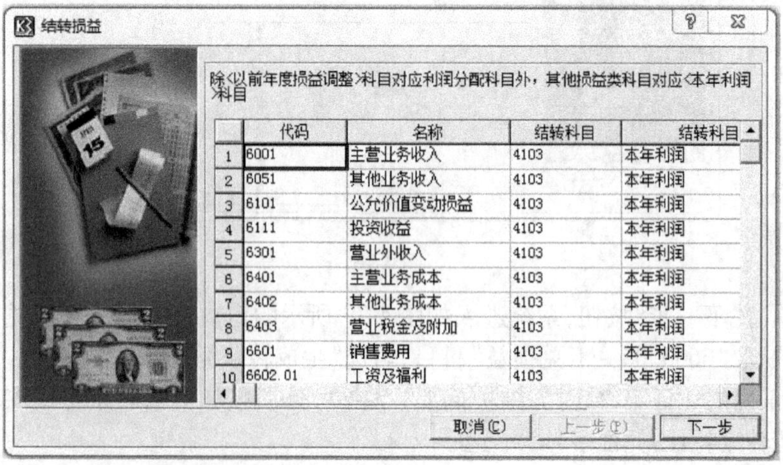

图 4-80

（2）单击“下一步”按钮，进入设置窗口，如图 4-81 所示。这里按业务处理规范需要将凭证类型修改为“收益”“损失”两种，设置完成后单击“完成”按钮，稍后系统弹出已经生成的两张某字某号的凭证。图 4-82 为生成的结转“收益”的凭证，图 4-83 为生成的结转“成本费用损失”的凭证。

用户不能忘记要将“结转损益”生成的转账凭证审核、过账，因为结转损益生成的凭证系统同样是放于临时凭证库的，若不审核、过账，总账系统会无法结账。

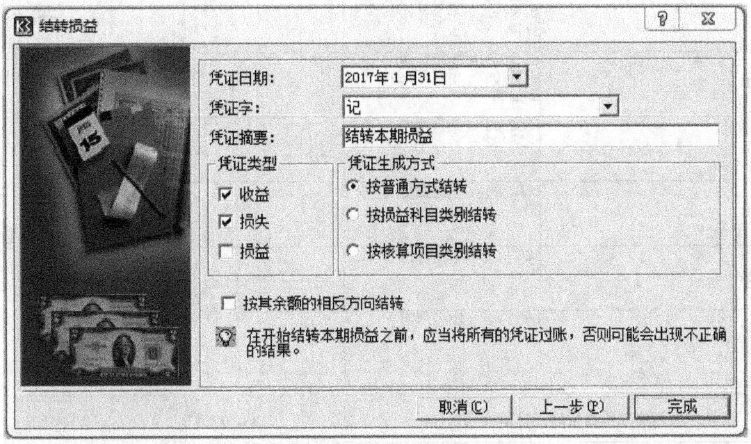

图 4-81

图 4-82

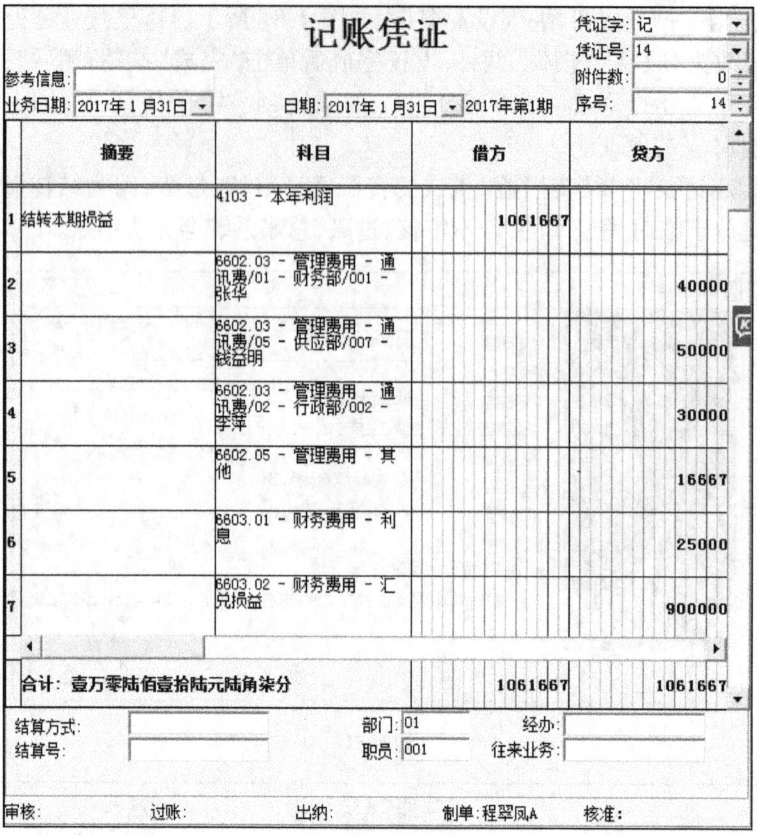

图 4-83

4. 期末结账

在本期所有的会计业务全部处理完毕之后,就可以进行期末结账了。系统的数据处理都是针对本期的,要进行下一期间的处理,必须将本期的账务全部进行结账处理,系统才能进入下一期间。

(1) 在主界面窗口,执行"财务会计"|"总账"|"结账"|"期末结转"命令,系统弹出"期末结账"向导窗口,如图 4-84 所示。

金蝶 K/3 系统为用户提供结账与反结账功能,选中"结账"项,勾选"结账时检查凭证断号",则凭证中有断号时会弹出提示,提示用户是否结账。

(2) 项目设置完成后,单击"开始"按钮即可结账。

系统在过账之前要对账务处理进行常规性检查,必须将本期间的所有会计凭证及业务资料全部输入电脑并且过账之后才能结账。如果系统发现本期内还有未过账的记账凭证,系统会发出警告,然后中断结账。

在全部事项处理完毕后,系统开始结账。结账完成之后,系统进入下一个会计期间,并返回到主界面。对于拥有管理员权限的用户,系统还提供了"反结账"的功能。

由于总账系统采用了大型数据库技术,系统一旦启用,所有年度的数据都可以放在一个账套里,所以财务数据的年结功能同月结功能没有区别。

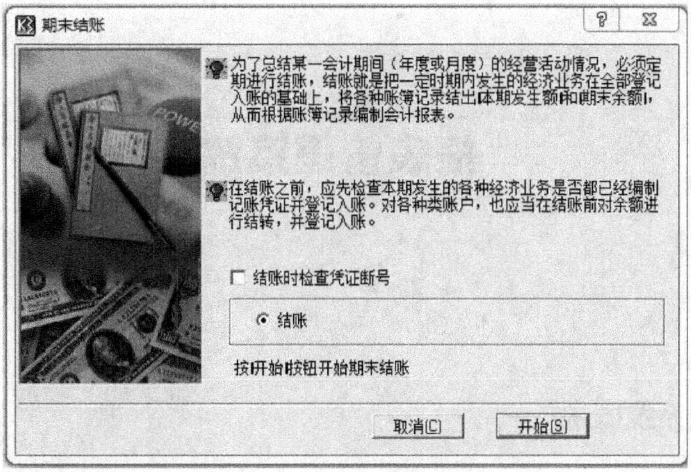

图 4-84

如果有其他系统和总账一起使用，一定要将其他模块结账后再结总账。

5. 账套备份

在“D:\非凡\”文件夹下建“总账期末业务”文件夹。由系统管理员 Admin 登录账套管理手动将账套备份输出至“D:\非凡\总账期末业务”。

第五章

报表管理系统

一、报表系统概述

除资产负债表、利润表等常用报表外，金蝶报表系统还可以按照用户的需求制作其他各类管理报表，有集团基层报表的制作功能。金蝶报表系统能从总账系统、工资系统、固定资产系统、应收应付系统、供应链、人力资源、项目管理等模块中进行取数。它具有以下特点：（1）多系统联用；（2）跨账套取数；（3）数据引入引出；（4）函数设置多样；（5）公式设置简便，操作方便。

金蝶报表系统主要用于定义、修改报表格式和公式、查询与输出报表。其操作流程如图 5-1 所示：

图 5-1

二、报表系统与其他系统的关系

报表系统与其他系统的关系如图 5-2 所示。

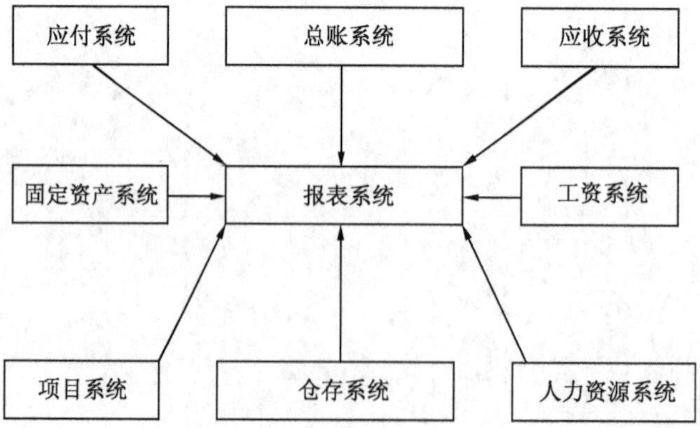

图 5-2

实训六　报表管理系统

【实训准备】

引入"D:\非凡\总账期末业务"的备份数据。将系统日期修改为"2017 年 01 月 31 日"。

【实训目标】

1. 掌握金蝶 K/3 V14.2 管理软件中报表系统的相关内容。
2. 理解报表在整个总账系统中的重要性。
3. 掌握系统预置报表的查询技巧及基本的修改操作。
4. 掌握自定义方式设计报表格式、编制报表的方法。

【实训内容】

1. 生成并查看本期的资产负债表。
2. 生成并查看本期的利润表。
3. 查看本期的现金流量表。
4. 根据要求制作自定义报表。

【实训资料】

1. 制作一张自定义内部报表并设置报表取数公式和生成报表数据,报表格式如表 5-1 所示。

表 5-1　简　表

单位名称:江苏非凡工业有限公司　　　　单位:元

2017 - 01 - 31

金额 / 项目	资产资料		损益资料	
	年初数	期末数	本期发生额	本年累计数
库存现金				
货币资金				
应收账款——长城公司				
管理费用				
合　计				

单位负责人:　　　　会计主管:　　　　制表人:

2. 以批量填充的方式制作以下自定义报表,格式如表 5-2 所示。

表 5-2　货币资金表

单位名称：江苏非凡工业有限公司　　　　　　　　　　　　单位：元

2017 - 01 - 31

项目	期初余额	借方发生额	贷方发生额	期末余额
库存现金				
银行存款——建行				
银行存款——中行				
银行存款——工行				
其他货币资金				
合　计				

单位负责人：　　　　　　　　会计主管：　　　　　　　　制表人：

3. 查询当前月份当前账套所属公司的资产负债表。

4. 查询当前月份当前账套所属公司的利润表。

5. 查询现金流量表。

【实训要求】

以“你的姓名 B”的身份登录报表系统进行本部分内容的实训。

【操作指导】

1. 启动金蝶报表系统

(1) 以“你的姓名 B”的身份登录金蝶主控台，执行“财务会计”|“报表”命令，进入金蝶报表系统。

(2) 执行“新建报表……”|“新建报表文件”命令，建立一张空白报表，报表名默认为“报表_1”。

2. 自定义简表的制作

在报表窗口，显示空表界面(类似于电子表格)，其具体操作与电子表格有点类似，例如复制、粘贴、插入、删除等。每一个单元格可以直接录入数据和文字，并可以在单元格中设置取数公式。

(1) 根据实训案例资料可知简表有 7 行、5 列，选择“格式”菜单中“表属性”，在行、列中直接录入行、列数即可，在此还可以确定缺省行高，如图 5-3 所示。

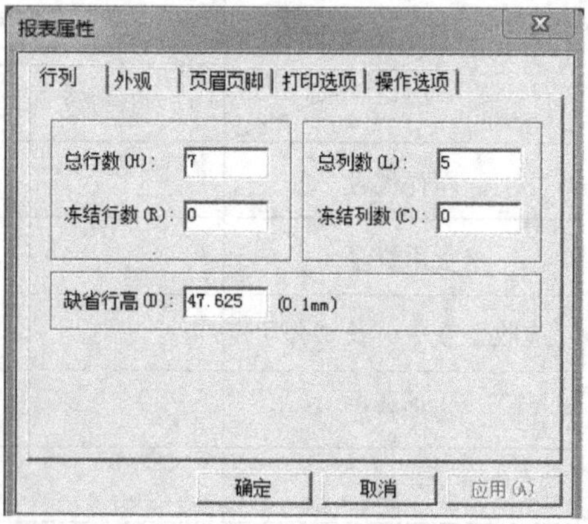

图 5-3

(2) 在“页眉页脚”栏中可以定义表名和表末文字及报表附注，页眉页脚是在打印报表时才会显示的在报表上面的名称、单位和报表下方的注解等，在报表主体处是无法直接看到的。这里表名称为“简表”。点击页眉第一行“报表名称”或点击“编辑页眉页脚”，直接录入报表名称“简表”，如图 5-4 所示，其他页眉页脚的录入方式相同。

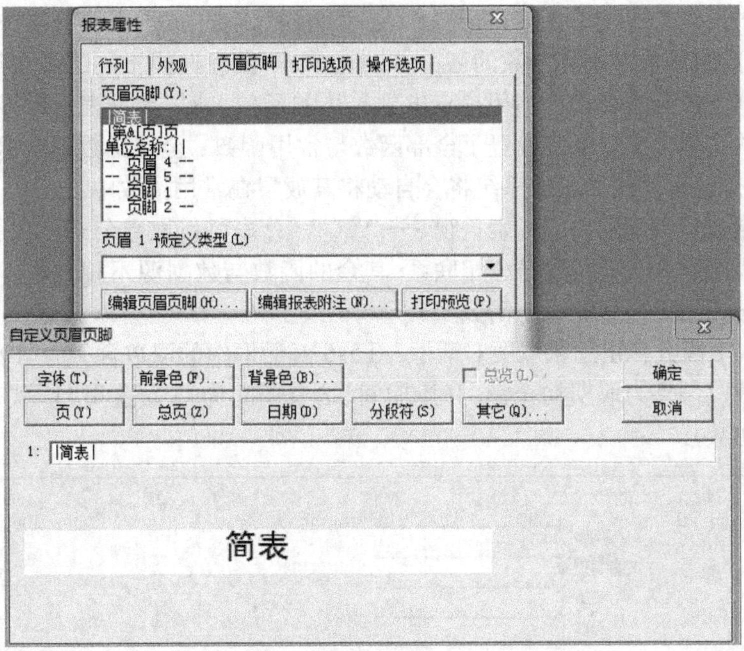

图 5-4

在设置页眉页脚时，用户要注意一些小的技巧：“分段符”是将页宽分成几段，用来设定页眉页脚文字的位置，图 5-4 中报表名称“简表”前后各有一分段符，将报表名称位置设在页宽的中间，其具体操作用户可以自己摸索。“日期”可以将计算机系统提供的日期直接取到报表中，用于显示报表制作、打印日期。“页/总页”一般连用，用于页脚，可显示共有几页和现在是第几页。“其他”为各种函数。

（3）直接录入期间数和项目名称，其中第一单元格设置特殊。首先将 A1、A2 单元格合并，方法为：选择 A1、A2 单元格，执行“格式”菜单中“单元融合”；再选择“格式”菜单中“定义斜线”，弹出对话框，根据实训案例选择“二分”并录入内容，如图 5-5 所示。如果要删除斜线，选中该单位格后点击“格式”菜单中“删除斜线”。

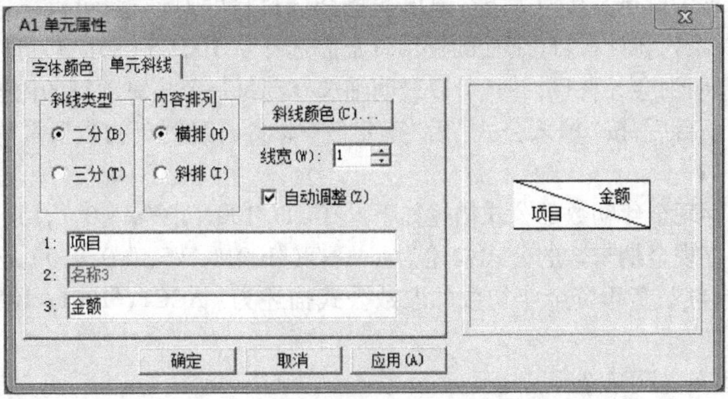

图 5-5

（4）点击设置公式的单元格，选择"插入"菜单中"函数"或点击快捷键"F_X"。系统对函数进行了分类，函数类别和函数的名称分别显示，用鼠标选择不同的函数类别，系统列出该函数类别下的函数名称。当用户点击到具体的函数名时，在报表函数界面的下方会出现该函数的具体含义。系统设置了全部函数与常用函数：全部函数即全部列出的函数的集合；而对您经常使用的函数系统将会自动将其放置在常用函数中。

有一个函数要引起用户的特别重视——ACCT：总账科目取数公式。在所有函数中，只有金蝶报表函数 ACCT 同数据源相联系，其余的函数与数据源不相关联。该函数是报表系统中各报表用得最多的一个函数。

点击 ACCT 函数弹出总账取数对话框，图 5-6 对话框中的取数含义为"1001 库存现金当年的年初数"（"C"为取期初余额，开始期间、结束期间为"1"，这里"1"代表 1 月，而 1 月初即为年初数）。

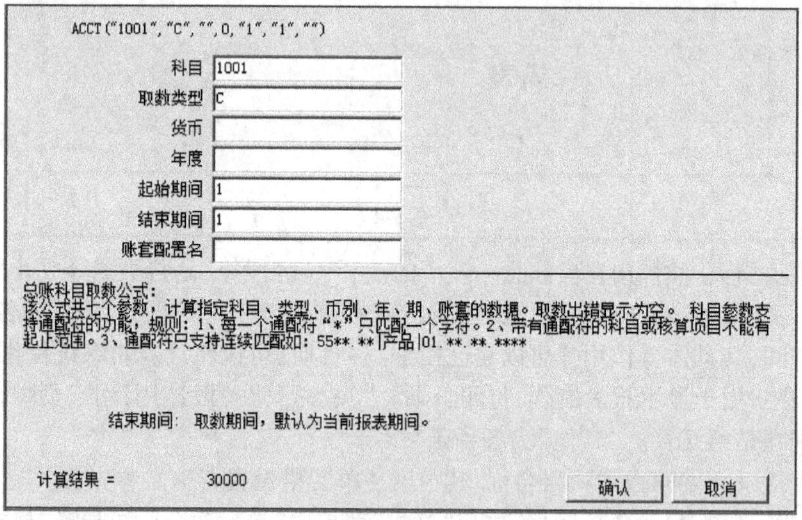

图 5-6

内容详解：

"科目"：点击科目并按"F7"键，弹出选择会计科目的对话框，可以单选一个会计科目，也可选择一系列会计科目（下面的货币资金需选择从 1001 到 1012）；可以选择总账科目，也可以选择明细会计科目，并且可以最明细选择到每一个核算项目的内容。选择了会计科目和核算项目后，按"填入公式"后"确定"。本实训案例年初数要取库存现金总账科目。

生成的库存现金年初数的公式描述如下：ACCT("1001","C","",0,1,1)。

简表中库存现金期末数的公式描述为：ACCT("1001","Y","",0,0,0)，公式中的"Y"表示取"期末余额"；货币资金年初数的取数公式描述为：ACCT("1001：1012","C","",0,1,1)。

"取数类型"：按 F7 选择。

"货币"：选择币别，系统默认为综合本位币（即不选）。

"年度"：一般不选，系统默认为当前年度。

起始期间、结束期间：设置取数期间。

账套配置名：设置取数账套，系统默认为当前账套。

（5）应收账款——长城公司年初数的取数公式在点击 ACCT 函数弹出总账取数对话框设置如图 5-7 所示。

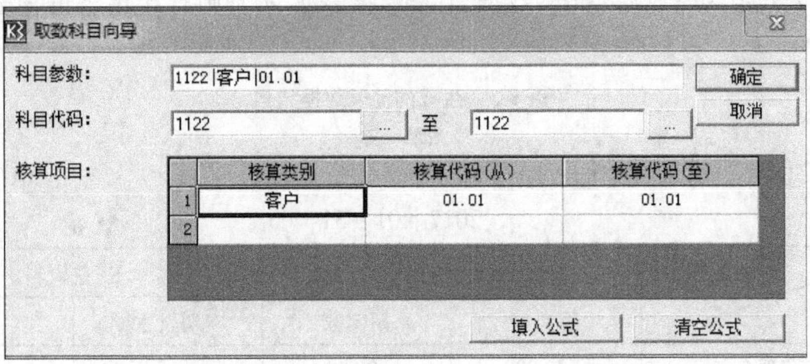

图 5-7

在图 5-7 中，点击科目并按“F7”键，弹出选择会计科目的对话框，选择“1122 应收账款”科目，在“核算类别”中选择“客户”，核算代码通过右侧的参照按钮选择“01.01 长城公司”，选择了会计科目和核算项目后，按“填入公式”后点击“确定”。

同样，在取数类型中选择“C 期初余额”，开始期间、结束期间选择“1”，完整的应收账款—长城公司年初数的公式描述如下：=ACCT("1122 | 客户 | 01.01","C","",0,1,1,"")，如图 5-8 所示。

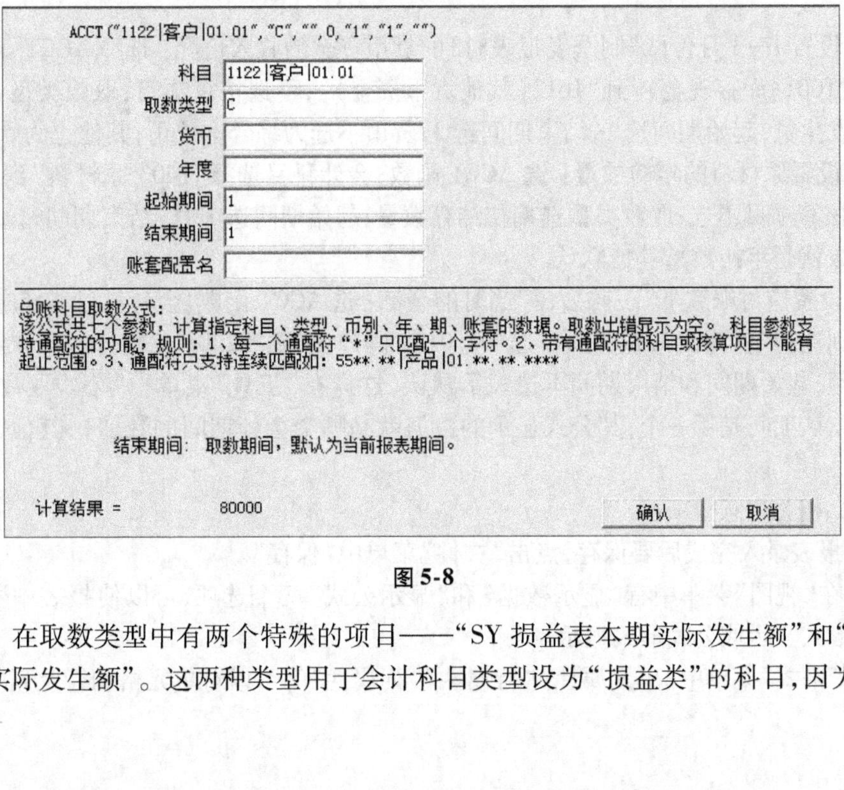

图 5-8

（6）在取数类型中有两个特殊的项目——“SY 损益表本期实际发生额”和“SL 损益表本年实际发生额”。这两种类型用于会计科目类型设为“损益类”的科目，因为这些科目在月底结账前会将当期发生额转入“本年利润”科目中，而使损益类科目的余额为零，导致无法取数。

本实训案例中管理费用本期发生额取数公式为：ACCT("6602","SY","",0,0,0,"")

管理费用本年累计数取数公式为：ACCT("6602","SL","",0,0,0,"")

（7）公式定义完成后点击“数据”中的“报表重算”，则打印出来的简表如表5-3所示。

表5-3　生成的简表数据结果

简　表

单位名称：江苏非凡工业有限公司　　　　单位：元

2017－01－31

名称/项目	资产资料		损益资料	
	年初数	期末数	本期发生额	本年累计数
库存现金	30 000	29 000		
货币资金	1 905 000	1 821 100		
应收账款——长城公司	80 000	80 000		
管理费用			1 366.67	1 366.67
合　计	2 015 000	1 930 100	1 366.67	1 366.67

单位负责人：李萍　　　　会计主管：张华　　　　制表人：程翠凤

（8）在设置报表公式时，许多用户对公式的设置概念不深，在此特举出几个典型案例：

① 设置1—3月份（编制季度报表时）的货币资金的收入情况：选择ACCT函数，会计科目选“1001（库存现金）”到“1012（其他货币资金）”，不选核算项目；取数类型选借方本年累计发生额；起始期间选1，结束期间选3；货币不选为综合本位币；其他也为默认参数。

② 设置原材料的年初数量：选ACCT函数；会计科目选择“1403 原材料”到“1403 原材料”，核算项目不选；取数类型选期初结存数量；起始期间选1月，结束期间选1月（1月的起初数就是年初数）；其他默认。

③ 设置应付账款下“王码公司”当月的余额：选ACCT函数；会计科目选择应付账款，核算类别选择“供应商”，核算项目选“02.01 王码公司”到“02.01 王码公司”；取数类型选期末余额；起始期间和结束期间不选表示默认（这样在“工具”菜单中“公式取数参数”中设置的默认期间是哪一个，其公式显示的数据就是哪个会计期间的数值）；其他也为默认参数。

（9）相关注意事项：

① 报表录入完成后要保存，点击“文件”菜单中“保存”。

② 在“视图”菜单中有“显示数据”和“显示公式”两个选项，可以使报表中数据部分以数据形式显示或公式形式显示。

③ “格式”菜单中“单元属性”“行属性”“列属性”等可以对单元格和行及列中的文字

等进行设置,并能设置行高和列宽。

④"格式"菜单中的"单元融合"和"单元解融":用于将几个单元格合并成一个单元格,或者将合并的单元格再解开成原来的几个单元格。

⑤"数据"菜单中"报表重算":当会计期间或数据修改后等其他条件发生改变后,使用此功能重新计算数据,以确保数据的正确性。

⑥"工具"菜单中的"多账套管理":金蝶报表可对多种数据源进行横向和纵向的数据处理,而在取数前先须通过多账套管理对各种金蝶账套数据源进行配置,如果用户只是单账套,则不需进行此项操作,系统默认以当前账套为取数账套。

⑦"工具"菜单中的"公式取数参数":其中最重要的是可以在此设置"默认会计期间",例如在资产负债表中各公式的取数期间一般都为默认取数期间,如果在此设定默认期间为 X,刷新后的报表即为第 X 期的报表,可以免去设置 12 个期间报表的烦琐,并可以在此设置 ACCT 公式取数时包括当前期间中的未过账凭证。

3. 常用报表——资产负债表、利润表的操作

常用报表指的是资产负债表和利润表等常用的企业报表,K/3 系统提供了各行业的不同报表格式供用户选用。

(1) 点击"文件"菜单下的"打开"选项,弹出对话框后用户会发现在"模板"项下有各行业的报表格式(如图 5-9 所示)。根据本实训案例我们要用的是新企业会计准则的报表格式,所以打开新会计准则中的"新会计准则资产负债表",系统进入"报表系统"窗口,如图 5-10 所示。

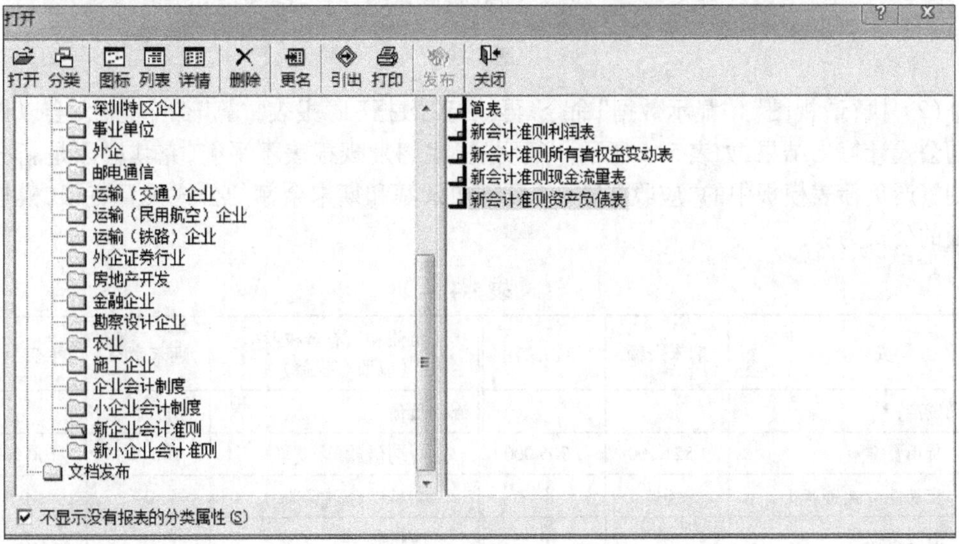

图 5-9

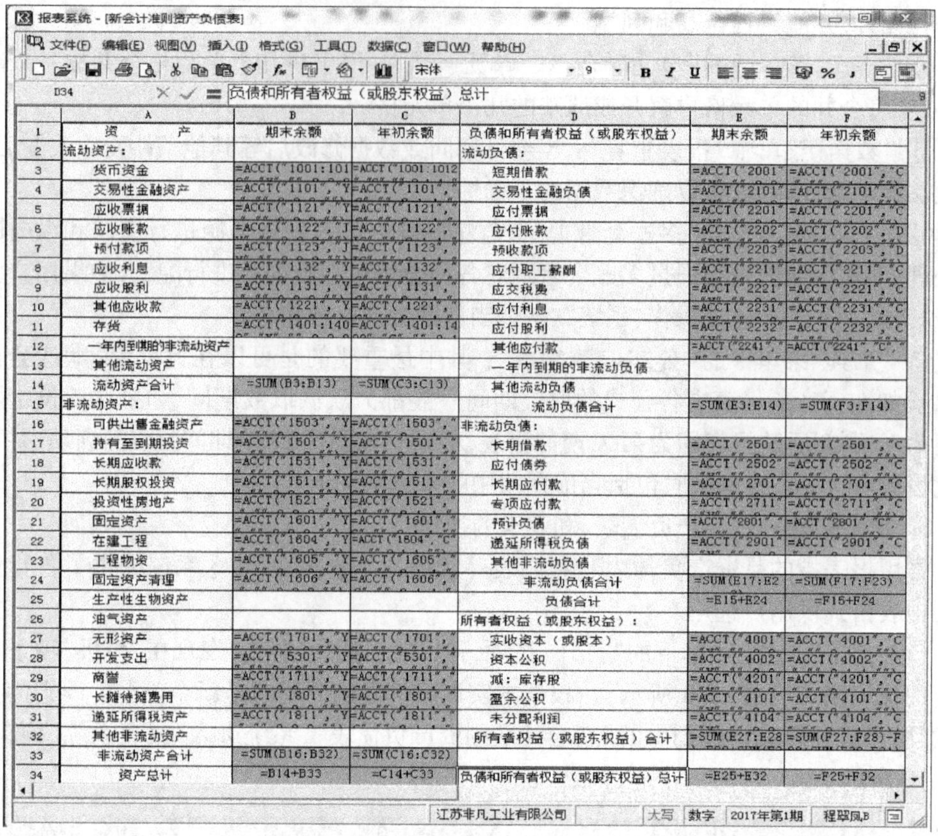

	A	B	C	D	E	F
1	资　　产	期末余额	年初余额	负债和所有者权益（或股东权益）	期末余额	年初余额
2	流动资产：			流动负债：		
3	货币资金	=ACCT("1001:101	=ACCT("1001:1012	短期借款	=ACCT("2001"	=ACCT("2001","C
4	交易性金融资产	=ACCT("1101","Y	=ACCT("1101","	交易性金融负债	=ACCT("2101"	=ACCT("2101","C
5	应收票据	=ACCT("1121","Y	=ACCT("1121","	应付票据	=ACCT("2201"	=ACCT("2201","C
6	应收账款	=ACCT("1122","J	=ACCT("1122","	应付账款	=ACCT("2202"	=ACCT("2202","D
7	预付款项	=ACCT("1123","J	=ACCT("1123","	预收款项	=ACCT("2203"	=ACCT("2203","D
8	应收利息	=ACCT("1132","Y	=ACCT("1132","	应付职工薪酬	=ACCT("2211"	=ACCT("2211","C
9	应收股利	=ACCT("1131","Y	=ACCT("1131","	应交税费	=ACCT("2221"	=ACCT("2221","C
10	其他应收款	=ACCT("1221","Y	=ACCT("1221","	应付利息	=ACCT("2231"	=ACCT("2231","C
11	存货	=ACCT("1401:140	=ACCT("1401:14	应付股利	=ACCT("2232"	=ACCT("2232","C
12	一年内到期的非流动资产			其他应付款	=ACCT("2241","	=ACCT("2241","C","
13	其他流动资产			一年内到期的非流动负债		
14	流动资产合计	=SUM(B3:B13)	=SUM(C3:C13)	其他流动负债		
15	非流动资产：			流动负债合计	=SUM(E3:E14)	=SUM(F3:F14)
16	可供出售金融资产	=ACCT("1503","Y	=ACCT("1503","	非流动负债：		
17	持有至到期投资	=ACCT("1501","Y	=ACCT("1501","	长期借款	=ACCT("2501"	=ACCT("2501","C
18	长期应收款	=ACCT("1531","Y	=ACCT("1531","	应付债券	=ACCT("2502"	=ACCT("2502","C
19	长期股权投资	=ACCT("1511","Y	=ACCT("1511","	长期应付款	=ACCT("2701"	=ACCT("2701","C
20	投资性房地产	=ACCT("1521","Y	=ACCT("1521","	专项应付款	=ACCT("2711"	=ACCT("2711","C
21	固定资产	=ACCT("1601","Y	=ACCT("1601","	预计负债	=ACCT("2801","	=ACCT("2801","C","
22	在建工程	=ACCT("1604","Y	=ACCT("1604","C"	递延所得税负债	=ACCT("2901"	=ACCT("2901","C
23	工程物资	=ACCT("1605","Y	=ACCT("1605","	其他非流动负债		
24	固定资产清理	=ACCT("1606","Y	=ACCT("1606","	非流动负债合计	=SUM(E17:E2	=SUM(F17:F23)
25	生产性生物资产			负债合计	=E15+E24	=F15+F24
26	油气资产			所有者权益（或股东权益）：		
27	无形资产	=ACCT("1701","Y	=ACCT("1701","	实收资本（或股本）	=ACCT("4001"	=ACCT("4001","C
28	开发支出	=ACCT("5301","Y	=ACCT("5301","	资本公积	=ACCT("4002"	=ACCT("4002","C
29	商誉	=ACCT("1711","Y	=ACCT("1711","	减：库存股	=ACCT("4201"	=ACCT("4201","C
30	长摊待摊费用	=ACCT("1801","Y	=ACCT("1801","	盈余公积	=ACCT("4101"	=ACCT("4101","C
31	递延所得税资产	=ACCT("1811","Y	=ACCT("1811","	未分配利润	=ACCT("4104"	=ACCT("4104","C
32	其他非流动资产			所有者权益（或股东权益）合计	=SUM(E27:E28	=SUM(F27:F28)-F
33	非流动资产合计	=SUM(B16:B32)	=SUM(C16:C32)			
34	资产总计	=B14+B33	=C14+C33	负债和所有者权益（或股东权益）总计	=E25+E32	=F25+F32

图 5-10

(2) 执行“视图”|“显示数据”命令，再执行“数据”|“报表重算”命令，报表会以设置好的公式计算出结果，如表 5-4 所示。很明显，我们发现报表不平衡，究其原因是新会计准则资产负债表模板中的“应收账款”项目年初余额和期末余额的公式设置有误，模板中预设的公式为：

表 5-4

资　产	期末余额	年初余额	负债和所有者权益（或股东权益）	期末余额	年初余额
流动资产：			流动负债：		
货币资金	1 821 100	1 905 000	短期借款	100 000	100 000
交易性金融资产	0	0	交易性金融负债	0	0
应收票据	0	0	应付票据	0	0
应收账款	220 200	150 000	应付账款	180 000	300 000
预付款项	1 833.33	2 000	预收款项	0	0
应收利息	0	0	应付职工薪酬	0	0
应收股利	0	0	应交税费	－1 700	0
其他应收款	5 800	5 000	应付利息	250	0

续表

资　产	期末余额	年初余额	负债和所有者权益（或股东权益）	期末余额	年初余额
存货	140 000	70 000	应付股利	0	0
一年内到期的非流动资产			其他应付款	0	0
其他流动资产			一年内到期的非流动负债		
流动资产合计	2 188 933.33	2 132 000	其他流动负债		
非流动资产：			流动负债合计	278 550	400 000
可供出售金融资产	0	0	非流动负债：		
持有至到期投资	0	0	长期借款	0	0
长期应收款	0	0	应付债券	0	0
长期股权投资	0	0	长期应付款	0	0
投资性房地产	0	0	专项应付款	0	0
固定资产	4 700 000	4 700 000	预计负债	0	0
在建工程	0	0	递延所得税负债	0	0
工程物资	0	0	其他非流动负债		
固定资产清理	0	0	非流动负债合计	0	0
生产性生物资产			负债合计	278 550	400 000
油气资产			所有者权益(或股东权益)：		
无形资产	0	0	实收资本(或股本)	6 556 000	6 427 000
开发支出	0	0	资本公积	0	0
商誉	0	0	减：库存股	0	0
长摊待摊费用	0	0	盈余公积	0	0
递延所得税资产	0	0	未分配利润	4 9383.33	0
其他非流动资产			所有者权益（或股东权益)合计	6 605 383.33	6 427 000
非流动资产合计	4 700 000	4 700 000			
资产总计	6 888 933.33	6 832 000	负债和所有者权益(或股东权益)总计	6 883 933.33	6 827 000

应收账款年初余额 = ACCT("1122","JC","",0,1,1,"") + ACCT("2203","JC","",0,1,1,"")

应收账款期末余额 = ACCT("1122","JY","",0,0,0,"") + ACCT("2203","JY","",0,0,0,"")

无论是应收账款年初余额取数公式还是应收账款期末余额取数公式,都遗漏了扣除坏账准备的金额,这里我们需要对公式进行调整,即:

应收账款年初余额 = ACCT("1122","JC","",0,1,1,"") + ACCT("2203","JC","",0,1,

1,"") - ACCT("1231","C","",0,1,1,"")

应收账款期末余额 = =ACCT("1122","JY","",0,0,0,"") + ACCT("2203","JY","",0,0,0,"") - ACCT("1231","Y","",0,0,0,"")

调整公式后执行“数据”|“报表重算”,报表系统会以设置好的正确公式计算出准确结果,如表 5-5 所示。

表 5-5

资　产	期末余额	年初余额	负债和所有者权益（或股东权益）	期末余额	年初余额
流动资产:			流动负债:		
货币资金	1 821 100	1 905 000	短期借款	100 000	100 000
交易性金融资产	0	0	交易性金融负债	0	0
应收票据	0	0	应付票据	0	0
应收账款	215 200	145 000	应付账款	180 000	300 000
预付款项	1 833.33	2 000	预收款项	0	0
应收利息	0	0	应付职工薪酬	0	0
应收股利	0	0	应交税费	-1 700	0
其他应收款	5 800	5 000	应付利息	250	0
存货	140 000	70 000	应付股利	0	0
一年内到期的非流动资产			其他应付款	0	0
其他流动资产			一年内到期的非流动负债		
流动资产合计	2 183 933.33	2 127 000	其他流动负债		
非流动资产:			流动负债合计	278 550	400 000
可供出售金融资产	0	0	非流动负债:		
持有至到期投资	0	0	长期借款	0	0
长期应收款	0	0	应付债券	0	0
长期股权投资	0	0	长期应付款	0	0
投资性房地产	0	0	专项应付款	0	0
固定资产	4 700 000	4 700 000	预计负债	0	0
在建工程	0	0	递延所得税负债	0	0
工程物资	0	0	其他非流动负债	0	0
固定资产清理	0	0	非流动负债合计	0	0
生产性生物资产			负债合计	278 550	400 000
油气资产			所有者权益(或股东权益):		
无形资产	0	0	实收资本(或股本)	6 556 000	6 427 000
开发支出	0	0	资本公积	0	0
商誉	0	0	减:库存股	0	0

续表

资　产	期末余额	年初余额	负债和所有者权益（或股东权益）	期末余额	年初余额
长摊待摊费用	0	0	盈余公积	0	0
递延所得税资产	0	0	未分配利润	49 383.33	0
其他非流动资产			所有者权益（或股东权益）合计	6 605 383.33	6 427 000
非流动资产合计	4 700 000	4 700 000			
资产总计	6 883 933.33	6 827 000	负债和所有者权益（或股东权益）总计	6 883 933.33	6 827 000

查看当前月份当前账套所属公司的利润表的操作方法基本与前相同，不再赘述。

4. 现金流量表查询

现金流量表反映企业一定期间内现金的流入和流出，表明企业获得现金和现金等价物的能力。现金流量表系统是用直接法编制现金流量表，通过现金类科目的 T 形账户的对方科目来确定现金流入和流出的分类，编制现金流量表。

现金流量项目指定有两种方式：一种是在“凭证录入”时，单击工具栏上的“流量”按钮，系统弹出现金流量项目指定，在窗口中指定“对方科目分录”项，获取报表项目及现金流量的金额；另一种方式是当凭证业务处理好之后，在“凭证查询”窗口中指定。

若系统参数中选中“现金流量科目必须输入现金流量项目”，则在录入凭证时，系统会自动弹出“现金流量项目指定”窗口。

（1）执行“财务会计”|“总账”|“凭证处理”|“凭证查询”命令，查询出所有凭证，选中涉及“现金流量”业务的凭证，例如选中“记-12”凭证，单击工具栏上的“流量”按钮，系统进入“现金流量项目指定”窗口，首先选择“对方分录”，然后选择“主表项目”，能选择附录项目时同时选择，如图 5-11、图 5-12 所示。

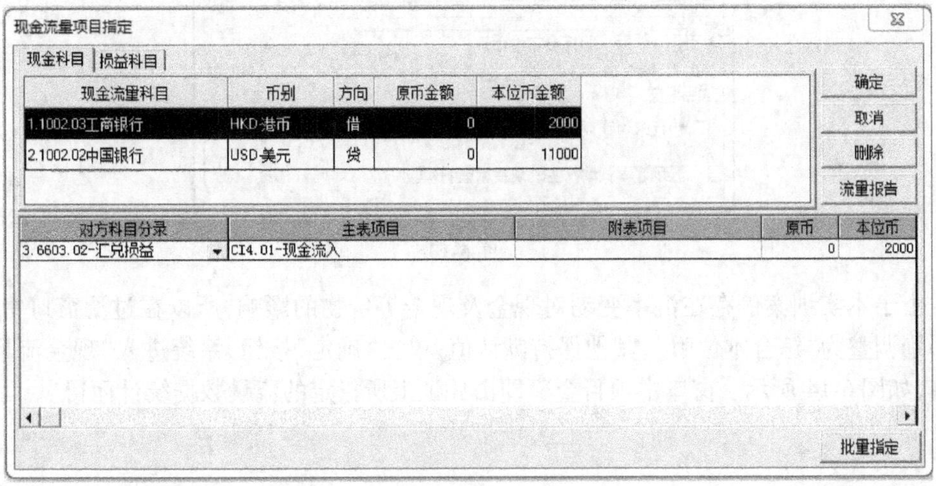

图 5-11

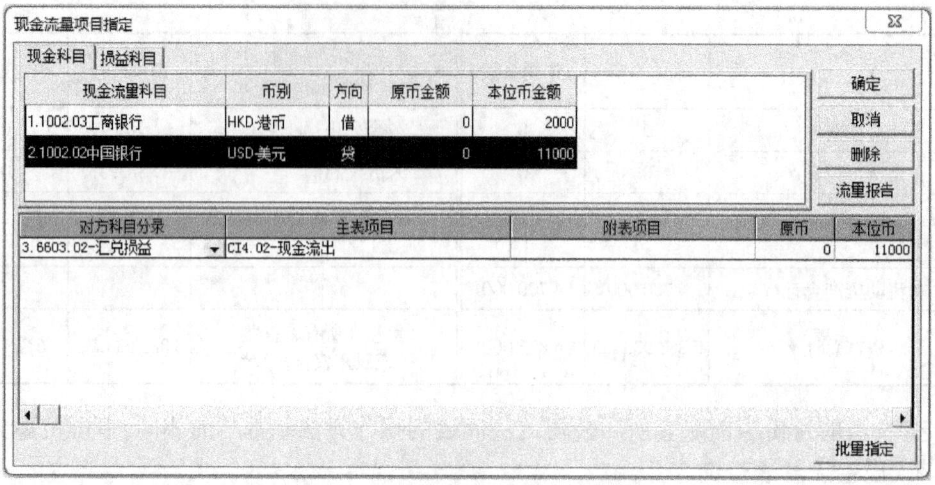

图 5-12

单击“确定”按钮保存指定。继续对其他凭证进行现金流量指定。

这里需要特别指出的是,即使凭证已过账,仍可通过“凭证查询”或执行“财务会计”|“现金流量表”|“现金流量查询”命令指定相关凭证上的现金流量信息。

(2)现金流量表查询

现金流量表项目指定完成后,可以查询现金流量表情况,执行“财务会计”|“现金流量表”|“现金流量表”,系统弹出过滤窗口,如图 5-13 所示。

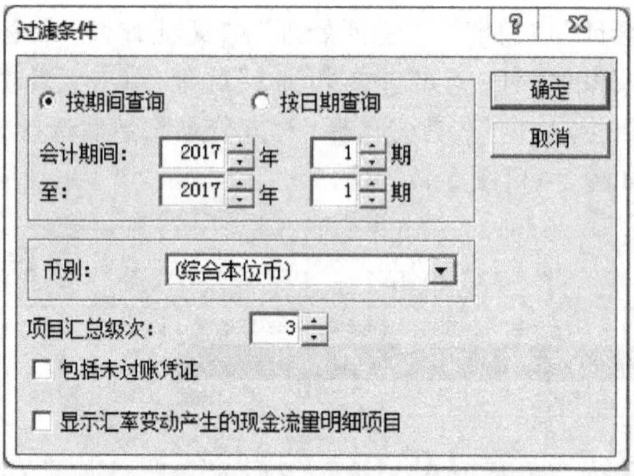

图 5-13

由于本实训案例存在汇率变动对现金及现金等价物的影响,所以在过滤窗口中需要将币别调整为“综合本位币”,其他保持默认值,单击“确定”按钮,系统进入“现金流量表”窗口,如图 5-14 所示。窗口中项目金额即由凭证上所指定的流量数据统计而得。

现金流量表　　金蝶好贷　金蝶生财

项目	行次	金额	比重
一、经营活动产生的现金流量			
销售商品、提供劳务收到的现金	1		
收到的税费返还	2		
收到其他与经营活动有关的现金	3		
现金流入小计	4		
购买商品、接受劳务支付的现金	5	190,000.00	93.18%
支付给职工以及为职工支付的现金	6		
支付的各项税费	7	11,900.00	5.84%
支付其他与经营活动有关的现金	8	2,000.00	0.98%
现金流出小计	9	203,900.00	
经营活动产生的现金流量净额	10	-203,900.00	243.03%
二、投资活动产生的现金流量			
收回投资收到的现金	11		
取得投资收益收到的现金	12		
处置固定资产、无形资产和其他长期资产收回的现金净额	13		
处置子公司及其他营业单位收到的现金净额	14		
收到其他与投资活动有关的现金	15		
现金流入小计	16		
购建固定资产、无形资产和其他长期资产支付的现金	17		
投资支付的现金	18		
取得子公司及其他营业单位支付的现金净额	19		
支付其他与投资活动有关的现金	20		
现金流出小计	21		
投资活动产生的现金流量净额	22		
三、筹资活动产生的现金流量			
吸收投资收到的现金	23	129,000.00	100.00%
取得借款收到的现金	24		
收到其他与筹资活动有关的现金	25		
现金流入小计	26	129,000.00	
偿还债务支付的现金	27		
分配股利、利润或偿付利息支付的现金	28		
支付其他与筹资活动有关的现金	29		
现金流出小计	30		
筹资活动产生的现金流量净额	31	129,000.00	-153.75%
四、汇率变动对现金及现金等价物的影响	34	-9,000.00	10.72%
五、现金及现金等价物净增加额	35	-83,900.00	100.00%
加：期初现金及现金等价物余额	36	1,905,000.00	
六、期末现金及现金等价物余额	37	1,821,100.00	

图 5-14

（3）T 形账户

执行“财务会计”|“现金流量表”|“T 形账户”命令，系统弹出“过滤条件”窗口，保持默认条件，单击“确定”按钮进入“T 形账户”窗口，在窗口选中相应记录后，单击鼠标右键，系统弹出快捷菜单，可以选择展开方式，如选中“非现金类”项后单击鼠标右键，在弹出的菜单中选择“按下级科目展开”方式，展开后的结果如图 5-15 所示。

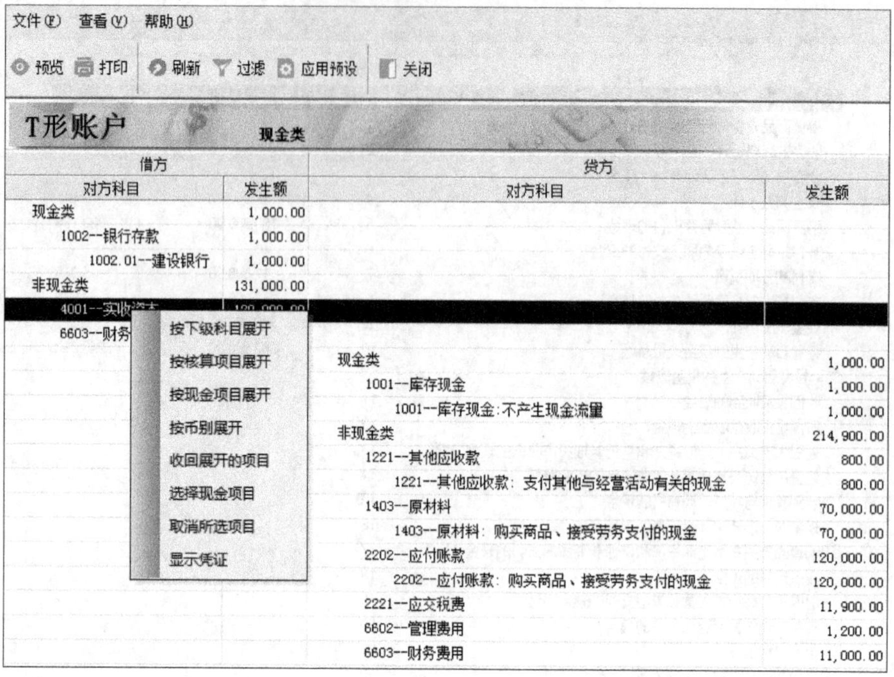

图 5-15

当报表中数据错误时,可以选中要修改的记录,单击鼠标右键,在弹出的菜单中选择“选择现金项目”,系统会进入“现金流量项目”窗口,在窗口中选中正确的项目名称即可,双击鼠标左键,表示“确定”选中该项目,系统后台处理后返回“T 形账户”窗口。要查看“现金流量项目”指定是否成功,可返回“现金流量表”查看窗口进行查看。

附表是指定现金流量表项目后的附表数据,操作方法同查看“现金流量表”的操作方法。

5. 账套备份

在“D:\非凡\”文件夹下建立“报表”文件夹。由系统管理员 Admin 登录账套管理手动将账套备份输出至“D:\非凡\报表”。

第六章 工资管理系统

一、系统概述

K/3 工资系统用于各类企业、科研单位与集团公司人事部门进行工资核算、工资发放、工资费用分配、银行代发、职员信息管理等人事管理。本系统采用了多类别的设置，可进行多工资库的处理，并能及时反映工资动态变化；实现完备而灵活的个人所得税计算与申报功能，并提供丰富实用的各类管理报表。

工资管理系统应用流程（见图 6-1）：

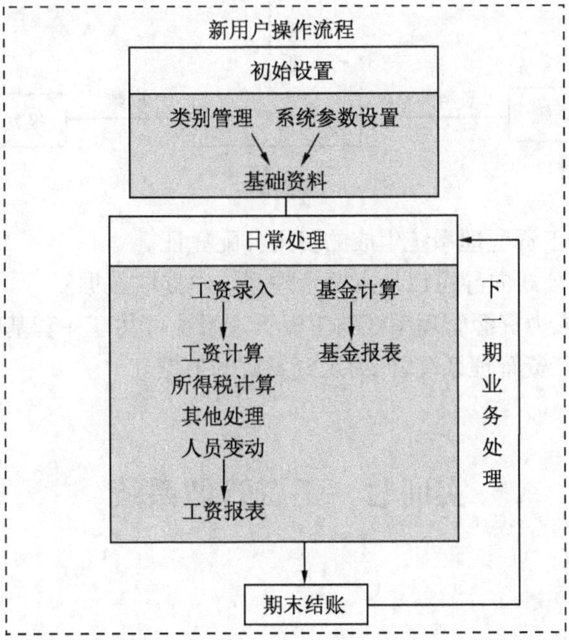

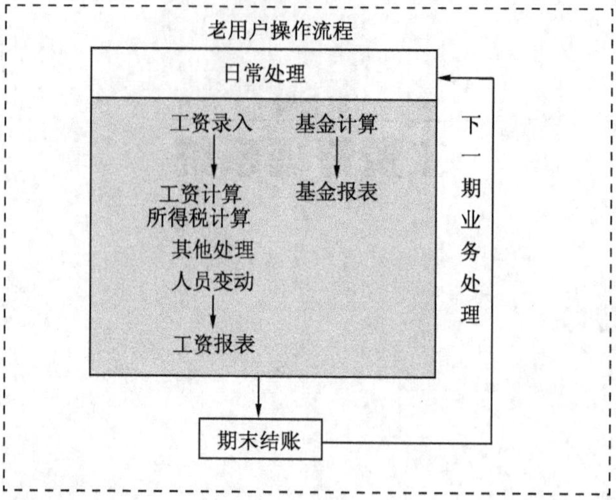

图 6-1

二、工资管理系统与其他系统间的数据流向

工资管理系统与其他系统间的数据流向如图 6-2 所示。

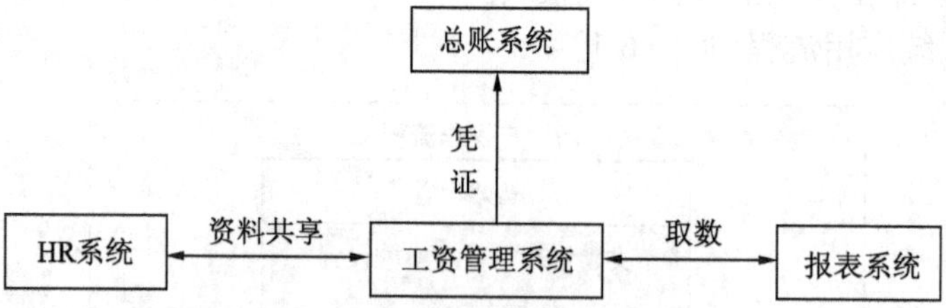

图 6-2

总账系统：接收工资管理系统生成的费用分配凭证。

报表系统：利用公式向导可以从工资管理系统中提取数据。

HR 系统：金蝶人力资源管理系统与工资管理系统可共享一套基础资料，并且将绩效考核、考勤记录导入工资管理系统，作为工资发放的依据。

实训七　工资管理系统

【实训准备】

引入“D：\非凡\总账期末业务”的备份数据；取消 2017 年 1 月总账系统结账；将系统日期修改为“2017 年 01 月 31 日”。

【实训目标】

1. 掌握工资管理系统的处理流程和数据流；

2. 掌握金蝶 ERP-K/3V14.2 管理软件中工资基本设置；
3. 掌握工资日常业务处理；
4. 掌握工资报表的查询。

【实训内容】

1. 建立工资类别；
2. 导入部门信息和职员信息；
3. 工资项目设置；
4. 人员档案设置；
5. 工资计算公式设置；
6. 工资数据录入；
7. 个人所得税处理；
8. 分配工资费用；
9. 工资报表查询。

【实训资料】

1. 建立工资类别方案

类别名称：全体员工

是否多类别：否

币别：人民币

2. 系统参数维护

系统参数：要求结账与总账期间同步。

3. 基础资料及相关设置

(1) 导入或新增部门资料，如表 6-1 所示。

表 6-1

代码	名称
01	财务部
02	行政部
03	销售部(上级组)
03.01	销售一部
03.02	销售二部
04	生产部
05	供应部

(2) 导入并修改或新增职员资料，如表 6-2 所示。

表 6-2

代码	名称	职员类别	部门	个人账号
001	张华	管理人员	财务部	2712356487
002	李萍	管理人员	行政部	2712568435
003	王林	销售人员	销售一部	2713258741
004	赵立	销售人员	销售二部	2713856984
005	刘红	生产人员	生产部	2714521436
006	孙晴	生产管理人员	生产部	2713632541
007	钱益明	管理人员	供应部	2712636321

（3）增加银行资料，如表 6-3 所示。

表 6-3

代码	名称	账号长度
1001	建行天河支行	10

（4）工资项目设置，如表 6-4 所示。

表 6-4

项目名称	数据类型	小数位数	项目属性
职员代码	文本		其他
职员姓名	文本		其他
部门	文本		其他
基本工资	货币	2	固定项目
浮动工资	货币	2	可变项目
津贴	货币	2	可变项目
加班	货币	2	可变项目
独补	货币	2	固定项目
交补	货币	2	固定项目
病假	货币	2	可变项目
事假	货币	2	可变项目
应发合计	货币	2	可变项目
代扣税	货币	2	可变项目
医疗保险	货币	2	固定项目
养老保险	货币	2	固定项目
工会	货币	2	固定项目
扣款合计	货币	2	可变项目
实发合计	货币	2	可变项目
个人账号	文本		其他

(5) 工资计算公式设置:

公式名称: 全体员工

交补: 管理人员每月发放150元,销售人员每月发放300元,生产人员每月发放250元,生产管理人员每月发放200元。

医疗保险 = 基本工资 ×0.04

养老保险 = 基本工资 ×0.08

应发合计 = 基本工资 + 浮动工资 + 津贴 + 加班 + 独补 + 交补

扣款合计 = 病假 + 事假 + 代扣所得税 + 医疗保险 + 养老保险 + 工会

实发合计 = 应发合计 - 扣款合计

(6) 所得税设置如表6-5、表6-6所示。

表6-5

名　　称	个人所得税计算
税率类别	含税级距税率
税率项目	应税所得 = 应发合计 - 独补 - 交补 - 医疗保险 - 养老保险
所得计算	应税所得 = 应发合计 - 独补 - 交补 - 医疗保险 - 养老保险
所得期间	2017 - 01
外币币别	人民币
基本扣除	3 500

表6-6　工资、薪金所得适用个人所得税累进税率表

级数	全月应纳税所得额含税级距	税率(%)	速算扣除数
1	不超过1 500元的	3	0
2	超过1 500元至4 500元的部分	10	105
3	超过4 500元至9 000元的部分	20	555
4	超过9 000元至35 000元的部分	25	1 005
5	超过35 000元至55 000元的部分	30	2 755
6	超过55 000元至80 000元的部分	35	5 505
7	超过80 000元的部分	45	13 505

注: 2012年由原来的9级调整为7级超额累进个人所得税税率。

4. 工资业务

(1) 设置工资数据输入过滤器

过滤器名称: 全体员工

计算公式: 全体员工

工资项目及顺序: 职员代码、职员姓名、个人账号、部门、职员类别、基本工资、浮动工资、津贴、加班、独补、交补、应发合计、病假、事假、医疗保险、养老保险、工会、代扣税、扣款合计、实发合计。

（2）工资数据录入(见表6-7)

表6-7

职员姓名	基本工资	浮动工资	津贴	加班	独补	病假	事假	工会
张华	2 800	2 500	600	400				9
李萍	2 100	1 200	380	320	15	90		7
王林	2 200	3 100	360					6
赵立	2 000	1 670	240				120	4
刘红	800	2 700	250		15			7
孙睛	1 500	1 600	400	310	15			5
钱益明	2 003	2 002	400	240				5

（3）利用“工资计算”功能计算工资

（4）所得税计算

所得税计算方法为“按工资发放期间计算”,将计算出的个人所得税引入工资修改模块当中的“代扣所得税”栏中,并保存。

（5）工资费用分配(见表6-8)

表6-8

<table>
<tr><td>分配名称</td><td colspan="4">工资分配</td></tr>
<tr><td>凭证字</td><td colspan="4">记</td></tr>
<tr><td>摘要内容</td><td colspan="2">分配工资费用</td><td>分配比例</td><td>100%</td></tr>
<tr><td>部门</td><td>职员类别</td><td>工资项目</td><td>费用科目</td><td>工资科目</td></tr>
<tr><td>行政部</td><td>管理人员</td><td>应发合计</td><td>管理费用——工资及福利费</td><td>应付职工薪酬——应付工资</td></tr>
<tr><td>财务部</td><td>管理人员</td><td>应发合计</td><td>管理费用——工资及福利费</td><td>应付职工薪酬——应付工资</td></tr>
<tr><td>供应部</td><td>管理人员</td><td>应发合计</td><td>管理费用——工资及福利费</td><td>应付职工薪酬——应付工资</td></tr>
<tr><td>销售一部</td><td>销售人员</td><td>应发合计</td><td>销售费用——工资及福利费</td><td>应付职工薪酬——应付工资</td></tr>
<tr><td>销售二部</td><td>销售人员</td><td>应发合计</td><td>销售费用——工资及福利费</td><td>应付职工薪酬——应付工资</td></tr>
<tr><td>部门</td><td>职员类别</td><td>工资项目</td><td>费用科目</td><td>工资科目</td></tr>
<tr><td>生产部</td><td>生产人员</td><td>应发合计</td><td>生产成本——工资及福利费</td><td>应付职工薪酬——应付工资</td></tr>
<tr><td>生产部</td><td>生产管理人员</td><td>应发合计</td><td>制造费用——工资及福利费</td><td>应付职工薪酬——应付工资</td></tr>
</table>

（6）福利费用分配（见表 6-9）

表 6-9

分配名称	福利费分配			
凭证字	记			
摘要内容	计提职工福利费		分配比例	14%
部门	职员类别	工资项目	费用科目	工资科目
行政部	管理人员	应发合计	管理费用——工资及福利费	应付职工薪酬——应付福利费
财务部	管理人员	应发合计	管理费用——工资及福利费	应付职工薪酬——应付福利费
供应部	管理人员	应发合计	管理费用——工资及福利费	应付职工薪酬——应付福利费
销售一部	销售人员	应发合计	销售费用——工资及福利费	应付职工薪酬——应付福利费
销售二部	销售人员	应发合计	销售费用——工资及福利费	应付职工薪酬——应付福利费
生产部	生产人员	应发合计	生产成本——工资及福利费	应付职工薪酬——应付福利费
生产部	生产管理人员	应发合计	制造费用——工资及福利费	应付职工薪酬——应付福利费

5. 变动

将销售二部赵立调至供应部。

6. 查看工资条

工资条项目及顺序为：职员代码、职员姓名、部门名称、基本工资、浮动工资、津贴、加班、独补、交补、应发合计、病假、事假、医疗保险、养老保险、工会、代扣税、扣款合计、实发合计。

【实训要求】

以“你的姓名 A”的身份登录报表系统进行本部分内容的实训。

【操作指导】

一、工资类别管理

（一）新建工资类别

1. 在 K/3 工资系统中，将工资分类别进行核算，方便了有些运用多套工资方案进行核算的企业和集团。

其类别的划分可按部门、人员类别、人员等任意选择，如企业退休职工和在职职工的工资核算方案是不同的。也可以将职员定义为两个人员类别，然后分两个工资类别分开设置核算公式分开计算。同时工资分类核算还有以下优点：

（1）满足企业按不同标准分工处理与集权控制的需要，资料相对独立于其他系统，根据不同权限操作不同类别，保证财务信息的安全性。

（2）可分不同时期对工资进行处理（如正式职员、合同工、退休人员分不同时期处理，计算标准可不同）。

（3）可对临时立项的项目进行核算。

（4）满足企业分工的需要，可分类别录入数据，总账会计选择所有类别就可查看所有数据进行总控，达到了集权与分权的目的。

(5) 可对一个人归入多类处理,如既在开发部有工资,又在某一开发项目有工资。

本实训案例中尽管只有一套工资核算方案,也要进行工资类别的设置,不过只要设置一个类别即可。

2. 操作向导

(1) 以“你的姓名 A”的身份登录本账套,在主界面窗口,单击“HR”,执行“人力资源”|“工资管理”|“类别管理”|“新建类别”命令,系统弹出“打开工资类别”对话框。如果其中已有类别,可以选择类别后按“选择”键;如果没有类别,则点击“类别向导”通过向导来新建工资类别。在这里录入类别名称“全体人员”,如图 6-3 所示。

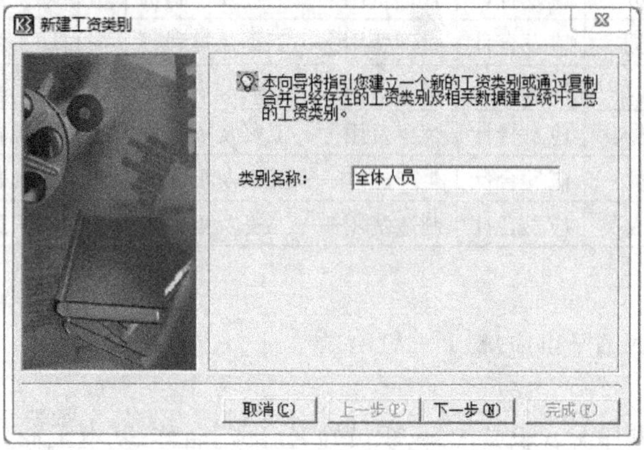

图 6-3

根据用户的需求选择项目,其中:

若选中“是否多类别”,则当前类别为汇总工资类别,反之则为单一工资类别。本实训案例“是否多类别”不作选择,因为本账套工资类别是单独核算的,一旦选择了将无法录入数据。

(2) 单击“下一步”按钮,系统进入下一窗口,选择币别“人民币”,如图 6-4 所示。

(3) 单击“下一步”按钮,系统进入下一窗口,单击“完成”按钮保存当前类别。

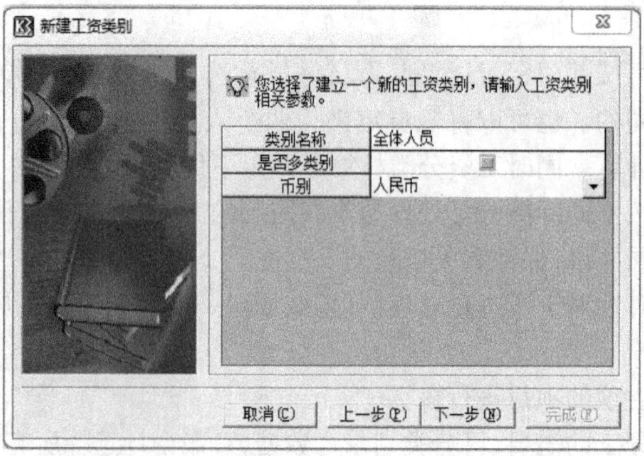

图 6-4

（二）选择工资类别

将工资类别设置完毕后，任意选择一个工资类别（不可以是汇总工资类别）进入工资管理系统。

在主界面窗口，单击“HR”，执行“人力资源”|“工资管理”|“类别管理”|“选择类别”命令，系统弹出“打开工资类别”对话框，如图 6-5 所示。

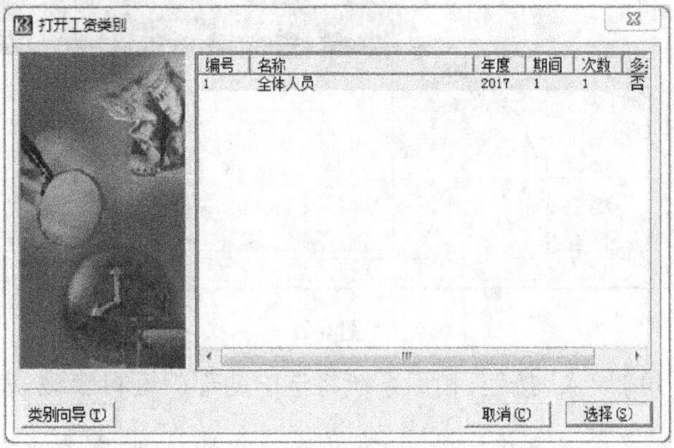

图 6-5

在窗口中选择要处理的工资类别，单击“选择”按钮即可。

如果用户要更改工资类别的设置，可以到“类别管理”中操作，在此可进行类别的阅览、修改、新增、删除及类别属性的自定义。

注意：如果在进入工资管理系统时未选择任何类别，进入工资系统后所有的模块不能使用。此时选择“选择类别”，可以进入类别的选择，选取某一类别后进入工资操作。如果选取的类别为汇总类别，此时不可以设置工资核算的公式，因为汇总类别的工资等于其他的各个类别相加，无须另外设置公式。

二、设置

设置主要处理与当前工资类别下的部门、职员、工资项目和公式定义等基础设置资料。

1. 部门管理

（1）可以根据企业情况设置不同的部门。点击“设置”中的“部门管理”，可以点击“新增”增加部门，也可以点击“导入”，引入总账系统和其他工资类别中的“部门”资料，如图 6-6 所示。

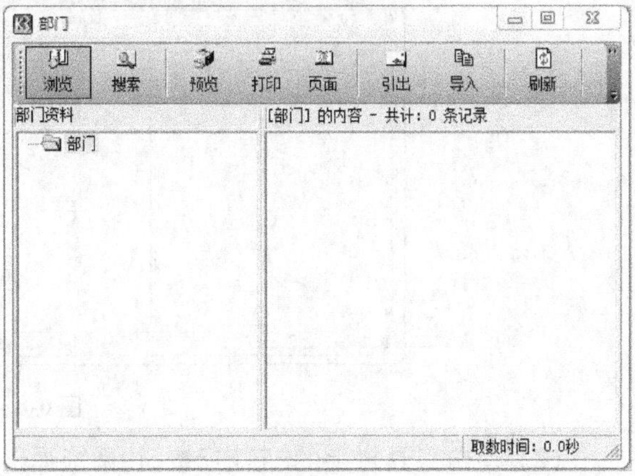

图 6-6

（2）单击工具栏上的“导入”按钮，系统切换到“导入”状态窗口，导入数据源选择“总账数据”，系统会显示基础资料中的部门信息，按住键盘上 Shift 或 Ctrl 键选择部门信息，如图 6-7 所示。

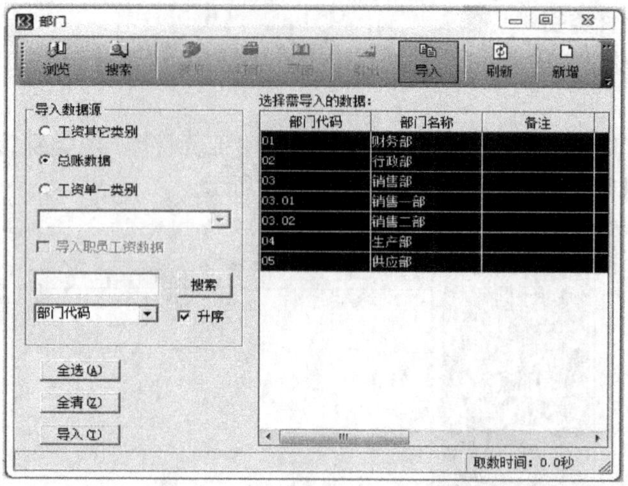

图 6-7

单击窗口左下角“导入”按钮，稍后系统将选中的部门资料隐藏，表示导入成功。

注意：部门管理是分类别设置的，如有其他工资类别，是需要重新录入。在“汇总工资”类别中则不需要设置，系统会自动将两个工资类别中的部门累加。

2. 币别管理

工资管理系统的币别与总账等其他系统作为一个统一的整体使用，与工资类别无关，各类别信息共享，其操作参考基础资料中的币别设置。

3. 银行管理

若企业采用银行代发工资时，在银行管理中要录入银行名称，然后在职员管理录入每位职员的“银行账号”，以方便输出相应的银行代发工资表。

（1）在主界面窗口，执行“人力资源”|“工资管理”|“设置”|“银行管理”命令，系统弹出“银行”窗口，如图 6-8 所示。

图 6-8

（2）单击工具栏上的“新增”按钮，系统弹出“银行—新增”窗口，录入代码“1001”，录入名称“建行天河支行”，账号长度“10”，如图 6-9 所示。

注意：银行管理功能与类别无关，各类别信息共享。账号长度表示个人账号最多能够录入的位数，在此设置了账号长度，在职员管理中录入职员账号时只能录入这个长度的账号，否则系统将不能保存账号的信息。

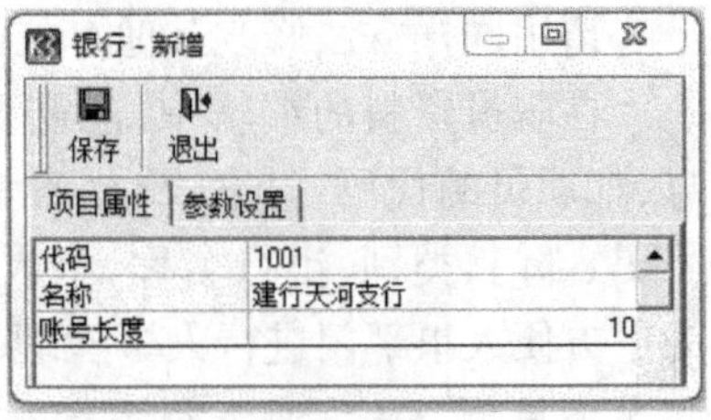

图 6-9

4. 职员管理

职工管理是分类别设置的，在一个类别处设置了职员，在另一个类别处要重新录入，在“汇总工资”类别中则不需要设置，系统会自动将两个工资类别中的职员累加。

（1）点击“设置”中的“职员管理”，系统弹出“职员”窗口，单击“导入”按钮，系统切换到“导入数据”状态窗口，选中“总账数据”，系统会显示总账基础资料中的部门资料，按住键盘上 Shift 或 Ctrl 键选择相应的职员信息，如图 6-10 所示。单击窗口左下角“导入”按钮，稍后系统将选中的职员资料隐藏，表示导入成功。

（2）修改张华的银行账号。单击“浏览”按钮，窗口切换到“职员”资料查看窗口，选中“张华”，单击工具栏上的“修改”按钮，系统弹出“职员—修改”窗口，在银行名称处选择“建行天河支行”，录入个人账号“××××××××××”，如图 6-11、图 6-12 所示。

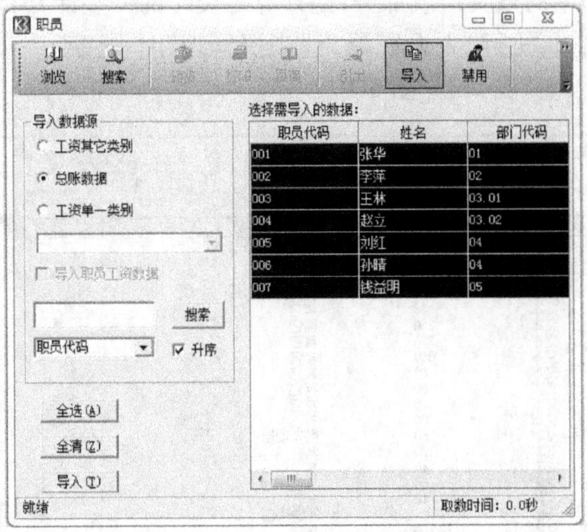

图 6-10

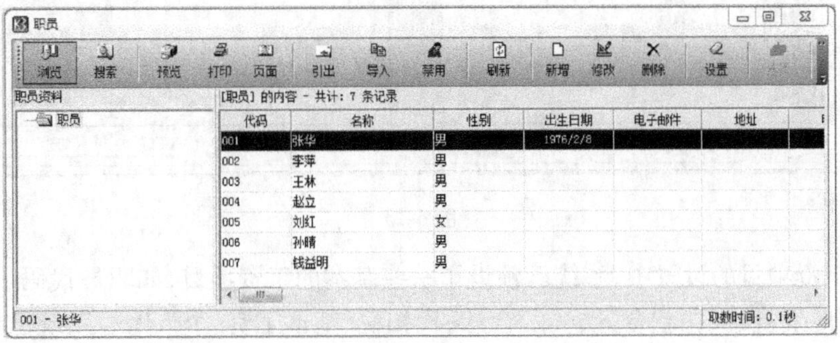

图 6-11

请用同样方法修改其他6位职员的资料。

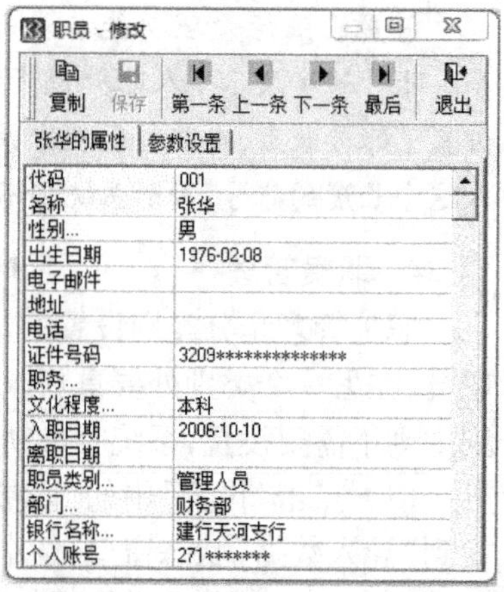

图 6-12

在职员资料的编辑中,您需要录入职员的相应信息,如职员的代码、姓名、出生日期、入职日期、身份证号码、部门、类别、银行名称、个人账号等,这些信息是为了方便人事部门进行人事管理。在这些信息中有一些尤为重要,关系到工资系统的分类和核算及费用分配:

"职员类别":必输项目,在以后的操作过程中可以按职员类别区别不同的费用分配。

"部门":所有职员的必输项目,在将来的报表中会广泛使用其作为过滤条件。

"银行名称":用来打印不同的"银行代发表"。

"个人账号":如果使用银行代发,则必须录入银行个人账号,否则无法打印"银行代发表"。

5. 项目设置

项目是工资管理中的重要组成部分,是计算工资时的一些计算和判断的依据。

(1) 在主界面窗口,执行"人力资源"|"工资管理"|"设置"|"项目设置"命令,系统弹出"工资核算项目设置"窗口,如图6-13所示。

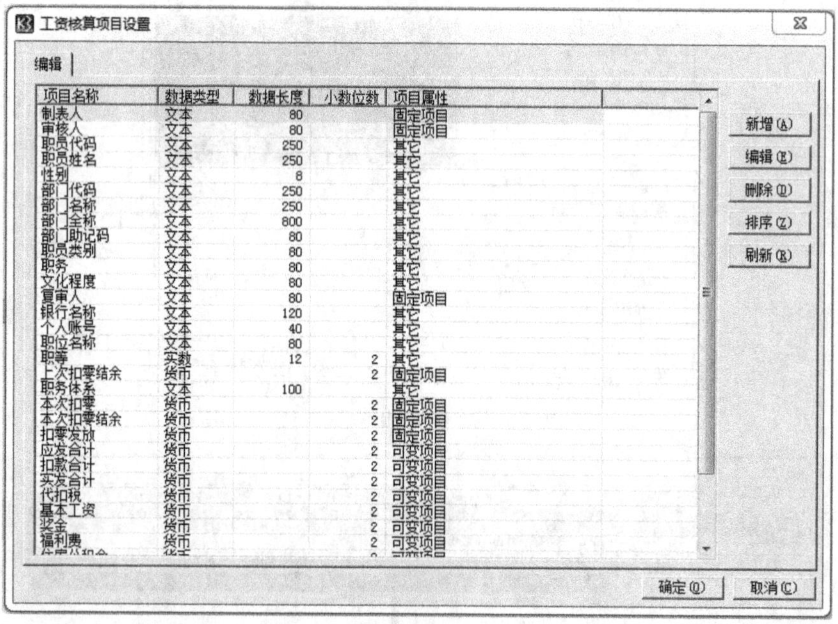

图 6-13

(2) 工资项目的设置中,系统已预设了一些基本的工资项目,如职员代码、职员姓名、职员部门、应发合计、扣款合计、实发合计、代扣税、基本工资、个人账号系统已经有了,可以不用再设置。这里可选中预设的工资项目对其进行编辑或删除。选中"基本工资"项目，单击“编辑”按钮，系统弹出该项目的“修改”窗口，修改项目属性为“固定项目”，如图 6-14 所示。单击“确定”按钮进行保存修改。

（3）单击“新增”按钮，系统弹出“工资项目—新增”窗口，录入项目名称“浮动工资”，选择数据类型“货币”，输入数据长度“15”，小数位数“2”，选择项目属性“可变项目”，如图 6-15 所示。单击“新增”按钮，系统保存新增项目并返回“工资项目设置”窗口，在窗口可以查看到新增成功的项目。

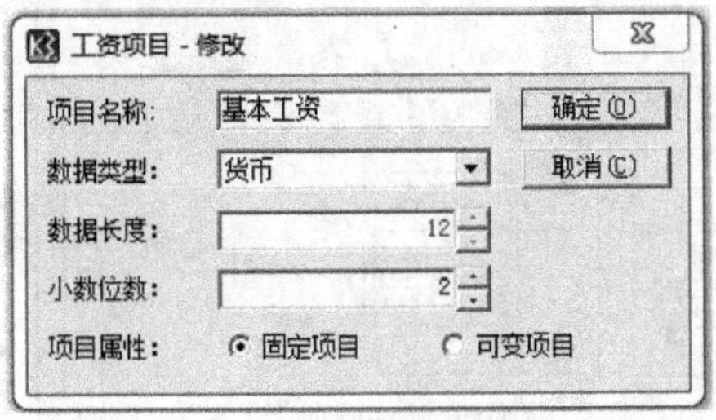

图 6-14

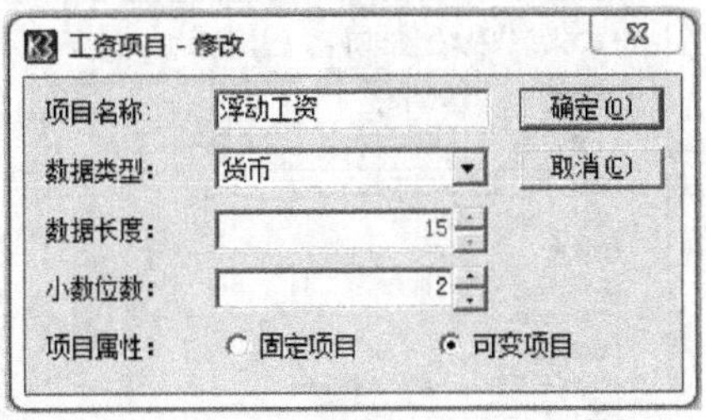

图 6-15

用同样的方法增加“津贴”“加班”“独补”“病假”“事假”“医疗保险”“养老保险”“工会”等工资项目。

6．公式设置

公式设置是指建立当前工资类别下的工资计算公式。

（1）在主界面窗口，执行“人力资源”|“工资管理”|“设置”|“公式设置”命令，系统弹出“工资公式设置”窗口，如图 6-16 所示。

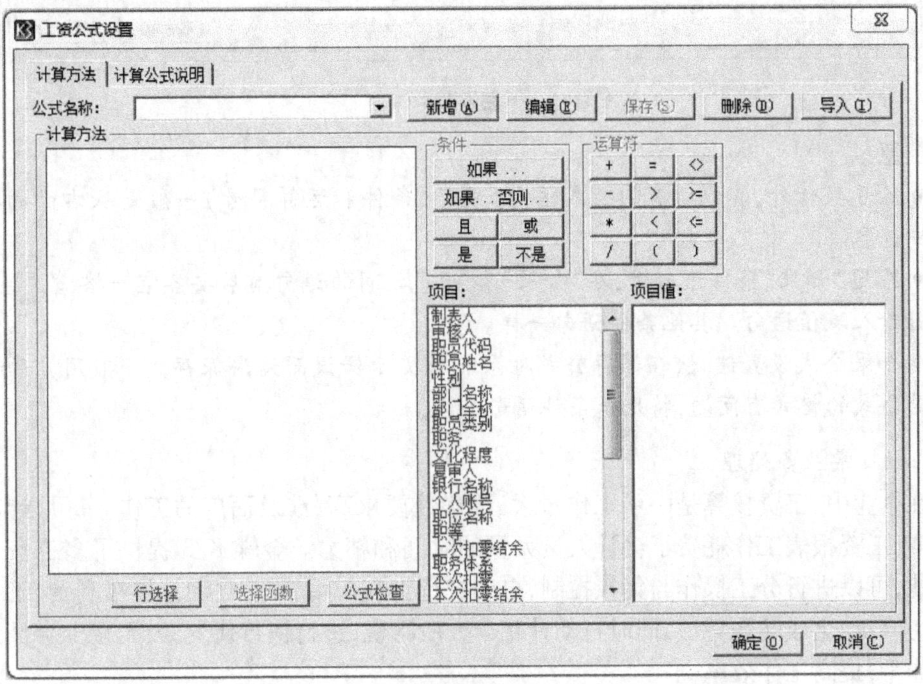

图 6-16

（2）建立公式。在“计算方式”窗口，首先单击“新增”按钮，将窗口切换到可编辑状态，输入公式名称“全体员工”，在此窗口右面有许多设置公式的选项，用户可以点击这些选项进行公式设置，将企业工资制度用计算公式表达，所有公式输入完毕后单击“公式检查”按钮可检查公式是否正确；单击“保存”按钮保存当前公式名称和计算方法的公式。如果发现设置有误，可以单击“编辑”进行修改。

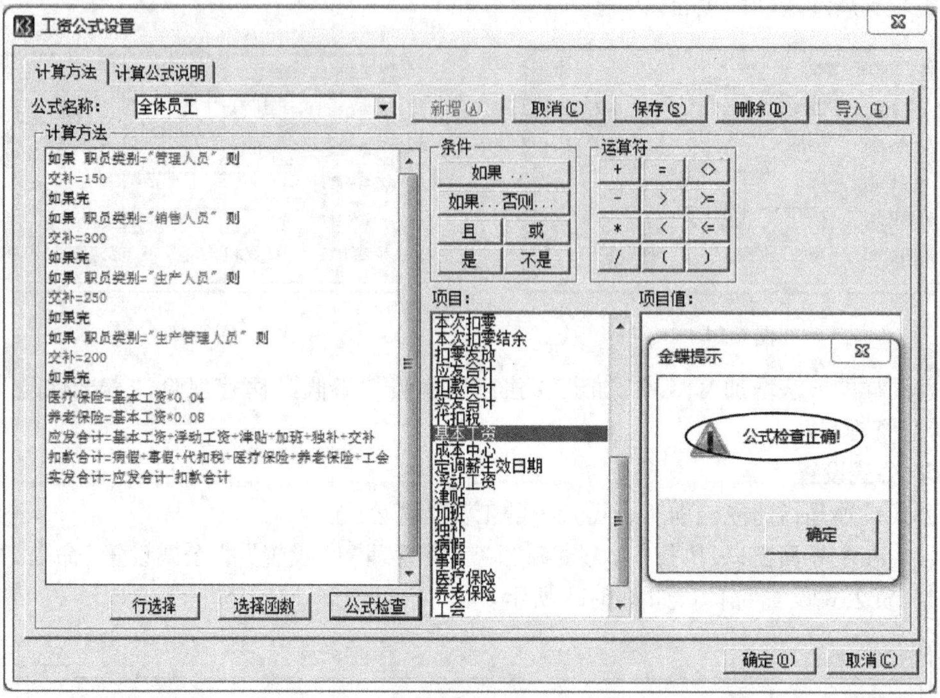

图 6-17

注意：

◆ 除了数值外，其他所有的公式语句（项目、条件和运算符号）一般是从右面的公式选项中选取。

◆ 应用“如果”条件语句时，在“如果”和“则”之间的语句前后要各空一格，在“则”下的一行输入赋值语句。其他条件语句一样。

◆ 如果公式设置错误，在保存公式时系统会提示错误而无法保存。一般用户的设置错误是公式的格式有问题，特别是条件语句公式。

三、日常业务处理

在企业中，工资核算是一项工作量大、准确性要求高、涉及面广的工作。每月计算工资、编制工资报表工作耗费了会计人员大量的时间和精力。金蝶 K/3 提供了多工资库处理功能，可以进行分工操作与集权控制，自动进行工资费用分配、自动计提福利费、工会经费等，并自动生成转账凭证，同时自动计算个人所得税，进行银行代发，大大减少会计人员的工作量，提高工作效率。

日常业务处理包括工资的录入、计算及工资报表的查看、输出等操作。

1. 工资录入

(1) 在主界面窗口,执行“人力资源”|“工资管理”|“工资业务”|“工资录入”命令,选择相应的工资类别进入后,系统弹出“过滤器”对话框,如图 6-18 所示。

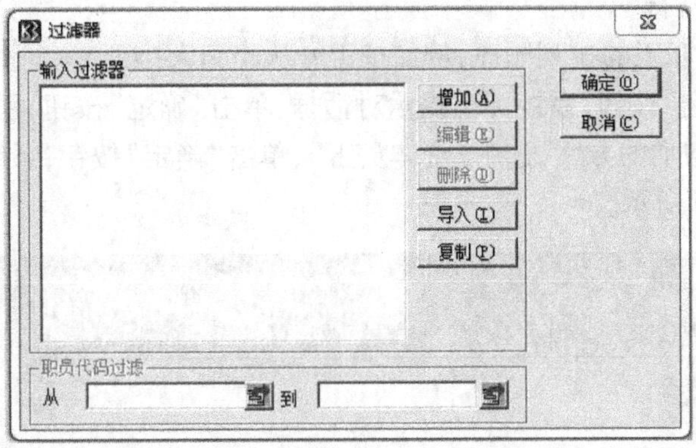

图 6-18

以窗口中,可以增加、编辑、删除和导入过滤方案,第一次使用该功能时首先要建立一个“过滤方案”。

(2) 单击“增加”按钮,系统弹出“定义过滤条件”窗口,录入过滤方案“全体员工”,选择计算公式“全体员工”,选择工资项目,如图 6-19 所示。

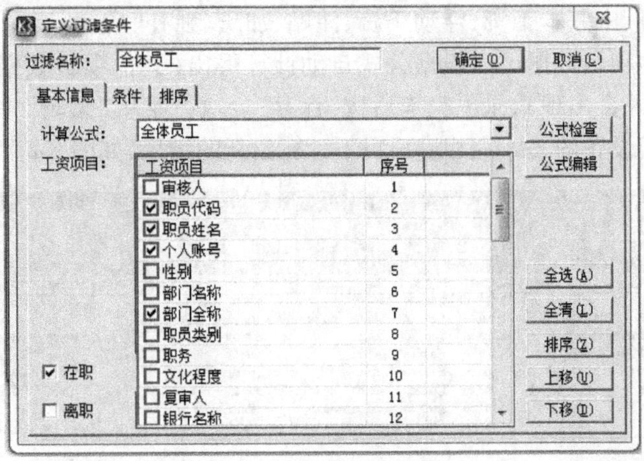

图 6-19

“过滤名称”:直接手工录入。

“工资项目”:选择工资录入时显示的项目,只要在要选择的项目前打勾。选中一项目后,可以点击右边的“上移”“下移”按钮调整项目所处的位置。本实训案例的位置的先后顺序为:职员代码、职员姓名、个人账号、部门、职员类别、基本工资、浮动工资、津贴、加班、独补、交补、应发合计、病假、事假、医疗保险、养老保险、工会、代扣税、扣款合计、实发合计。

“计算公式”:可以在下拉框处选择,如果没有用户需要的公式,可以点“公式编辑”

进行设置，公式设置方法前已述及。

"公式检查"：检查公式是否正确。

"条件"：设置过滤条件。例如用户想计算的只是财务部门的人员工资，则在条件中选择"部门" = "财务部"。

"排序"：设置职工的排列顺序，例如按工号从小到大排列。

（3）单击"确定"按钮，系统弹出提示对话框，单击"确定"按钮，系统返回"过滤器"窗口，并显示刚才所增加的方案，选中"全体员工"，单击"确定"按钮，系统进入"工资数据录入"窗口，如图 6-20 所示。

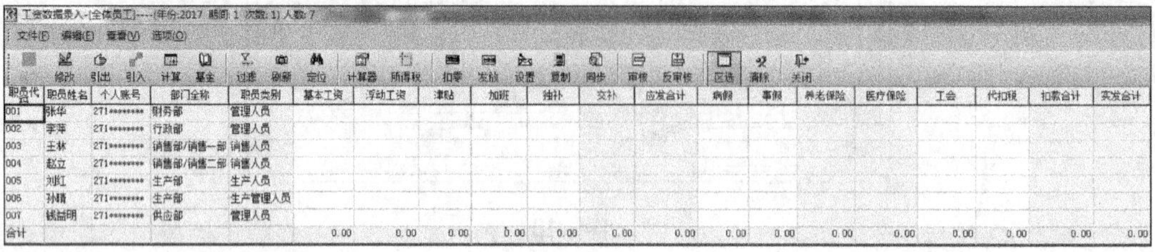

职员代码	职员姓名	个人账号	部门全称	职员类别	基本工资	浮动工资	津贴	加班	独补	交补	应发合计	病假	事假	养老保险	医疗保险	工会	代扣税	扣款合计	实发合计
001	张华	271********	财务部	管理人员															
002	李萍	271********	行政部	管理人员															
003	王林	271********	销售部/销售一部	销售人员															
004	赵立	271********	销售部/销售二部	销售人员															
005	刘红	271********	生产部	生产人员															
006	孙晴	271********	生产部	生产管理人员															
007	钱益明	271********	供应部	管理人员															
合计					0.00	0.00	0.00	0.00	0.00	0.00	0.00	0.00	0.00	0.00	0.00	0.00	0.00	0.00	0.00

图 6-20

窗口上的项目有两种颜色数据，黄色表示是由系统自动生成的，如职员代码、职工姓名、个人账号、部门、职员类别、交补、应发合计、医疗保险、养老保险、扣款合计、实发合计。

（4）录入实训案例中的工资数据，移动窗口下部的"滚动条"，移到相关项目，并录入数据。本实训案例中基本工资、浮动工资、津贴、加班、独补、病假、事假、工会等项目数据要手工录入，其他项目数据可以根据公式自动计算得出（其他项目数据要等"工资计算"步骤完成后数值才会出现），录入完毕后按"保存"。执行菜单"编辑"中的"重新计算"命令，系统会根据所设置的公式在相应项目下计算出新的结果，如图 6-21 所示。

职员代码	职员姓名	个人账号	部门全称	职员类别	基本工资	浮动工资	津贴	加班	独补	交补	应发合计	病假	事假	养老保险	医疗保险	工会	代扣税	扣款合计	实发合计
001	张华	271********	财务部	管理人员	2,800.00	2,500.00	600.00	400.00		150.00	6,450.00			224.00	112.00	9.00		345.00	6,105.00
002	李萍	271********	行政部	管理人员	2,100.00	1,200.00	380.00	320.00	15.00	150.00	4,165.00	90.00		168.00	84.00	7.00		349.00	3,816.00
003	王林	271********	销售部/销售一部	销售人员	2,200.00	3,100.00	360.00			300.00	5,960.00			176.00	88.00	6.00		270.00	5,690.00
004	赵立	271********	销售部/销售二部	销售人员	2,000.00	1,670.00	240.00			300.00	4,210.00		120.00	160.00	80.00	4.00		364.00	3,846.00
005	刘红	271********	生产部	生产人员	800.00	2,700.00	250.00		15.00	250.00	4,015.00			64.00	32.00	7.00		103.00	3,912.00
006	孙晴	271********	生产部	生产管理人员	1,500.00	1,600.00	400.00	310.00	15.00	200.00	4,025.00			120.00	60.00	5.00		185.00	3,840.00
007	钱益明	271********	供应部	管理人员	2,003.00	2,002.00	400.00	240.00		150.00	4,795.00			160.24	80.12	5.00		245.36	4,549.64
合计					13,403.00	14,772.00	2,830.00	1,270.00	45.00	1,500.00	33,620.00	90.00	120.00	1,072.24	536.12	43.00	0.00	1,861.36	31,758.64

图 6-21

注意：本案例在公式中没有定义所得税计算公式，如果没有定义则可以从"个人所得税"中引数据。先用鼠标选定所得税这一工资项目所在的列（代扣税），再选择"编辑"菜单中的"引入所得税"，将所得税引至该列。

2. 工资计算

在"工资业务"窗口中，双击"工资计算"，弹出"工资计算向导"对话框（如图 6-22 所示），可以增加工资方案或对现有的工资方案进行编辑修改。选中方案（打勾），点"下一步"后点"计算"，系统会自动计算结果（如图 6-23 所示）。

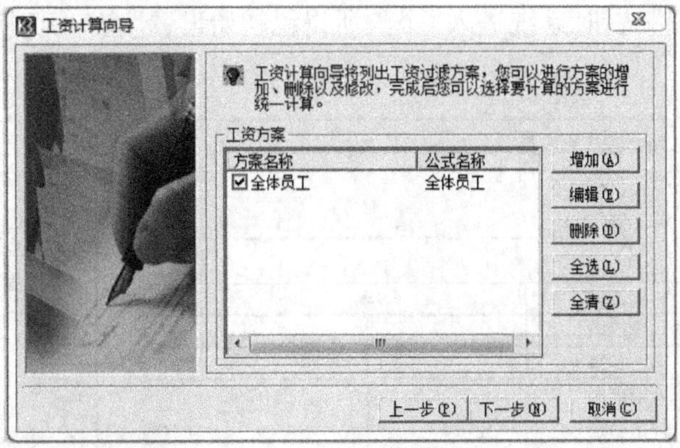

图 6-22

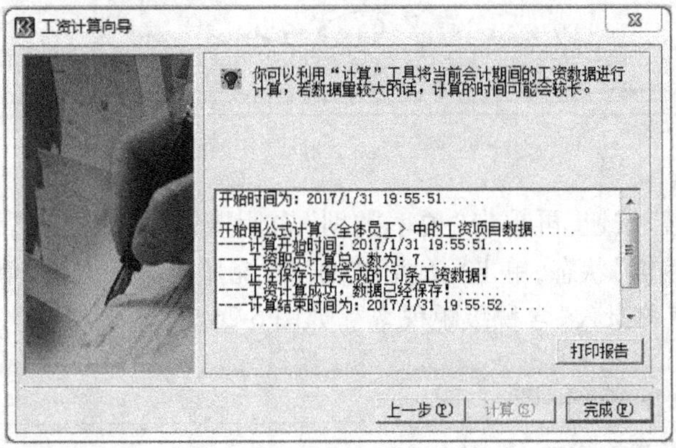

图 6-23

3. 所得税计算

工资系统提供了单独的个人所得税计算与申报功能。

(1) 单击"工资业务"下的"所得税计算"功能,系统弹出"输入过滤器"窗口,通过此项设置确定数据处理的范围。单击"增加"和"编辑"按钮,可以增加新的所得税过滤器或修改现有所得税过滤器,所得税过滤器可以设置过滤条件和排序字段。这里保持默认值,单击"确定"按钮进入"个人所得税数据录入"窗口,第一次进行个人所得税处理时需对个人所得税的参数进行初始设置,先设置"方法",此方法是这次所得税计算的时间,单击"方法"按钮,系统弹出所得税计算方法设置窗口,选择"按工资发放期间计算",如图 6-24 所示。

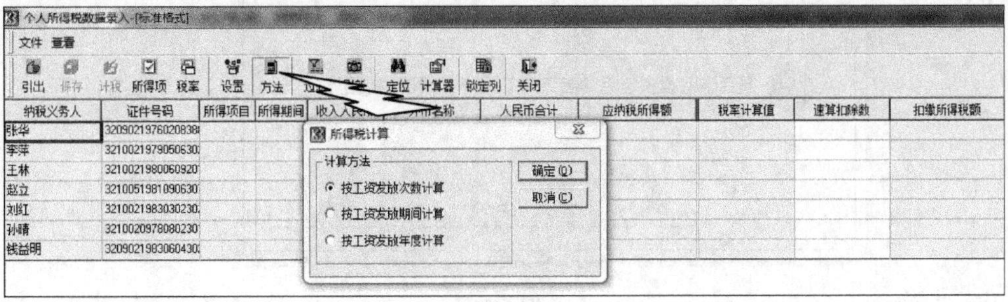

图 6-24

（2）单击“设置”按钮，系统进入“个人所得税初始设置”窗口，切换到“编辑”选项页，如图 6-25 所示。

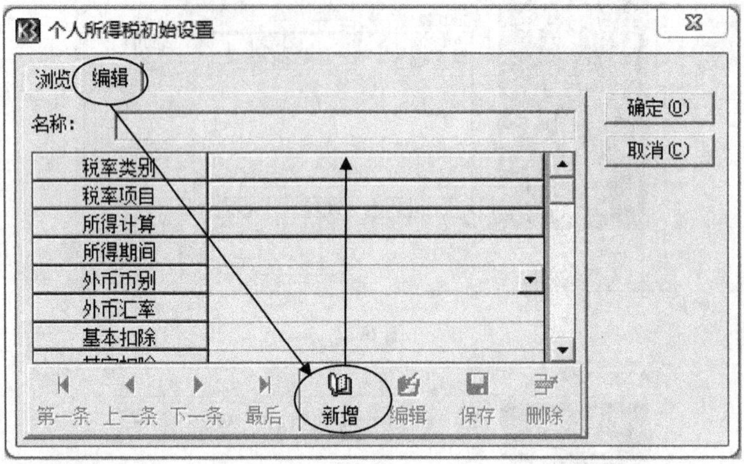

图 6-25

（3）单击“新增”按钮，再单击“税率类别”右侧按钮，系统进入“个人所得税税率设置”窗口，切换到“编辑”状态，单击“新增”按钮，系统弹出提示窗口，单击“是”按钮，系统将显示税率设置，名称录入“含税级距税率”，如图 6-26、图 6-27 所示。

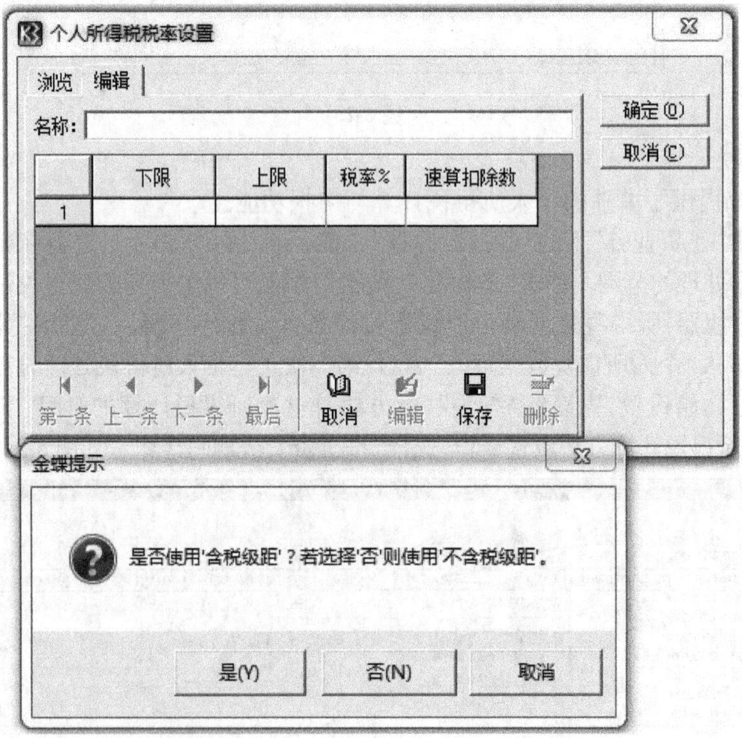

图 6-26

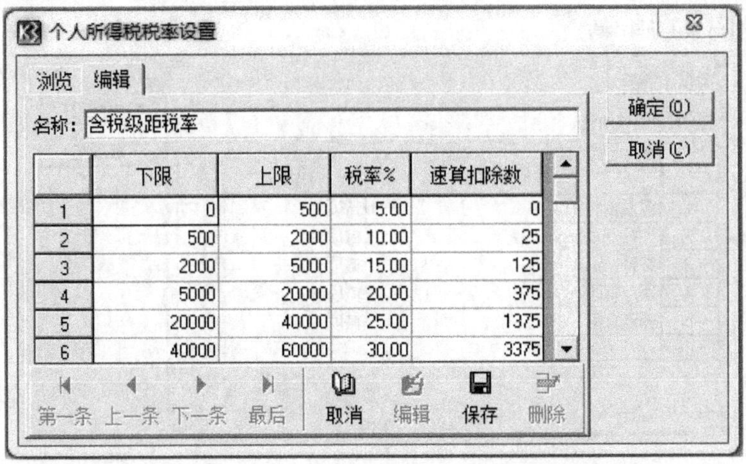

	下限	上限	税率%	速算扣除数
1	0	500	5.00	0
2	500	2000	10.00	25
3	2000	5000	15.00	125
4	5000	20000	20.00	375
5	20000	40000	25.00	1375
6	40000	60000	30.00	3375

图 6-27

注意：系统仍沿用 2011 年 9 月 1 日之前的 9 级调超额累进个人所得税税率，这里我们需将原来的 9 级修改为 7 级超额累进个人所得税税率，如图 6-28 所示。

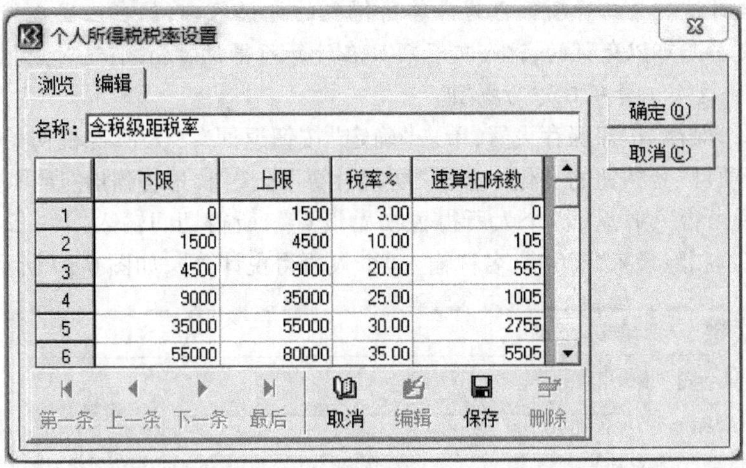

	下限	上限	税率%	速算扣除数
1	0	1500	3.00	0
2	1500	4500	10.00	105
3	4500	9000	20.00	555
4	9000	35000	25.00	1005
5	35000	55000	30.00	2755
6	55000	80000	35.00	5505

图 6-28

(4) 单击“保存”按钮保存设置，单击“确定”按钮返回“个人所得税初始设置”窗口，请注意“税率类别”按钮旁的变化。单击“税率项目”旁的按钮，系统弹出“所得项目计算”窗口，切换到“编辑”窗口，单击“新增”按钮，在所得项目 1 选择“应发合计”，并选择“增项”，所得项目 2 选择“独补”，并选择“减项”，所得项目 3 选择“交补”，并选择“减项”，所得项目 4 选择“医疗保险”，并选择“减项”，所得项目 5 选择“养老保险”，并选择“减项”，录入“应税所得”，如图 6-29 所示。

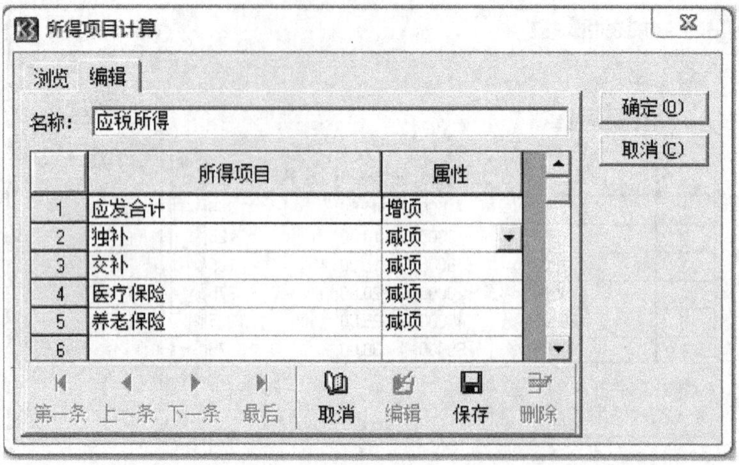

图 6-29

注意：属性中有两个选项：增项和减项。增项的含义是指这个项目为计算所得税的计税基础，减项的意思是在计算所得税时该项目从计税基础中减去。例如在所得项目中选取了应发合计这一个工资项目作为计算所得税的计税基础，但在应发合计中包含了一个工资项目交补是可以免税的，这个工资项目在计算所得税时扣减，这时应把应发合计作为增项，而交补这个工资项目作为减项。

(5) 单击“保存”按钮保存设置，单击“确定”按钮返回“个人所得税初始设置”窗口，请注意“税率项目”旁按钮的变化。单击“所得计算”旁按钮，系统弹出“所得项目计算”窗口，双击“应税所得”，并返回“个人所得税初始设置”，所得期间输入“1－12”，币别选择“人民币”，基本扣除录入“3500”，名称输入“个人所得税计算”，如图 6-30 所示。

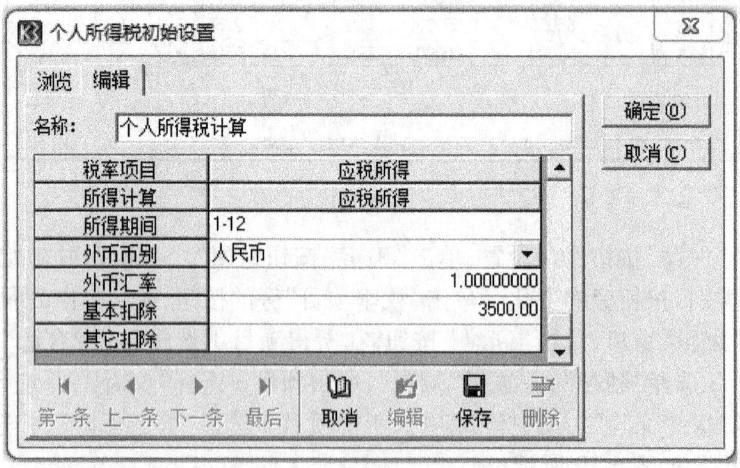

图 6-30

(6) 单击“保存”按钮保存设置，单击“确定”按钮返回“个人所得税数据录入”窗口，系统弹出提示窗口，单击“确定”按钮，系统获取数据成功后，再次弹出提示窗口，单击“确定”按钮，系统开始计算所得税，计算成功的窗口，如图 6-31 所示。

个人所得税数据录入-[标准格式][方法 - 本期]

文件 查看

引出 保存 计税 所得项 税率 设置 方法 过滤 刷新 定位 计算器 锁定列 关闭

纳税义务人	证件号码	所得项目	所得期间	收入人民币	外币名称	减费用额	应纳税所得额	税率项目	税率计算值	税率	速算扣除数	扣缴所得税额
张华	3209***********	应税所得	1-12	5964.00	人民币	3500.00	2464.00	5964.00	2464.00	0.10	105.00	141.40
李萍	3210***********	应税所得	1-12	3748.00	人民币	3500.00	248.00	3748.00	248.00	0.03	0.00	7.44
王林	3210***********	应税所得	1-12	5396.00	人民币	3500.00	1896.00	5396.00	1896.00	0.10	105.00	84.60
赵立	3210***********	应税所得	1-12	3670.00	人民币	3500.00	170.00	3670.00	170.00	0.03	0.00	5.10
刘红	3210***********	应税所得	1-12	3654.00	人民币	3500.00	154.00	3654.00	154.00	0.03	0.00	4.62
孙晴	3210***********	应税所得	1-12	3630.00	人民币	3500.00	130.00	3630.00	130.00	0.03	0.00	3.90
钱益明	3209***********	应税所得	1-12	4404.64	人民币	3500.00	904.64	4404.64	904.64	0.03	0.00	27.14

图 6-31

(7) 单击“保存”按钮保存所得税数据。

单击“引出”按钮可以引出其他类型文件,并上交税务部门。

个人所得税计算后,并未直接使用在工资表中,只有在“工资录入”窗口,引入个人所得税数据,然后再进行工资计算,才是正确的工资数据,下面将刚才所计算的个人所得税数据引入工资表中。

在主界面窗口,执行“人力资源”|“工资管理”|“工资业务”|“工资录入”命令,系统弹出“过滤器”对话框,选中“全体员工”方案,单击“确定”按钮进入“工资数据录入”窗口,注意此时的“代扣税”列为空白无数据,光标放置该列,单击工具栏上“区选”按钮,再单击“代扣税”列头,选中整列并反黑显示,单击“所得税”按钮,系统弹出提示窗口,选择“引入本期所得税”,单击“确定”按钮,引入所有职员个人所得税数据,如图 6-32 所示。单击“保存”按钮保存个人所得税数据引入。

工资数据录入-[全体员工]----(年份:2017 期间:1 次数:1) 人数:7

文件(F) 编辑(E) 查看(V) 选项(O)

保存 修改 引出 引入 计算 基金 过滤 刷新 定位 计算器 所得税 扣零 发放 设置 复制 同步 审核 反审核 区选 清除 关闭

职员代码	职员姓名	个人账号	部门全称	职员类别	基本工资	浮动工资	津贴	加班	独补	交补	应发合计	病假	事假	养老保险	医疗保险	工会	代扣税	扣款合计	实发合计
001	张华	271*******	财务部	管理人员	2,800.00	2,500.00	600.00	400.00		150.00	6,450.00			224.00	112.00	9.00	141.40	486.40	5,963.60
002	李萍	271*******	行政部	管理人员	2,100.00	1,200.00	380.00	320.00	15.00	150.00	4,165.00	90.00		168.00	84.00	7.00	7.44	356.44	3,808.56
003	王林	271*******	销售部/销售一部	销售人员	2,200.00	3,100.00	360.00			300.00	5,960.00			176.00	88.00	6.00	84.60	354.60	5,605.40
004	赵立	271*******	销售部/销售二部	销售人员	2,000.00	1,670.00	240.00			300.00	4,210.00		120.00	160.00	80.00	4.00	5.10	369.10	3,840.90
005	刘红	271*******	生产部	生产人员	800.00	2,700.00	250.00		15.00	250.00	4,015.00			64.00	32.00	7.00	4.62	107.62	3,907.38
006	孙晴	271*******	生产部	生产管理人员	1,500.00	1,600.00	400.00	310.00	15.00	200.00	4,025.00			120.00	60.00	5.00	3.90	188.90	3,836.10
007	钱益明	271*******	供应部	管理人员	2,003.00	2,002.00	400.00	240.00		150.00	4,795.00			160.24	80.12	5.00	27.14	272.50	4,522.50
合计					13,403.00	14,772.00	2,630.00	1,270.00	45.00	1,500.00	33,620.00	90.00	120.00	1,072.24	536.12	43.00	0.00	2,135.56	31,484.44

图 6-32

4. 费用分配

在录完全部工资数据之后,您需要对工资费用进行分配。金蝶 K/3 系统提供了强大、灵活的工资费用分配功能,同时可进行各种费用计提。费用分配包括工资费用分配、计提福利费、计提工会经费、自定义计提等分配。

(1) 在主界面窗口,执行“人力资源”|“工资管理”|“工资业务”|“工资分配”命令,系统弹出“费用分配”窗口,窗口分为两个选项卡:在“浏览”选项卡中可以查看系统中已有的分配方案,可以生成凭证或查询凭证;“编辑”选项卡中可以对分配方案进行新增、编辑、删除等操作。

(2) 切换到“编辑”窗口,单击“新增”按钮,系统切换到编辑状态,录入分配名称“工资分配、摘要内容“分配工资费用”，单击第一行部门项的“(获取)”按钮，获取“行政部”，工资项目处选择“应发合计”项目，费用科目获取“6602.01 管理费用——工资及福利费”，工资科目获取“2211.01 应付职工薪酬——应付工资”科目；第二行及其他行录入方法同第一行，设置完成的窗口如图 6-33 所示。

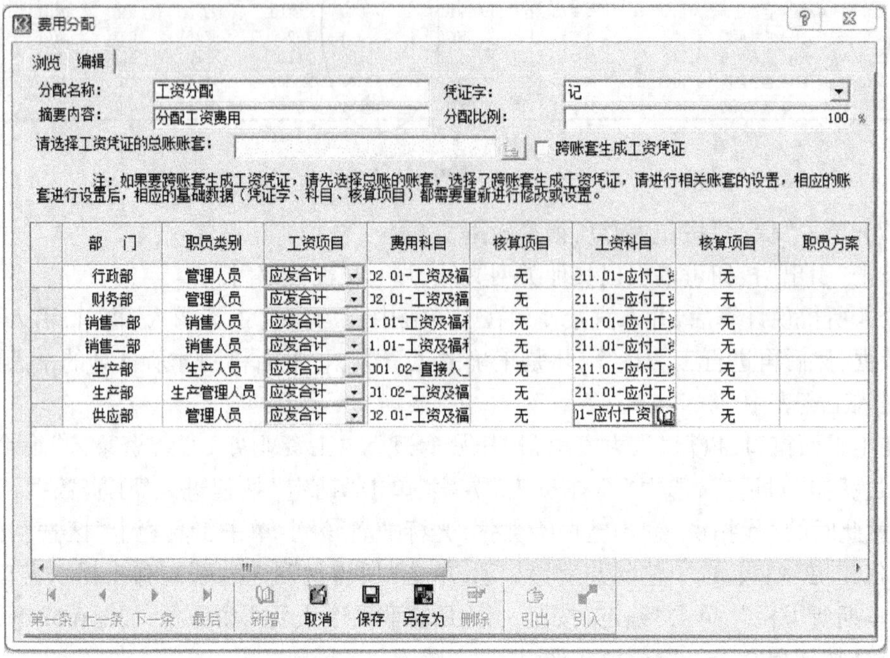

图 6-33

注意：在工资费用分配参数设定窗口中，用户可在“部门”“职员类别”“工资项目”“工资费用科目代码”“应付工资科目”等选项中设定它们之间的对应关系，系统以此作为工资分配的依据。

(3) 单击“保存”按钮保存当前设置，若需修改、删除该方案，单击工具栏上“编辑”或“删除”按钮即可。

(4) 将设定的方案生成凭证。单击“浏览”选项卡，切换到浏览窗口，勾选“工资分配”，选中“按工资会计期间生成凭证”，单击“生成凭证”按钮，系统弹出提示对话框，单击“确定”按钮。稍后系统弹出“信息”窗口，单击“关闭”按钮，然后单击“查询凭证”按钮，系统进入“凭证处理”窗口，选中该记录后双击鼠标，系统弹出该凭证的查看窗口，如图 6-34、图 6-35、图 6-36 所示。

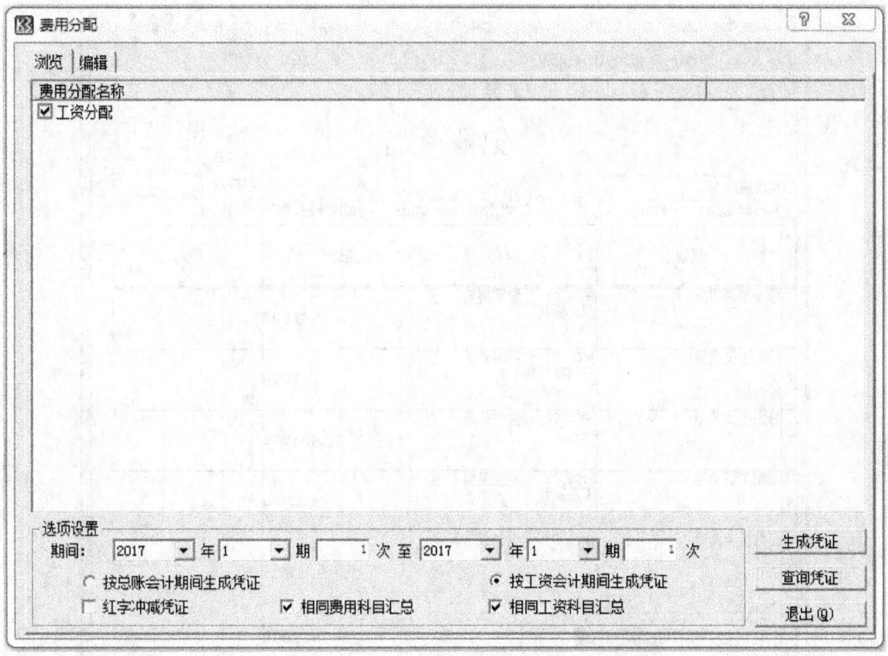
费用分配
浏览
编辑
费用分配名称
工资分配
选项设置
期间:
2017
年
1
期
1
次 至
2017
年
1
期
1
次
按总账会计期间生成凭证
按工资会计期间生成凭证
红字冲减凭证
相同费用科目汇总
相同工资科目汇总
生成凭证
查询凭证
退出(Q)

图 6-34

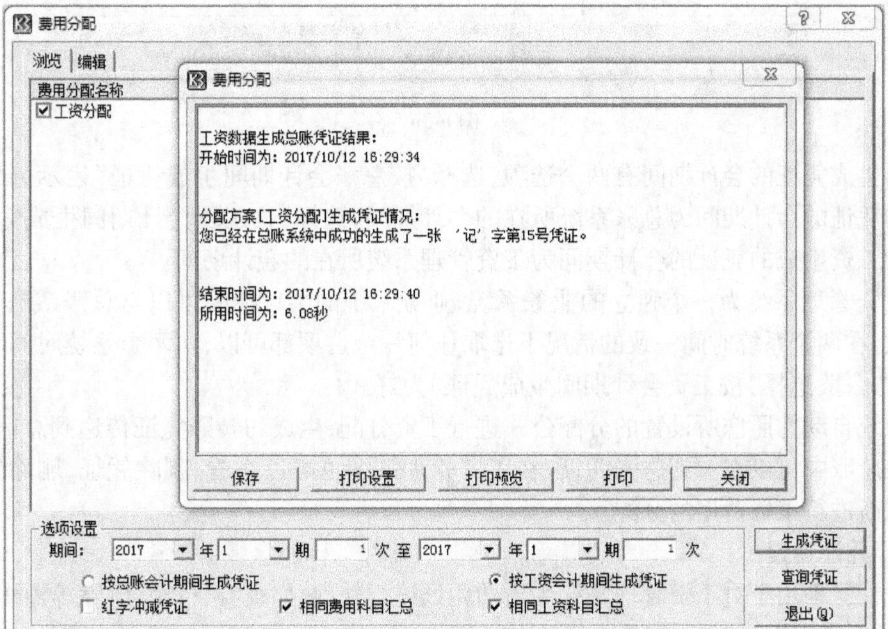
费用分配
浏览
编辑
费用分配名称
工资分配
费用分配
工资数据生成总账凭证结果:
开始时间为: 2017/10/12 16:29:34
分配方案[工资分配]生成凭证情况:
您已经在总账系统中成功的生成了一张 '记'字第15号凭证。
结束时间为: 2017/10/12 16:29:40
所用时间为: 6.08秒
保存
打印设置
打印预览
打印
关闭
选项设置
期间:
2017
年
1
期
1
次 至
2017
年
1
期
1
次
按总账会计期间生成凭证
按工资会计期间生成凭证
红字冲减凭证
相同费用科目汇总
相同工资科目汇总
生成凭证
查询凭证
退出(Q)

图 6-35

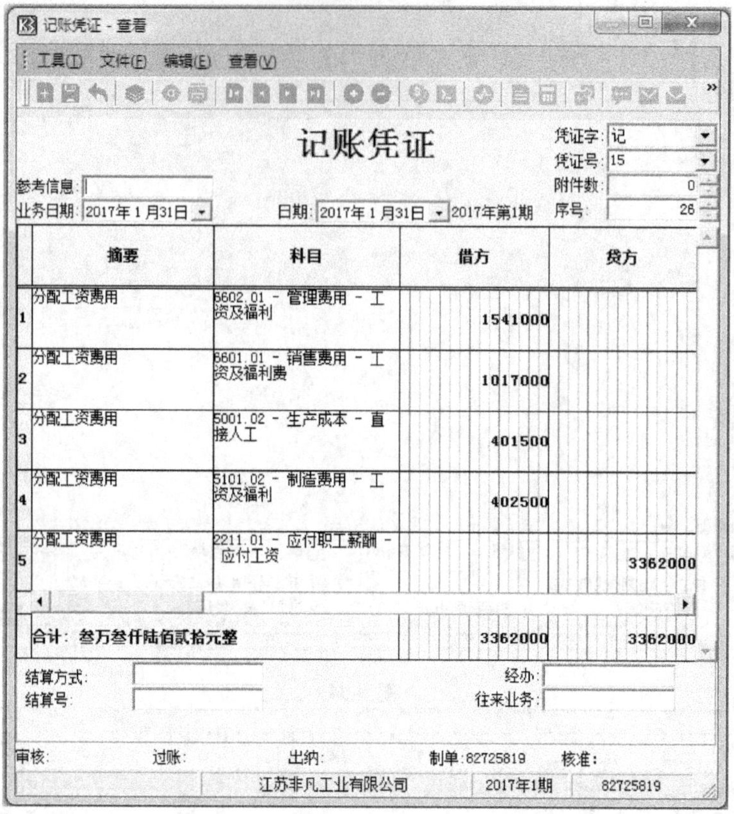

图 6-36

对生成凭证的会计期间有两个选项，选择“按总账会计期间生成凭证”表示分配工资生成的凭证的会计期间为总账系统所在的会计期间，选择“按工资会计期间生成凭证”表示分配工资生成的凭证的会计期间为工资管理系统所在的会计期间。

工资管理系统为一个独立的业务系统，业务系统的会计期间可以与总账系统的期间不一致，在两个系统时间一致的情况下选取任何一个选项都可以，在两个系统时间不一致时，用户一般选择“按工资会计期间生成凭证”为好。

系统自动按照您所设置的分配公式进行工资分配，生成的转账凭证传递到总账系统。用户在总账中可以查看到这张凭证，在工资管理系统也可以查看、删除凭证，删除凭证后可以重新进行工资费用的分配。

5. 凭证管理

凭证管理用于对工资管理系统生成的凭证进行处理，如查看、打印、删除等操作。

6. 工资审核

为确保工资的正确，需要对工资数据进行审核。审核后的工资数据不能修改，只有反审核后才能修改。

在主界面窗口，执行“人力资源”|“工资管理”|“工资业务”|“工资审核”命令，系统弹出“工资审核”窗口，如图 6-37 所示。

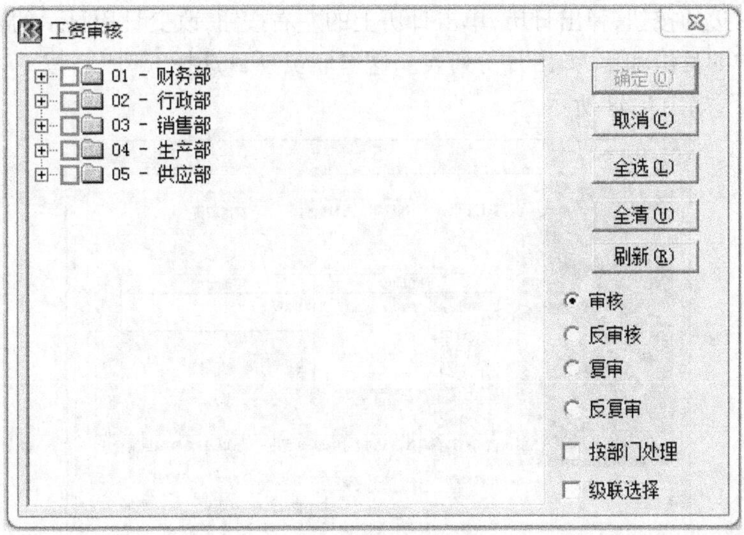

图 6-37

窗口左侧显示系统中已有的部门信息，单击“+”，层层展开该部门下的职员信息，在职员前面方框中打上勾表示选中，如图 6-38 所示。

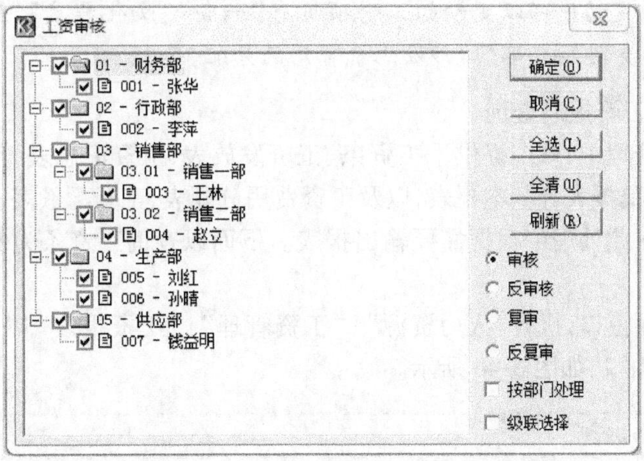

图 6-38

7. 人员变动

在企业里，人员流动现象比较普遍，人员在部门间的调动、人员的职称变动等人事变动都会造成工资需要重新调整计算，人员变动模块可以处理人员与工资相关的项目发生变动后工资的自动计算处理，方便了财务人员。

(1) 在主界面窗口，执行“人力资源”|“工资管理”|“人员变动”|“人员变动处理”命令，系统弹出“职员变动”窗口，单击“新增”按钮，系统弹出“职员”管理窗口，如图 6-39 所示。

(2) 双击要变动的记录，系统返回“职员变动”窗口，选中后，单击“下一步”按钮，系统进入变动信息处理窗口，选择发生变动的日期，系统会根据其变动日期来确定何时重新计算。单击右边的按钮,弹出日历,单击日历上的左右按钮,改变日历显示的月份;或直接单击标题栏中的月份和年,弹出月份列表。这里职员项目选择“部门”,按 F7 键获取变动参数“供应部”,如图 6-39 所示。

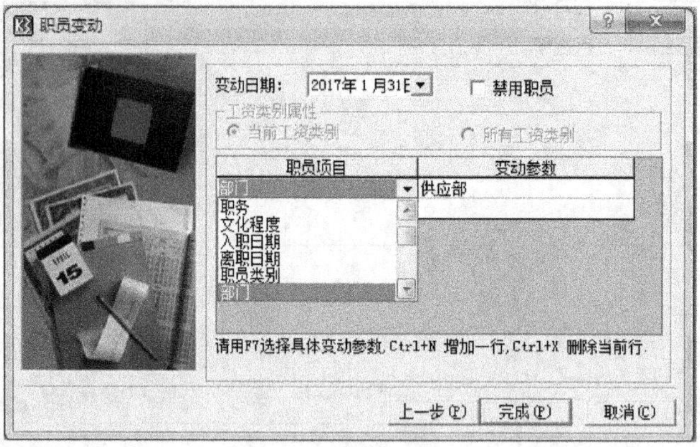

图 6-39

(3) 单击“完成”按钮,系统弹出提示变动成功,单击“确定”按钮返回主界面。如果有职员离职,可以选择“禁用职员”选项。

注意: 在职员变动中可以变动的工资项目有“职务”“文化程度”“职员类别”和“部门”等,其中“职员类别”和“部门”涉及工资费用的分配。

8. 工资条等工资报表查询

在报表输出处理中,系统提供了工资条、工资发放表、工资汇总表、工资统计表、银行代发表、个人所得税报表等基本报表,以及工资费用分配表、工资配额表,人员工资结构分析表等。您可以在此处理中根据需要输出报表。下面以查询工资条为例,介绍工资报表的查询方法。

(1) 在主界面窗口,执行“人力资源”|“工资管理”|“工资报表”|“工资条”命令,系统弹出“过滤器”窗口,如图 6-40 所示。

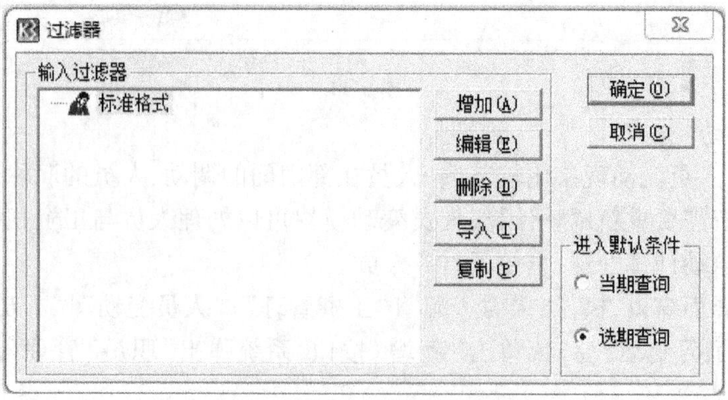

图 6-40

（2）新增过滤方案，单击“增加”按钮，系统弹出“定义过滤条件”窗口，录入过滤名称“工资条 1”，选中相应的工资条项目，并单击“上移”“下移”按钮，按表中序中进行排列。设置完成的窗口如图 6-41 所示。

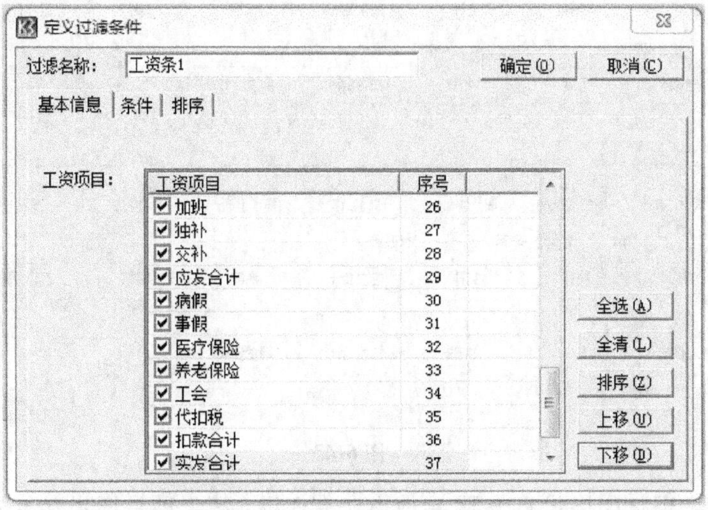

图 6-41

在条件选项卡中可以设置过滤方案，在排序选项中可以设置排序字段。

（3）单击“确定”按钮，系统弹出提示，单击“确定”按钮，新增“工资条 1”过滤方案，并返回“过滤器”窗口。选中“工资条 1”方案，单击“确定”按钮，系统弹出“工资条打印”窗口，如图 6-42 所示。

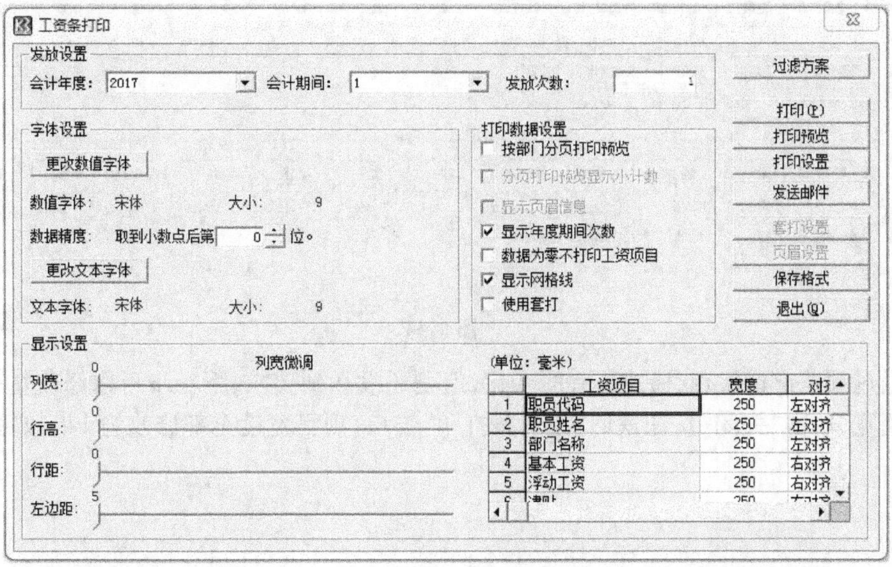

图 6-42

(4) 单击“打印预览”按钮,系统进入“打印预览”窗口,如图 6-43 所示。

年度	期间	次数	职员代码	职员姓名	部门名称	基本工资	浮动工资	津贴
2017	1	1	001	张华	财务部	2,800	2,500	600

加班	独补	交补	应发合计	病假	事假	医疗保险
400		150	6,450			112

养老保险	工会	代扣税	扣款合计	实发合计
224	9	141	486	5,964

年度	期间	次数	职员代码	职员姓名	部门名称	基本工资	浮动工资	津贴
2017	1	1	002	李萍	行政部	2,100	1,200	380

加班	独补	交补	应发合计	病假	事假	医疗保险
320	15	150	4,165	90		84

养老保险	工会	代扣税	扣款合计	实发合计
168	7	7	356	3,809

图 6-43

通过预览发现打印格式不美观,更改方法有 3 种: 第 1 种是纸张方向选择“横向”;第 2 种是选择尽量大的纸张,如 A3 纸张;第 3 种是修改列的宽度。在此采用第 1 种和第 3 种方法。

(5) 单击“关闭”按钮返回“工资条打印”窗口,单击“打印设置”按钮,系统弹出“打印设置”窗口,修改方向为“横向”,单击“确定”按钮返回“工资条打印”窗口,再单击“打印预览”按钮,系统进入“打印预览”窗口,如图 6-44 所示。

年度	期间	次数	职员代码	职员姓名	部门名称	基本工资	浮动工资	津贴	加班	独补	交补	应发合计	病假	事假
2017	1	1	001	张华	财务部	2,800.00	2,500.00	600.00	400.00		150.00	6,450.00		

医疗保险	养老保险	工会	代扣税	扣款合计	实发合计
112.00	224.00	9.00	141.40	486.40	5,963.60

年度	期间	次数	职员代码	职员姓名	部门名称	基本工资	浮动工资	津贴	加班	独补	交补	应发合计	病假	事假
2017	1	1	002	李萍	行政部	2,100.00	1,200.00	380.00	320.00	15.00	150.00	4,165.00	90.00	

医疗保险	养老保险	工会	代扣税	扣款合计	实发合计
84.00	168.00	7.00	7.44	356.44	3,808.56

图 6-44

通过预览窗口发现,格式虽有所变化,但是还没达到要求,下一步可以修改每一个项目的列宽,单击“关闭”按钮返回“工资条打印”窗口,项目宽度全部修改为 140,如图 6-45 所示。

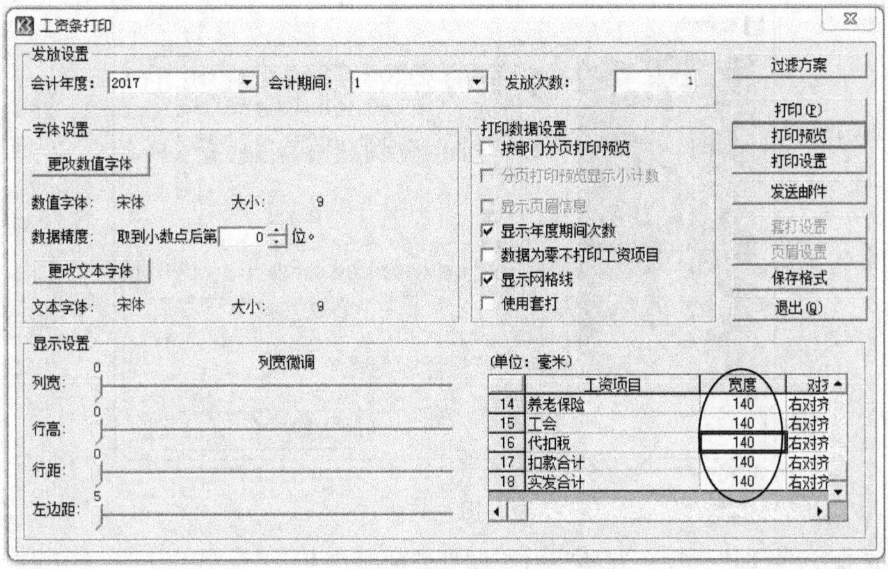

图 6-45

(6) 单击“打印预览”按钮,系统进入“打印预览”窗口,如图 6-46 所示,打印格式基本达到要求后,单击工具栏上的“打印”按钮即可输出工资条内容。

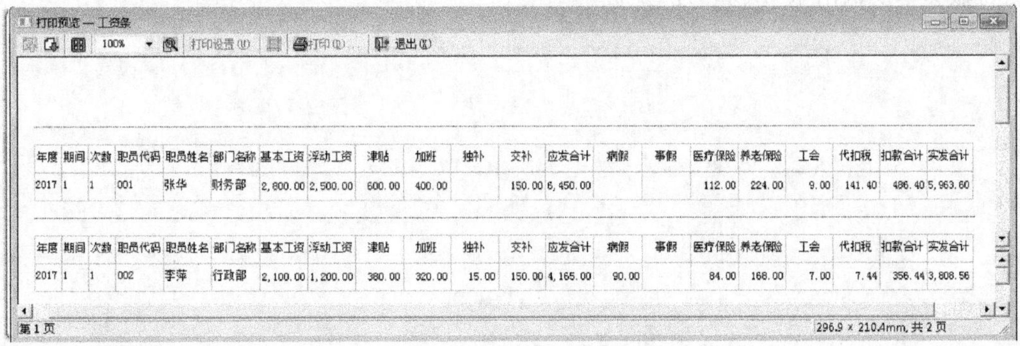

图 6-46

四、期末结账

每月工资管理系统需进行期末结账处理,以便进入到下一期或下一次工资发放时处理新的工资业务。工资系统结账后,其他相关系统(如成本管理系统与工资系统联用时)方能进行期末处理。

在主界面窗口,执行“人力资源”|“工资管理”|“工资业务”|“期末结账”命令,系统弹出“期末结账”窗口,如图 6-47 所示。

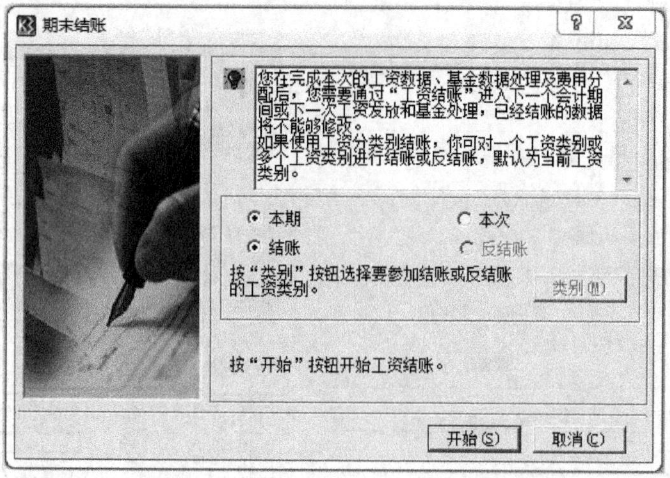

图 6-47

在此选中“本期”，单击“开始”按钮，期末处理即完成。

系统同时提供了反结账功能，在“期末结账”窗口，选中“反结账”，单击“开始”即可。

五、账套备份

在“D:\非凡\”文件夹下建立“工资”文件夹。由系统管理员 Admin 登录账套管理手动将账套备份输出至“D:\非凡\工资”。

第七章

固定资产管理系统

一、系统功能概述

固定资产管理系统主要功能是处理固定资产的账务核算、计提折旧费用及实现设备管理,适用于大中型企业和集团化企业,也适用于拥有较多固定资产的小型企业及政府机关、学校、科研机构等行政事业单位。

固定资产管理系统的主要功能:

(1) 新增卡片

处理固定资产的增加业务,包括固定资产新增、接受投资、接受捐赠、融资租入、在建工程转入及其他增加方式。

(2) 变动处理

处理各种固定资产变动业务,包括固定资产清理、资产评估、重要资产重估价、固定资产更新改造、固定资产其他变动。

(3) 凭证管理

可选择未生成凭证的卡片按单或汇总生成凭证,可对凭证进行修改、审核、编辑等操作。当凭证被删除时,卡片中生成凭证的标志消失,可重新根据该卡片生成凭证。

(4) 报表输出

系统自动输出各种常用的固定资产管理报表,如固定资产清单、固定资产增减表、固定资产及累计折旧明细账、折旧费用分配表、固定资产使用情况分析表、固定资产折旧表等。

(5) 计提折旧

可按用户在固定资产卡片中设置的折旧方法和输入的折旧基础数据自动完成折旧费用的计提过程,自动生成计提折旧费用的记账凭证。

二、固定资产管理系统与其他系统间的数据流向

固定资产管理系统与其他系统间的数据传输如图 7-1 所示。

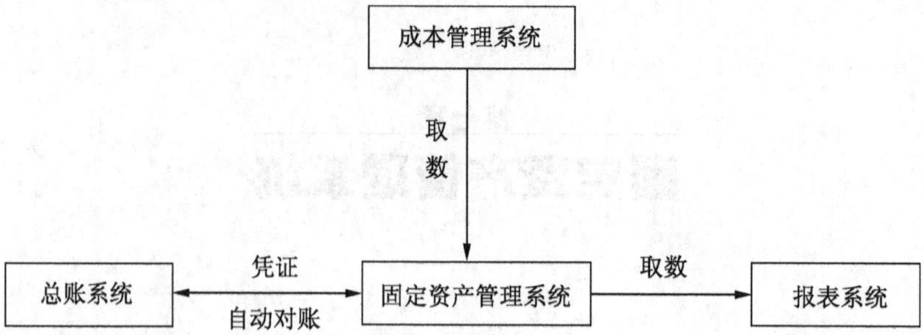

图 7-1

总账系统：固定资产系统生成的凭证传递到总账系统，固定资产初始余额可以传递到总账初始余额。

报表系统：固定资产提供数据接口，报表系统可以从固定资产系统取数。

成本系统：固定资产提供数据接口，成本系统可以从固定资产系统取数。

三、固定资产管理系统应用流程

固定资产管理系统应用流程如图 7-2 所示。

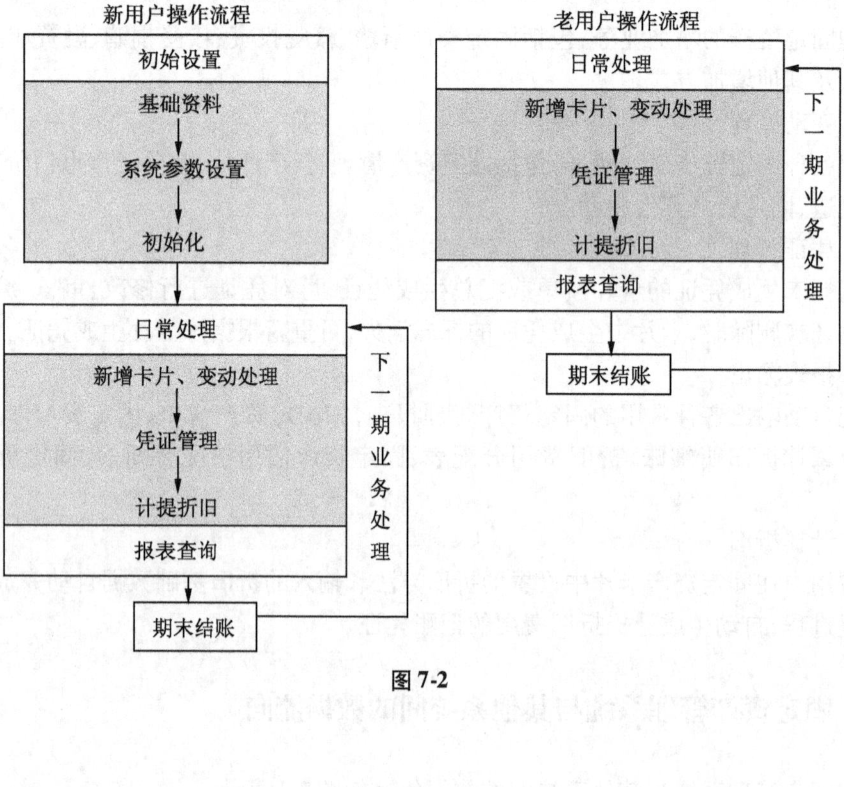

图 7-2

实训八　固定资产管理系统

【实训准备】

引入“D:\非凡\总账期末业务”的备份数据；取消 2017 年 1 月总账系统结账；将系统日期修改为“2017 年 01 月 31 日”。

【实训目的】

1. 掌握固定资产管理系统基本设置。
2. 掌握固定资产管理系统日常业务处理。
3. 掌握固定资产管理系统期末处理。

【实训内容】

1. 固定资产基础设置。
2. 固定资产初始卡片录入。
3. 固定资产结束初始化。
4. 新增卡片。
5. 固定资产清单。
6. 业务单据生成凭证。
7. 计提折旧。

【实训资料】

1. 系统维护

系统参数设置：① 与总账系统相连；② 允许改变基础资料编码。

2. 基础资料

（1）变动方式类别增加（见表 7-1）

表 7-1

代码	方式名称	凭证字	摘要	对方科目
002.004	报废	记	报废固定资产	固定资产清理

（2）卡片类别管理（见表 7-2）

表 7-2

代码	名称	使用年限	净残值率	计量单位	预设折旧方法	固定资产科目	累计折旧科目	卡片编码规则	是否计提折旧
001	房屋建筑物	50	5%	幢	平均年限法	1601	1602	FW –	不管使用状态如何一定提折旧
002	交通工具	10	3%	辆	工作量法	1601	1602	JT –	由使用状态决定是否提折旧

续表

代码	名称	使用年限	净残值率	计量单位	预设折旧方法	固定资产科目	累计折旧科目	卡片编码规则	是否计提折旧
003	生产设备	10	3%	台	双倍余额递减法	1601	1602	SC –	由使用状态决定是否提折旧
004	办公设备	5	5%	台	平均年限法	1601	1602	BG –	由使用状态决定是否提折旧

（3）存放地点（见表 7-3）

表 7-3

代码	名称
01	车间
02	办公室
03	车库

3．初始数据录入（见表 7-4）

表 7-4

资产编码	FW-001	JT-001	SC-001
名称	办公楼	小汽车	车床
类别	房屋建筑物	交通工具	生产设备
计量单位	幢	辆	台
数量	1	1	1
入账日期	2013.9.23	2011.5.13	2009.12.5
存放地点		车库	车间
经济用途	经营用	经营用	经营用
使用状态	正常使用	正常使用	正常使用
变动方式	自建	购入	购入
使用部门	财务部、行政部、供应部、销售部（折旧费用分配比例为：财务部 25%、行政部 25%、供应部 25%、销售一部 12.5%、销售二部 12.5%）	销售一部、销售二部（费用比例各 50%）	生产部
折旧费用科目	财务部、行政部、供应部计入管理费用 – 折旧费，销售一部、销售二部计入销售费用 – 折旧费	销售费用 – 折旧费	制造费用 – 折旧费

续表

币别	人民币	人民币	人民币
原币金额	4 600 000	400 000	600 000
购进累计折旧	无	无	无
开始使用日期	2013.10.9	2011.6.1	2010.1.1
已使用期间		工作总量：30 万公里，已使用 17 万公里	
累计折旧金额	280 000	220 000	400 000
折旧方法	平均年限法	工作量法（计量单位：公里）	双倍余额递减法

4. 结束初始化

5. 日常业务处理

（1）新增固定资产（见表 7-5）

表 7-5

资产编码	BG-001
名称	电脑
类别	办公设备
计量单位	台
数量	3
入账日期	2017.1.15
存放地点	办公室
经济用途	经营用
使用状态	正常使用
变动方式	购入，转账支票结算，结算号 1367
使用部门	财务部
折旧费用科目	管理费用——折旧费
币别	人民币
原币金额	24 000
进项税额	4 080
购进累计折旧	无
开始使用日期	2017.1.15
已使用期间	0
累计折旧金额	0
折旧方法	平均年限法

（2）减少固定资产

将 SC-001 固定资产卡片中的一台车床报废（见表 7-6）。

表 7-6

清理日期	清理数量	清理费用	残值收入（不含税）	变动方式
2017.1.20	1		4 500	报废

注：清理费用以现金支付；残值收入存入建行（转账支票进账，支票号 1369）。

（3）固定资产其他变动

2017 年 1 月 23 日将 JT-001 固定资产卡片中小汽车的使用部门由销售部转为行政部，折旧费用科目也由“销售费用——折旧费”转为“管理费用——折旧费”。

（4）利用“凭证管理”功能制作增加、减少固定资产的记账凭证。

（5）查看固定资产清单、固定资产价值变动表、固定资产变动及结存表等各种账表。

6. 期末处理

（1）输入本月小汽车行驶里程 5 000 公里。

（2）计提固定资产折旧。

（3）利用“自动对账”功能进行固定资产管理系统和总账系统的对账。

【实训要求】

以“你的姓名 A”的身份登录固定资产管理系统进行本部分内容的实训，固定资产审核由“你的姓名 B”进行。

【操作指导】

一、初始设置

由于企业的类型多种多样，不同的企业对固定资产的核算和管理有不同的要求。金蝶财务软件为了全面满足各种企业对固定资产核算管理的需要，为用户提供了灵活的基础设置功能，用户可以根据自己的核算和管理特点进行固定资产系统的基础设置。

（一）系统参数设置

系统参数设置主要是让用户查看和设置固定资产管理系统的一些基本信息、选择的功能，以及同其他系统的接口信息进行一些维护。

登录金蝶 K/3 主控台，执行“基础”|“系统设置”|“资产管理”|“固定资产－系统参数”命令，系统弹出“系统参数”设置对话框，如图 7-3 所示。

在基本设置页里，用户可以查看和修改公司名称、公司电话和地址、记账本位币等信息。单击“固定资产”选项，是固定资产管理系统使用的设置。

（1）启用期间的设置：在使用固定资产管理系统时，可以与总账系统同时启用，也可以根据企业的实际情况，自己设定固定资产管理系统开始使用年度和期间。因此，在使用该系统时，用户必须首先确定系统的启用期间，才能建初始化卡片。

（2）是否与总账连用：用户可以选择设置“与总账系统相连”，当有此选项时，总账必须在固定资产管理系统结账后方可进行结账工作；否则，不符合两系统结账的先后顺序。

（3）不需要生成凭证：当固定资产管理系统专门用做设备管理时，选择“不需要生成凭证”，可以避免一些较专业和烦琐的凭证处理操作。它更适合设备管理部门的使用。

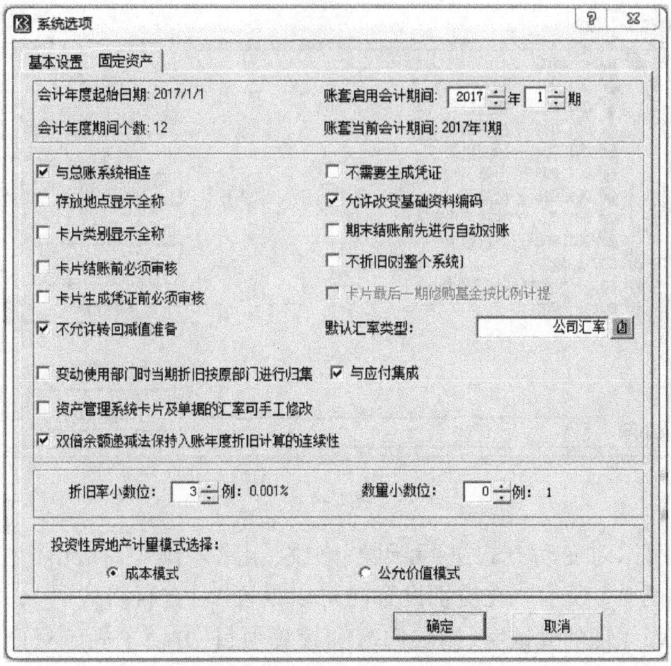

图 7-3

(4) 系统不提折旧：有些设备管理部门可能只对固定资产数量、存放地点、使用状况等进行一些必要管理，不需要每期计提折旧，则可选择“不折旧”。

(5) 允许改变基础资料编码：在基础资料中，卡片类别、使用状态、变动方式、存放地点等项目随着使用可能有些类别的结构组织不能满足企业管理的需要，此时可以通过修改编码的方式，调整相关的项目结构。

(二) 基础资料

为进行固定资产的管理和核算，先要进行与账务系统相关的一些基础设置。金蝶 K/3 的最大特点之一就是在不同的系统和模块之间实现无缝联结。固定资产管理系统的账务基础资料设置可以直接调用总账系统的基础设置资料。

1. 变动方式类别

固定资产的变动方式多种多样，不同的企业可能不同，用户可以自行定义本企业所需用的固定资产变动方式。

登录金蝶 K/3 主控台，执行“财务会计”|“固定资产管理”|“基础资料”|“变动方式类别”命令，系统弹出“变动方式类别”设置对话框，如图 7-4 所示。

系统的类别有增加类、减少类、投资性房地产转换、其他类四类。增加类有固定资产购入、接受投资、接受捐赠、融资租入、自建、盘盈、在建工程转入、其他增加等方式；减少类包括出售、盘亏、其他减少等形式；其他类是与固定资产要素增减无关的变动，如部门、地点、类别、使用状态、附属设备等的变动。各类别中的子类可以通过修改代码的方式，改变其所属类别。另外，系统支持类别多级管理，并可以在生成报表的时候分级汇总，为固定资产的决策支持提供更丰富的数据。

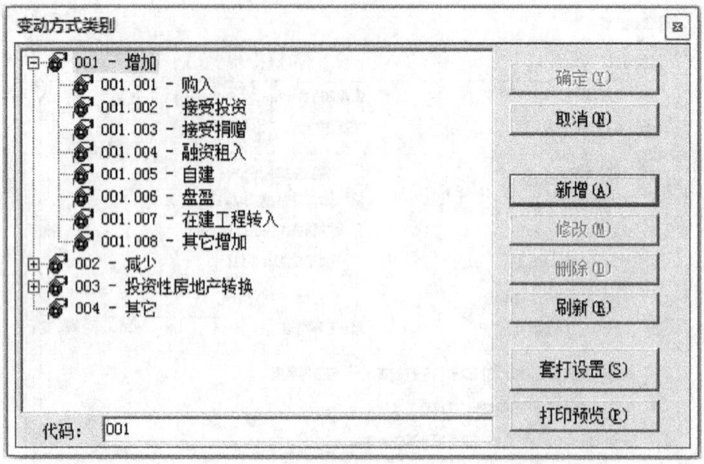

图 7-4

在对话框中可以对变动方式进行新增、修改、删除等操作，在此需增加“002.004 报废”这一方式，如图 7-5 所示。在类别设置时可以设置“对方科目代码”，并可以确定该类业务所产生的记账凭证的凭证字、摘要内容和核算项目，方便了固定资产直接生成凭证，不过用户可以不设置，在将来生成凭证时手工录入。

注意：已使用的固定资产变动方式不能被删除。

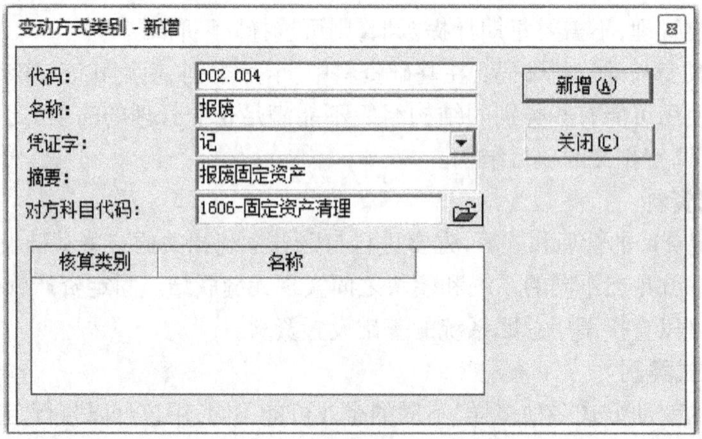

图 7-5

2. 使用状态类别

固定资产的使用类别是指固定资产的使用状态，如正常使用、未使用、不需用等。用户也可以根据本企业的实际情况定义自己的固定资产使用情况。

执行“财务会计”|“固定资产管理”|“基础资料”|“使用状态类别”命令，系统弹出“使用状态类别”设置对话框，如图 7-6 所示，在此界面可以对使用状态进行新增、修改和删除。

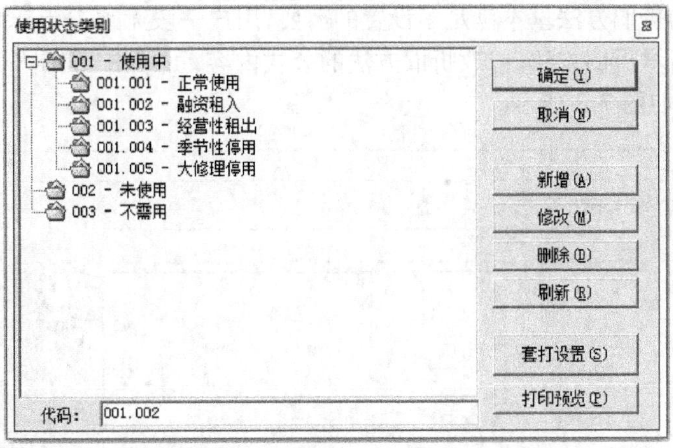

图 7-6

固定资产是否计提折旧与使用状态有关,在设置使用状态时有“是否计提折旧”的选项。使用状态中一般在用的固定资产要计提折旧,未使用的固定资产不提折旧。也有特殊的,比如房屋及建筑,无论是否使用均要提取折旧。在设计是否折旧的状态属性时,首先要考虑“固定资产类别”的制约。各类别中的子类可以通过修改代码的方式,改变所属类别。另外,系统也支持使用状态多级管理,并可以在生成报表的时候分级汇总,为固定资产的决策支持提供更丰富的数据。

3. 折旧方法定义

金蝶 K/3 为用户提供了自动计提固定资产折旧费用的功能。为了实现自动计提固定资产折旧费用,必须预先设置好要用的固定资产折旧方法。

执行“财务会计”|“固定资产管理”|“基础资料”|“折旧方法定义”命令,系统弹出“折旧方法定义”设置对话框,如图 7-7 所示。

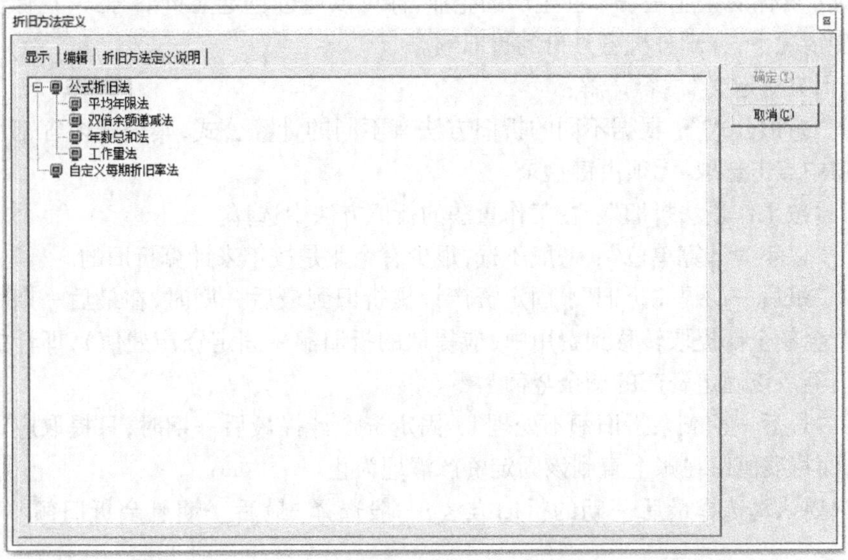

图 7-7

系统提供的折旧方法基本满足了设置的需要,用户一般无须进行新增。

如果需要新增折旧方法,修改折旧方法的公式内容,可单击"编辑"页签,系统切换至"编辑"选项卡,如图7-8所示。

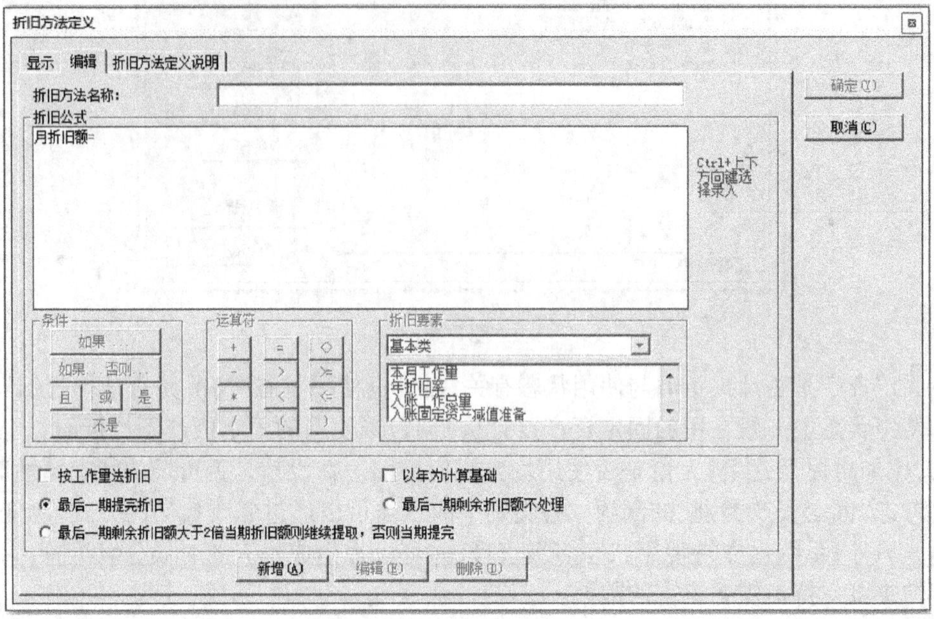

图7-8

如果企业要采用上述几种常用折旧方法之外的折旧方法,就必须先进行折旧方法设置,然后才可以在固定资产卡片中使用。自定义折旧方法的实现前提是用户必须先算出需要自定义的折旧方法的每个会计期间(年和月)的折旧率。

建议:若你的企业是季节性生产的企业,你可以通过自定义折旧方式,在保证全年折旧额不变情况下,合理分配各月份的折旧额。

"折旧方法定义"内容详解:

(1)"折旧公式":根据不同的折旧方法有不同的计算公式,其公式内容都可以在下面的选项中点击选取,无须由键盘录入。

(2)"按工作量法折旧":在工作量法的折旧方法中选择。

(3)"以年为计算单位":一般不选,很少有企业是按年来计算折旧的。

(4)"最后一期提完折旧":固定资产计提折旧到最后一期时,在最后一期将剩余的固定资产金额全部提取转移到费用中(应提取的折旧额+固定资产残值),即计提完最后一期折旧额后该固定资产的剩余金额为零。

(5)"最后一期剩余折旧额不处理":固定资产计提最后一期时,只提取应该提取的折旧额,而将残值留在账上直到该固定资产清理为止。

用户要认真选择最后一期的折旧方法,一般选择"最后一期剩余折旧额不处理"的居多。

(6)"最后一期剩余折旧额大于2倍当期折旧额则继续提取,否则当期提完":到固定资产折旧的最后一期,如果剩余的折旧额比当期应该提取的折旧额大2倍以上,则认为此期间不为最后一期,继续提取折旧直到将剩余折旧额提完;如果剩余折旧额小于当期2倍应提取的折旧额,则当期将剩余折旧额全部提尽。

4. 卡片类别设置

卡片类别管理主要是用户根据行业及企业的特点,设计本企业的固定资产类别结构、编码原则等内容,以加强企业固定资产的管理。结合实际,企业还可以自定义类别内的卡片项目,这些项目能参与报表的统计甚至汇总。

(1) 执行"财务会计"|"固定资产管理"|"基础资料"|"卡片类别管理"命令,系统弹出"固定资产类别管理"对话框,如图7-9所示。

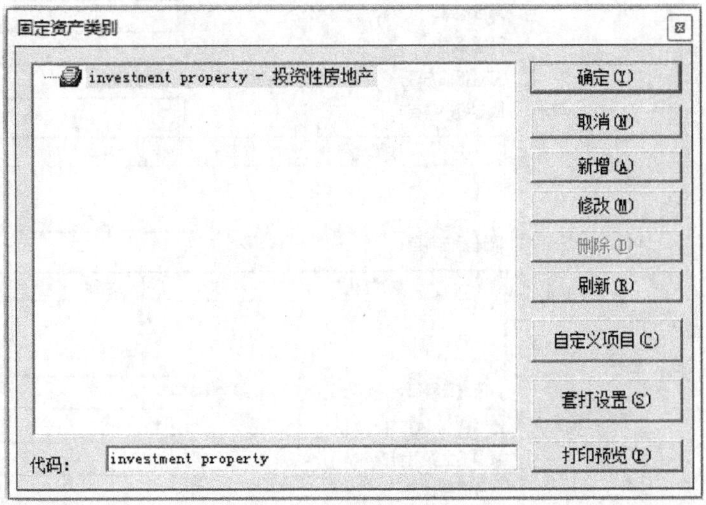

图7-9

在此对话框中可以对固定资产类别进行新增、修改和删除。

(2) 在"固定资产类别"窗口上单击"新增"按钮,系统弹出"固定资产类别—新增"对话框,如图7-10所示。

固定资产类别内容详解:

"使用年限":可以在此设定使用年限,但在真正固定资产卡片录入的用户还可以根据每个不同的固定资产分别确定不同的使用年限。

"净残值率":固定资产唯一设置残值率的地方,在录入卡片时选择了固定资产类别后系统会自动提供该残值率。

"预设折旧方法":可以选择不同的折旧方法,但在录入固定资产卡片时用户可以根据每个固定资产的特点重新设置。

"固定资产科目"和"累计折旧科目":直接选择各自的科目,如果固定资产有明细科目,要选到最明细的科目。

"由使用状态决定是否提折旧":卡片上的固定资产完全由使用状态类别的属性决定是否提取折旧;

"不管使用状态如何一定提折旧":当固定资产类别是房屋及建筑时,按会计制度规定不管使用状态，必须计提折旧，可以选择此项目。

"不管使用状态如何一定不提折旧"：有些类别的固定资产如土地是一定不提折旧的，则选择此选项。

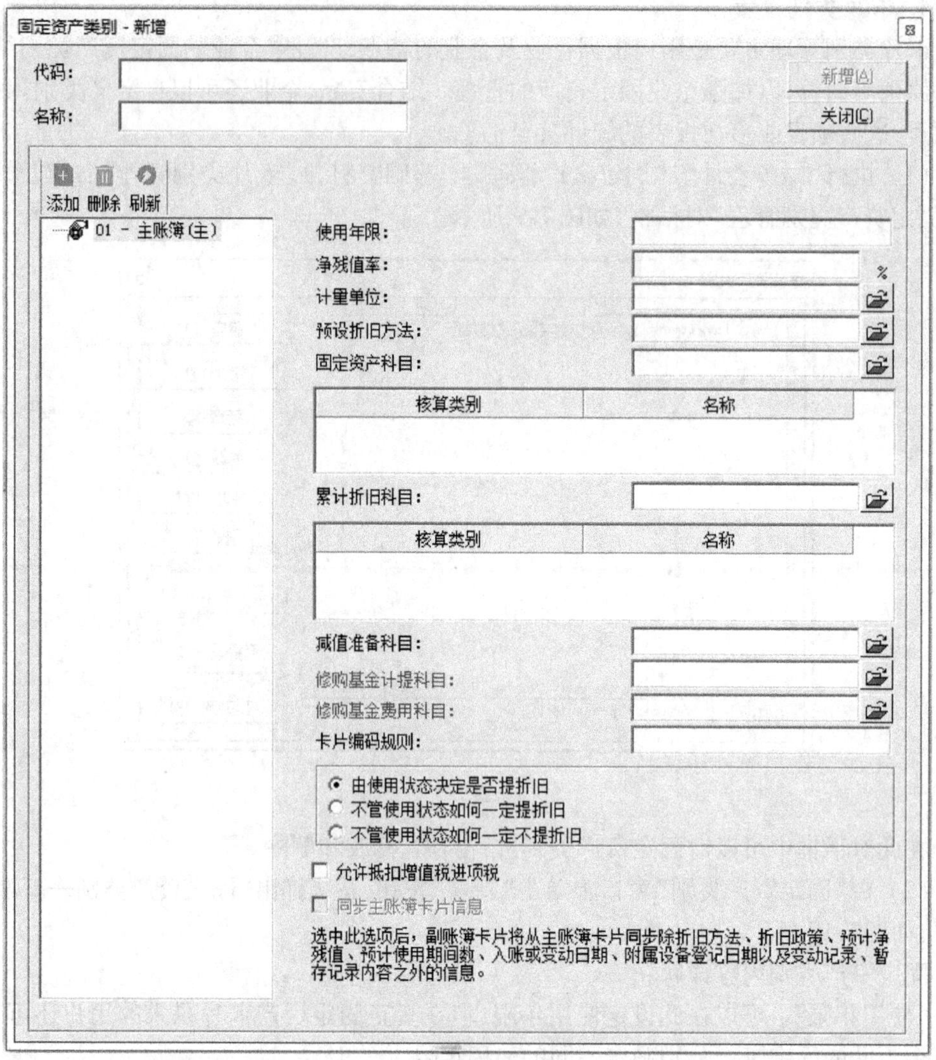

图 7-10

（3）新增"001 房屋建筑物"固定资产类别的操作方法：录入代码"001"，名称"房屋建筑物"，使用年限"50"，净残值率"5"，计量单位"幢"，预设折旧方法处获取"平均年限法"，固定资产科目获取"1601 固定资产"，累计折旧科目获取"1602 累计折旧"，减值准备科目获取"1603 固定资产减值准备"，卡片编码规则录入"FW－"，选中"不管使用状态如何一定提折旧"，如图 7-11 所示。

（4）单击"新增"按钮保存录入，单击关闭按钮返回到"固定资产类别"对话框。同样方法新增"交通工具""生产设备""办公设备"类别，新增完成后结果如图 7-12 所示。

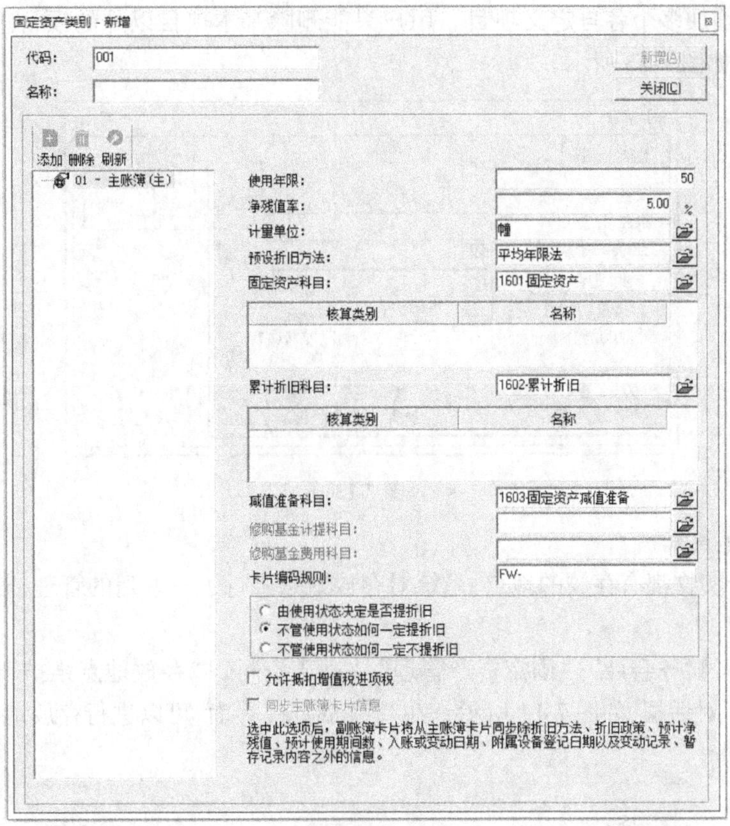

图 7-11

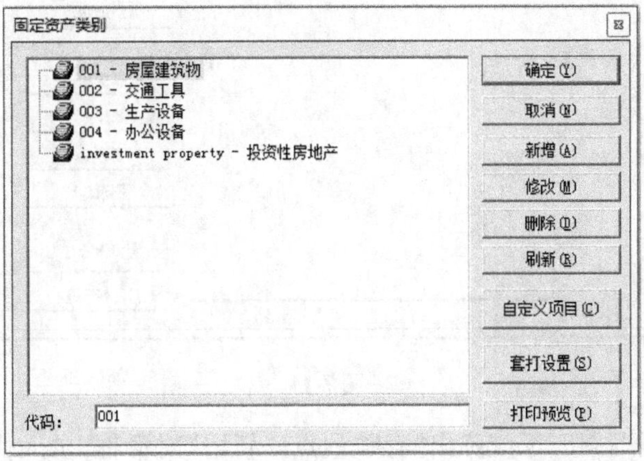

图 7-12

系统提供的卡片自定义项目依存于卡片类别,不同的固定资产类别,可以定义不同的自定义项目。如"房屋建筑物"类别可能会定义"面积"。在"固定资产类别"中,先选定要进行增加自定义项目的类别,单击"自定义项目",然后单击"增加"。首先定义项目,点击"编辑"后新增,录入字段名称、字段类型、长度、小数点位数等项目属性,保存即可。再把定义的项目加入类别,单击选择"显示",选定要增加到类别的项目,单击"增加"即可。当然,可以连续增加多个各自定义项目。用户只能删除基本项目以外的项目。假设增加一项目“面积”,如图 7-13 所示。

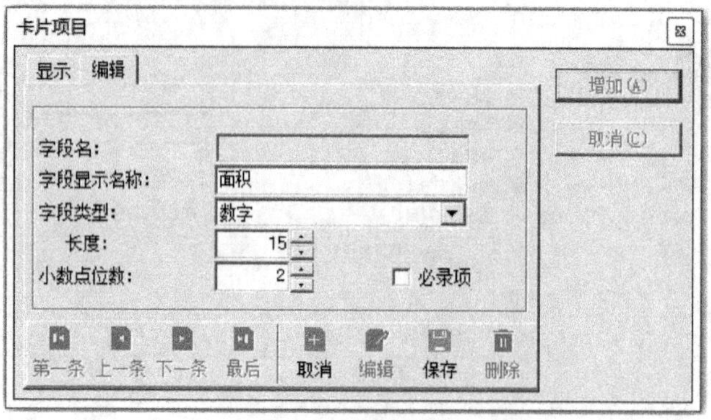

图 7-13

5. 存放地点维护

固定资产实物都有存放的地点,系统对存放地点进行了一系列的管理,辅助企业加强固定资产管理。

(1) 执行“财务会计”|“固定资产管理”|“基础资料”|“存放地点维护”命令,系统弹出“存放地点”对话框,如图 7-14 所示。在“存放地点”界面,可以进行存放地点的新增、修改、删除等操作。

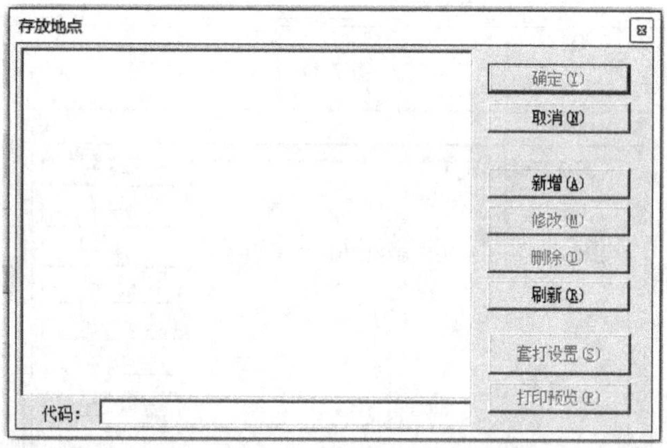

图 7-14

(2) 单击“新增”按钮,系统弹出“存放地点—新增”对话框,录入代码“01”,名称“车间”,如图 7-15 所示。单击“新增”按钮保存设置。

图 7-15

（三）初始卡片录入

系统初始化还要把启用期以前的卡片录入至系统中，可以直接录入，也可以使用“标准卡片引入”，这里重点说明直接录入的方式。以实训案例固定资产卡片录入中的办公楼录入为例介绍卡片的直接录入方法。

（1）执行“财务会计”|“固定资产管理”|“业务处理”|“新增卡片”命令，系统弹出“提示”对话框，因为是第一次录入卡片，系统询问是否在当前期录入，并警告录入卡片后不可以改变启用期间，单击“是”按钮进入“新增”对话框，单击“否”退出录入。单击“是”按钮，系统进入“初始化”对话框，同时系统弹出“卡片及变动—新增”对话框，如图 7-16 所示。

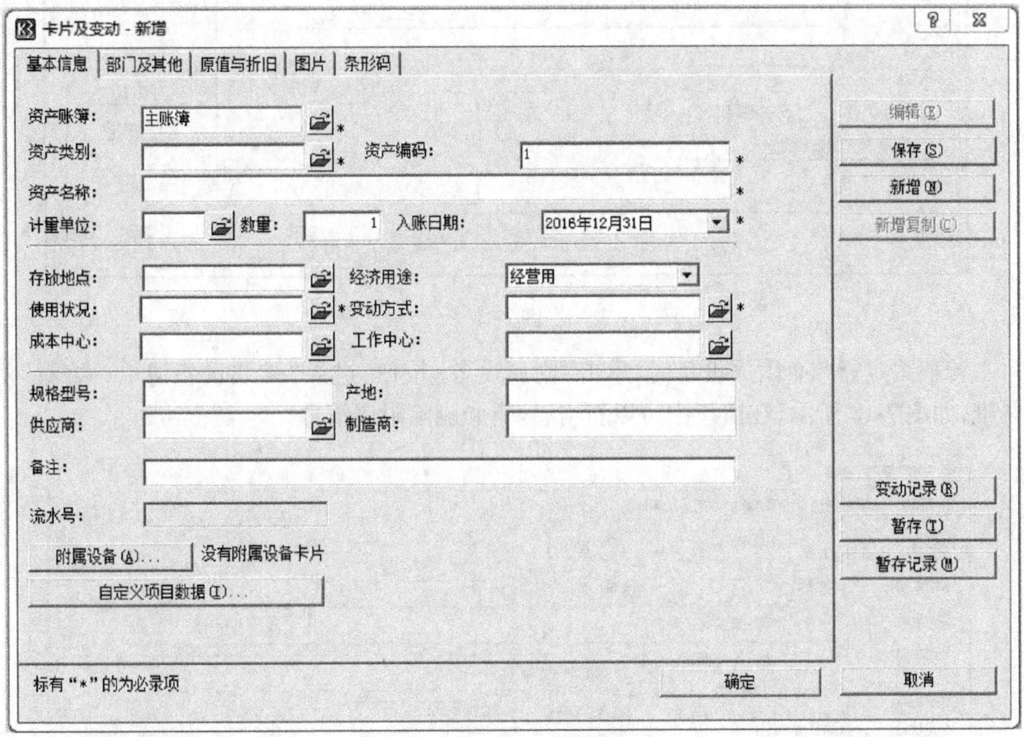

图 7-16

（2）在“基本信息”选项卡中，资产类别处按 F7 键获取“房屋建筑物”，录入资产编码“FW-001”，资产名称“办公楼”，计量单位处按 F7 键获取“幢”，数量为“1”，入账日期修改为“2013-9-23”，存放地点不填，使用状况按 F7 键获取“正常使用”，变动方式按 F7 键获取“自建”，其他采用默认值，设置好的对话框如图 7-17 所示。

基本信息中的资产类别、资产编码、资产名称、入账日期、使用状况、经济用途和变动方式是必输项目。在“基本信息”选项卡中还可以录入卡片在固定资产类别中设置的自定义项目。

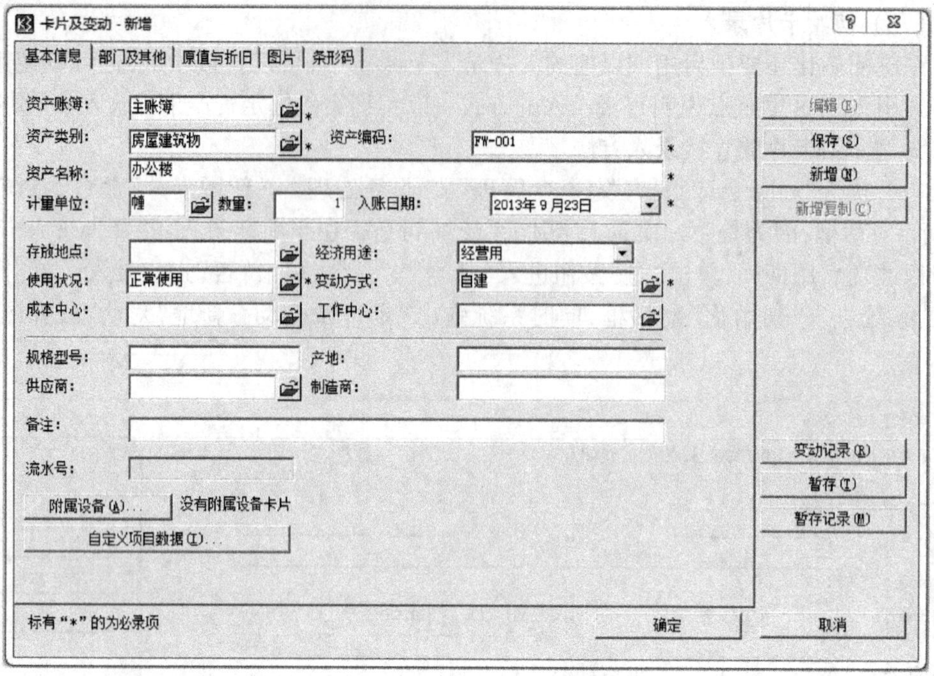

图 7-17

若某固定资产有附属设备时,单击“附属设备”按钮,进入“附属设备清单—编辑”对话框,如图 7-18 所示,在窗口中可以新增、编辑和删除附属清单。

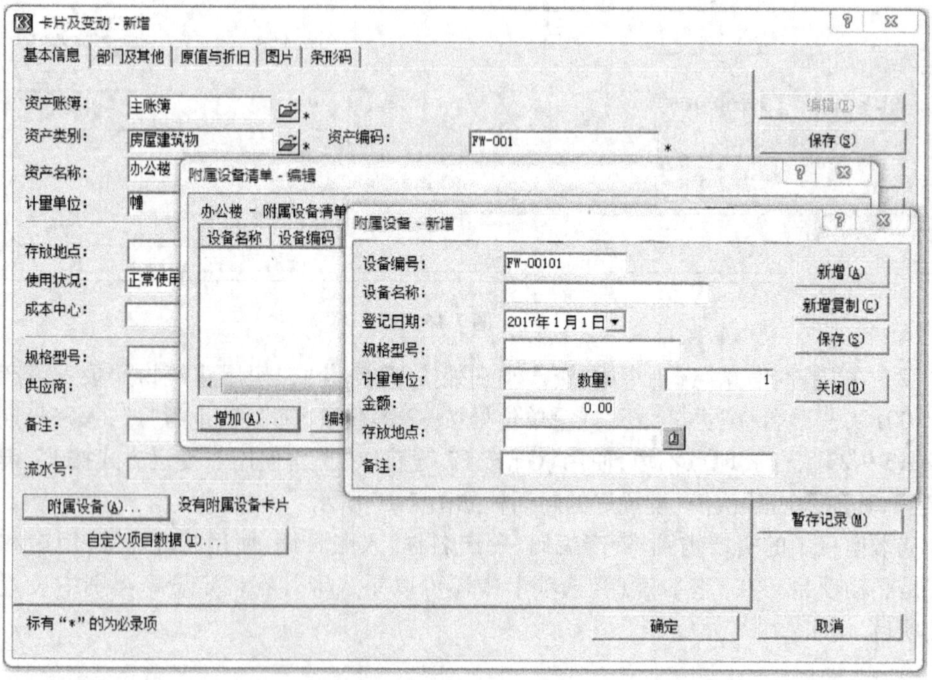

图 7-18

（3）单击“部门及其他”选项卡，切换到“部门及其他”界面，固定资产科目处按 F7 功能键获取“1601”科目，累计折旧科目处按 F7 功能键获取“1602”科目，当使用部门为单一部门时在部门处按 F7 功能键获取相应部门、折旧费用分配科目处按 F7 功能键获取相应科目，如图 7-19 所示。

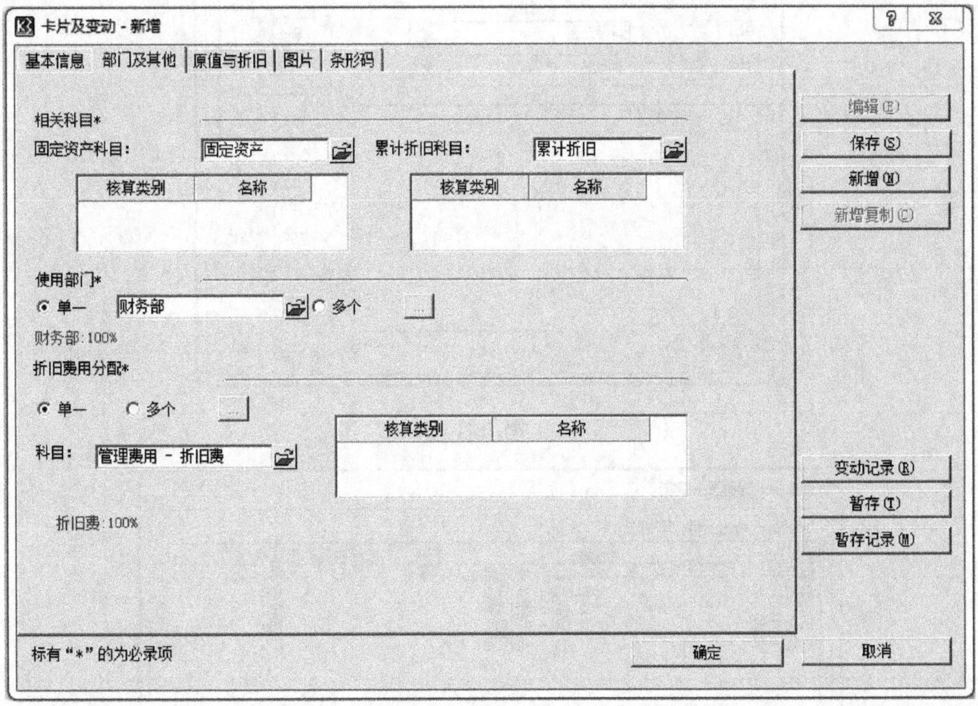

图 7-19

当该固定资产由多个部门使用时，选中使用部门下的“多个”项目，单击“…（获取）”按钮，系统弹出“部门分配情况—编辑”对话框，如图 7-20 所示。在窗口中可以设置该固定资产使用的部门，以及折旧费用的分配比例。

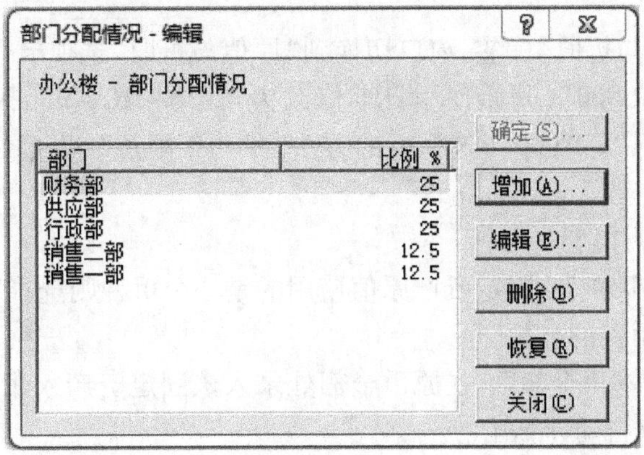

图 7-20

当折旧费用分配有多个科目时，选择折旧费用分配下的“多个”项目，单击“……（获取）”按钮，系统弹出“折旧费用分配—编辑”对话框，在该对话框中可以设置不同部门的折旧费用科目，如图 7-21、图 7-22 所示。

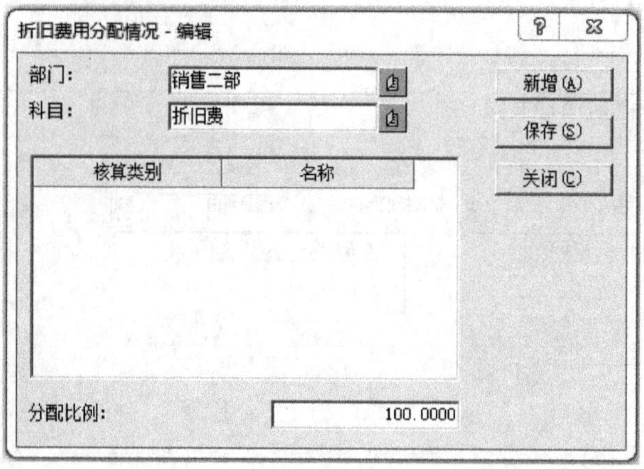

图 7-21

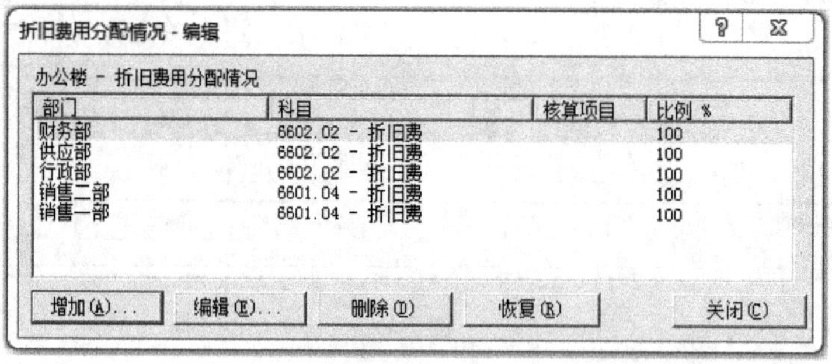

图 7-22

注意：一定要保证同一个部门的所有费用科目的分配比例合计为 100%，否则无法保存数据。

（4）单击“原值与折旧”标签，窗口切换到“原值与折旧”选项卡，币别选择“人民币”，原币金额录入“4 600 000”，开始使用日期修改为“2013 – 10 – 9”，录入预计使用期间数“600”，累计折旧录入“280 000”，选择折旧方法“平均年限法”，设置好的选项卡如图 7-23 所示。

原值与折旧内容详解：

“单币别”和“多币别”：固定资产原值使用的是一个币种则选择“单币别”，否则选择“多币别”并设置各币别的金额。

“原币金额”和“本币金额”：在原币金额处录入该固定资产入账时的原币金额，本币金额系统会根据汇率自动计算出。

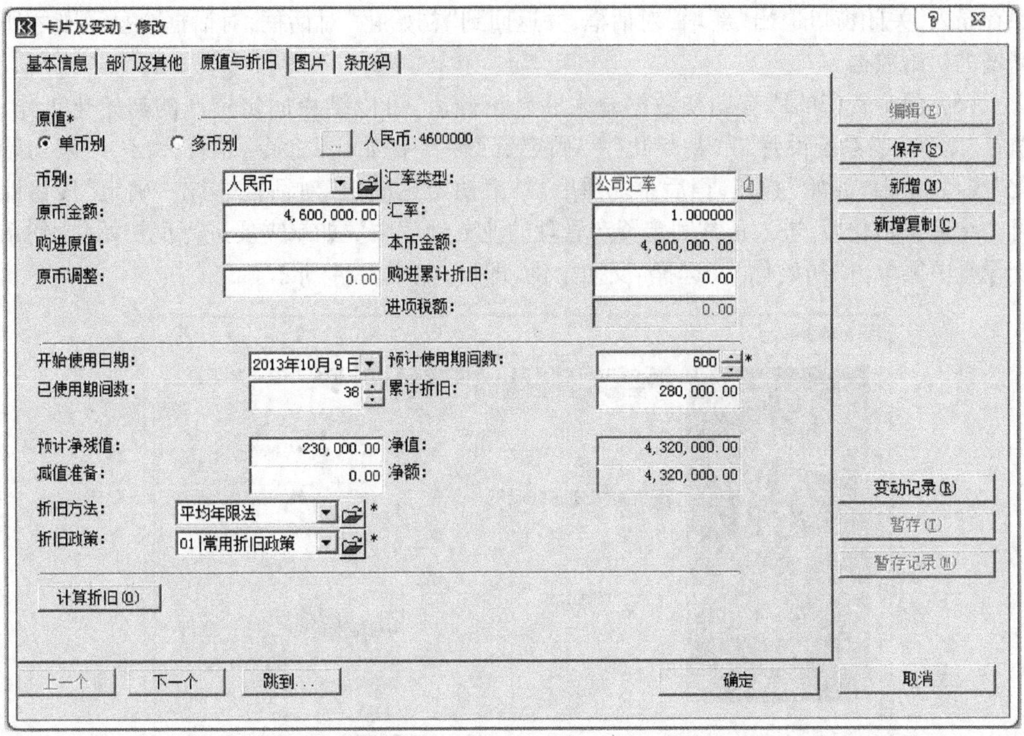

图 7-23

“购进原值”：系统根据本币金额自动显示，可以根据实际情况更改。比如购进的是已经使用过的旧设备，则其购进时原有价值可能比入账原值要高。

“购进累计折旧”：由于购进的是旧设备，购入时必定有一折旧金额。购入新设备则无须填写。

“开始使用日期”：该固定资产入账的日期。

“预计使用期间数”：固定资产的使用时间，用户要特别注意的是这里是用月来作为计量单位的，50 年就是 600 个月，在此要填入 600。

“已使用期间数”：从固定资产系统初始化的期间减去开始使用日期的期间数。例如本案例固定资产入账为 2013 年 10 月，而固定资产系统初始化是 2017 年 1 月份，则已使用期间为 38 个月（当月开始使用的固定资产，当月不提折旧）。

“累计折旧”：从固定资产入账后一直到系统启用期间止共提取的折旧额。

“预计净残值”：系统会根据固定资产类别中设置的残值率进行计算并自动显示，用户可以按需要更改。

“净值”：等于“本币金额”减去“累计折旧额”，系统自动计算并显示。

“折旧方法”：系统会根据固定资产类别中的设置自动显示，可以更改。

该选项卡中各项内容都是与折旧要素相关的项目，输入时一定要小心！确保正确，以免影响折旧额。选择了折旧方法后，月折旧额便可自动根据公式计算出来。

（5）单击“新增”按钮，系统经检查数据录入完整后保存卡片资料新增一张空白卡片，以同样方法录入“小汽车”“车床”固定资产初始卡片，录入完成后，单击“保存”按钮，保存录入，关闭窗口退出“新增”对话框，并返回到“初始化”对话框，对话框会显示刚才所新增的初始数据。

（6）固定资产的所有期初数据录入并且正确后，可以结束固定资产的初始化工作。执行“基础”|“系统设置”|“初始化”|“固定资产”|“初始化”命令，系统弹出“结束初始化”窗口，单击“开始”按钮，稍后系统弹出“结束初始化成功”对话框，单击“确定”按钮即可。结束初始化后，进入正常固定资产管理的业务处理中。如果需要进行反初始化，到系统设置中再单击“初始化”。选择“反初始化”即可，如图 7-24 所示。

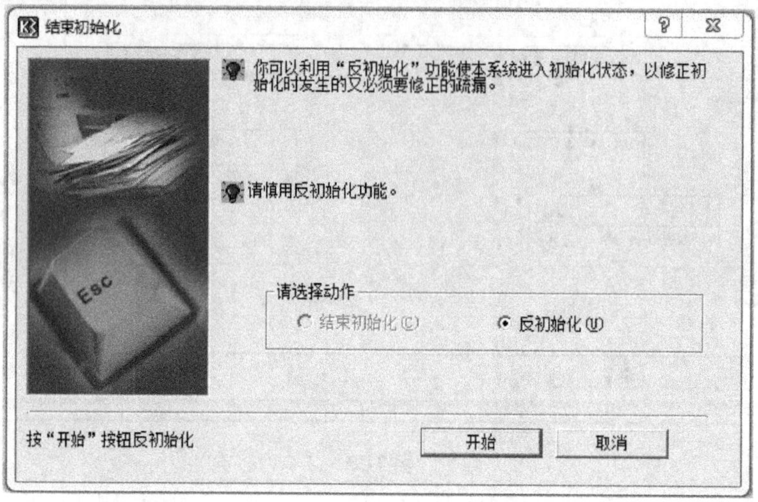

图 7-24

二、日常处理

固定资产的业务包括对固定资产日常发生的各种业务进行管理和核算。固定资产的日常业务包括：固定资产的增加、固定资产的减少、固定资产的其他变动（如价值变动和折旧方法的变动等）、计提折旧、分配折旧费用、输出固定资产报表等。

（一）固定资产新增

固定资产资料录入功能模块主要处理新增业务。

在固定资产管理系统的主对话框中选取“业务处理”功能子模块，单击“新增卡片”进入固定资产资料输入对话框，卡片录入比初始数据录入时少一个“初始化数据”录入部分，此处的固定资产卡片新增对话框与“初始化”时的卡片录入方法相似，如图 7-25、图 7-26 所示。

注意：本月新增的固定资产要到下月才提取折旧，本月不提。

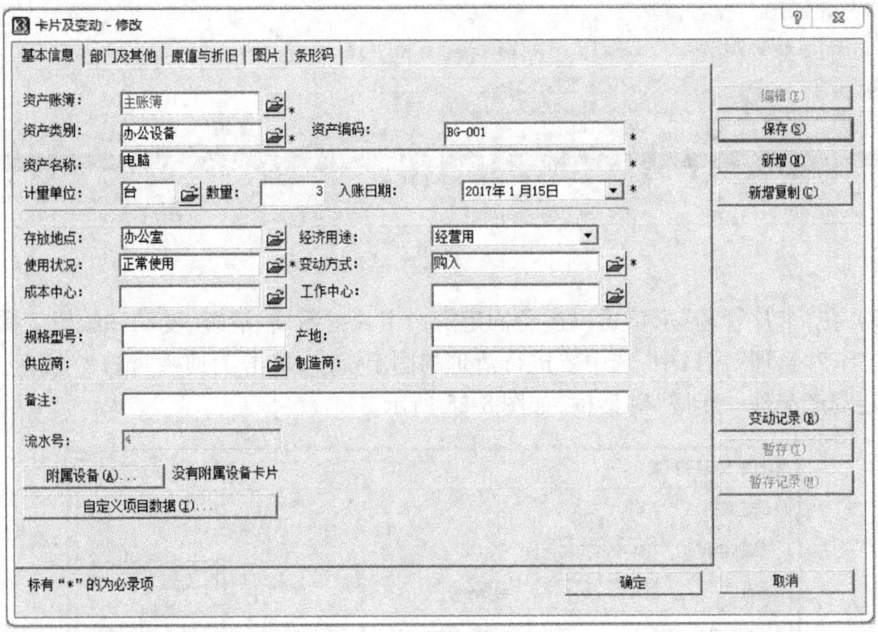

图 7-25

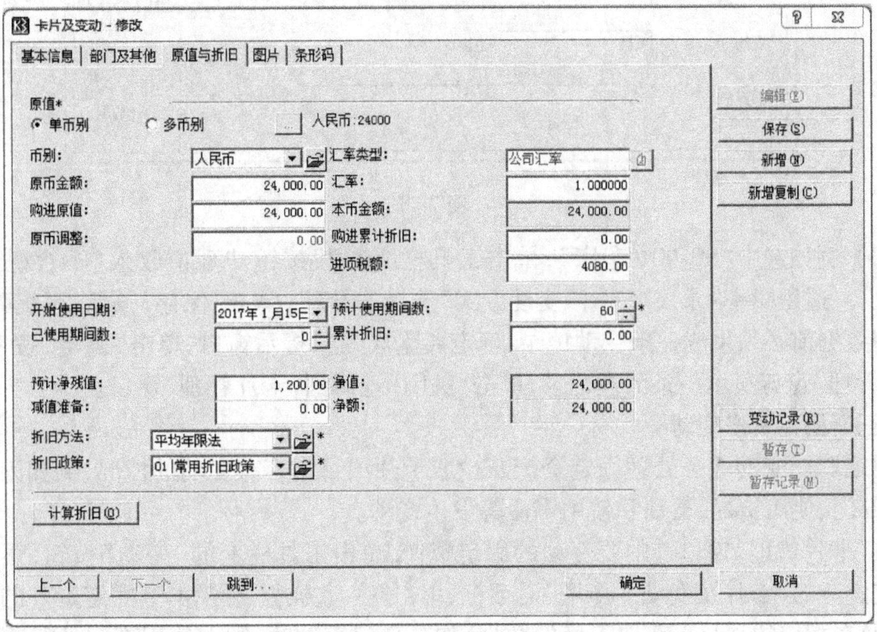

图 7-26

(二) 固定资产清理

固定资产清理即固定资产减少,固定资产减少的主要原因有:固定资产的投资转出、报废、盘亏、清理等。

(1) 执行“财务会计”|“固定资产管理”|“业务处理”|“变动处理”命令,系统进入“卡片管理”窗口,如图 7-27 所示。

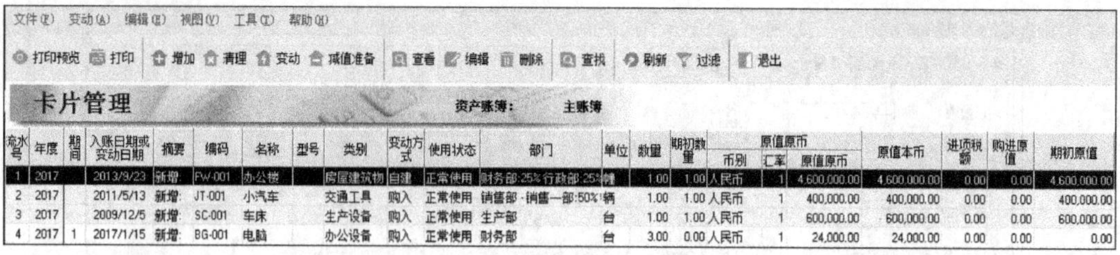

图 7-27

（2）在“卡片管理”窗口可以进行固定资产卡片的新增、清理、变动和编辑等操作。

在“卡片管理”窗口中，选中要进行清理的固定资产，单击工具栏“清理”按钮，系统弹出“固定资产清理—新增”对话框，如图 8-28 所示。

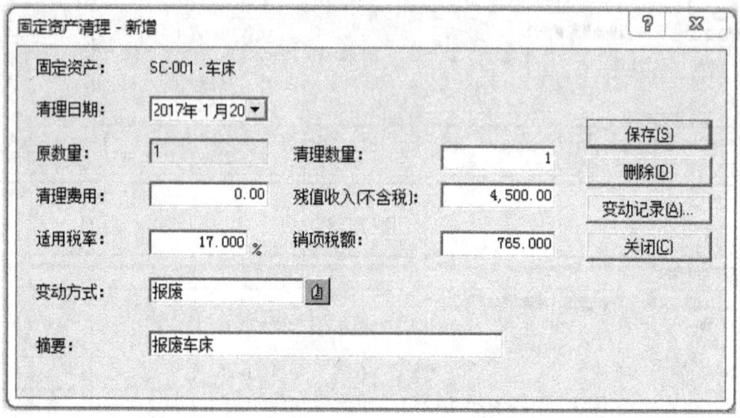

图 7-28

（3）例如选中“SC-001 车床”，单击工具栏“清理”按钮，“残值收入（不含税）”录入“4 500”，“适用税率”录入“17”，“变动方式”选择“报废”，单击“保存”按钮，系统弹出“保存清理数据前必须生成一条变动记录，确定要生成吗？”提示窗口，单击“确定”按钮，会在“卡片管理”窗口显示一条清理记录，单击“关闭”返回到“卡片管理”窗口。

（三）固定资产变动

固定资产变动业务处理固定资产减少或卡片项目内容有变动的情况，例如固定资产原值、部门、使用情况、类别和使用寿命等发生变动。

在“卡片管理”窗口选中要变动的固定资产，单击工具栏上的“变动”按钮，系统弹出该固定资产的“卡片及变动—新增”对话框，单击“变动方式”选择本笔固定资产的变动方式，以及在相应的项目下获取正确的数据，如是部门变动时，则在使用部门处修改正确的部门，是价值发生变化时，则在“原值与折旧”处修改正确的数据，同一张卡片同时可以做多个项目变动。变动的同时可以一并产生凭证（只有变动了原值和折旧才会生成凭证），也可以在凭证管理中进行集中处理。变动完成后，单击“确定”按钮保存本次变动。实训案例中小汽车的变动处理如图 7-29、图 7-30 所示。

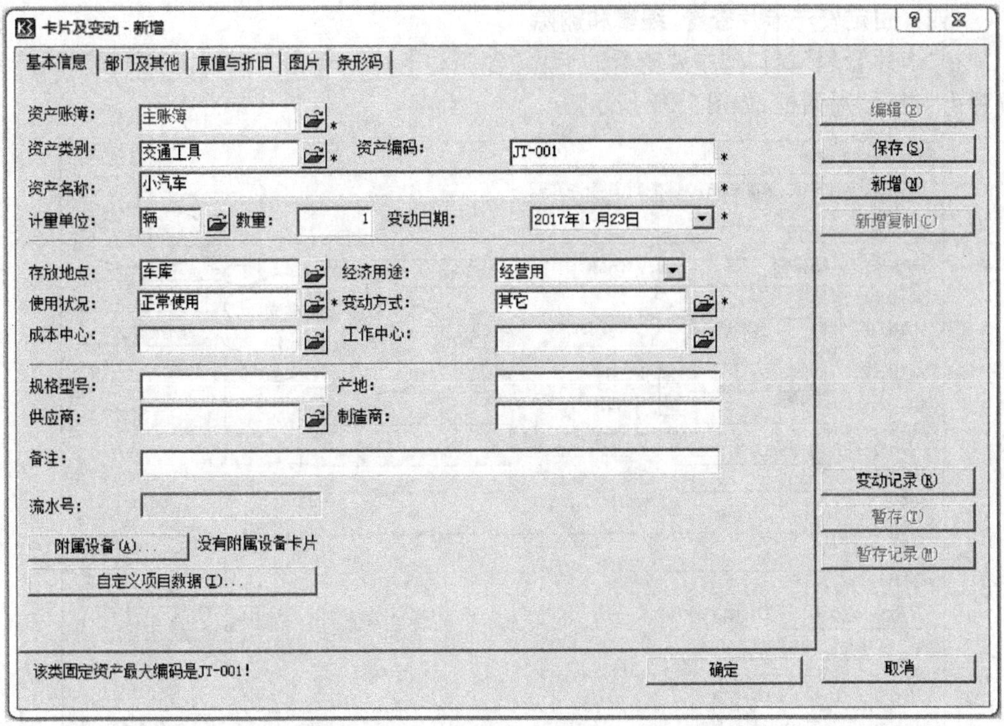
卡片及变动 - 新增
基本信息
部门及其他
原值与折旧
图片
条形码
资产账簿:
主账簿
资产类别:
交通工具
资产编码:
JT-001
资产名称:
小汽车
计量单位:
辆
数量:
1
变动日期:
2017年1月23日
存放地点:
车库
经济用途:
经营用
使用状况:
正常使用
变动方式:
其它
成本中心:
工作中心:
规格型号:
产地:
供应商:
制造商:
备注:
流水号:
附属设备(A)...
没有附属设备卡片
自定义项目数据(I)...
编辑(E)
保存(S)
新增(N)
新增复制(C)
变动记录(R)
暂存(T)
暂存记录(M)
该类固定资产最大编码是JT-001!
确定
取消

图 7-29

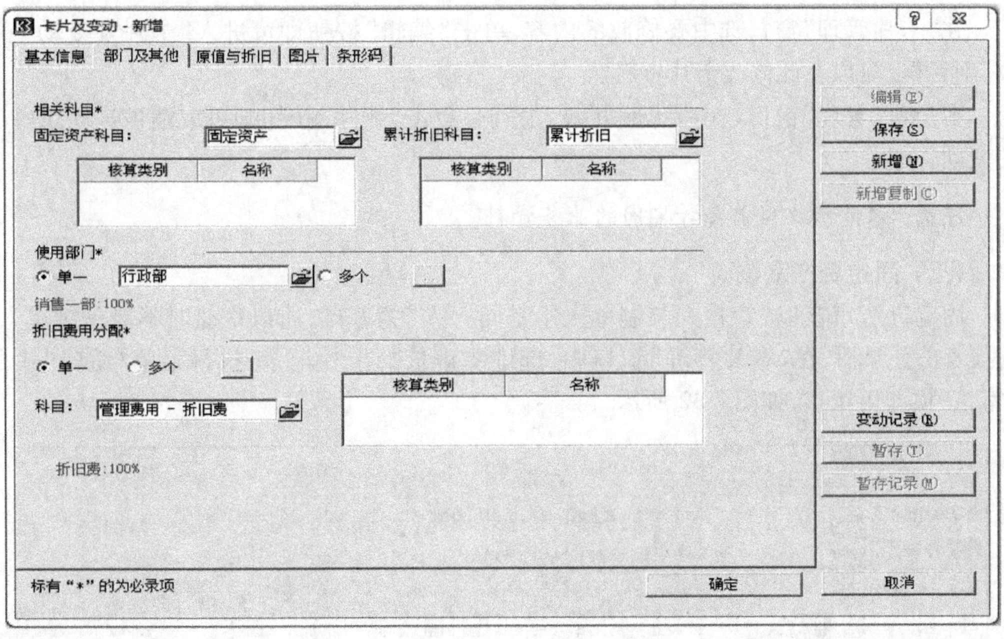
卡片及变动 - 新增
基本信息
部门及其他
原值与折旧
图片
条形码
相关科目*
固定资产科目:
固定资产
累计折旧科目:
累计折旧
核算类别
名称
使用部门*
单一
行政部
多个
销售一部:100%
折旧费用分配*
单一
多个
科目:
管理费用 - 折旧费
折旧费:100%
编辑(E)
保存(S)
新增(N)
新增复制(C)
变动记录(R)
暂存(T)
暂存记录(M)
标有"*"的为必录项
确定
取消

图 7-30

(四) 固定资产卡片查看、编辑和删除

在“卡片管理”窗口选中要查看的卡片(含变动卡片),单击工具栏上“查看”按钮,系统弹出“查看”对话框,如图 7-31 所示。

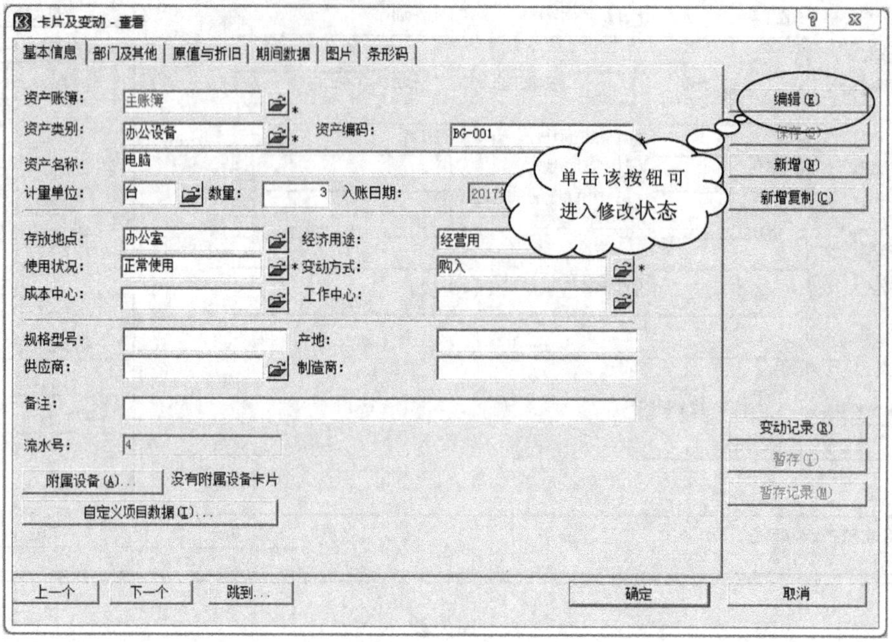

图 7-31

在“卡片管理”窗口选中要修改的内容,单击“编辑”按钮即可进入“卡片及变动—修改”对话框,可以在此修改卡片资料。

在“卡片管理”窗口选中要删除的变动资料,单击“删除”按钮即可取消该进固定资产的变动。

注意: 只能修改当前会计期间的业务资料。

(五) 固定资产审核

固定资产审核以“审核人与制单人不是同一人”为基础,所以审核时不能是制单人,更换身份登录后,在“卡片管理”窗口中,选中要审核的卡片记录,执行菜单“编辑”中的“审核”项即可审核,如图 7-32 所示。

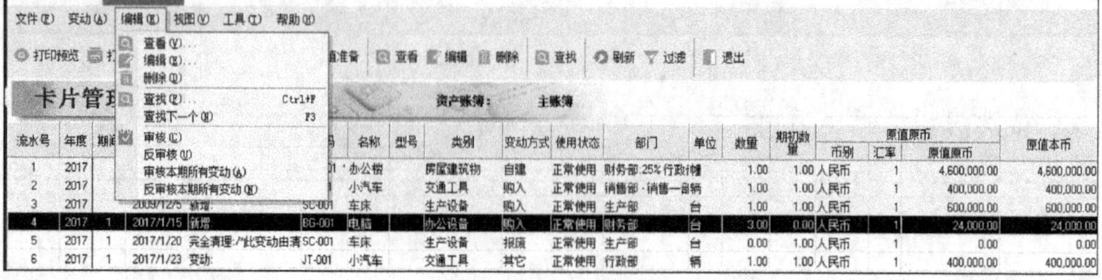

图 7-32

（六）凭证管理

凭证管理模块主要是根据固定资产增加、变动、减少等业务处理产生凭证和对凭证进行有效管理。

（1）在固定资产系统的主窗口“业务处理”子模块中双击“凭证管理”通过过滤条件就可进入“凭证管理”界面，如图 7-33 所示。

图 7-33

（2）选择要生成凭证的业务记录，单击工具栏上“按单”按钮，系统弹出“按单生成凭证”向导对话框，如图 7-34 所示。

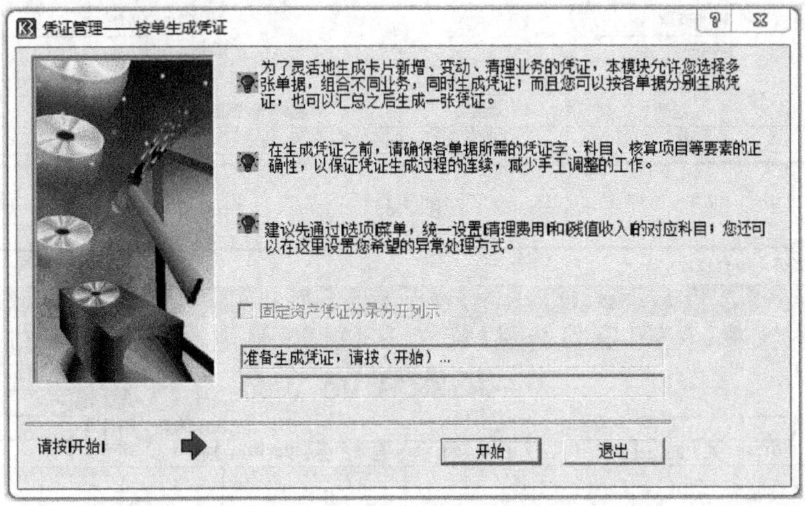

图 7-34

（3）单击“开始”按钮，稍后系统弹出提示“数据错误或数据不完整是否手工调整”的对话框，单击“是”按钮，系统进入“记账凭证”窗口，修改正确的凭证分录，如图 7-35 所示。修改完成后，单击“ ”按钮保存当前凭证，稍后系统弹出“现金流量”窗口，录入相应的现金流量信息后的凭证如图 7-36 所示。

单击“关闭”退回“按单生成凭证”窗口，系统显示生成记账凭证（如图 7-37 所示），单击“查看报告”按钮，可以查看生成凭证的过程，单击“退出”按钮返回“凭证管理”窗口，此时注意已生成凭证后记录的显示颜色。

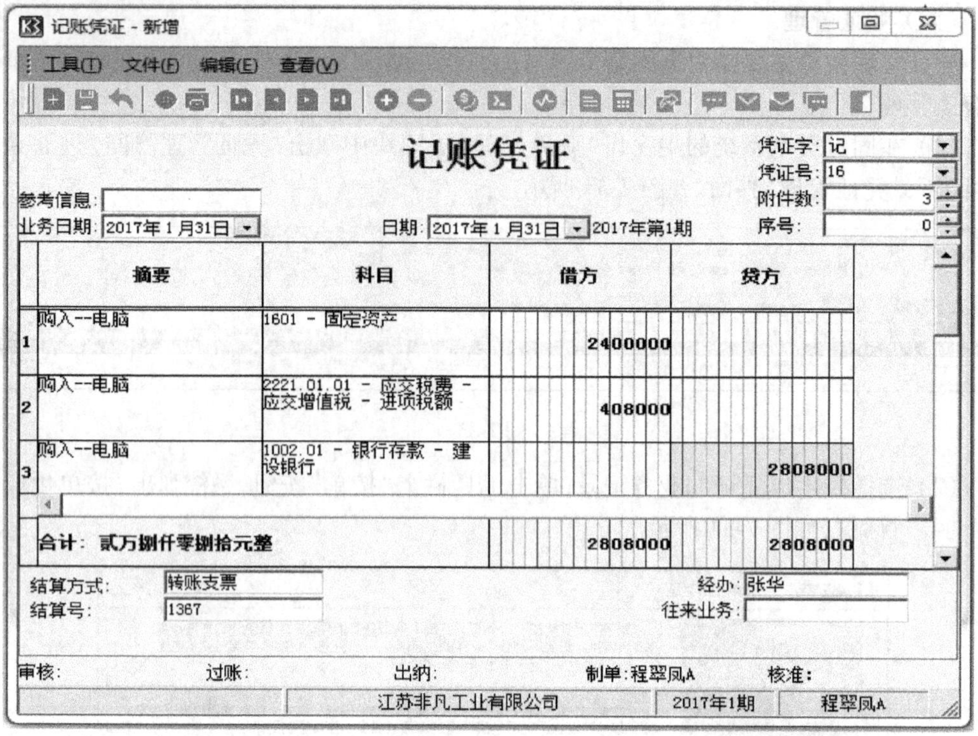
记账凭证 - 新增
工具(T) 文件(F) 编辑(E) 查看(V)
记账凭证
凭证字: 记
凭证号: 16
附件数: 3
序号: 0
参考信息:
业务日期: 2017年1月31日
日期: 2017年1月31日 2017年第1期
摘要
科目
借方
贷方
购入--电脑
1601 - 固定资产
2400000
购入--电脑
2221.01.01 - 应交税费 - 应交增值税 - 进项税额
408000
购入--电脑
1002.01 - 银行存款 - 建设银行
2808000
合计: 贰万捌仟零捌拾元整
2808000
2808000
结算方式: 转账支票
结算号: 1367
经办: 张华
往来业务:
审核:
过账:
出纳:
制单: 程翠凤A
核准:
江苏非凡工业有限公司
2017年1期
程翠凤A

图 7-35

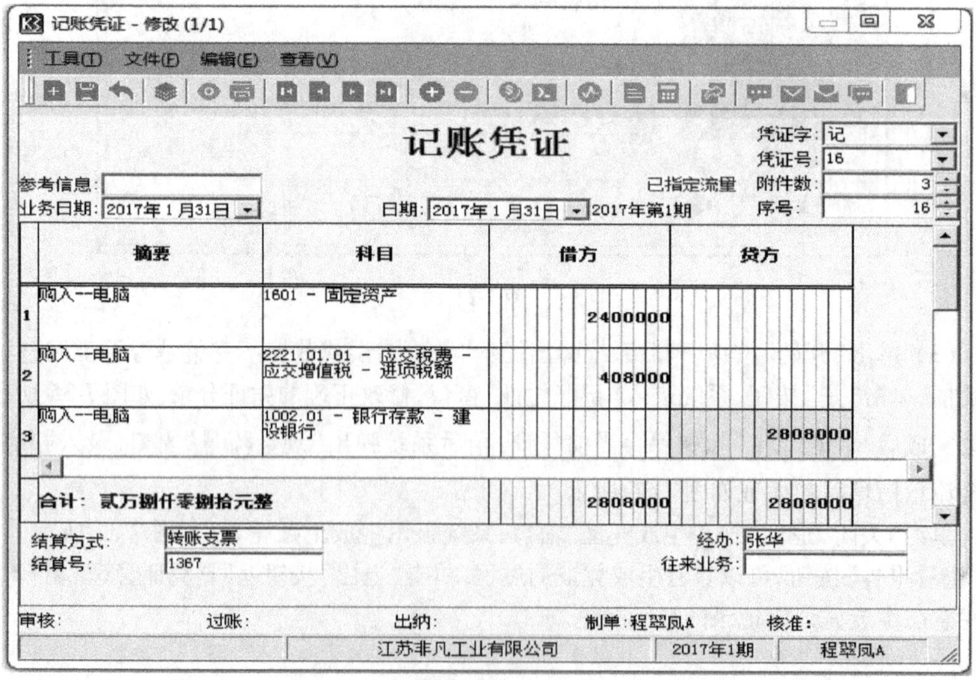
记账凭证 - 修改 (1/1)
工具(T) 文件(F) 编辑(E) 查看(V)
记账凭证
凭证字: 记
凭证号: 16
已指定流量
附件数: 3
序号: 16
参考信息:
业务日期: 2017年1月31日
日期: 2017年1月31日 2017年第1期
摘要
科目
借方
贷方
购入--电脑
1601 - 固定资产
2400000
购入--电脑
2221.01.01 - 应交税费 - 应交增值税 - 进项税额
408000
购入--电脑
1002.01 - 银行存款 - 建设银行
2808000
合计: 贰万捌仟零捌拾元整
2808000
2808000
结算方式: 转账支票
结算号: 1367
经办: 张华
往来业务:
审核:
过账:
出纳:
制单: 程翠凤A
核准:
江苏非凡工业有限公司
2017年1期
程翠凤A

图 7-36

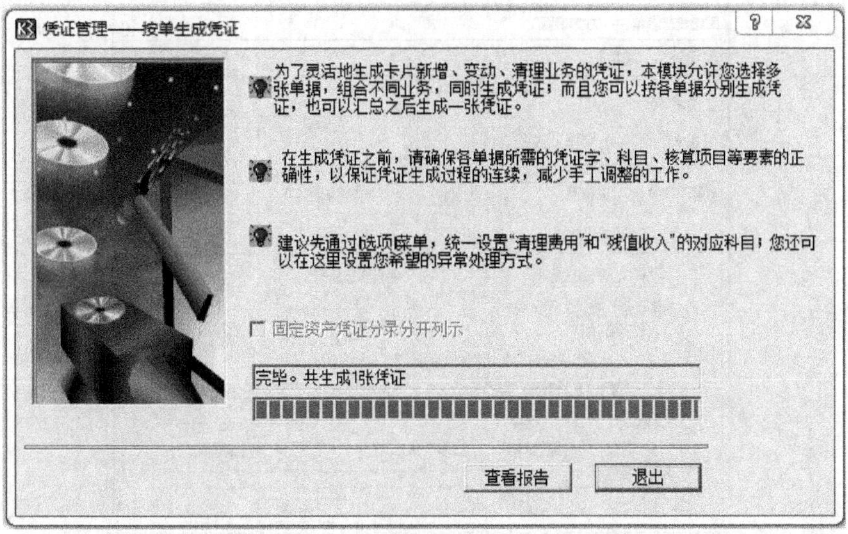

图 7-37

注意：生成凭证就地提示数据错误或数据不完整不是系统原因，是因为系统不知道相应的固定资产对方科目，如购买电脑新增固定资产时，系统不知道是支付的现金还是银行存款，所以需要手工将凭证补充完整。

三、报表

系统提供统计报表和管理报表，统计报表主要是查看有关固定资产的数据统计，以便对比、分析，管理报表用于查询、分析固定资产的使用情况。

（一）统计报表

统计报表主要是查看有关固定资产的数据统计，以便对比、分析。

1. 固定资产清单

固定资产清单是当前系统中已有的固定资产清单卡片清单的详细列表。

在主界面窗口，执行“财务会计”|“固定资产管理”|“统计报表”|“资产清单”命令，系统弹出“方案设置”对话框，如图 7-38 所示。

在对话框中可以设置查询的期间、固定资产状态、显示部门资料和报表项目显示等内容。

方案过滤条件设置完成后，单击“确定”按钮，系统进入“固定资产清单”窗口，如图 7-39 所示。

若要查看固定资产的卡片情况，选中记录后单击工具栏上的“卡片”按钮即可。

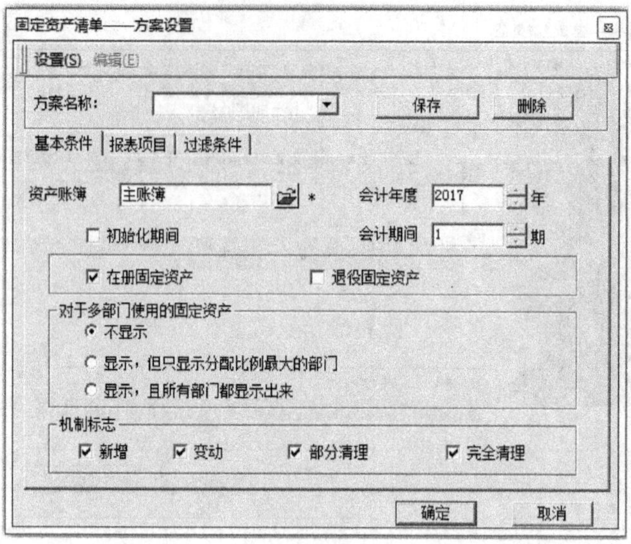

图 7-38

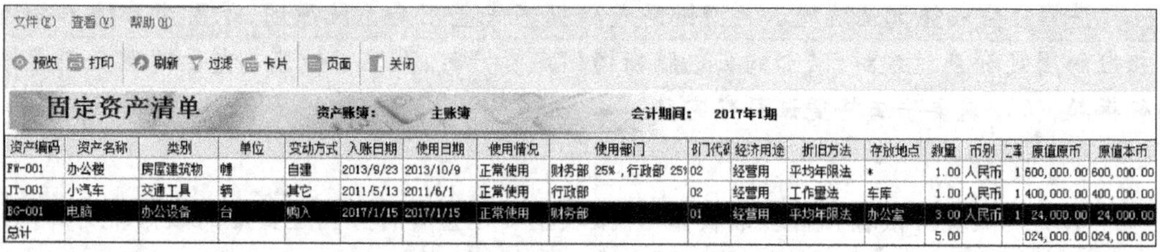

资产编码	资产名称	类别	单位	变动方式	入账日期	使用日期	使用情况	使用部门	部门代码	经济用途	折旧方法	存放地点	数量	币别	汇率	原值原币	原值本币
FW-001	办公楼	房屋建筑物	幢	自建	2013/9/23	2013/10/9	正常使用	财务部 25%，行政部 25%	02	经营用	平均年限法	*	1.00	人民币	1	600,000.00	600,000.00
JT-001	小汽车	交通工具	辆	其它	2011/5/13	2011/6/1	正常使用	行政部	02	经营用	工作量法	车库	1.00	人民币	1	400,000.00	400,000.00
BG-001	电脑	办公设备	台	购入	2017/1/15	2017/1/15	正常使用	财务部	01	经营用	平均年限法	办公室	3.00	人民币	1	24,000.00	24,000.00
总计													5.00			024,000.00	024,000.00

图 7-39

2. 固定资产价值变动表

固定资产价值变动表反映固定资产的变动情况。

在主界面窗口，执行“财务会计”|“固定资产管理”|“统计报表”|“固定资产价值变动表”命令，系统弹出“方案设置”对话框，如图 7-40 所示。

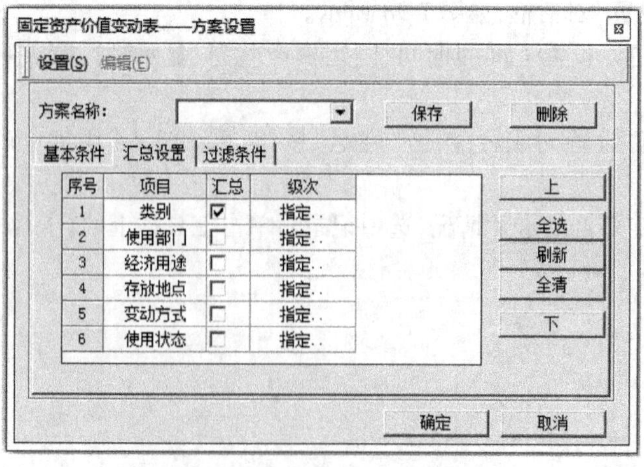

图 7-40

"基本条件"选项卡中设置要查询的期间和是否"包含本期已清理的卡片","汇总设置"选项卡中可以设置汇总条件,"过滤条件"选项卡中可以设置更详细的过滤条件。

保持默认条件,单击"确定"按钮,系统进入"固定资产价值变动表"窗口,如图 7-41 所示。

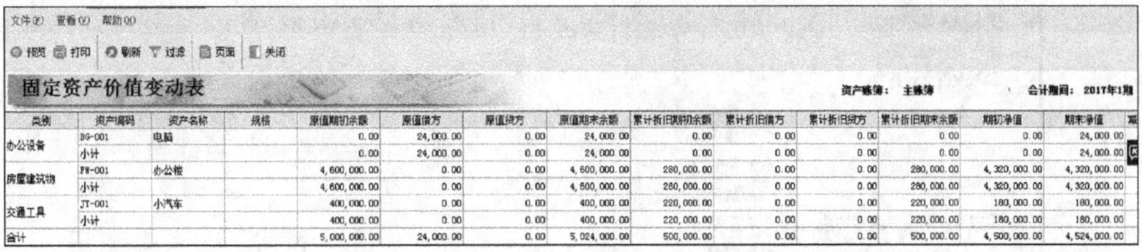

类别	资产编码	资产名称	规格	原值期初余额	原值借方	原值贷方	原值期末余额	累计折旧期初余额	累计折旧借方	累计折旧贷方	累计折旧期末余额	期初净值	期末净值
办公设备	BG-001	电脑		0.00	24,000.00	0.00	24,000.00	0.00	0.00	0.00	0.00	0.00	24,000.00
	小计			0.00	24,000.00	0.00	24,000.00	0.00	0.00	0.00	0.00	0.00	24,000.00
房屋建筑物	FW-001	办公楼		4,600,000.00	0.00	0.00	4,600,000.00	280,000.00	0.00	0.00	280,000.00	4,320,000.00	4,320,000.00
	小计			4,600,000.00	0.00	0.00	4,600,000.00	280,000.00	0.00	0.00	280,000.00	4,320,000.00	4,320,000.00
交通工具	JT-001	小汽车		400,000.00	0.00	0.00	400,000.00	220,000.00	0.00	0.00	220,000.00	180,000.00	180,000.00
	小计			400,000.00	0.00	0.00	400,000.00	220,000.00	0.00	0.00	220,000.00	180,000.00	180,000.00
合计				5,000,000.00	24,000.00	0.00	5,024,000.00	500,000.00	0.00	0.00	500,000.00	4,500,000.00	4,524,000.00

图 7-41

(二)管理报表

管理报表用于查询、分析固定资产的使用情况。

固定资产变动及结存表反映固定资产增加、减少的情况。

在主界面窗口,执行"财务会计"|"固定资产管理"|"管理报表"|"固定资产变动及结存表"命令,系统弹出"方案设置"对话框,如图 7-42 所示。

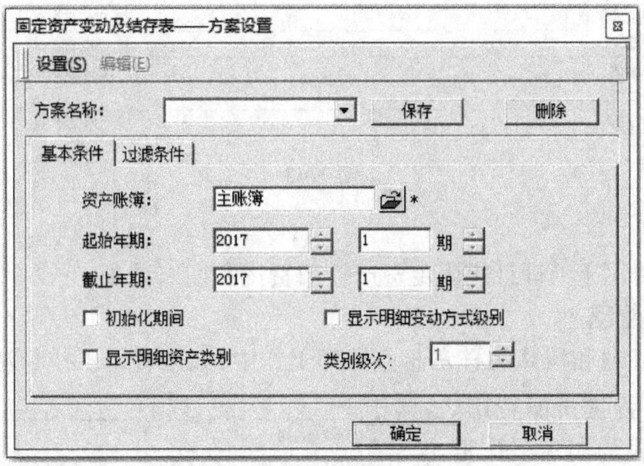

图 7-42

在窗口中可以查询会计期间或初始化期间的数据,以及是否显示明细级别,条件设置完成后,单击"确定"按钮进入"固定资产变动及结存表"窗口,如图 7-43 所示。

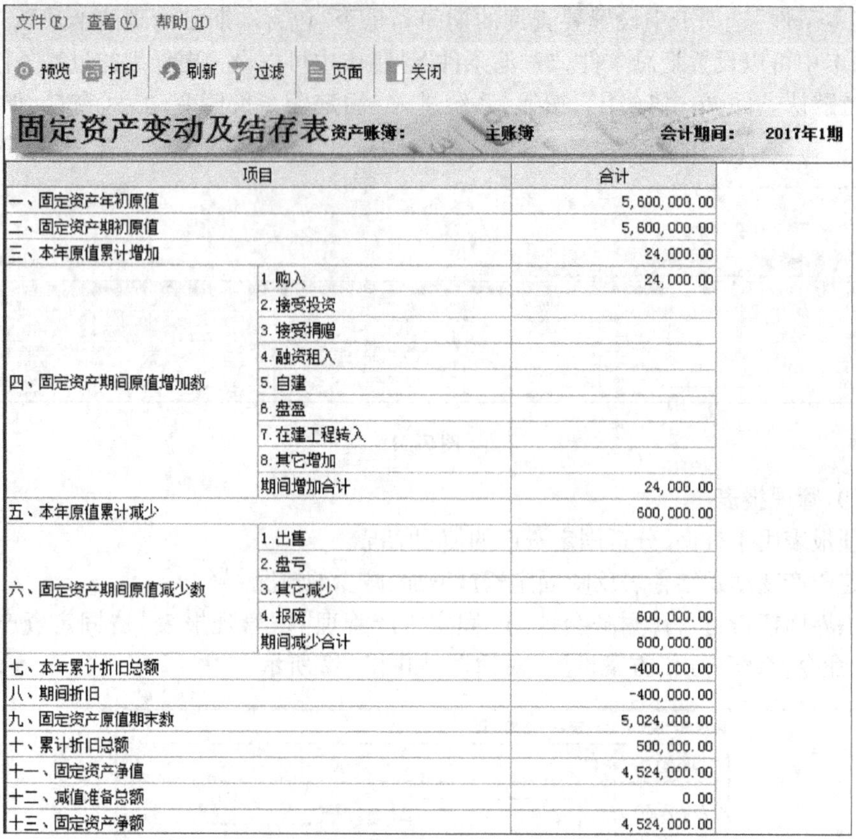

项目		合计
一、固定资产年初原值		5,600,000.00
二、固定资产期初原值		5,600,000.00
三、本年原值累计增加		24,000.00
四、固定资产期间原值增加数	1.购入	24,000.00
	2.接受投资	
	3.接受捐赠	
	4.融资租入	
	5.自建	
	6.盘盈	
	7.在建工程转入	
	8.其它增加	
	期间增加合计	24,000.00
五、本年原值累计减少		600,000.00
六、固定资产期间原值减少数	1.出售	
	2.盘亏	
	3.其它减少	
	4.报废	600,000.00
	期间减少合计	600,000.00
七、本年累计折旧总额		-400,000.00
八、期间折旧		-400,000.00
九、固定资产原值期末数		5,024,000.00
十、累计折旧总额		500,000.00
十一、固定资产净值		4,524,000.00
十二、减值准备总额		0.00
十三、固定资产净额		4,524,000.00

图 7-43

四、期末处理

期末处理主要用于处理计提固定资产折旧费用和期末结账。

(一) 工作量管理

在固定资产管理和核算的日常业务处理工作中,如果有用工作量法计提折旧费用的固定资产,则应在计提折旧费用之前输入其本期完成的实际工作量。(本实训案例中小汽车采用工作量法计提折旧,若小汽车是当期才购入的,则当月不提折旧。)

在主界面窗口,执行"财务会计"|"固定资产管理"|"期末处理"|"工作量管理"命令,系统弹出"工作量编辑过滤"对话框,如图 7-44 所示。

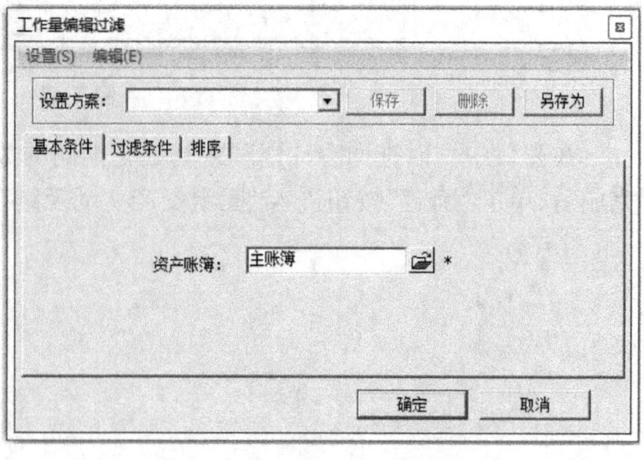

图 7-44

单击"确定"按钮,系统弹出"方案名称"录入窗口,录入所要的

“方案名称”后，单击“确定”按钮，系统进入“工作量管理”窗口，录入本期的工作量，如图 7-45 所示，单击工具栏上的“保存”按钮，保存对工作量的修改。

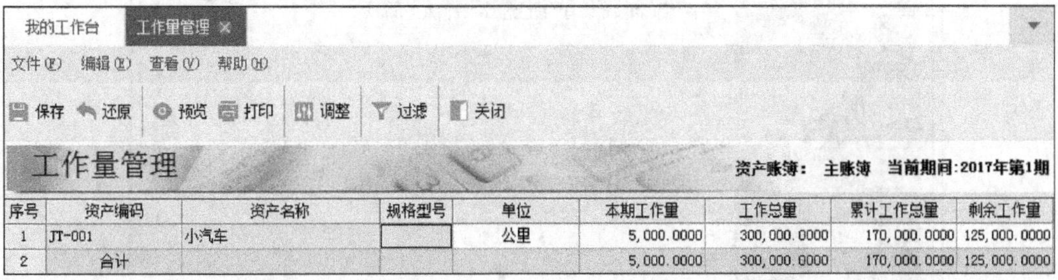

图 7-45

（二）计提折旧

固定资产折旧费用的计提是会计核算工作的一项十分重要的日常业务，金蝶 K/3 系统为用户提供了根据固定资产卡片上的折旧方法计提折旧费用的功能，能够实现自动计提固定资产本期折旧，并将折旧分别计入有关费用科目，自动生成计提折旧的转账凭证并传送到账务系统中去。

（1）在主界面窗口，执行“财务会计”|“固定资产管理”|“期末处理”|“计提折旧”命令，系统弹出“计提折旧”对话框，选择要计提折旧的账簿，如图 7-46 所示。

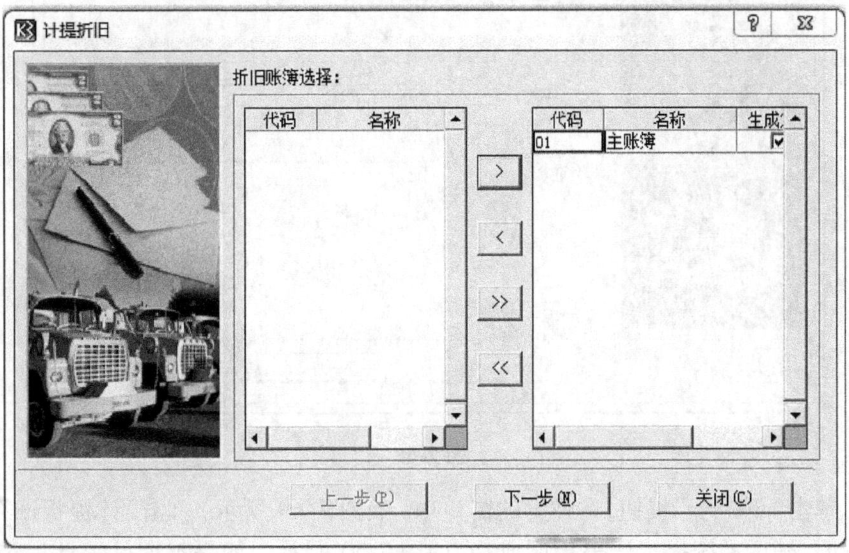

图 7-46

（2）单击“下一步”按钮，系统弹出计提折旧的提示对话框，如图 7-47 所示。

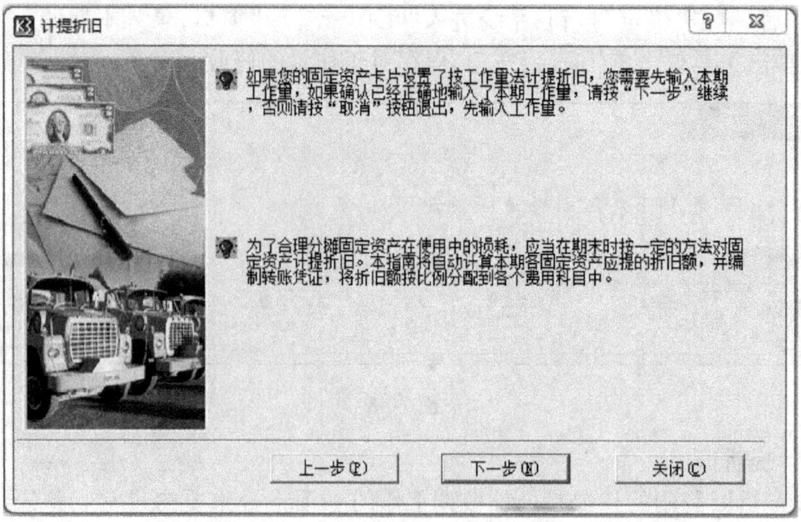

图 7-47

(3) 单击“下一步”按钮，在弹出的对话框中录入摘要和凭证字，如图 7-48 所示。

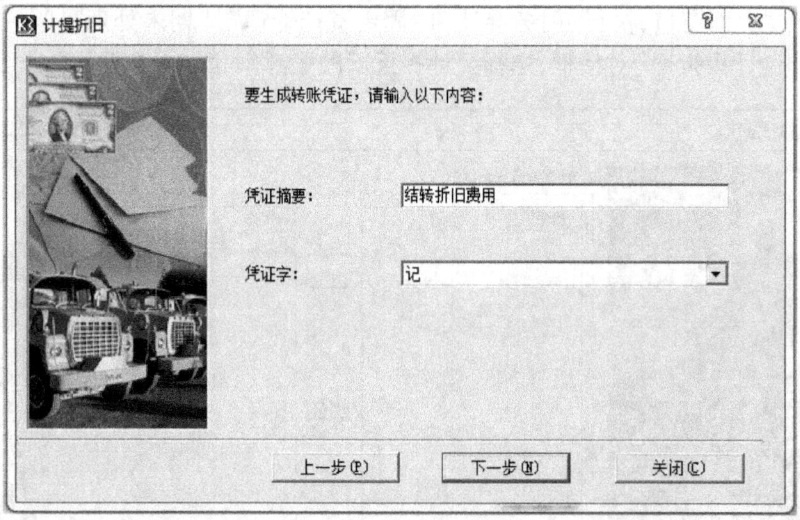

图 7-48

(4) 单击“下一步”按钮，在弹出的窗口中(如图 7-49 所示)单击“计提折旧”按钮计算计提折旧，稍后系统提示计提折旧成功，如图 7-50 所示。如果本期已经计提过固定资产折旧费用，系统会做出“是否要重新计提折旧”的提示。

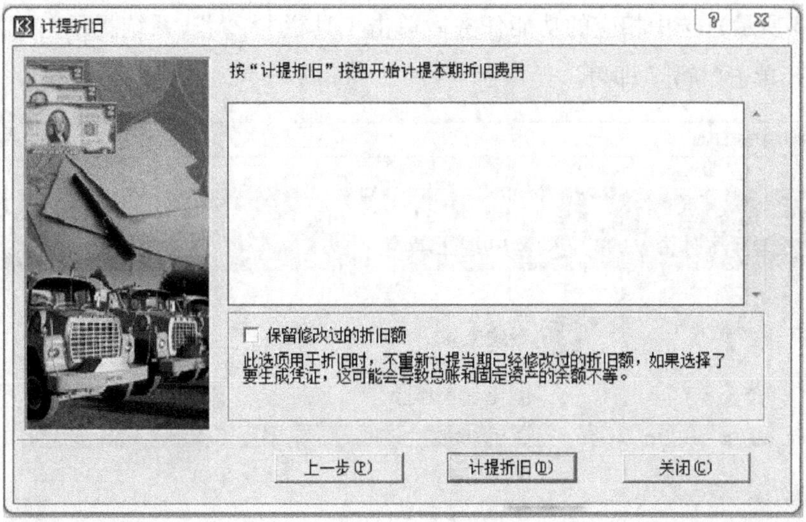

图 7-49

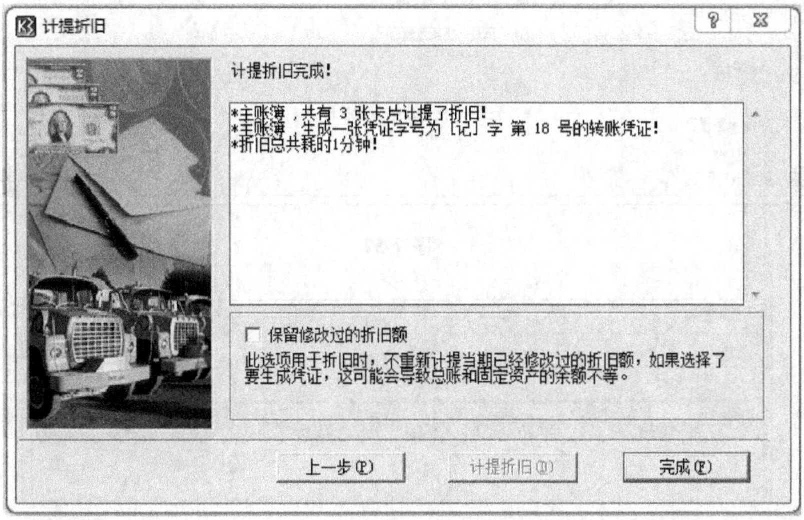

图 7-50

特别注意：

（1）金蝶固定资产系统产生的折旧凭证可以与金蝶账务及成本系统无缝连接，费用可按车间及部门自动传到成本计算单中。因此，集成使用金蝶软件，会使工作变得更轻松。

（2）图 7-49 中点击“计提折旧”按钮后有时系统会提示本功能与其他功能冲突，无法计提折旧，处理方法为：执行“Windows 所有程序”|“金蝶 K3 WISE”|“金蝶 K3 工具”|“客户端工具包”，如图 7-51 所示；执行“系统工具”|“网络控制工具”，如图 7-52 所示，之后系统弹出“网络控制”窗口

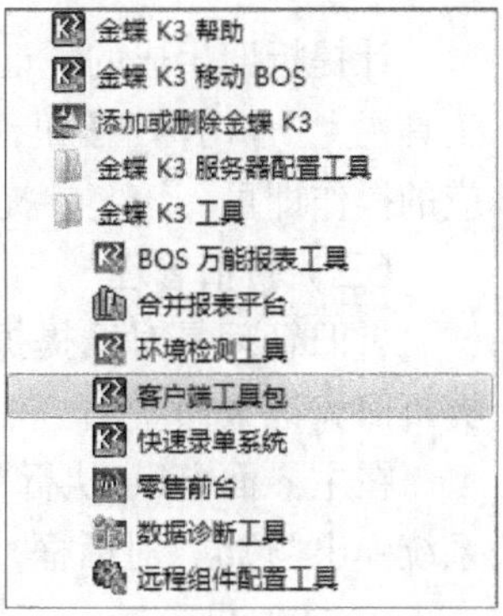

图 7-51

（如图 7-53 所示），选中相应的功能任务后单击工具栏“ ”，系统提示“是否确定清除所选任务”，单击“确定”即可。

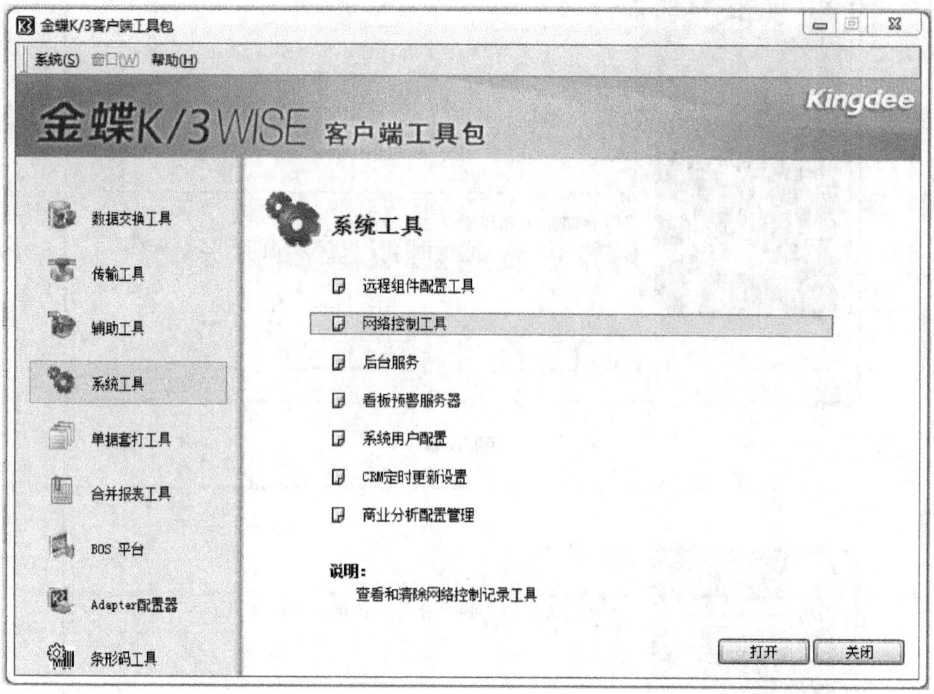

图 7-52

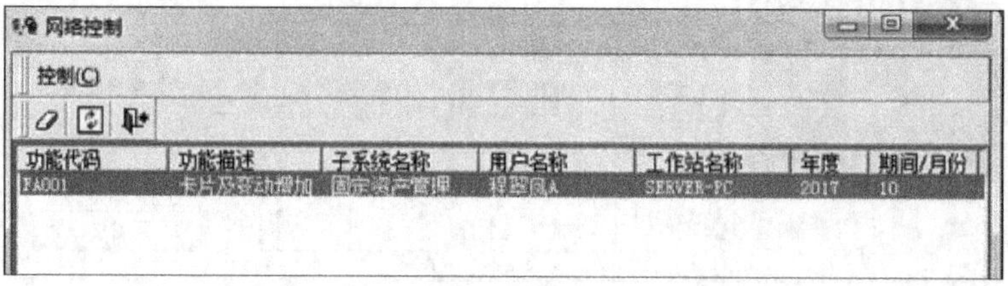

图 7-53

计提折旧生成的凭证可以在“会计分录序时簿”中进行管理，在“凭证管理”窗口单击工具栏上“序时簿”按钮，系统进入“会计分录序时簿”，找到“计提折旧费用”凭证进行相应的操作即可。该笔计提凭证在“总账”系统中也可以进行查询，但不能编辑。

（三）折旧管理

折旧管理是对已提折旧的金额进行查看和修改，修改后的数据会自动更改所提的计提折旧凭证金额。

在主界面窗口，执行“财务会计”|“固定资产管理”|“期末处理”|“折旧管理”命令，系统弹出“过滤”对话框，条件设定后，单击“确定”按钮进入如图 7-54 所示的窗口。

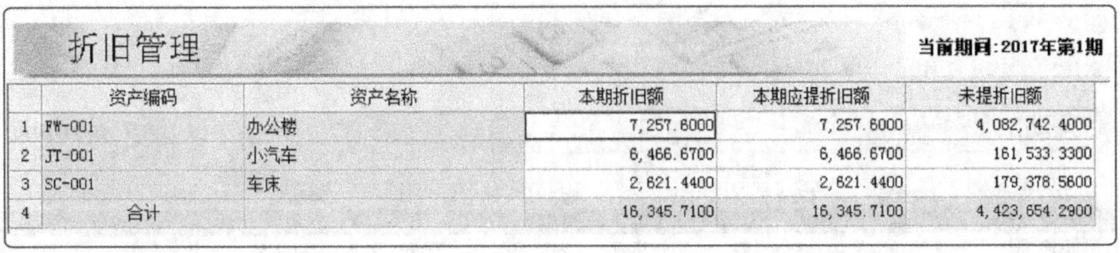

图 7-54

在“本期折旧额”中修改所需要的数据，单击“保存”按钮后，系统保存当前修改，并自动修改“计提折旧凭证”的数据。

（四）自动对账

固定资产系统与总账系统联接使用时，自动对账功能是将固定资产系统的业务数据与总账系统的财务数据进行核对，以保证双方系统数据的一致性。

在主界面窗口，执行“财务会计”|“固定资产管理”|“期末处理”|“自动对账”命令，系统弹出“对账方案”对话框，如图 7-55 所示。

首先增加一个方案，单击“增加”按钮，系统弹出“固定资产对账”对话框，分别设置对账的会计科目，如图 7-56 所示。

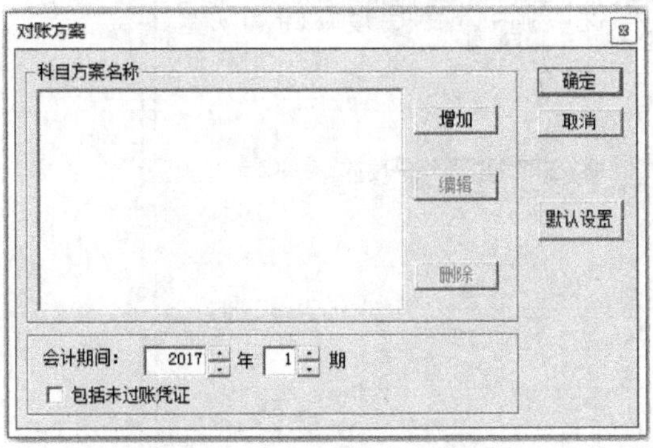

图 7-55

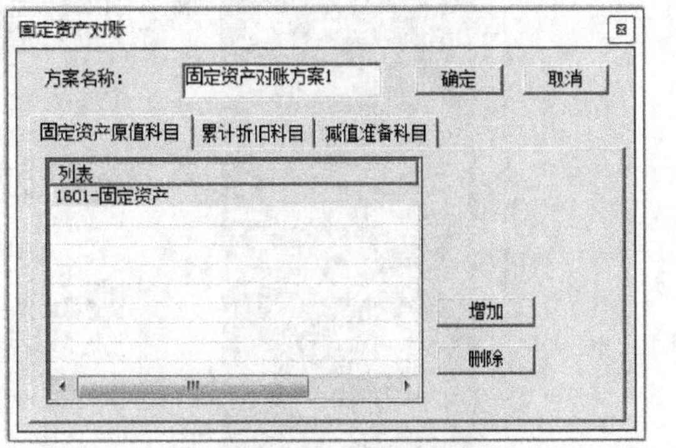

图 7-56

录入方案名称后，单击“确定”按钮，系统弹出提示对话框，单击“确定”按钮，并返回“对账方案”窗口，可以看到已经新增的“方案名称”，若对“自动对账”的方案不满意，可以对方案进行编辑和删除操作。

选中“固定资产对账方案 1”，单击“默认设置”，将当前方案设定为“默认方案”，选中“包含未过账凭证”，单击“确定”按钮进入“自动对账”窗口，如图 7-57 所示。

注意：自动对账时，建议审核并过账本期所有的固定资产业务凭证。

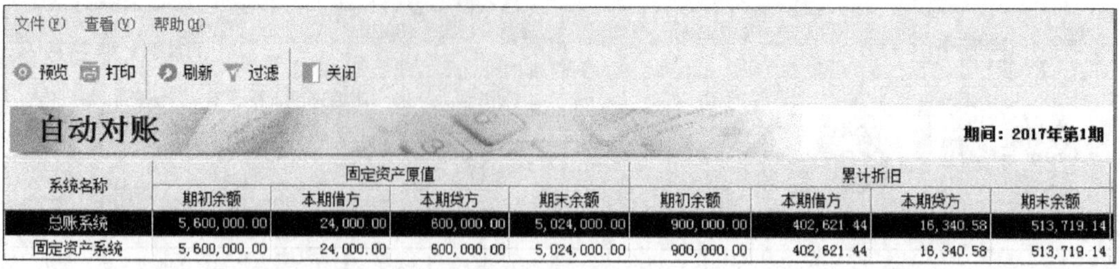

系统名称	固定资产原值				累计折旧			
	期初余额	本期借方	本期贷方	期末余额	期初余额	本期借方	本期贷方	期末余额
总账系统	5,600,000.00	24,000.00	600,000.00	5,024,000.00	900,000.00	402,621.44	16,340.58	513,719.14
固定资产系统	5,600,000.00	24,000.00	600,000.00	5,024,000.00	900,000.00	402,621.44	16,340.58	513,719.14

图 7-57

（五）期末结账

期末结账功能是指对当前会计期间的业务进行结转到下一期间，也可以对最近已结账会计期间的业务进行反结账。结账还指将固定资产的有关账务处理如折旧或变动等信息转入已结账状态，已结账的业务不能再行修改和删除。反结账则是指当发现已结账信息有误时对已结账信息进行逆转操作，恢复到结账前的状态。

（1）在主界面窗口，执行“财务会计”|“固定资产管理”|“期末处理”|“期末结账”命令，系统弹出“期末结账”对话框，如图 7-58 所示。

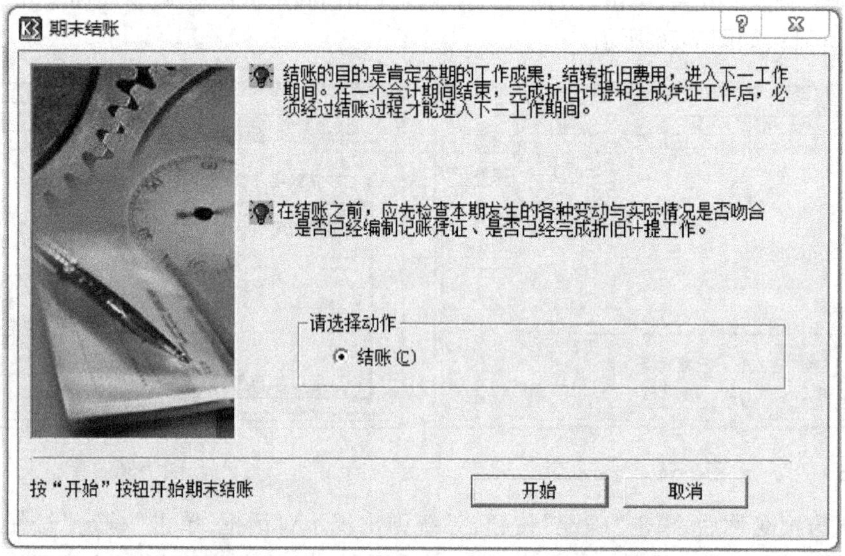

图 7-58

（2）单击“开始”按钮，系统检测本期工作符合结账条件后，弹出“结账成功”提示对话框，单击“确定”按钮，结束“期末结账”工作。

按住“Shift”键，双击“期末结账”，系统弹出“期末结账”对话框，选择“反结账”功能选项，并单击“开始”按钮即可完成反结账，如图 7-59 所示。

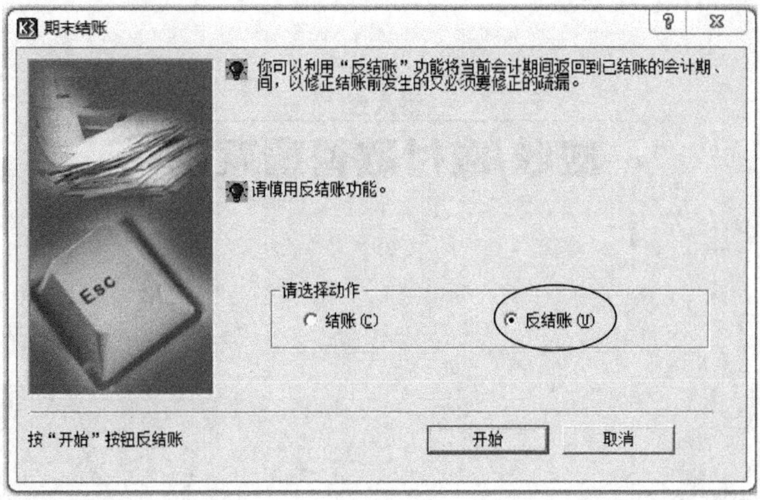

图 7-59

五、数据备份

在"D:\非凡\"文件夹下建立"固定资产"文件夹。由系统管理员 admin 登录账套管理,手动将账套备份输出至"D:\非凡\固定资产"。

第八章

应收/应付款管理系统

一、系统概述

应收款、应付款管理系统可处理发票、其他应收单、应付单、收款单及付款单等单据，对企业的往来账款进行综合管理，及时、准确地提供客户往来账款资料，并提供各种分析报表，如账龄、周转、欠款、坏账、回款和合同收款情况等分析报表，通过分析各种报表，帮助企业合理地进行资金调配，提高资金利用率。

金蝶 K/3 系统还提供各种预警和控制功能，如显示到期债权列表和合同到期款项列表等，可以帮助企业及时对到期账款进行催收，以防止产生坏账。信用额度的控制有助于随时了解客户的信用情况，以防止产生呆坏账。此外，系统还提供应收票据的跟踪管理，可以随时对应收票据的背书、贴现、转出、收款及作废等操作进行监控。

应付款、应收款管理系统既可以单独使用，又可与采购管理、销售管理、存货核算集成使用，提供完整全面的业务和财务流程处理。

1. 使用应付款与应收款管理系统需要设置的内容

· 公共资料：公共资料是本系统所涉及的最基础资料，其中，客户和供应商必须设置，否则在进行单据处理时会受到相应的限制，

· 应付款管理基础资料：金蝶 K/3 系统为用户提供"公共资料"的同时，又针对单独模块提供了设置该模块"基础资料"的功能。采购管理基础资料有付款条件、类型维护、凭证模板和采购价格管理。基础资料可以视管理要求进行设置。

· 应收款管理基础资料：收款条件、类型维护、凭证模板、信用管理、价格资料和折扣资料。

· 初始化：系统进行初始化时，需要设置以下内容：系统参数设置、初始数据录入和结束初始化。

· 系统设置资料：系统设置是针对该模块的参数进行再详细化设置，包含有系统设置、编码规则和多级审核管理设置。

公共资料和初始化是必须设置的。基础资料和系统设置资料可以根据管理要求确定是否需要设置，或者在以后的使用过程中返回再进行修改。

2. 应付款、应收款管理系统可执行的查询与生成的报表

应付款可以查询的报表和分析有应付明细表、应付款汇总表、往来对账、到期债务列表、应付款计息表、调汇记录表、应付款趋势分析表、账龄分析、付款分析和付款预测等。

应收款可以查询的报表和分析有应收明细表、应收款汇总表、往来对账、到期债务列表、应收款计息表、调汇记录表、应收款趋势分析表、账龄分析、周转分析、欠款分析、款账分析、回款分析、收款预测、销售分析、信用余额分析、信用期限分析和信用数量分析等。

二、应收款管理系统每期操作流程

应收款管理系统每期操作流程如图 8-1 所示。

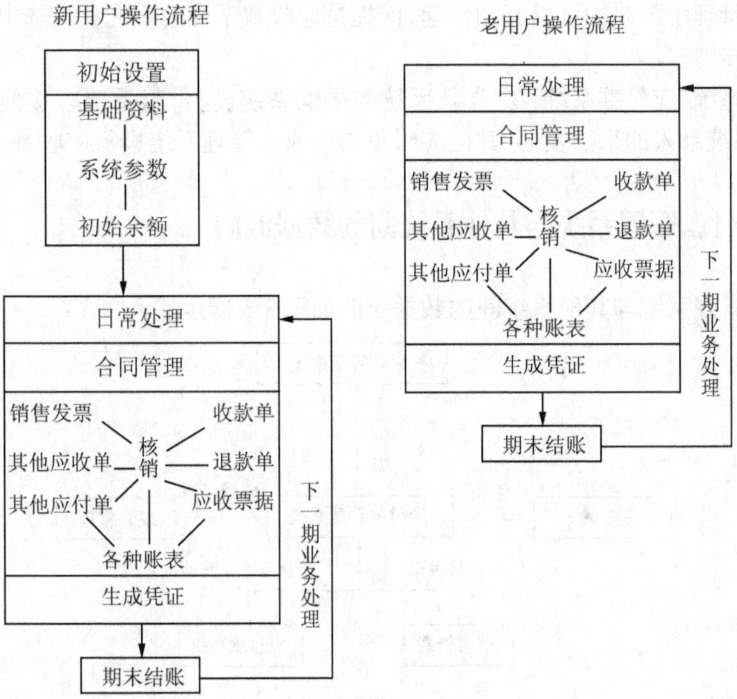

图 8-1

三、应收款管理系统与其他系统间的数据流向

应收款管理系统与其他系统间的数据流向如图 8-2 所示。

· 销售系统：应收款管理系统与销售系统联接使用时，销售系统录入的销售发票和销售费用发票传入应收款管理系统进行应收账款的核算；不联接使用时，销售发票数据要在应收款管理系统手工录入。

· 总账系统：应收款系统与总账系统联接使用时，应收款管理系统生成的往来款凭证传递到总账系统；不联接使用时，往来业务凭证要在总账系统中手工录入。

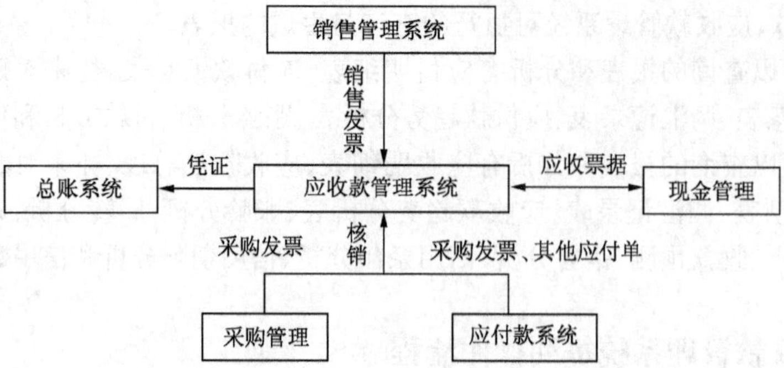

图 8-2

·现金管理系统：应收款系统与现金管理系统联接使用时，应收款管理系统的应收票据与现金管理中的票据可以互相传递，前提是应收款系统的系统参数选中"应收票据与现金系统同步"选项。

·采购系统、应付款系统：应收款系统与采购系统、应付款系统联接使用时，采购系统、应付款系统录入的采购发票、其他应付单与应收款管理系统进行应收冲应付核算。

四、应付款管理系统与其他系统间的数据流向

应付款管理系统与其他系统间的数据流向如图 8-3 所示。

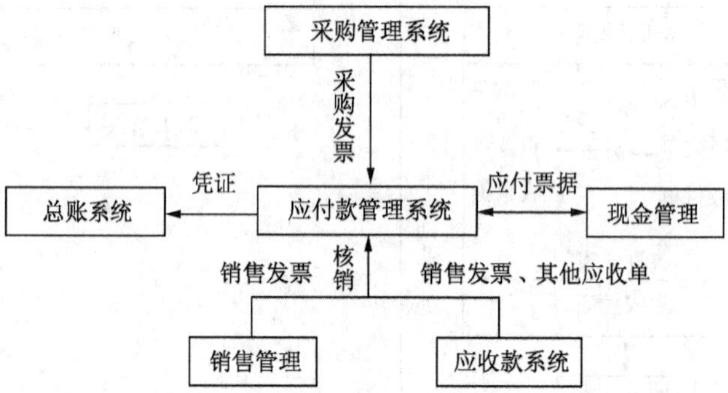

图 8-3

·采购系统：应付款系统与采购系统联接使用时，采购系统录入的采购发票和采购费用发票传入应付款管理系统进行应付账款的核算；不联接使用时，采购发票要在应付款管理系统手工录入。

·总账系统：应付款系统与总账系统联接使用时，应付款管理系统生成的往来款凭证传递到总账系统；不联接使用时，往来业务凭证要在"总账"系统中手工录入。

·现金管理系统：应付款系统与现金管理系统联接使用时，应付款管理系统的应付票据与现金管理中的票据可以互相传递，前提是应付款系统的系统参数选中"应付票据与现金系统同步"选项。

·销售系统、应收款系统：应付款系统与销售系统、应收款系统联接使用时，销售系统、应收款系统录入的销售发票、其他应收单与应付款管理系统进行应付冲应收核算。

实训九　应收款管理系统

【实训准备】

引入“D:\非凡\总账期末业务”的备份数据，取消2017年1月总账系统结账；将系统日期修改为“2017年01月31日”。

【实训目标】

1. 掌握应收、应付款管理系统中系统参数的设置。
2. 掌握发票、收款和付款的处理。
3. 掌握业务单据生成凭证。

【实训内容】

1. 应收款管理系统系统参数设置，并启用模块。
2. 初始数据录入。
3. 应收单据处理。
4. 收款单处理。
5. 坏账发生并制单。
6. 坏账收回并制单。
7. 往来业务核销。
8. 账表查询。

【实训资料】

1. 系统维护

（1）系统设置：

坏账计提方法：备抵法当中的应收账款百分比法

坏账损失科目：资产减值损失

坏账准备科目：坏账准备

计提坏账科目：应收账款　　　　　　计提比例：0.5%

（2）税号、开户银行及银行账号

税务登记号：321001416002108

开户行：建行南环路分理处

银行账号：32101730230051403120

（3）设置单据类型科目

（4）单据控制：审核人与制单人不为同一人，应收票据与现金系统同步；期末处理：结账与总账期间同步；凭证处理：使用凭证模板。

（5）核销控制：审核后不自动核销。

2. 初始数据录入

客户职员	单据类型	应收日期	部门	业务员	事由	往来科目	发生额	商品	数量	单价（不含税）
长城公司	销售增值税发票	2016.6.23	销售一部	王林	赊销	应收账款	78 975	A 产品 B 产品	55 200	500 200
	其他应收单	2016.6.23	销售一部	王林	代垫运费	应收账款	1 025			
宏基公司	销售增值税发票	2016.12.25	销售二部	赵立	赊销	应收账款	69 030	A 产品	118	500
	其他应收单	2016.12.25	销售二部	赵立	代垫运费	应收账款	970			
天达公司	期初坏账	2016.7.2	销售一部	王林	逾期未还		5 000			

3. 结束初始化

4. 经济业务和相应的单据

2017 年 1 月份经济业务如下，请处理各种单据：

合同：

（1）1 日，销售一部王林与宏基公司签订销售 B 产品的合同，数量 100 件，不含税单价 200 元/件，预计销售日期 1 月 5 日。合同号：XSHT001。

发票：

（1）5 日，销售一部王林赊销一批 B 产品给宏基公司，数量 100 件，不含税单价 200 元/件，增值税率 17%，发票号 256430，预计收款日期 1 月 15 日。

（2）10 日，销售二部赵立赊销一批产品给长海公司，其中 A 产品数量 100 件，不含税单价 500 元，增值税率 17%，B 产品数量 50 件，不含税单价 200 元/件，发票号 325641，计划 1 月 20 日收回货款。

（以上均填写增值税专用发票）

收款单：

（1）15 日，收到宏基公司本月 5 日所欠货款 23 400 元中的 11 700 元，结算方式为转账支票，转账支票号：ZZ2198，部门销售一部，业务员为王林。（按应收单号生成收款单）

（2）16 日，收到长城公司还来 2016 年 6 月 23 日前欠货款 78 975 元。结算方式为转账支票，转账支票号：ZZ1963 部门销售一部，业务员为王林。（按应收单号生成收款单）

应收票据：

（1）20 日，收到宏基公司签发并承兑的不带息商业承兑汇票一张抵销前欠应收账款，到期日 4 月 20 日，票面金额 69 030 元。票据编号 YSPJ000002。

5. 生成记账凭证

将以上各种单据通过“凭证处理”功能生成记账凭证。

6. 坏账处理

(1) 31 日,将长城公司逾期未还,且明显无法收回的前欠代垫运费 1 025 元列为坏账。填制坏账损失处理单并制作凭证。

(2) 31 日,销售一部王林收回天达公司期初坏账 5 000 元中的 3 000 元,结算方式为转账支票(票号 ZZ3216)。填制坏账收回单并制作凭证。

7. 计提当年坏账准备

8. 核销往来业务

9. 查看往来对账单、应收款汇总表、应收款明细表及账龄分析表等有关账表

【实训要求】

以“你的姓名 A”的身份登录应收款管理系统进行本部分内容的实训,应收单据、收款单据审核由“你的姓名 B”进行,票据签发由“你的姓名 B”进行,签发的票据由“你的姓名 A”审核。

【操作指导】

一、初始设置

初始设置包括基础资料、公共资料设置,以及系统参数和初始化数据录入,基础资料、公共资料设置如前所述,这里重点讲解系统参数设置和初始化数据录入。

(一) 应收款管理系统参数

应收款管理系统参数是针对“应收款管理”系统模块的系统启用会计期间和会计科目的设置等。

双击“系统设置”|“系统设置”|“应收款管理”|“系统参数”,选项系统弹出“系统参数”设置对话框,如图 8-4 所示。

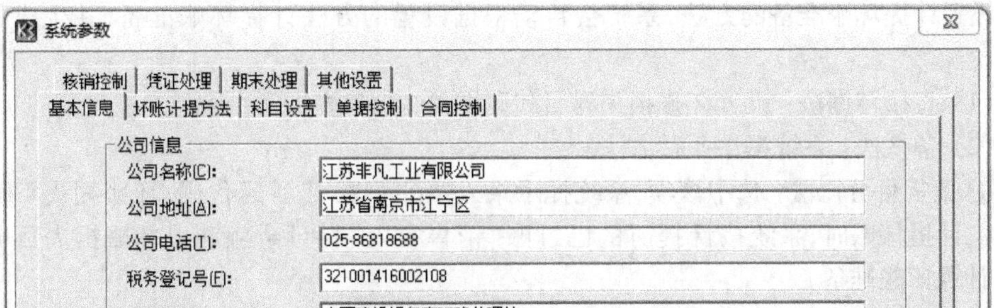

图 8-4

1. 基本信息

·公司信息：录入公司的基本信息，可采用默认值，也可以完整录入。

·会计期间：本模块的启用年份和启用会计期间，当前年份、当前会计期间是随着结账时间而自动更新的。

2. 坏账计提方法

单击“坏账计提方法”选项卡，切换到“坏账计提方法”界面，如图8-5所示。

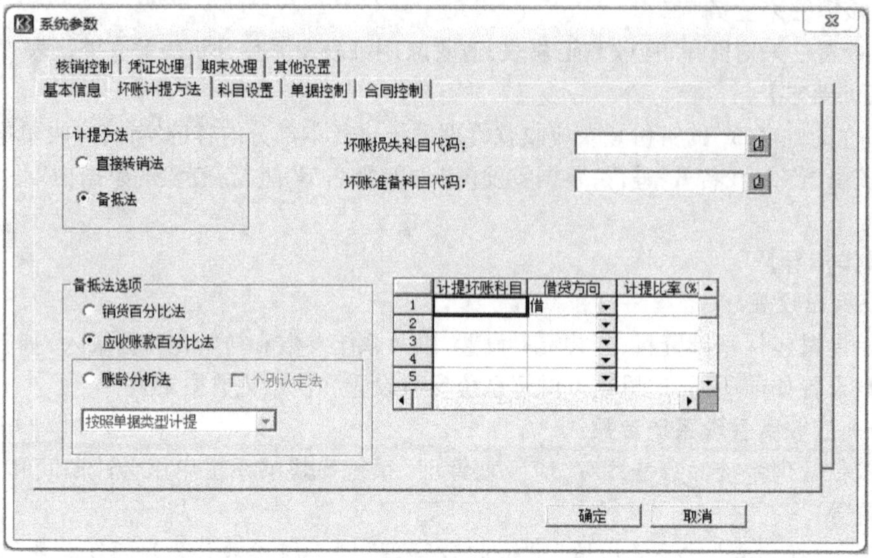

图8-5

设置计提坏账准备的方法，系统会自动根据设置的方法计提坏账准备，并生成相关凭证。

(1) 直接转销法：设置坏账损失科目代码即可，其他选项不用设置。

(2) 备抵法：系统提供3种方法。

① 销货百分比法：选中该项，系统提示录入“销售收入”科目代码、坏账损失百分比(%)。计提坏账时，系统按计提时的已过账“销售收入”科目余额和以坏账损失百分比(%)计算坏账准备。

② 应收账款百分比法：选中该项，系统提示录入“计提坏账”科目、科目的借贷方向和计提比率(%)。科目方向可选择“借”或“贷”。如果不选，则取“计提坏账”科目的余额数；如果选择“借”，则表示取该科目所有余额方向为借方的明细汇总数；如果选择“贷”，则表示取该科目所有余额方向为贷方的明细汇总数。如果“计提坏账”科目存在明细科目，并且存在借方余额和贷方余额时，则应将存在的贷方余额的明细科目排除，只对借方余额的明细科目计提坏账。

③ 账龄分析法：选中该项，系统提示输入相应的账龄分组，不用输入计提比例，在计提坏账准备时，再录入相应的计提比例计算坏账准备。

3. 科目设置

单击“科目设置”选项卡，切换到“科目设置”界面，如图8-6所示。

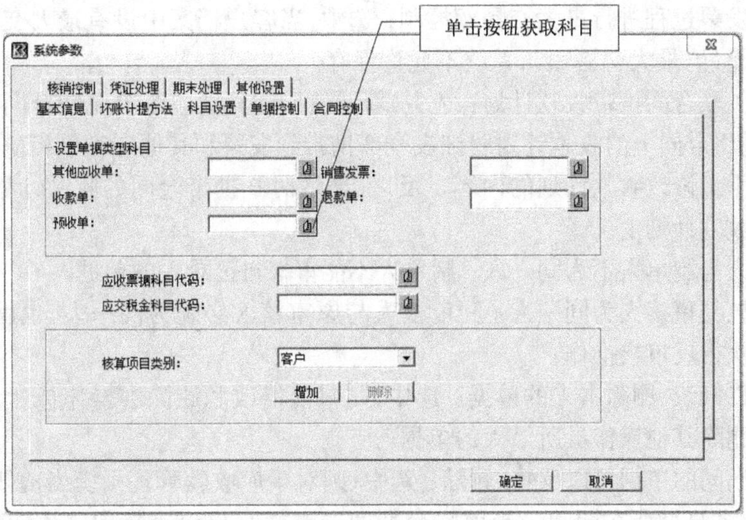

图 8-6

该选项卡主要用于设置生成凭证所需的会计科目和核算项目,如果不采用凭证模板的方式生成凭证,则凭证处理时,系统会根据此设置的会计科目自动填充生成凭证。

单击"获取"按钮即可选择会计科目代码,注意此处的会计科目属性必须为受控科目。

系统预设4种进行往来核算的项目类别,分别是客户、供应商、部门和职员,如果还要对其他核算项目类别进行往来业务核算,可以单击"增加"按钮进行相应操作。

4. 单据控制

单击"单据控制"选项卡,切换到"单据控制"界面,如图8-7所示。

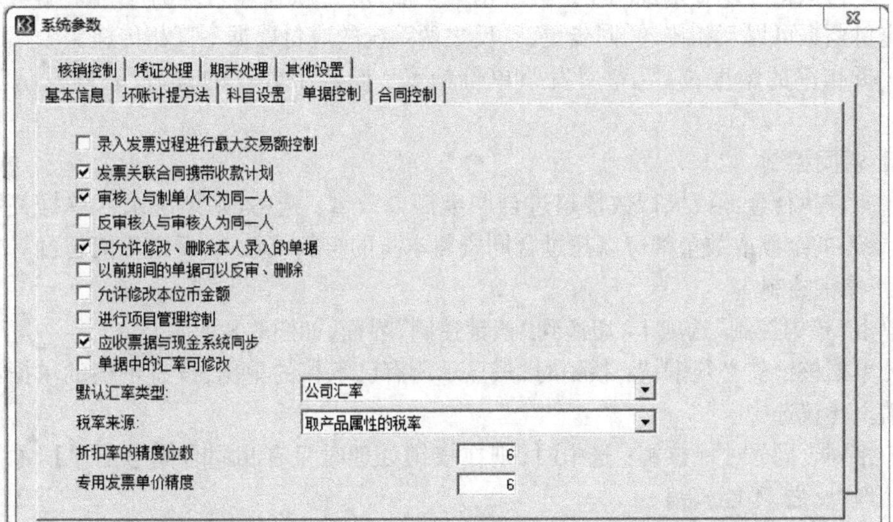

图 8-7

·录入发票过程进行最大交易额控制：选中，当客户档案中设有最大交易额时，如果录入发票额超过“最大交易额”，系统不允许保存。

·发票关联合同携带收款计划：选中，新增发票和其他应收单关联合同时，不管是否整体关联，均将合同上的收款计划明细表全部携带到发票和其他应收单相应的内容上，并且允许用户手工修改收款计划的内容。反之，新增时不携带合同的收款计划到发票和其他应收单的收款计划上。

·审核人与制单人不为同一人：制单人不能审核自己录入的单据。

·反审核与审核人为同一人：反审核人与原审核人必须为同一人，也就是单据的审核人才可以执行反审核操作。

·只允许修改、删除本人的单据：选中，则只能修改和删除本操作员所录入的单据，不能修改和删除其他操作员所录入的单据。

·以前期间的单据可以反审、删除：选中，则对于应收款管理系统当前账套以前期间的单据（指财务日期所在期间 < 当前账套期间的单据），已经审核但未生成凭证、未核销的单据可以反审；未审核的可以删除；反之，系统提示“不能反审、删除以前期间的单据”。

·允许修改本位币金额：选中，涉及外币核算的单据上的本位币金额可以修改。

·税率来源：系统提供两种方式。

① 取产品属性的税率：系统默认值，表示所录入的单据上的税率自动带出该物料档案中所设置的税率；

② 取核算项目属性的税率：录入单据上的税率自动带出核算项目档案中所设置的税率。

·进行项目管理控制：项目管理控制只对收款单和应收退款单有效，并且是在关联对应销售发票或者其他应收单时才有效，在保存收款单和应收退款单时进行检验。

·应付票据与现金系统同步：初始化结束后，应付款管理系统的应付票据与现金系统的应付票据可以互相传递、同步更新，反之两系统的应付票据不互相传递。

·折扣率的精度位数、专用发票单价精度：设置小数点的位数，系统默认为 6 位小数。

5. 合同控制

·允许执行金额或执行数量超过合同金额或数量：选中，则系统录入单据关联合同时，所录入的金额或数量都可以超过合同资料本身的金额或数量，反之不能超过。

6. 核销控制

单击“核销控制”选项卡，切换到“核销控制”界面，如图 8-8 所示。

·单据核销前必须审核：核销时，只显示所有已审核的单据，没有审核的单据不能进行核销。建议选中。

·相同合同号才能核销：选中时，则在核销处理时只有相同合同号的单据才能进行核销处理；反之，不能核销。

·相同订单号才能核销：选中时，则在核销处理时只有相同订单号的单据才能进行核销处理；反之，不能核销。

·审核后自动核销：选中时，则单据一经审核后就自动核销。

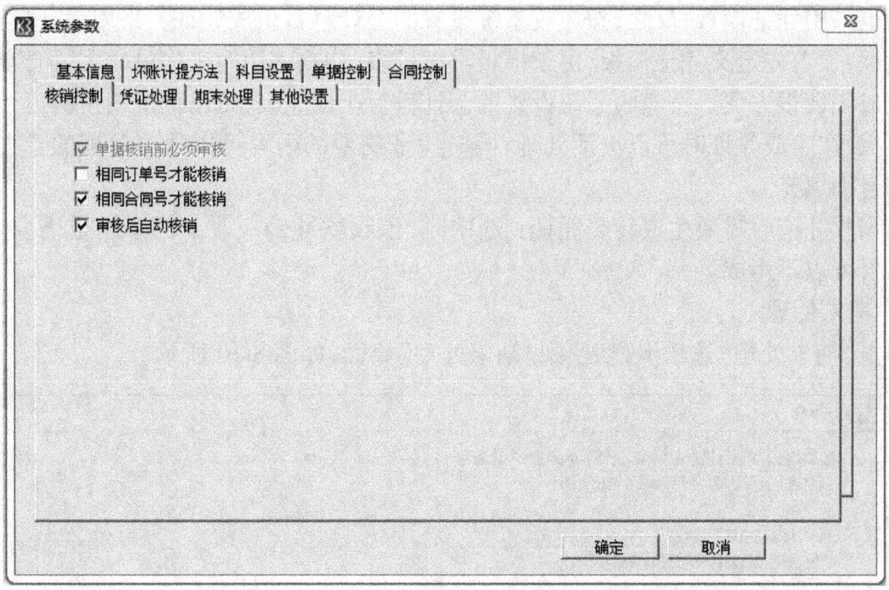

图 8-8

7. 凭证处理

单击“凭证处理”选项卡,切换到“凭证处理”界面,如图 8-9 所示。

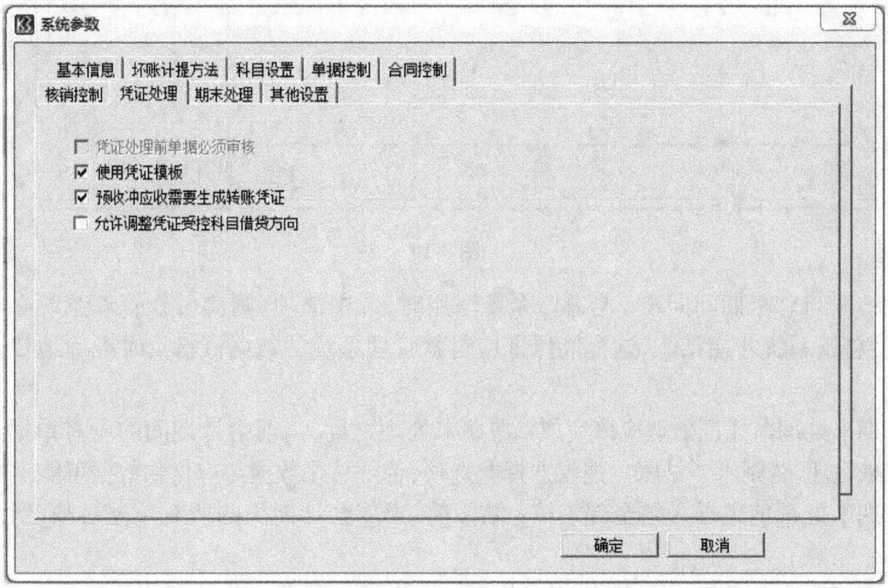

图 8-9

· 凭证处理前单据必须审核：为了防止随意更改单据上的金额造成与已生成的凭证金额不统一,选中,则单据生成凭证时必须审核,这样能保证单据上的金额与凭证上的金额统一;反之,未审核的单据也可以生成凭证。

· 使用凭证模板：选中,则采用凭证模板的方式生成凭证,在单据序时簿和单据上生成凭证也采用凭证模板;反之,按应收系统设置的会计科目生成凭证。采用凭证模板方式生成凭证,须首先定义凭证模板,由于模板类型较多,初次使用时工作量较大,但模板设置好后生成凭证很方便。按应收系统设置的会计科目生成凭证,可以保留用户的习惯,不需定义模板,在生成凭证时可以灵活处理,同时凭证摘要的内容可以根据单据的单据号、商品明细自动填充。

· 预收冲应收需要生成转账凭证: 选中时,预收款冲销应收款的单据也需要生成凭证;反之,可以不生成。

8. 期末处理

单击“期末处理”选项卡,切换到“期末处理”界面,如图 8-10 所示。

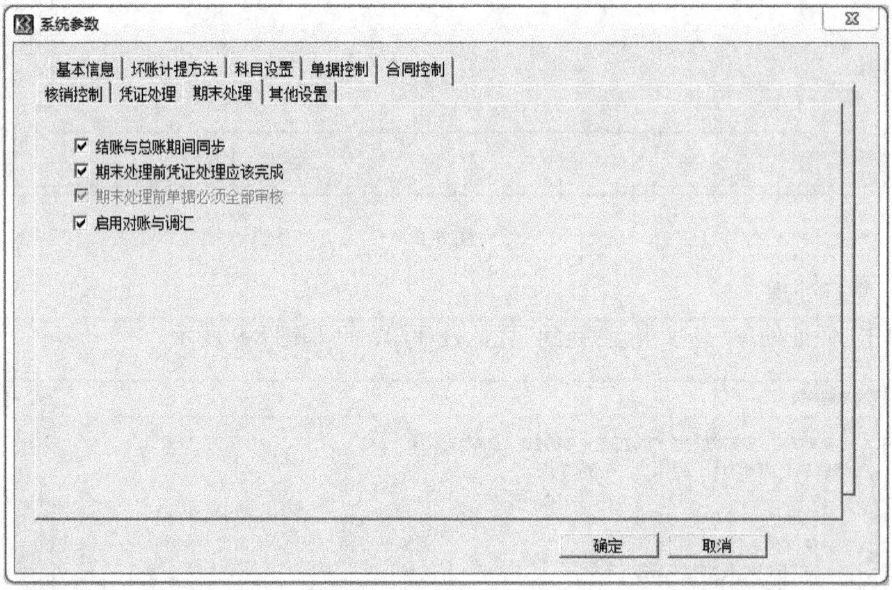

图 8-10

· 结账与总账期间同步: 与总账系统联用时,选中该项,则应付款管理系统必须先结账,之后总账系统才能结账,这样能保证应付款管理系统的数据资料及时准确地传入总账系统。

· 期末处理前凭证处理应该完成: 在期末处理之前,当前会计期间的所有单据必须已生成记账凭证,否则不予结账。建议选择此选项,否则总账数据与应付款数据可能不一致。

· 期末处理前单据必须全部审核: 结账前,当前会计期间的所有单据必须已经审核,否则不予结账。

· 启用对账与调汇: 选中时,可以使用对账和调汇功能;反之,不能使用。

9. 其他控制

· 使用集团控制: 该选项在账套是集团总部账套的情况下才有效,在分支机构的账套中只显示是否使用集团控制的状态。

10. 应收系统参数设置

(1) 将启用会计年份、会计期间设置为 2017 年 1 月。

（2）在“坏账计得方法”选项卡中，计提方法设置为“备抵法”，备抵法选项中选择“应收账款百分比法”，坏账损失科目代码选择“6701—资产减值损失”科目，计提坏账科目设置为“应收账款”，计提比率设置为“0.5%”，如图 8-11 所示。

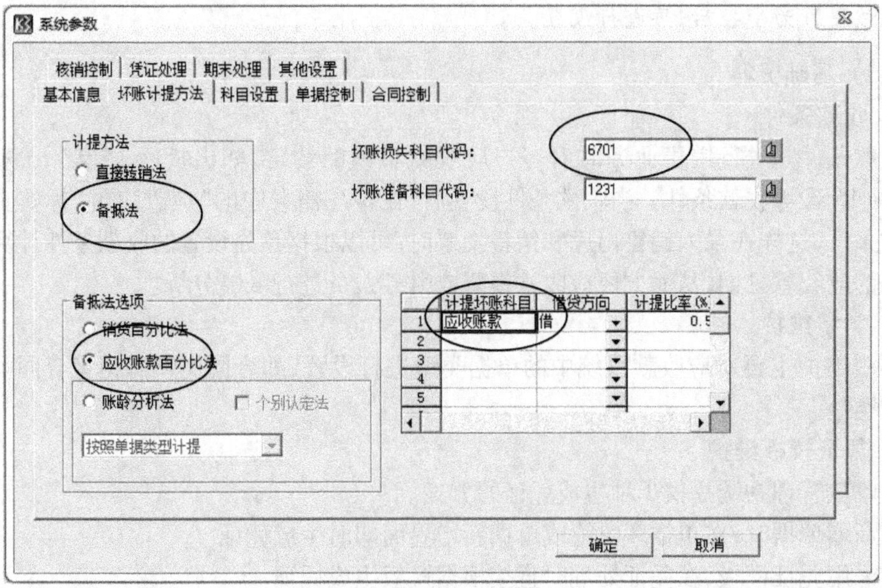

图 8-11

（3）在科目设置窗口获取相应的会计科目，其他应收单、销售发票、收款单和退款单的科目都设置为“1122—应收账款”，预收单的科目设置为“2203—预收款”，应收票据选择为“1121—应收票据”，应交税金选择“2221.01.05—销项税”科目，如图 8-12 所示。

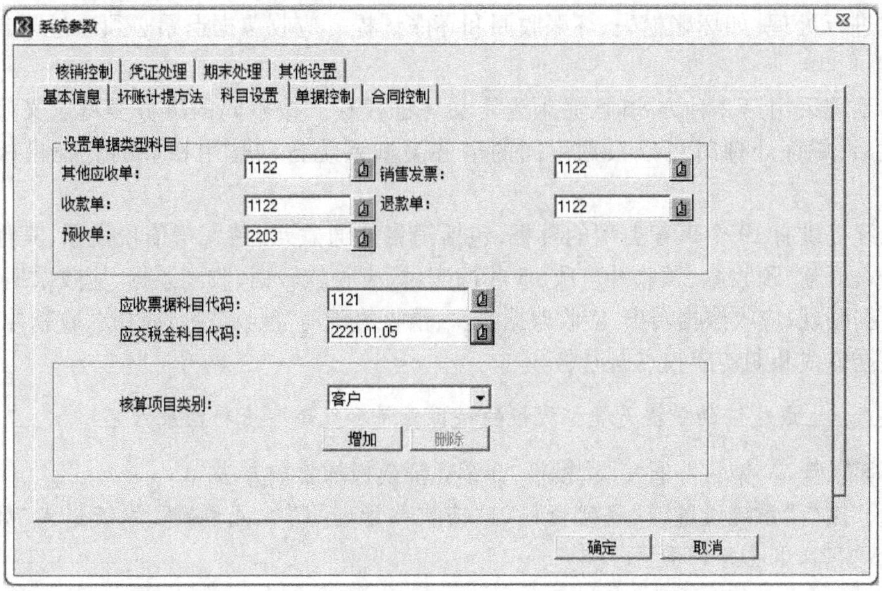

图 8-12

(4) 勾选结账与总账期间同步、使用凭证模板,其他采用系统默认值,单击“确定”按钮保存设置。

注意: 在保存时,若系统提示某某会计科目不为受控时,则需要到“会计科目”管理窗口修改该科目为受控后,再进行设置。

(二) 基础资料

1. 收款条件

收款条件是进行销售业务时对客户应收款事项的约定,如出货后 15 天、出货后 30 天、月结 15 天等收款条件。当收款条件设置后,在客户档案中的“应收应付”标签页中关联收款条件,这样在录入销售出库和销售发票时,可以根据预先设置的收款条件计算出该笔业务的应收款日期,从而方便应收款提醒或财务人员进行账龄分析。

2. 类型维护

类型维护主要对应收款系统中的单据类型进行设置,如合同类型有销售合同类和采购合同类等。

3. 凭证模板维护

应收款管理系统提供 3 种生成凭证的方式。

- 新增单据时,在单据序时簿或单据新增界面即时生成凭证。
- 采用凭证模板,在凭证处理时直接根据模板生成凭证。
- 采用凭证处理时随机定义凭证科目的方式生成凭证。

第 2 种与第 3 种方式不能并存。采用第 1 种方式即时生成凭证的单据包括销售发票、其他应收单、收款单和预收单等,一些特殊的事务类型,如预收冲应收、应收冲应付、应收款转销、预收款转销、收到应收票据、应收票据背书、应收票据贴现、应收票据转出和应收票据收款等则必须通过第 2 种或第 3 种方式进行凭证处理,坏账必须通过第 1 种方式进行处理,如坏账损失、坏账收回和坏账计提。应收票据退票必须通过第 3 种方式处理。

当系统采用第 2 种方式时,必须先定义凭证模板。按不同的事务类型定义好凭证模板之后,凭证处理时可以根据不同的事务类型系统自动套用相应的凭证模板生成凭证。

系统提供有 19 个事务类型的模板,包括销售普通发票、销售增值税发票、其他应收单、收款、退款、预收款、预收冲应收、应收冲应付、应收款转销、收到票据、应收票据背书、应收票据贴现、应收票据转出、应收票据收款、预收款转销、预收款冲预付款、收款冲付款、应收票据退票和期初应收票据退票。

注意: 生成凭证的前提是凭证模板的科目资料和凭证字资料已录入完毕。

下面以新增“销售普通发票”模板,介绍凭证模板的维护方法。

(1) 执行“系统设置”|“基础资料”|“应收款管理”|“凭证模板”,系统进入“凭证模板设置”窗口,如图 8-13 所示。

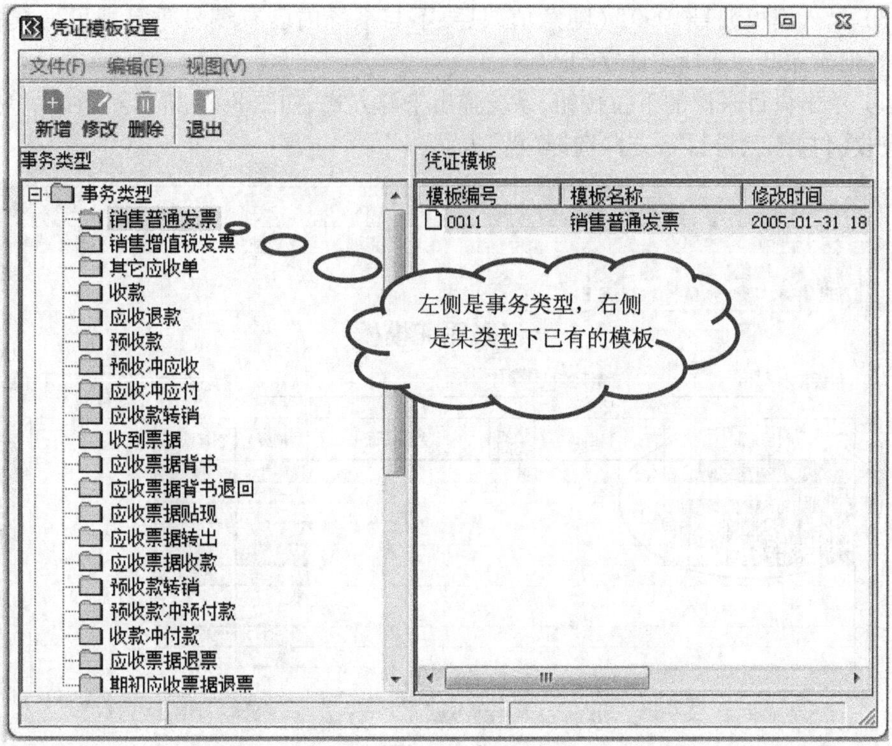

图 8-13

（2）选中左侧“销售普通发票”类型，单击工具栏上“新增”按钮，系统弹出“凭证模板”窗口，如图 8-14 所示。

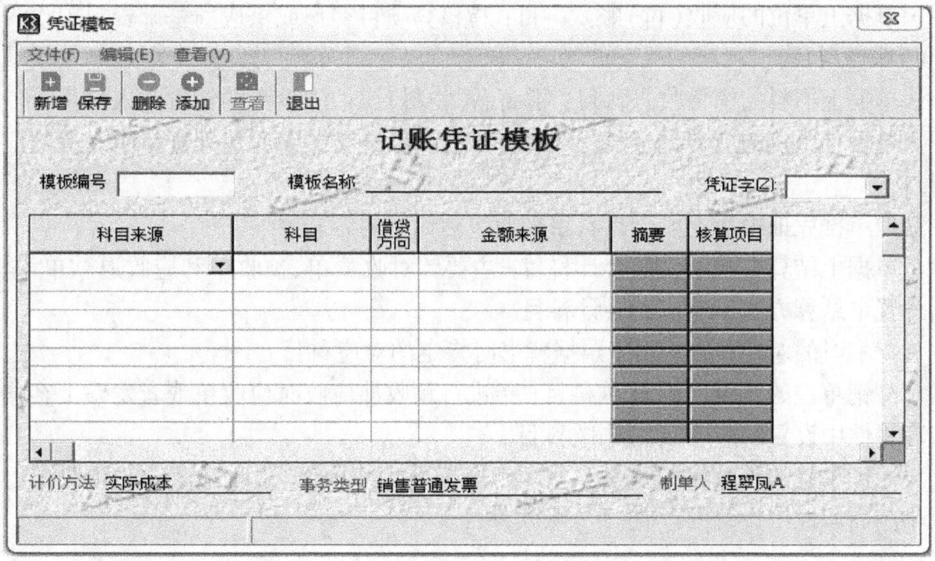

图 8-14

（3）录入模板编号“999”（随意值，只要不与系统内已有编号重复即可），模板名称“销售普通发票2”，选择凭证字“记”。

（4）单击科目来源的下拉按钮，系统弹出来源方式，如图8-15所示。选择“单据上单位的应收（付）账款科目”，方向选择“借”方。

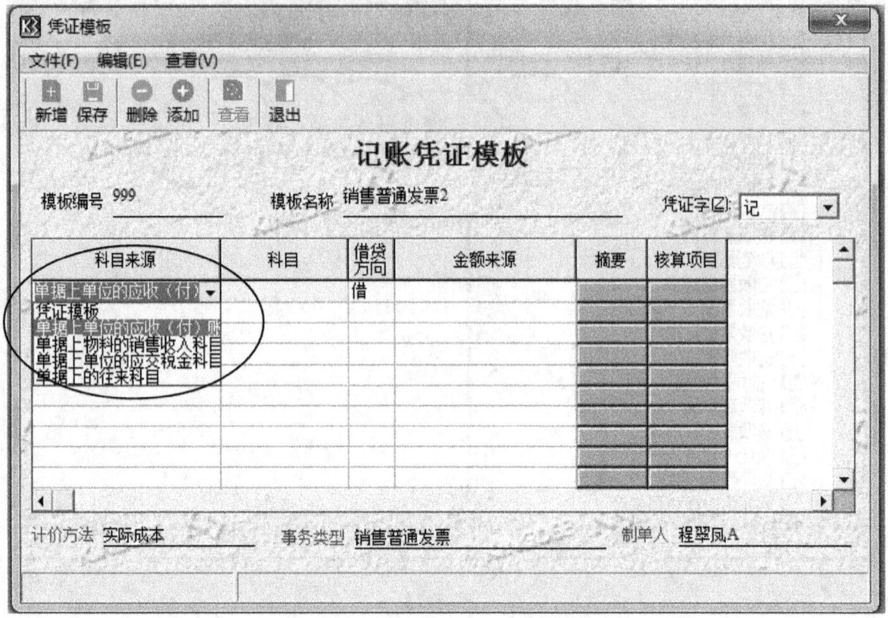

图8-15

· 凭证模板：模板上设置的科目。选该项时，在科目处获取正确的科目代码。

· 单据上单位的应收（付）账款科目：指核算项目客户或供应商基础资料中设置的应收（付）账款科目。

· 单据上物料的销售收入科目：指商品（物料）属性中设置的销售收入科目。

· 单据上单位的应交税金科目：指核算项目客户或供应商基础资料中设置的应交税金科目。

其他单据凭证模板上的会计科目来源包括如下内容。

· 单据上结算方式对应的会计科目：主要针对收款单、预收单和应收退款单，是基础资料设置中结算方式所对应的会计科目。

· 背书时的对应科目：用于票据背书时指定的对应科目。

· 冲销单位的应收（付）账款科目：指进行预收冲应收时应收单或者发票上客户或者供应商属性中设置的应收（付）账款科目。

· 冲销单位的预收（付）账款科目：指进行预收冲预付、预收冲应收时预收单上客户或者供应商属性中设置的预收（付）账款科目。

(5) 单击金额来源选择“应收金额”。

·销售普通发票：分为不含税金额、税额和应收金额，应收金额 = 不含税金额 + 税额。

·收款单：收款金额指收到的现金或银行存款的金额。折扣金额指现金折扣的金额，应收金额指核销的应收款金额，在不涉及多币别换算时，应收金额 = 收款金额 + 折扣金额；如果涉及多币别换算时，应收金额指要核销的应收款金额与收款金额币别不一致。

·票据背书：票面金额指应收票据的票面金额；利息费用指票据背书的利息及费用，等于背书时的利息减去费用。背书金额一般在凭证的借方，指背书转其他时借方科目的金额；背书冲应付金额指背书冲应付时应付账款核销的金额；背书冲应收金额指背书冲应收款时应收账款核销的金额。背书转其他、背书冲应付、背书冲应收两两不能同时存在，故背书金额、背书冲应付金额或背书冲应收金额一方有数时，另一方必为 0，设置凭证模板时可以同时包括此三种情况。另外，背书金额 = 票面金额 + 利息费用。

·票据贴现：贴现额指应收票据的贴现净额，贴息指票据贴现时应付的利息，票面金额指应收票据的票面金额，票面利息指带息票据的利息，贴现额 = 票面金额 + 票面利息。

(6) 单击“摘要”定义按钮，系统弹出“摘要定义”窗口，在摘要公式处直接录入“销售产品”，如图 8-16 所示。摘要公式可以从摘要单元中取出或自行定义。

(7) 单击“确定”按钮，返回“凭证模板”窗口，再单击“核算项目”按钮，系统弹出“核算项目取数”窗口，在客户处的“对应单据上项目”选择“核算项目”，如图 8-17 所示。

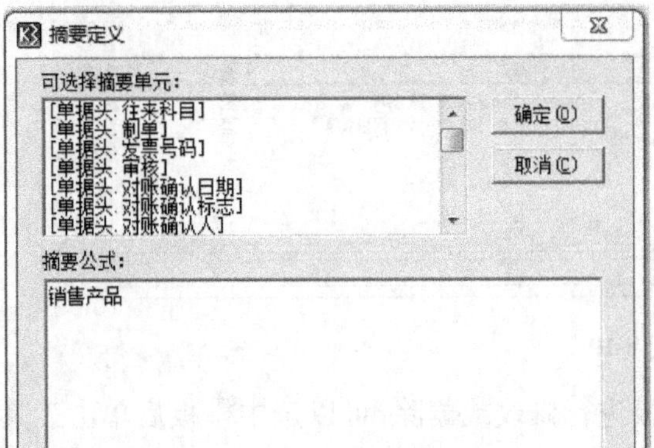

图 8-16

图 8-17

(8) 单击“确定”按钮返回，第 2 条分录科目来源选择“单据上物料的销售收入科目”，方向选择“贷”方，金额来源为“应收款金额”，摘要同样设为“销售产品”，设置完成的模板如图 8-18 所示。

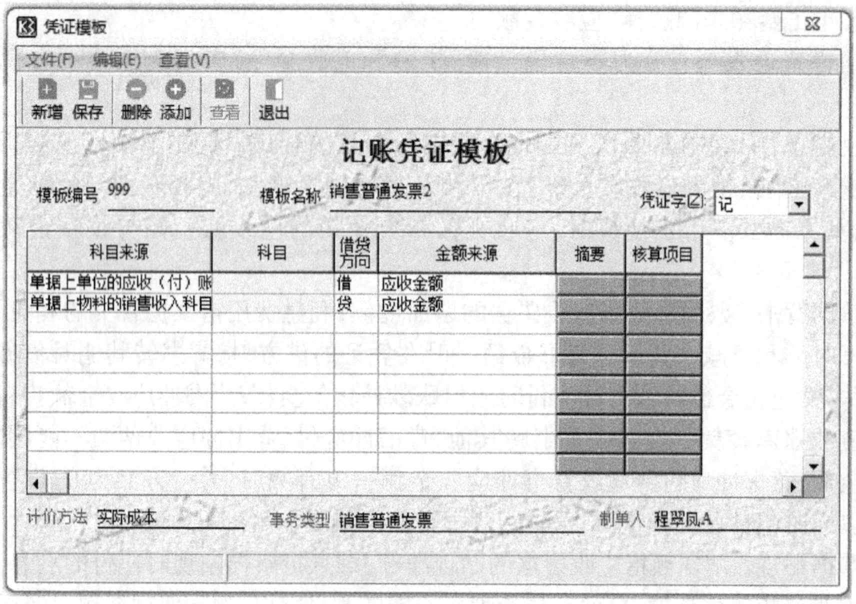

图 8-18

(9) 单击工具栏上的“保存”按钮保存当前的凭证模板。单击“退出”按钮，返回“凭证模板设置”窗口，可以看到新增进来的模板，如图 8-19 所示。

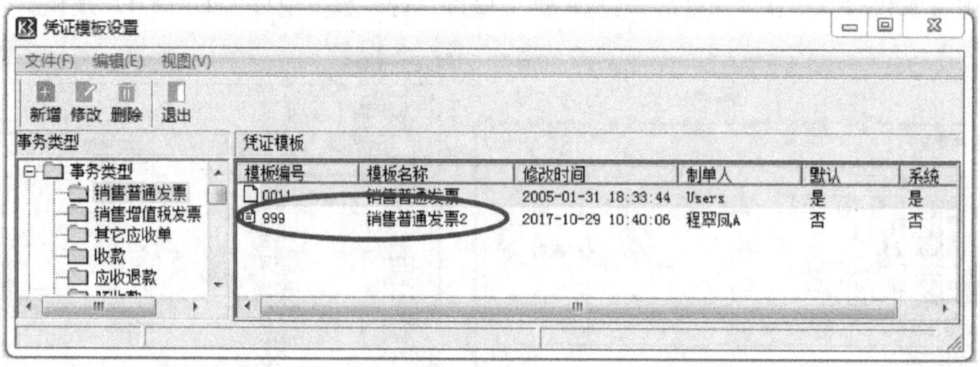

图 8-19

在“凭证模板设置”窗口，如果要对模板进行修改或删除，可以选中模板后单击工具栏上的相应按钮。

(10) 调整默认凭证模板。系统自动将系统模板作为默认模板，可将自定义的凭证模板调整为默认模板。系统会根据默认模板生成凭证。

例如将“销售普通发票 2”设为“默认模板”，则选中该项目，单击菜单“编辑”|“设为默认模板”即可。

(11) 读者可自行修改其他单据类型的凭证模板。注意使用的模板要设定“凭证字”，每条分录的科目来源、方向和金额来源要正确。

注意： 若在生成凭证时发生错误，则可进入“凭证模板”中对相关类型的模板进行修改。若凭证生成后发现科目不对,则建议删除凭证,重新修改模板,然后再生成凭证。

(三) 销售发票号、合同号设置

执行"系统设置"|"系统设置"|"应收款管理"|"编码规则",找到相应单据类型,如销售发票(专用)单据,在单据属性的"选项"页签中勾上"允许手工录入"即可。

注意: 如果是结束初始化之后做此操作,则选择后缀名为新单据平台的单据类型即可。

(四) 应收初始数据录入

应收初始数据主要有以下几项。

· 应收款期初数据:包括货款核算应收账款科目的期初余额、本年借方累计发生数和本年贷方累计发生数。

· 预收款期初数据:包括货款核算预收账款科目的期初贷方余额、本年贷方累计发生数。如果预收账款的期初余额为借方余额,建议进行调账处理,把预收账款调入应收账款科目中。

· 应收票据期初数据:还没有进行票据处理的应收票据,不包括已经背书、贴现、转出或已收款的应收票据。

· 期初坏账数据:以后有可能收回的坏账。

在主界面窗口,单击"系统设置"|"初始化"|"应收账款管理",可以查看到需要录入的期初数据,如图 8-20 所示,在录入期初时选择相应选项。

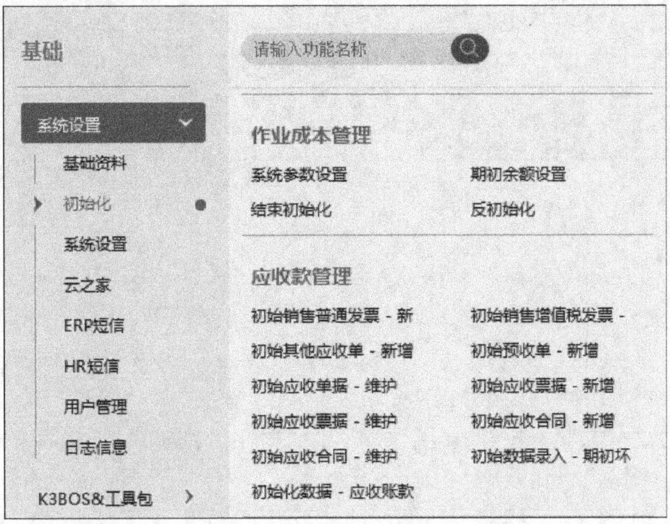

图 8-20

1. 期初数据录入(事务类型为销售发票)

期初数据录入时,在初始化数据窗口,双击选择要录入的"明细功能"即可。

实训资料:录入表 8-1 中的"初始销售增值税发票和其他应收单"。

表 8-1　客户初始数据

客户职员	单据类型	应收日期	部门	业务员	事由	往来科目	发生额	商品	数量	单价（不含税）
长城公司	销售增值税发票	2016. 6. 23	销售一部	王林	赊销	应收账款	78 975	A 产品 B 产品	55 200	500 200
	其他应收单	2016. 6. 23	销售一部	王林	代垫运费	应收账款	1 025			
宏基公司	销售增值税发票	2016. 12. 25	销售二部	赵立	赊销	应收账款	69 030	A 产品	118	500
	其他应收单	2016. 12. 25	销售二部	赵立	代垫运费	应收账款	970			

（1）执行“系统设置”|“初始化”|“应收账款管理”|“初始销售增值税发票—新增”，系统进入“初始化—销售增值税发票”录入窗口，如图 8-21 所示。

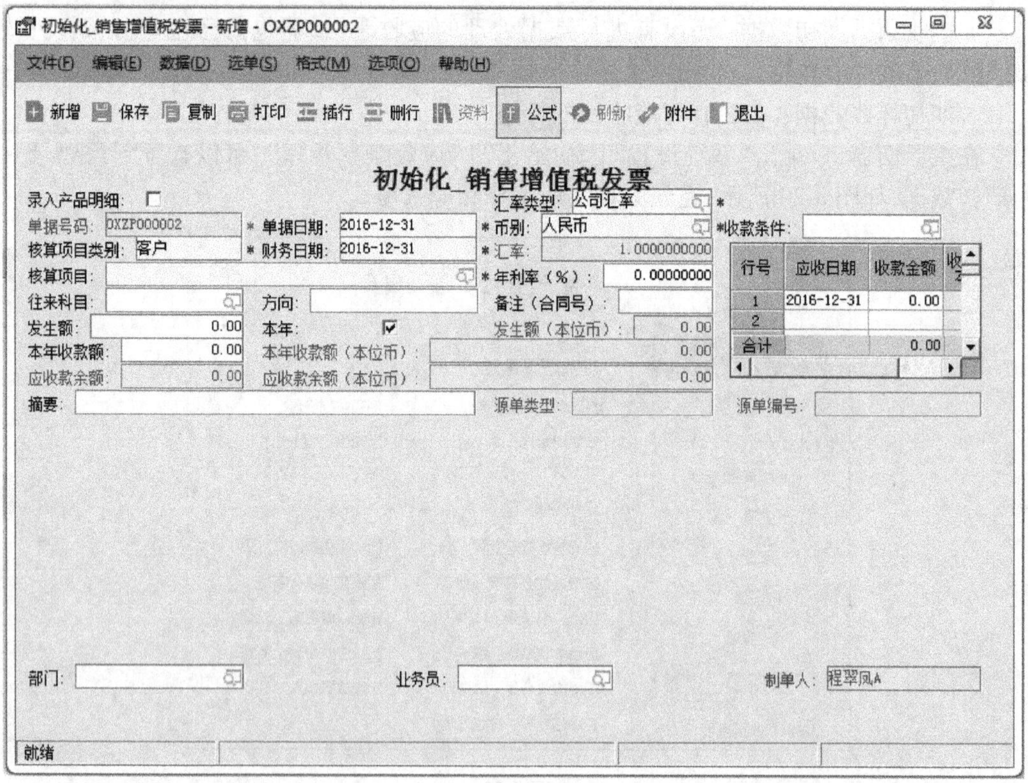

图 8-21

· 单据日期：指单据的开票日期，对于初始化汇总的发票可以自由设定。系统可以根据此日期计算账龄分析表（单据日期）、应收计息表。

· 财务日期：指单据的录入日期，系统默认与单据日期一致，允许修改，但是必须控制大于等于单据日期并且小于账套日期，系统可以据此计算账龄分析表（记账日期）。系统根据财务日期确定单据的会计期间。

·单据号码：具有双重含义，它既可是具体某张发票的发票号，也可是用户自行设置的一张汇总单据的单据号。

·核算项目类别：选择该单据是涉及客户还是供应商的类别。

·核算项目：指定该单据属于某个客户或供应商。

·币别、汇率：选择该张发票的原币和汇率。

·往来科目：不需要将初始化数据传入总账时，此处不用录入，否则必须录入对应的往来会计科目，如“应收款”，必须是最明细科目。如果该科目下有核算项目，则不用录入相应核算项目代码，系统会根据该发票的核算项目名称、部门、职员等自动填充。该科目系统把相应的应收款初始资料传递至总账系统，避免了总账系统初始化往来资料的重复录入。

·方向：往来科目的方向。

·发生额：指单据的发生数，即应收款金额。可以按客户汇总金额输入所有销售发票，例如，该客户有2张销售增值税专用发票，分别是32 175元、46 800元的发票，汇总时则直接录入一张78 975元的发票即可；也可以按单据进行明细录入，按上例则是要分别录入32 175元和46 800元的两张发票。如果是本年发生额，则选择“本年”项，如果同一个单位的往来款既有去年金额又有今年发生额，则汇总录入时去年与今年的数据应分开录入，一般反映的是“应收账款”科目的借方发生数。

·本年收款额：录入当前会计年度的收款金额，以前会计年度收款的金额不包括在内。一般反映的是“应收账款”科目的本年累计贷方发生数。

·应收款余额：扣除收款额后的实际应收数，由右侧窗口的明细框汇总得出。一般反映的是“应收账款”科目的期初余额。由于初始化数据的特殊性，允许明细列表框中同时存在正负数金额。

·源单类型：系统根据选单类型回填，不允许修改。

·源单单号：系统根据选单时选中的单据号回填，不允许修改。

·部门：该单据是何部门操作，可在查询账表时按部门进行统计，如查询某个部门的销售收入是多少、已收回多少货款等。

·业务员：该单据是由何职员操作，可在查询账表时按业务员进行统计，如查询某个业务员的赊销收入是多少、已收回多少货款等，从而对业务员进行业绩考核。

选择“录入产品明细”项，在发票窗口下部弹出存货录入窗口，在此可以录入本张销售增值税发票所涉及的存货物料。如果按存货来进行往来账款的核销，则此处必须录入存货资料，否则，按商品明细输出往来核对账单时，单据余额可能不正确。

(2) 勾选“录入产品明细”，修改单据日期为“2016-06-23”，在“核算项目”处获取“01.01—长城公司”客户，“往来科目”处获取“1122应收账款”，“方向”选择“借方”，取消“本年”的选中，在下面产品明细数据窗口中“产品代码”处获取“02.01—A产品”，“数量”录入“55”，“单价”录入“500”，保持默认税率17%，系统会自动计算含税单价和价税合计金额，在第二行“产品代码”处获取“02.02—B产品”，“数量”录入“200”，“单价”录入“200”，保持默认税率17%，系统同样自动计算含税单价和价税合计金额；产品明细录入后单据上“发生额”处自动生成“78 975”；在右边应收款余额窗口中“应收日期”自动显示为“2016-06-23”，“收款金额”自动显示“78 975”，如图8-22所示。

(3)“摘要”处录入“赊销”，获取部门“销售一部”，业务员选择“王林”，其他保持默认值，单击“保存”按钮保存当前发票。

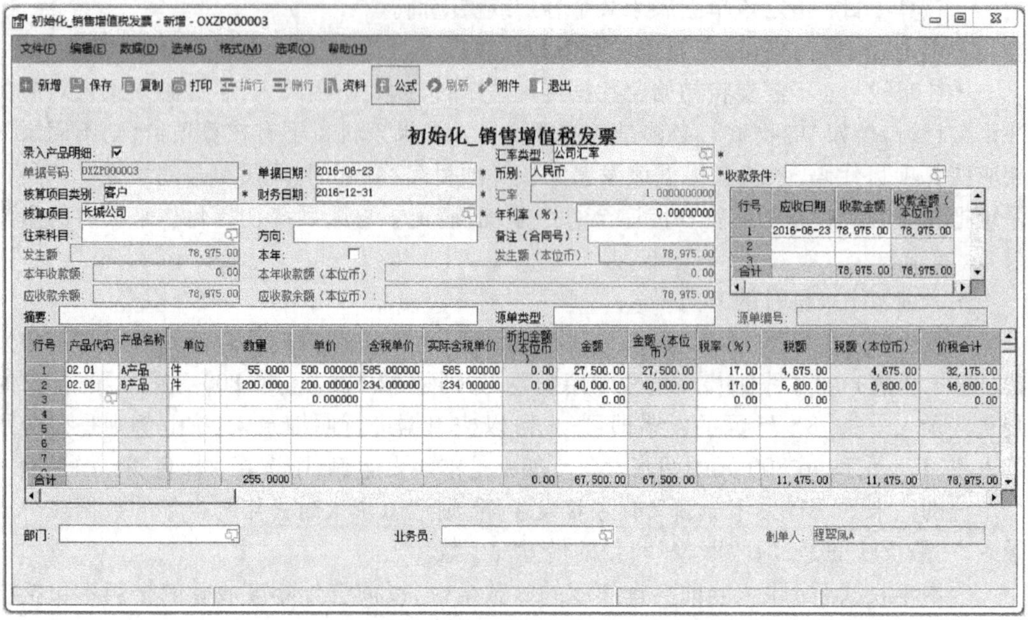

图 8-22

2. 期初数据录入(事务类型为其他应收单)

(1) 双击“系统设置”|“初始化”|“应收账款管理”|“初始其他应收单—新增”，系统进入“初始化—其他应收单”录入窗口。

(2) 修改单据日期为“2016-06-23”，在“核算项目”处获取“01.01—长城公司”客户，“往来科目”系统自动带入，录入摘要“代垫运费”，取消“本年”的选中，在下面发生额窗口中的“发生额”处录入“1 025”，“应收款余额”处录入“1 025”，在右边应收款余额窗口中“应收日期”自动显示为“2016-06-23”，“收款金额”自动显示“1 025”。

(3) 获取部门“销售一部”，业务员选择“王林”，其他保持默认值，单击“保存”按钮保存当前其他应收单。如图8-23所示。

可以发现，其他应收单初始数据的录入类似于销售增值税发票，区别之处是应收单的核算项目类别可以选择客户、供应商、部门和职员等多种核算项目类别。

表8-1中其他的客户期初数据采用同样的方法录入。

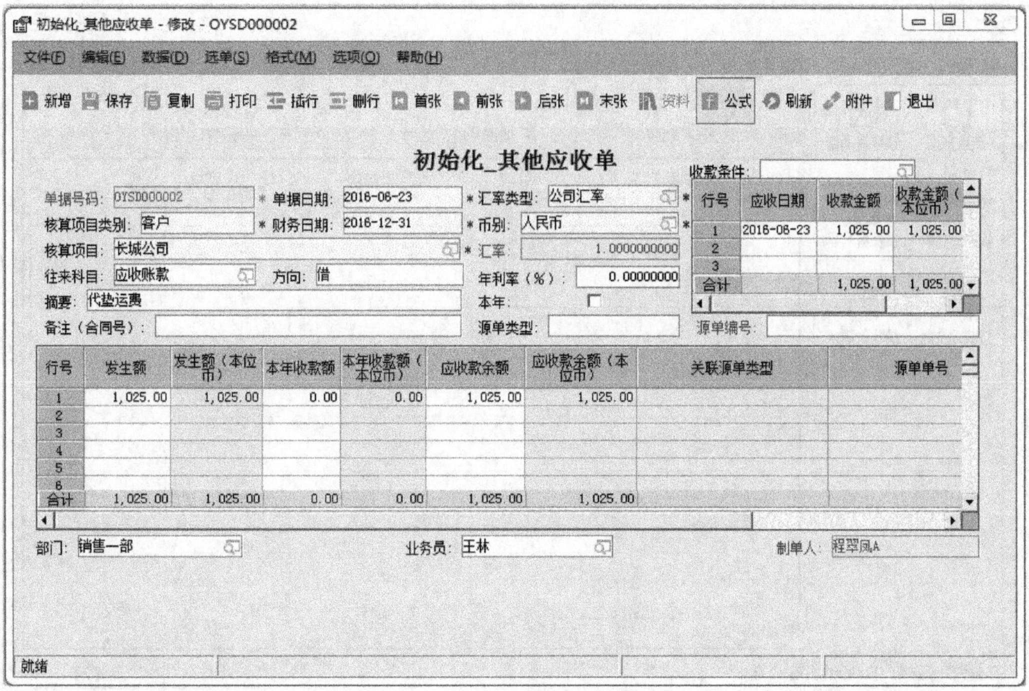

图 8-23

3．期初坏账

期初坏账是退出了应收款管理系统的往来核算，但为了对期初坏账在以后期间收回的往来账款进行管理，可以在此处录入期初坏账。

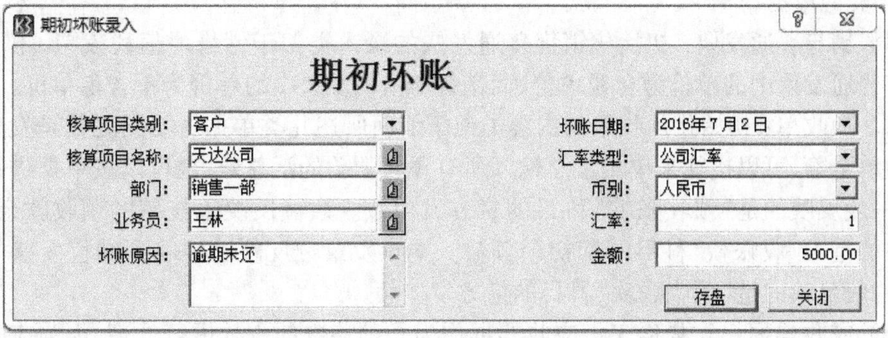

图 8-24

4．修改/删除

当期初单据录入错误时，需要修改或删除，方法是：双击"系统设置"|"初始化"|"应收账款管理"|"初始应收单据—维护"，系统弹出"过滤"窗口，如图 8-25 所示。

在窗口中选择正确的"事务类型"后，可以根据其他要求设置过滤条件，设置完成后，单击"确定"按钮系统进入"初始化"窗口，在初始化窗口可以对期初数据进行修改、删除和查询等操作，方法是选中对应的单据后，单击相应工具按钮即可。

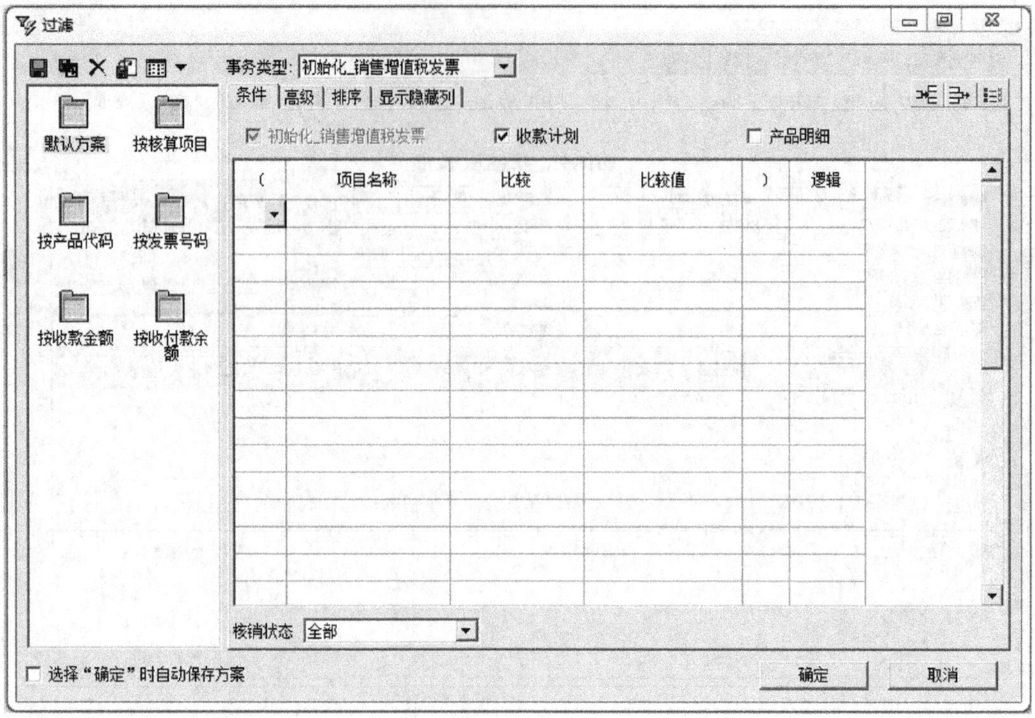

图 8-25

注意：在进行初始化数据修改时，一定要在图 8-23 中选择正确的事务类型，否则不能正确查询到所需要的单据。

5. 其他单据

（1）销售普通发票：初始化销售普通发票的录入类似于销售增值税发票，不同之处是销售普通发票中的单价为含税单价，而销售增值税发票中的单价为不含税单价。

（2）预收单：初始化预收单的内容类似于前面所述几类单据。不同之处是发生额是指预收单金额，可以按往来单位汇总输入所有预收款单的汇总数，也可以按单据进行明细录入，一般反映的是“预收账款”科目的贷方发生数。余额反映未核销的预收款余额，一般反映的是“预收账款”科目的期初余额数。本年发票额反映已经收到销售发票的预收金额，一般反映的是“预收账款”科目的借方发生额。

（3）应收票据：金蝶 K/3 把应收票据作为一种特殊的收款进行处理，因为应收票据与应收账款核销后还可能进行背书、贴现、转出和收款等许多处理，如果应收票据与应收账款直接核销，势必造成单据无法修改，而不能进行以上操作。故在本系统中，应收票据并不直接核销应收账款，而是在收到应收票据后进行审核处理时，系统自动产生一张收款单（或预收单），通过该收款单（或预收单）与应收账款核销。票据进行背书、转出、贴现及真正收款时直接冲减应收票据，不再冲销应收账款。此种处理方式也与凭证处理相对应，有助于总账系统与应收款管理系统进行核对。

初始化时，应收账款的金额应是与应收票据核销后的余额，即应收账款不包括应收票据的金额。

应收票据录入的是已收到票据并已核销了应收账款,但还未进行背书、转出、贴现和收款处理的票据。已收到票据但没有核销应收账款的应收票据应在初始化结束后录入。

(4) 应收合同:应收合同是录入业务未执行完毕的合同资料,如本笔合同的货没有发货完成、相关款项没有结算完成等。

6. 结束初始化

应收款期初数据录入完整、正确后才能结束初始化,结束初始化后,应收系统才能进行日常的业务处理工作。结束初始化功能位于"财务会计"|"应收款管理"|"初始化"下。

结束初始化工作前,可以进行初始化数据检查,方法是双击"应收款管理"|"初始化"|"初始化检查",系统检查结束后会弹出相应的提示。

为防止应收款下的应收款余额与总账科目下的余额有出入,系统提供了初始化对账功能,双击"应收款管理"|"初始化"|"初始化对账",进入"初始化对账"界面,如图 8-26 所示。

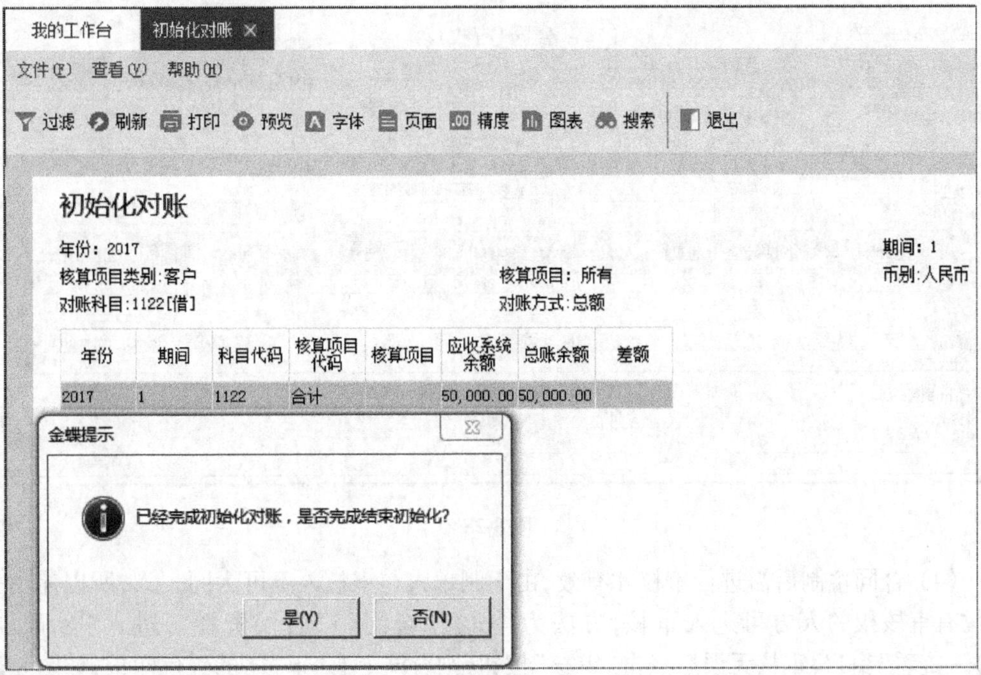

图 8-26

双击"应收款管理"|"初始化"|"结束初始化"功能,则可以成功启用应收款管理模块,如图 8-27 所示。若需要反初始化,返回修改期初数据时,双击"反初始化"功能即可。

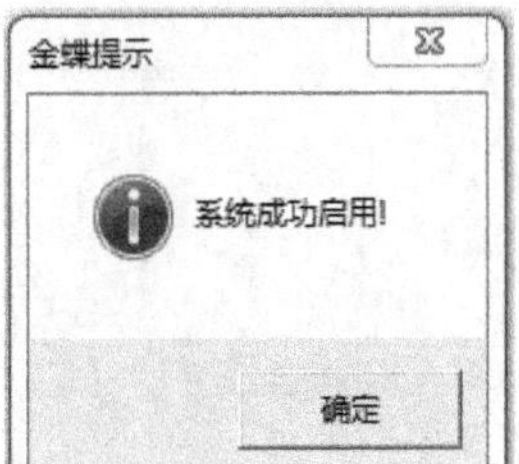

图 8-27

二、日常业务处理

(一) 合同处理

在没有启用销售管理系统的情况下,应收款管理系统可以对合同进行处理。

(1) 单击"财务会计"|"应收账款管理"|"合同"|"合同资

料—新增”,系统进入“合同(应收)—新增”窗口。

(2) 勾选“录入产品明细”,合同种类选择“销售合同”,合同日期录入“2017-01-01”,合同名称录入“产品销售合同”,合同号修改为“XSHT001”,在“核算项目”处获取“02.01—宏基公司”客户,合同有效期录入“365”,有效起始日期录入“2017-01-01”,有效截止日期录入“2017-12-31”,结算方式选取“转账支票”,摘要录入“签订产品销售合同”,产品代码处获取“02.02—B 产品”,数量录入“100”,含税单价录入“234”,系统自动计算出价税合计“23400”。

(3) 获取部门“销售一部”,业务员选择“王林”,附注可录入预计销售日期,单击“保存”按钮保存当前发票,如图8-28所示。

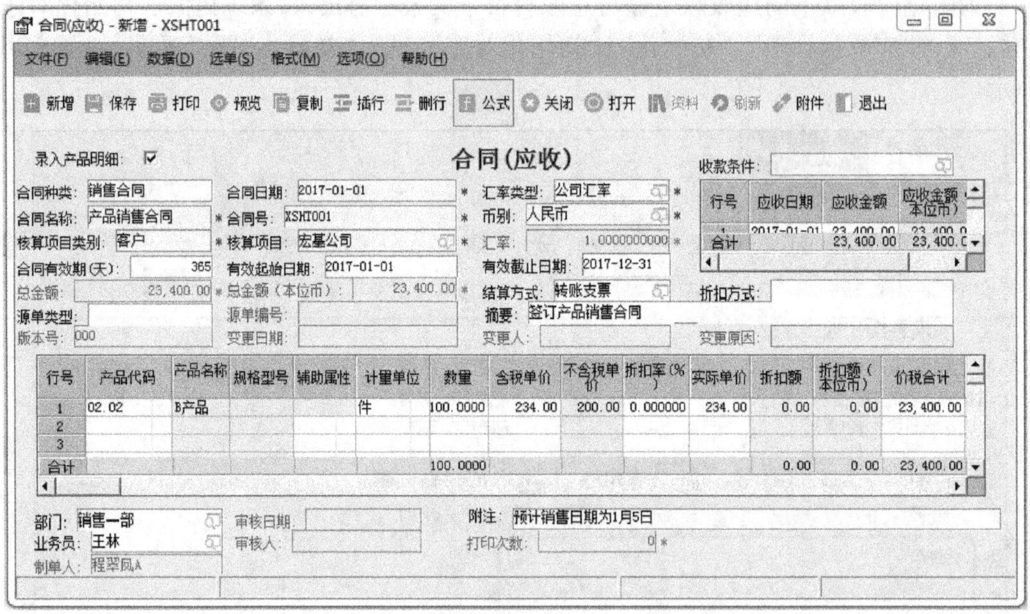

图 8-28

(4) 合同填制后需进行审核才有效,由于制单人与审核人不可为同一人,所以需由另一位有审核权的人方可进入审核,方法为:执行“合同”|“合同资料”,进入“合同(应收)—查看”窗口,审核无误后点击“审核”按钮,则合同上有“审核”的红色印记,如图 8-29 所示。

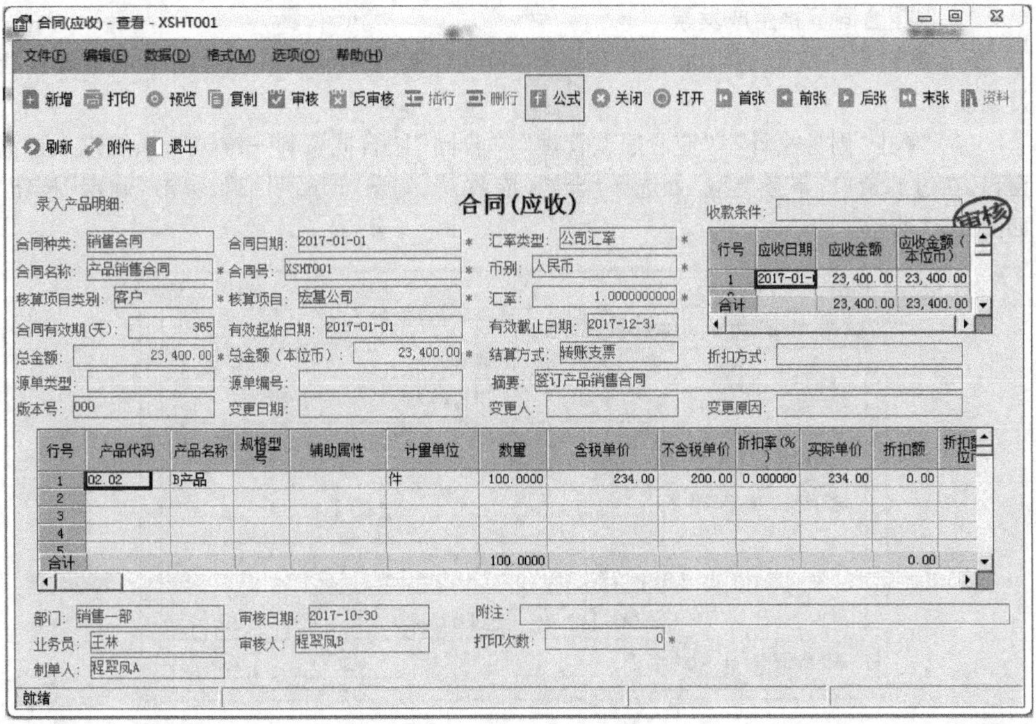

图 8-29

(二) 发票处理

销售发票是往来业务中的重要凭证。系统提供销售普通发票和销售增值税发票的新增、修改、删除、审核和打印等操作。

在"应收款管理"模块新增发票时,只能以"合同"资料作为源单据生成或者手工录入发票。当企业采用以销售出库单或销售订单作为生成发票的源单据前,需要在"销售管理"模块中进行新增、审核,在"应收款管理"模块只能查询,不能修改。

要在"应收款管理"中查询销售管理传递过来的发票,前提是应收款管理系统初始化结束之后生成的发票才能查询到。

当由单据生成凭证时,应收款下的单据在"应收款管理"下的"凭证处理"中生成;而由"销售管理"生成的发票生成凭证是在"存货核算"模块下生成。

这里以表 8-2 中的"销售增值税发票"介绍销售增值税发票处理方法。

表 8-2 销售增值税发票

客户职员	单据类型	应收日期	部门	业务员	事由	往来科目	发生额	商品	数量	单价(含税)
宏基公司	销售增值税发票	2017.1.5	销售一部	王林	赊销	应收账款	23 400	B 产品	100	234
长海公司	销售增值税发票	2017.1.10	销售二部	赵立	赊销	应收账款	70 200	A 产品 B 产品	100 50	585 234

1. 根据合同下推生成发票

5 日的销售增值税发票无须手工录入，可以直接根据审核后的合同下推生成销售发票。

（1）单击“财务会计”|“应收账款管理”|“合同”|“合同资料—维护”，系统进入过滤窗口，在过滤窗口“事务类型”处选择“合同(应收)”，勾选“产品明细”，单击“确定”按钮，如图 8-30 所示。

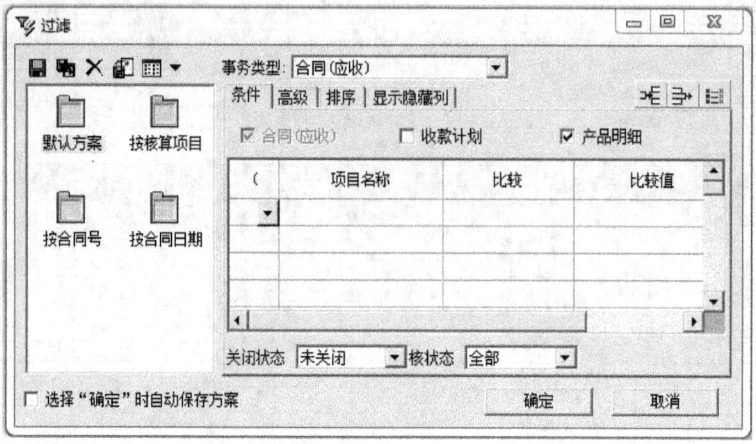

图 8-30

（2）在进入的“合同(应收)—序时簿”窗口，执行“下推”|“销售增值税发票”（如图 8-31 所示），则系统自动根据审核后的合同下推生成销售增值税发票。

（3）修改下推生成的销售增值税发票的发票号为“256430”，开票日期、财务日期修改为“2017-01-05”，摘要修改为“产品销售”，如图 8-32 所示。

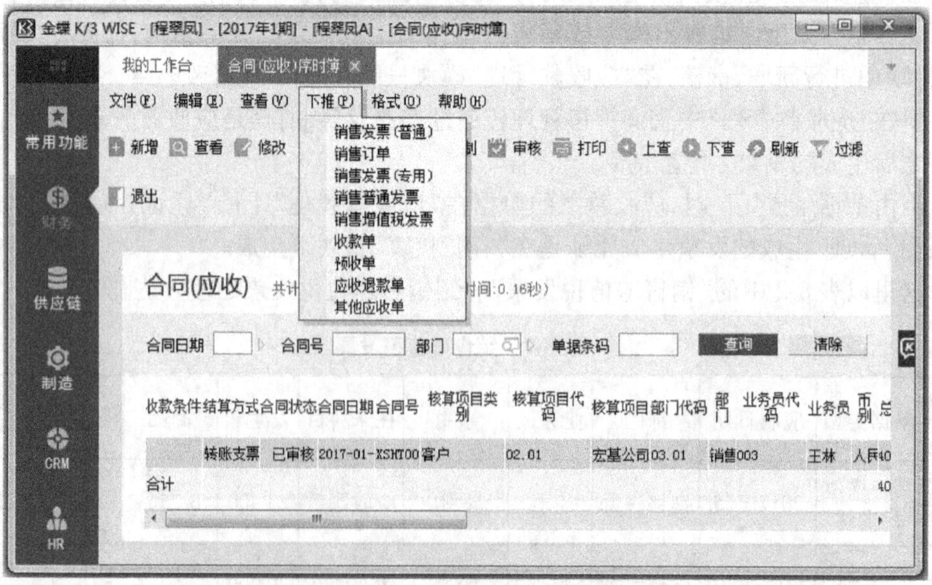

图 8-31

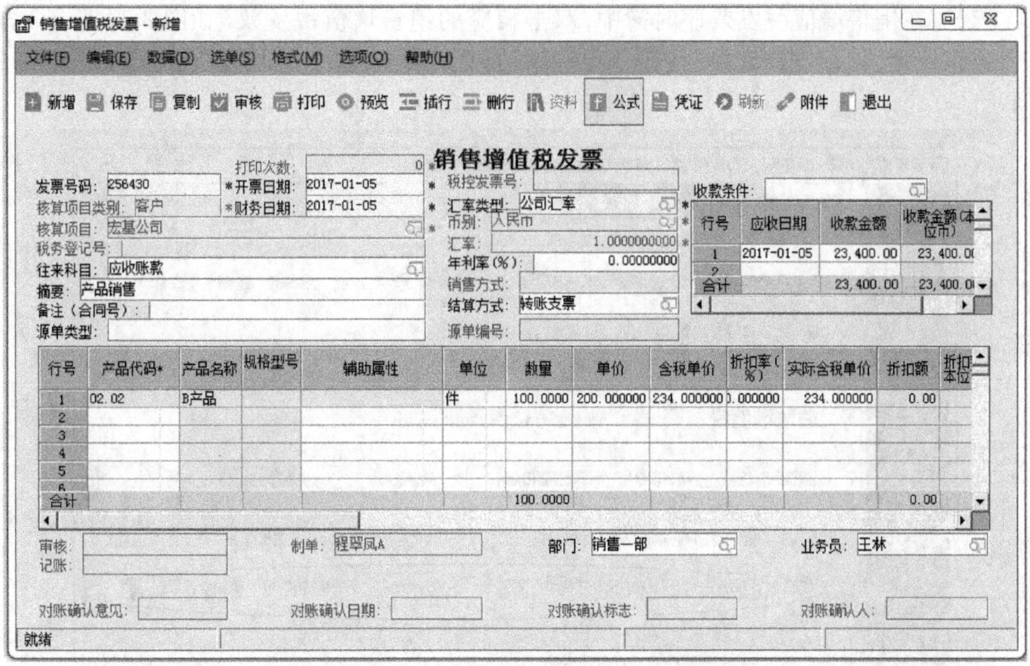

图 8-32

(4) 根据审核后的合同下推生成的销售发票需进行有效性审核,如果系统参数选中“审核人与制单人不能为同一人”时,则必须更换操作员来互相审核,方法为:执行“财务会计”|“应收账款管理”|“发票处理”|“销售发票—维护”,系统进入过滤窗口(如图 8-33 所示),单击“确定”按钮。

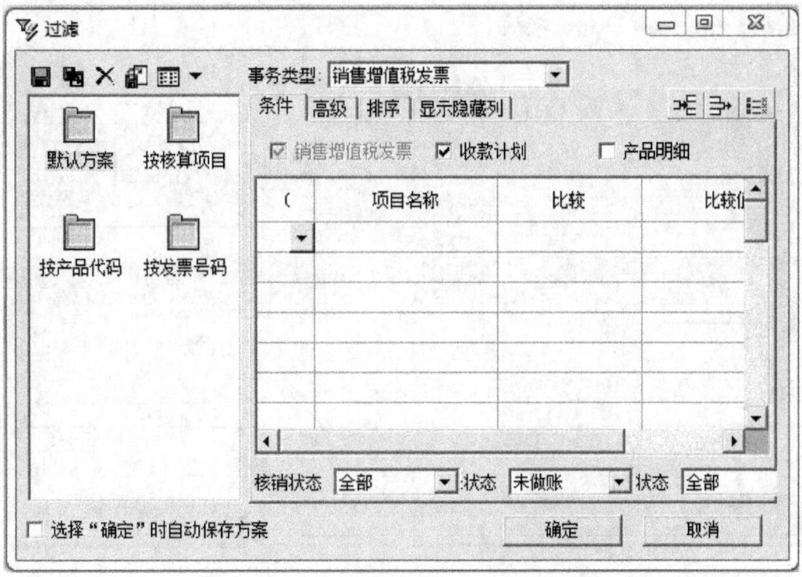

图 8-33

（5）在销售增值税发票序时簿中，双击相应的销售增值税发票（如图 8-34 所示）打开，经审核无误后点击“审核”按钮，则销售增值税发票上有“审核”的红色印记，如图 8-35 所示。

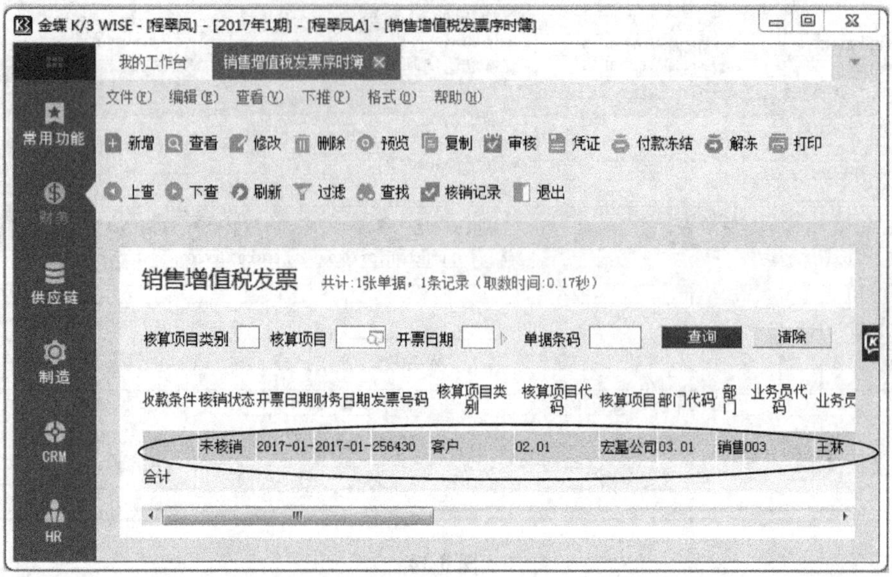

图 8-34

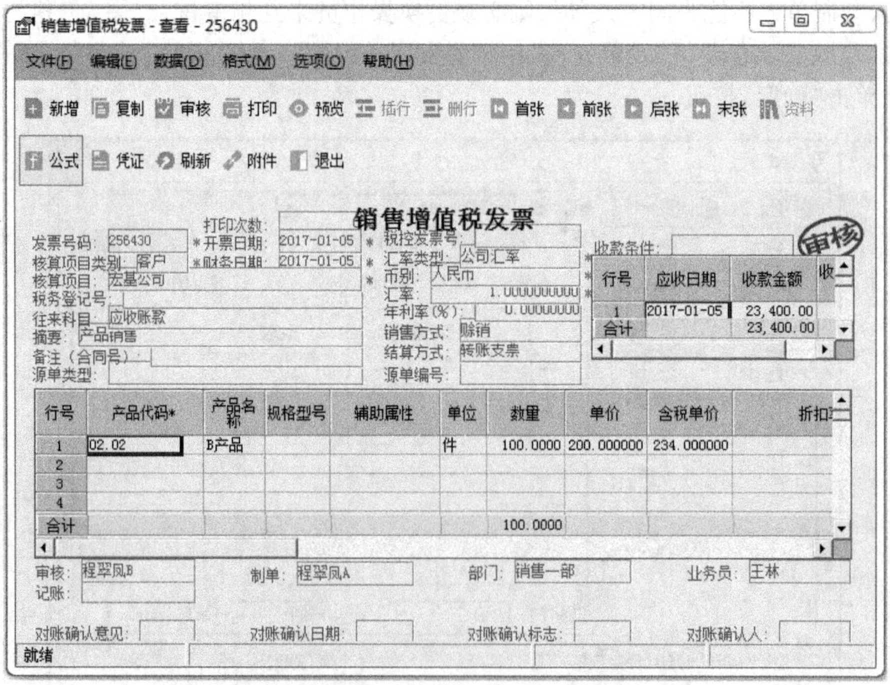

图 8-35

注意：合同无法下推发票，系统提示“必须选择单据头，产品明细，才能执行下推发票！”（如图 8-36 所示）的原因及解决方法：系统控制只有已审核未关闭的合同才能下推生成发票，并且合同必须存在产品明细，同时合同的过滤界面必须选择显示“产品明细”（如图 8-30 所示），不选择“产品明细”是不可以进行下推发票的。

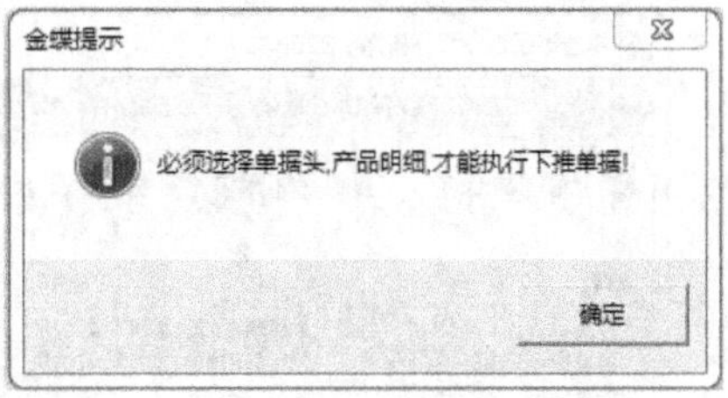

图 8-36

2. 手工录入销售发票

下面以表 8-2 中的 1 月 10 日的“销售增值税发票”，介绍销售增值税发票处理方法。

（1）双击“财务会计”|“应收款管理”|“发票处理”|“销售增值税发票—新增”，系统弹出“销售增值税发票”新增窗口，如图 8-37 所示。

（2）发票号码修改为“325641”，开票日期和财务日期修改为“2017-1-10”，核算项目选择“02.02—长海公司”，往来科目自动带入，摘要录入“产品销售，款未收”。

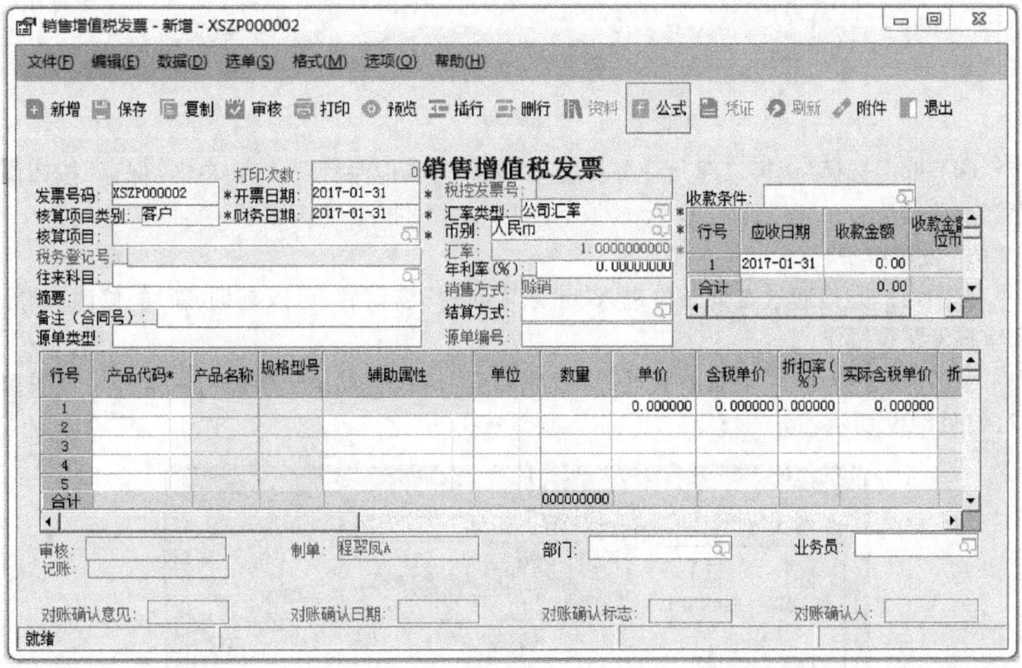

图 8-37

（3）录入产品明细。将光标移到产品代码处，此时该单元格激活，单击“获取”按钮，系统弹出物料列表，选择“02.01”代码，此时产品名称等信息自动带入，数量录入“100”，含税单价录入“585”，第二行产品代码处选择“02.02”代码，此时产品名称等信息自动带入，数量录入“50”，含税单价录入“234”，如图 8-38 所示。

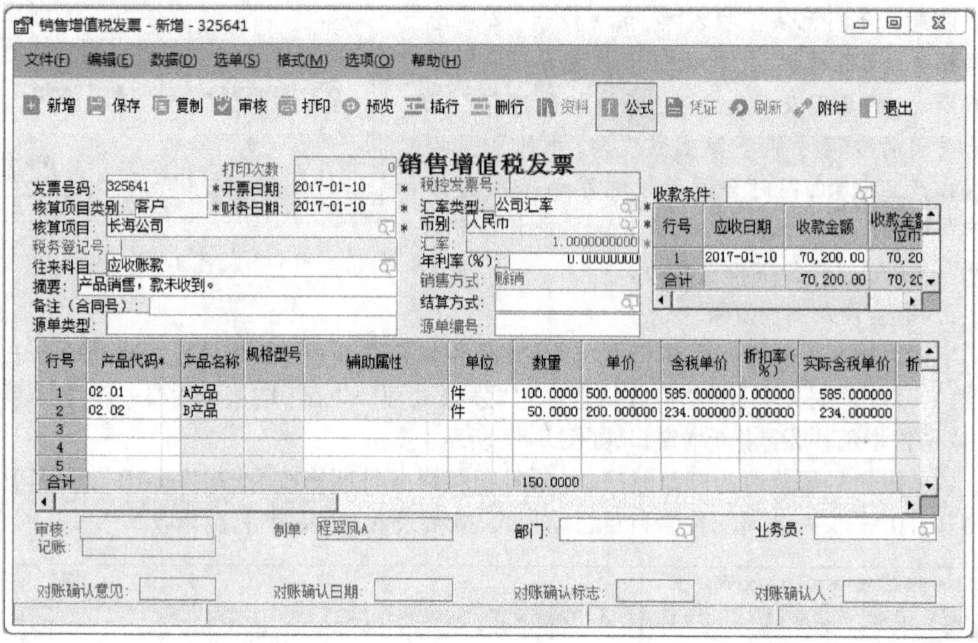

图 8-38

（4）部门选择“销售二部”，业务员选择“赵立”，其他保持默认值，单击“保存”按钮保存当前单据。

3. 发票维护

发票维护是指通过查询条件进入“发票序时簿”窗口后，可以查询、新增、修改、删除和审核发票等操作。

双击“财务会计”|“应收款管理”|“发票处理”|“销售发票—维护”，系统弹出过滤窗口，如图 8-39 所示。

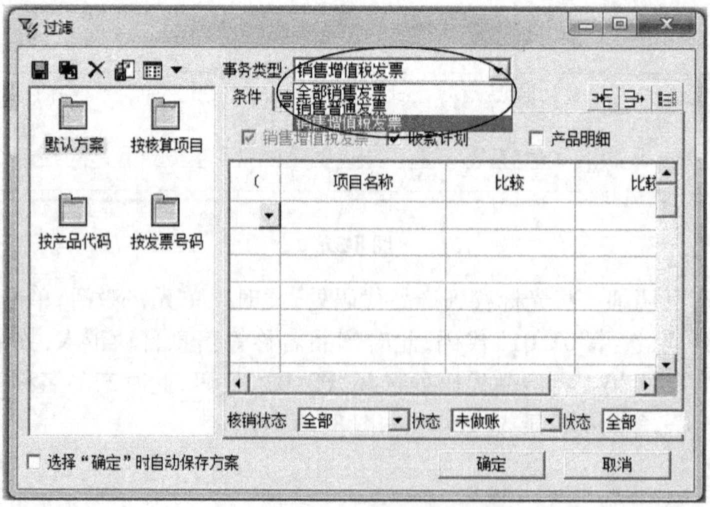

图 8-39

在过滤窗口可以设置事务类型。在过滤条件窗口可以设置条件，如发票日期大于或小于某一个期间值，以及发票所处状态，如核销状态、记账状态和审核状态等条件。

事务类型选择"销售增值税发票"，其他保持默认值，单击"确定"按钮，系统进入"销售增值税发票序时簿"窗口，如图 8-40 所示。

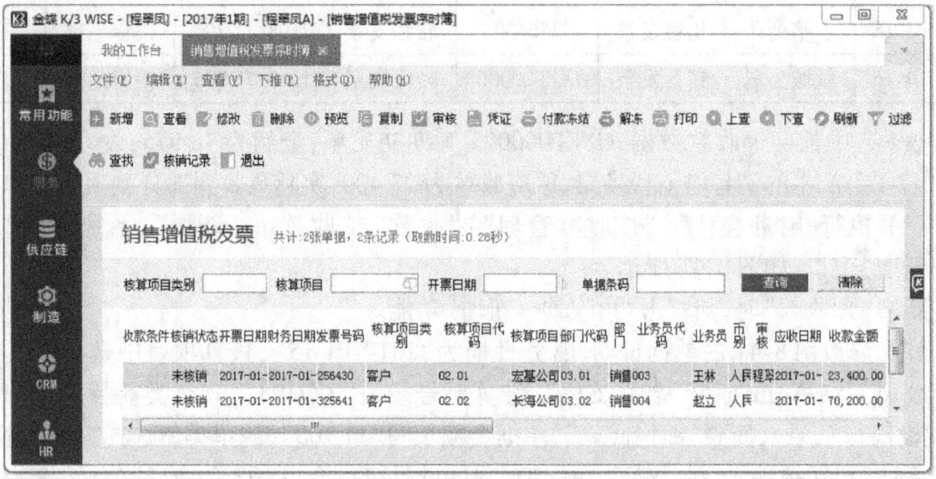

图 8-40

"发票序时簿"窗口常用功能介绍。

（1）新增：单击"新增"按钮，系统弹出空白发票窗口，以供数据录入。

（2）查看：鼠标双击，弹出该发票信息窗口，以供阅览。注：查看状态下不能修改发票内容。

（3）修改：单击"修改"按钮，弹出该发票窗口，可以对未审核的发票进行修改，如数量、单价等项目。

（4）删除：选中未审核的发票，可以将其从系统中删除。

（5）审核：对选中的发票进行审核。如果系统参数选中"审核人与制单人不能为同一人"时，则必须更换操作员来互相审核。取消审核位于"编辑"菜单下。其操作方法前已做详细介绍，这里不再赘述。

（6）上查、下查：向上查，是审核该张发票由什么数据源单据生成；向下查是查询当前单据被何种单据引用生成。

（7）过滤：单击该按钮，系统弹出过滤条件窗口，重新设置条件后查询发票信息。

（8）核销记录：查询选中发票的核销记录情况，实时掌控往来核销情况。

以另一用户的身份登录账套，审核该张发票。

其他应收单是指处理非发票形式的应收单据，操作方法与销售发票处理类似，该功能位于"财务会计"|"应收款管理"|"其他应收单"。

（三）收款单

收款单用于往来账款业务中收到或预收到客户款项时，关联销售发票和合同，为往来核算提供核销依据。

1. 新增收款单

下面以表 8-3 中的收款单为数据，详细介绍收款单处理方法。

表 8-3 收款单

日期	客户	源单类型	源单代码	结算方式及实收金额	部门	业务员
2017-1-15	宏基公司	销售发票	256430	转账支票 ZZ2198,11 700	销售一部	王林
2017-1-16	长城公司	销售发票	OXZP000003	转账支票 ZZ1963,78 975	销售一部	王林

表 8-3 中的两笔收款数据，OXZP000003 为期初发票，金额为 78 975；发票号 256 430 为 2017-1-5 产生的销售增值税发票，原应收款为 23 400，实际只收到部分款项 11 700。

（1）执行“财务会计”|“应收款管理”|“收款”|“收款单—新增”，系统弹出“收款单—新增”窗口，如图 8-41 所示。

新增“预收款”时，则双击“预收款—新增”功能。

（2）修改图 8-41 的单据日期、财务日期为“2017-01-15”，核算项目中选择“02.01—宏基公司”，结算方式选择“转账支票”，结算票号录入“ZZ2198”，现金类科目选择“1002.01 建设银行”，录入摘要“销售回款”，单据金额填写“11 700”，源单类型选择“销售发票”，将光标移至“源单编号”处，按 F7 功能键获取单据信息，会以“02.01 宏基公司”客户过滤出满足条件的发票信息，如图 8-42 所示。

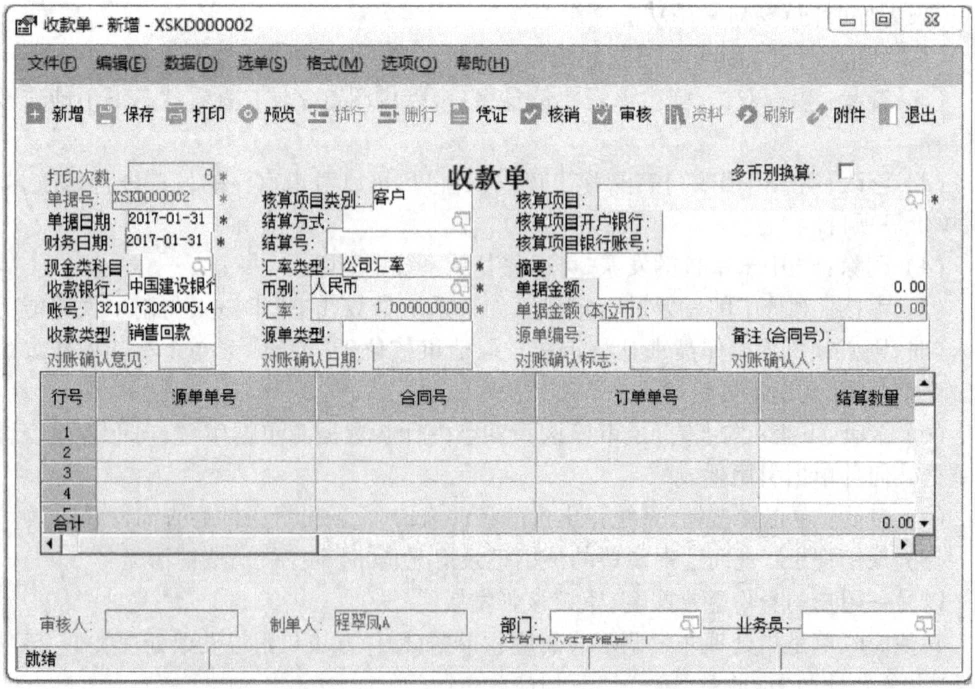

图 8-41

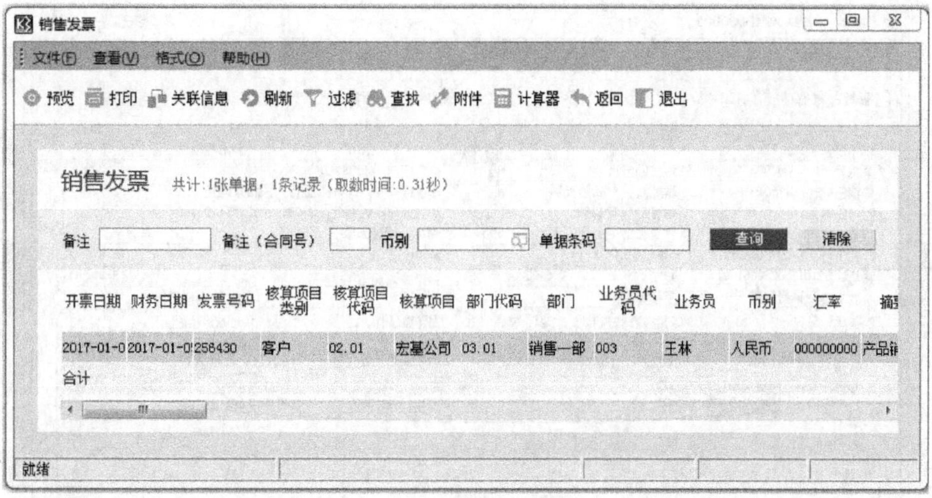

图 8-42

（3）选中 256430 发票后，单击“返回”按钮，此时系统将所引用的源单显示在收款明细表中，如图 8-43 所示。

当结算时有“折扣金额”，则在“结算折扣金额”处录入对应的折扣额数据。

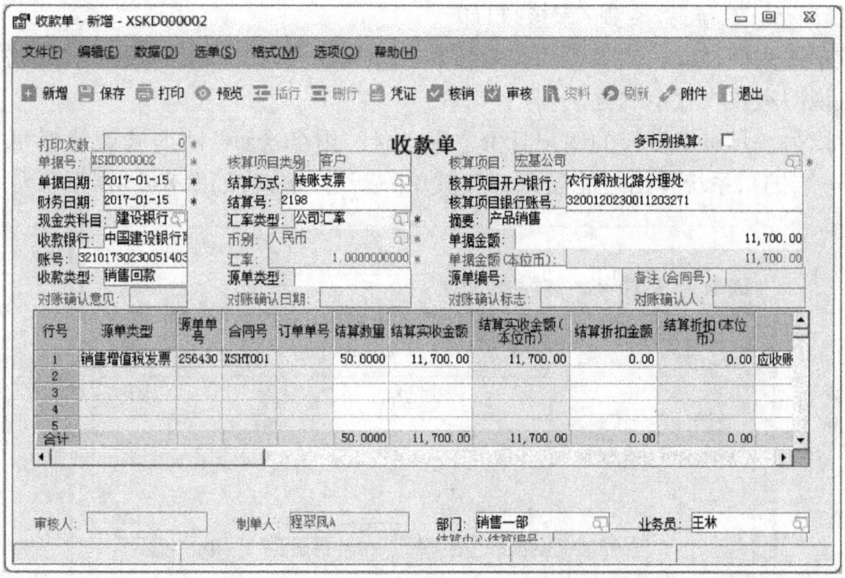

图 8-43

（4）发票号 256430 的结算数量修改为“50”，其他项目保持默认值，单击“保存”按钮保存当前单据。

对于第二张收款，要特别注意在按 F7 功能键获取单据信息，系统以“01.01 长城公司”客户过滤出满足条件的发票信息后，要使用 Ctrl 功能，同时选中第一行 A 产品和第二行 B 产品，单击“返回”按钮，此时系统将所引用的源单显示在收款明细表中，如图 8-44 所示。

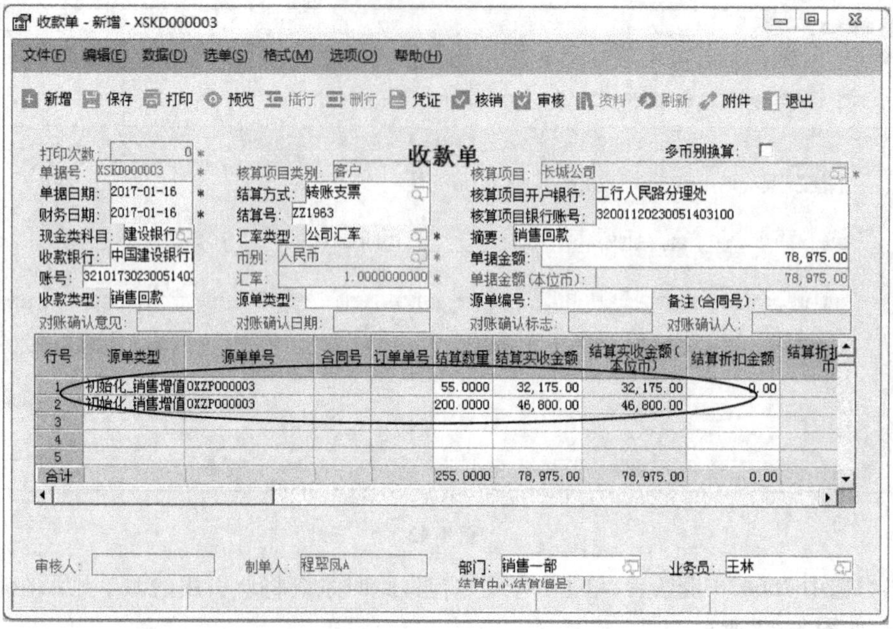

图 8-44

2. 查询/修改/删除/复制/审核/打印

收款单的查询、修改、删除、复制、审核和打印操作方法与前面单据的操作方法类似。下面重点说明审核收款单的方法。

(1) 以另一具有审核权的用户身份登录,执行"财务会计"|"应收款管理"|"收款"|"收款单—维护",系统弹出过滤窗口,"收款单—新增"窗口,如图 8-45 所示。

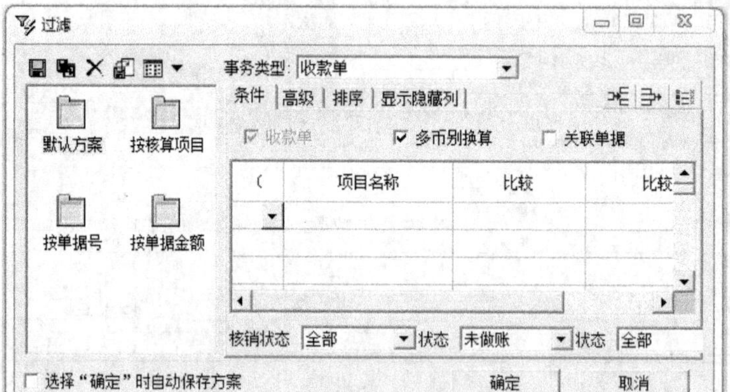

图 8-45

(2) 在收款单序时簿中(如图 8-46 所示),选中相应的收款单后,点击"审核"按钮,此时,经审核的收款单上有"审核"的字样,如图 8-47 所示。

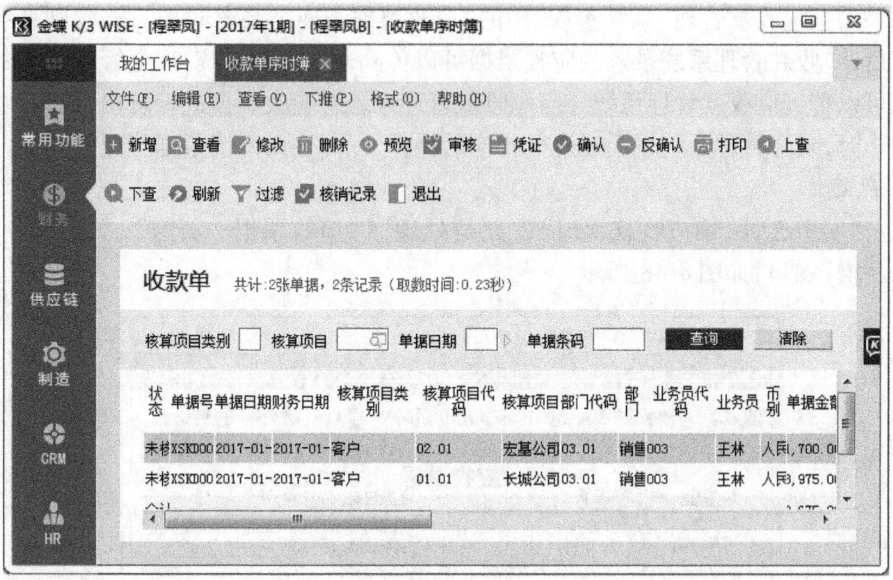

图 8-46

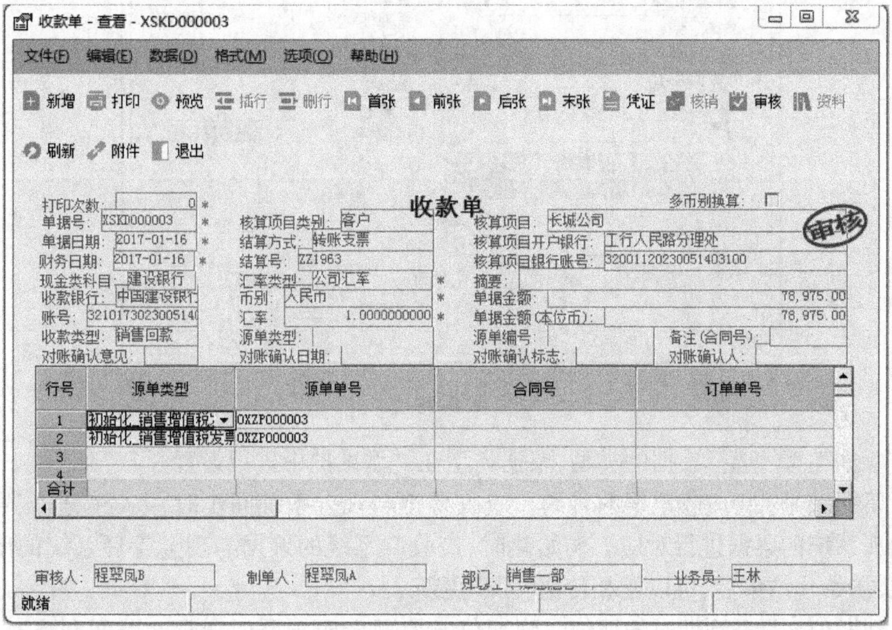

图 8-47

退款单是用于处理已经收到的货款并已录入“收款单”，因为某种原因需要退还货款的单据。退款单的操作方法基本同收款单。

（三）票据处理

票据是公司因销售商品、产品和提供劳务等而收到的商业汇票，包括银行承兑汇票和商业承兑汇票。票据处理包括应收票据的新增、修改、删除、背书、转出、贴现和退票等操作，还可以生成收款单。

如果勾选应收款管理“系统参数”中的“应收票据与现金系统同步”选项，则系统初始化结束后，应收款管理系统录入的应收票据可以传到现金管理系统，现金管理系统的应收票据也可以传到应收款管理系统。当应收款管理系统对应收票据进行转出、贴现、收款或背书操作时，现金管理系统也同时进行相应的操作，以保证两系统票据管理的同步。

1. 新增

双击“财务会计”|“应收款管理”|“票据处理”|“应收票据—新增”，系统弹出“应收票据—新增”窗口，如图 8-48 所示。

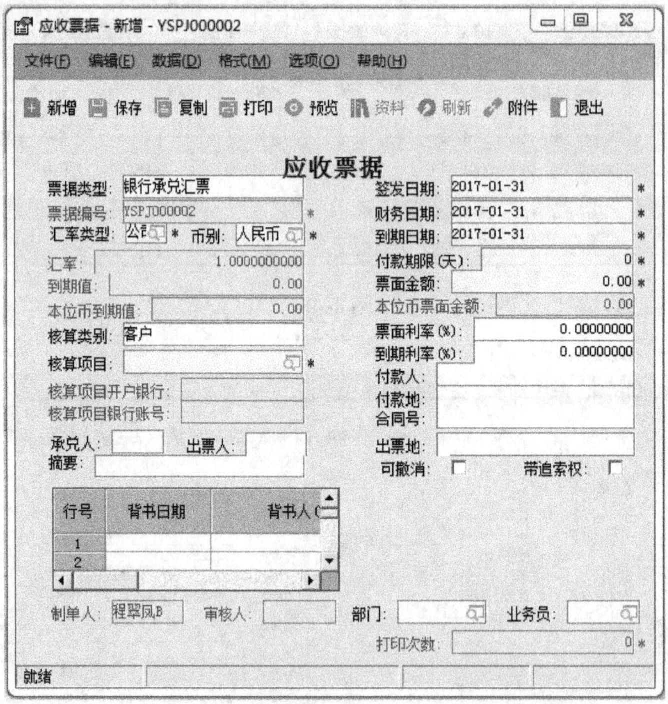

图 8-48

· 票据类型：选择票据的类型，票据类型在类型维护中进行设置。

· 票据编号：指应收票据的号码。应收票据与现金系统同步时，系统根据该号码与现金管理系统的票据进行对应。初始化时，应收款系统的票据与现金管理系统的票据分别录入，初始化结束后，可以互相传递，同步更新。

· 到期值：票据到期时的面值。到期值 = 票面金额 + 票面金额 × 票面利率 ÷ 360 × 付款期限(天)。系统根据公式自动计算。

· 承兑人：一般是针对银行承兑汇票。可手工录入承兑银行名称，或按 F7 功能键获取。

· 出票人：录入出票人的名称，可手工录入或按 F7 功能键获取。若出票人为无关第三方，可以手工录入，同时在前手栏录入客户信息资料，如果有多个前手信息，则无关前手，可以手工录入，系统默认最后一个前手必须为客户。

· 合同号：若不按合同进行往来款的管理，此处可以为空。如果录入了合同号，则审核生成的收款单或预收单可以携带合同号，据此可以进行合同收款的跟踪。

· 背书人(前手)：是应收票据背书记录中的前手。如果有多个前手信息，则无关前手，可以手工录入，系统默认最后一个前手必须为客户。

签发的票据需进行审核，操作方法为：执行“财务会计”|“应收款管理”|“票据处理”|“应收票据—维护”，系统弹出“应收票据序时簿”窗口，在窗口中选中相应的票据点击“审核”按钮，系统弹出“请选择生成收款单还是生成预收单”的提示，如图 8-49 所示，这里选择生成收款单，点击“确定”，系统提示生成收款单：××××××××××，如图 8-50 所示。经审核的票据带有红色的“审核”字样，如图 8-51 所示。

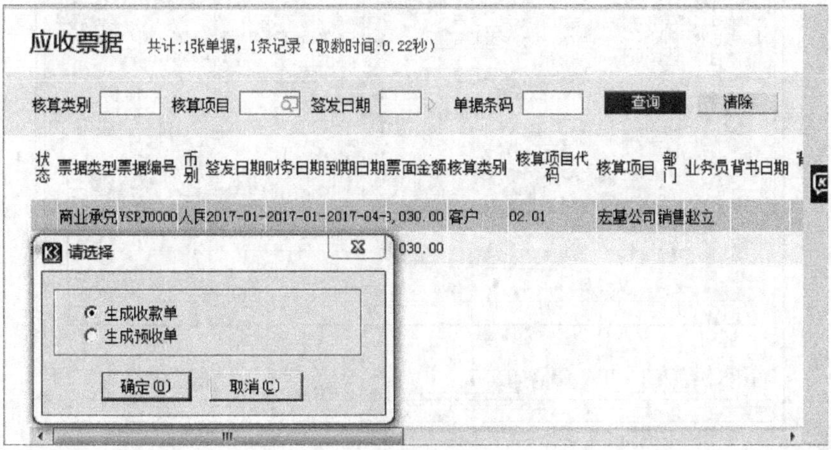

图 8-49

图 8-50

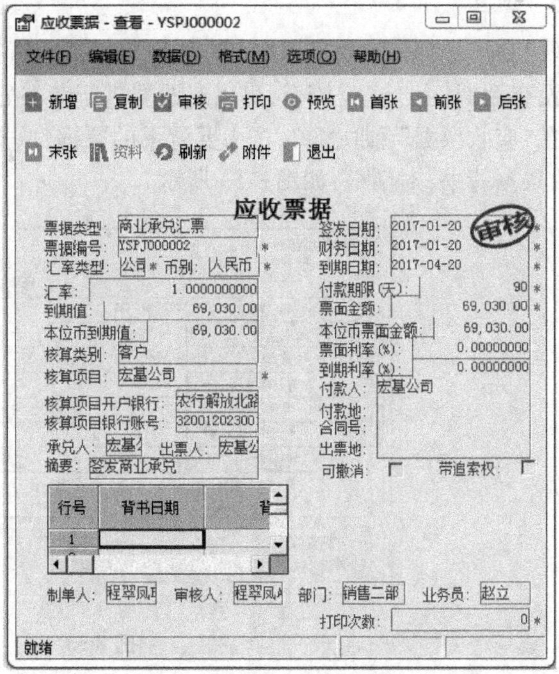

图 8-51

系统根据审核无误的票据生成的收款单也需进行有效性审核,方法与前收款单审核方法相同,审核后的根据票据生成的收款单如图 8-52 所示。

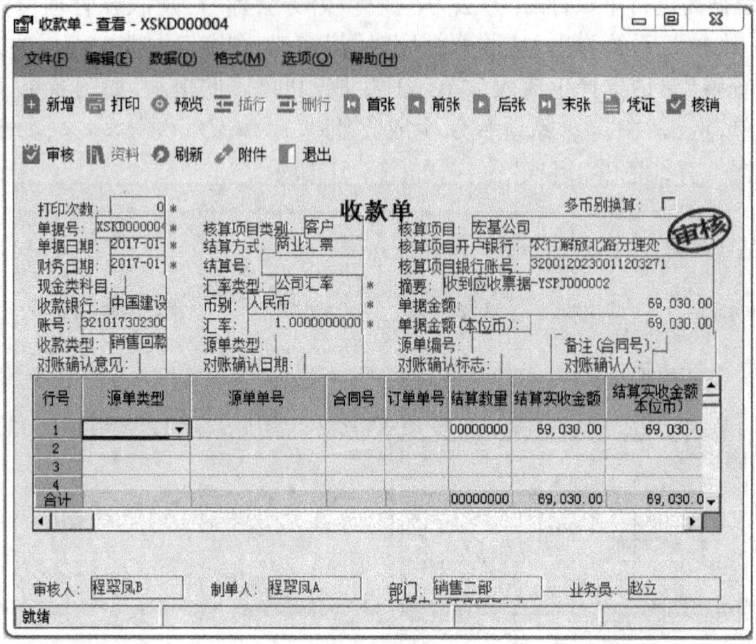

图 8-52

2. 背书

收到应收票据后,如果到期可以收取现金或银行存款,此时要进行收款处理。若应收票据没有到期,由于急需资金,可以对票据进行背书处理。

在"应收票据"维护窗口,选中要背书的票据,单击工具栏上的"背书"按钮,系统弹出"应收票据背书"对话框,如图 8-53 所示。

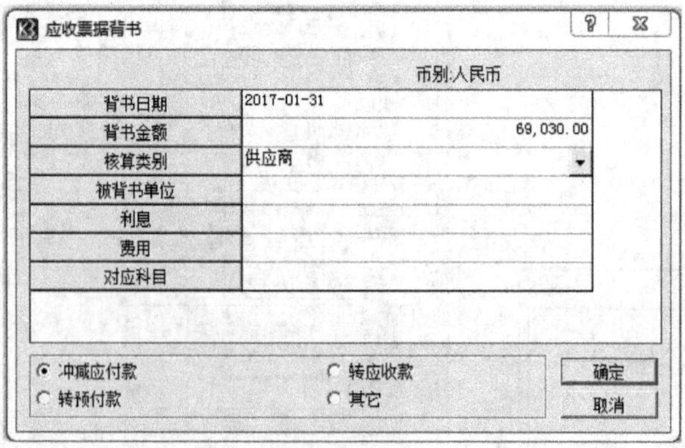

图 8-53

· 背书日期:应收票据背书处理的日期。背书处理时系统会自动产生相应的单据(付款单、应收单、预付单),自动产生的单据日期和财务日期均自动取背书日期。

·背书金额：默认取应收票据的票面金额，不允许修改。背书时产生单据的实付金额(或金额)和单据金额自动取背书金额。

·对应科目：指生成凭证时对应的会计科目，票据背书生成凭证时可以自动获取该科目。

·冲减应付款：选择“冲减应付款”，系统在背书处理时自动在应付款管理系统中产生一张付款单，该付款单的摘要中显示“应收票据×××背书”字样，以区别于手工录入的付款单，并且付款单处于未审核未核销状态。背书所生成的付款单不能在应付款系统中删除，如要删除，则在应收款管理系统取消应收票据背书方可，不可以修改金额、币别和汇率。如果付款单已经审核，则该应收票据不能取消背书。

·转预付款：选择“转预付款”，系统在进行背书处理时自动在应付款管理系统中产生一张预付单，处于未审核未核销状态。其他同“冲减应付款”。

·转应收款：选择“转应收款”，系统在进行背书处理时自动在应收款管理系统中产生一张其他应收单，处于未审核未核销状态。背书生成的其他应收单不能在应收款管理系统删除，如要删除，则取消应收票据背书方可，也不可以修改金额、币别和汇率。若其他应收单已经审核，则该应收票据不能取消背书。

·其他：选择“其他”，即直接增加原材料或材料采购等，不涉及冲销应收应付账款，生成背书凭证冲销应收票据即可，并且不在应收应付系统增加任何单据。

应收票据只有“审核”后才能进行“背书”处理，应收票据背书成功后，会在查询窗口的“状态”栏中显示“背书”。

3. 转出

应收票据未到期，暂不能收到钱款，可以做转出处理，即再重新增加应收账款。

在“应收票据”查询窗口，选中要转出的票据，单击工具栏上“转出”按钮，系统弹出“应收票据转出”对话框，如图 8-54 所示。

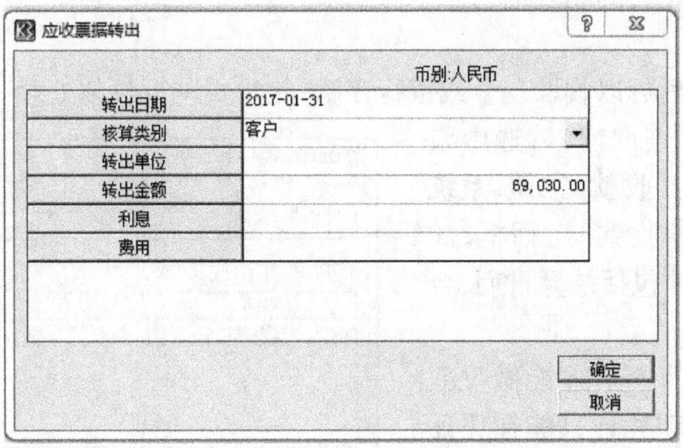

图 8-54

应收票据只有审核后才能做转出处理。应收票据转出成功后，状态显示为“转出”。应收票据做转出处理时，应收票据减少，同时系统自动在应收单中产生一张其他应收单。应收票据转出生成的其他应收单不能在应收单序时簿中删除，如要删除，只有取消应收票据转出方可。其他应收单对应的凭证字号自动获取应收票据转出凭证的凭证字号。若其他应收单已经审核,则不能取消应收票据转出。如果其他应收单未审核,则应收票据转出不能生成凭证。

4. 贴现

收到应收票据后,若应收票据没有到期且急需资金,可以对票据进行贴现处理。

在"应收票据"查询窗口,选中要贴现的票据,单击工具栏上的"贴现"按钮,系统弹出"应收票据贴现"窗口,如图 8-55 所示。

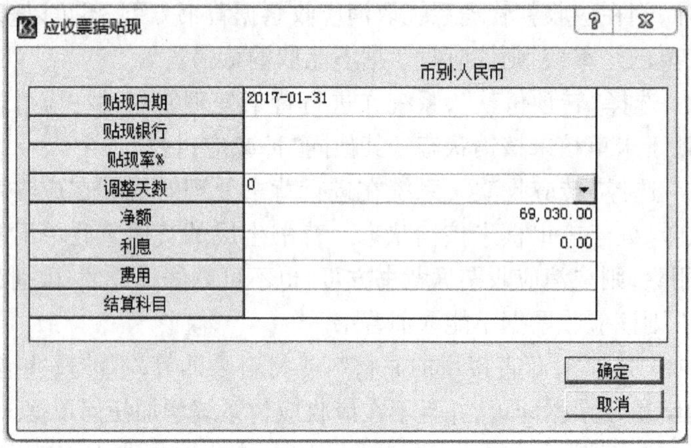

图 8-55

只有审核后的票据才能贴现。应收票据贴现处理后不在应收款管理系统产生任何单据,并且应收票据的状态变为"贴现"。取消贴现的方法是在"应收票据"查询窗口单击菜单"编辑—取消处理"选项。

应收票据与现金管理系统同步时,在应收管理系统进行了贴现的应收票据,传到现金管理系统时会回填相关的贴现信息。

5. 收款

应收票据到期后可以收取现金或银行存款,此时要进行收款处理。

在"应收票据"查询窗口,选中票据,单击工具栏上的"收款"按钮,系统弹出"应收票据到期收款"对话框,如图 8-56 所示(必填项包括结算日期、金额和结算科目)。

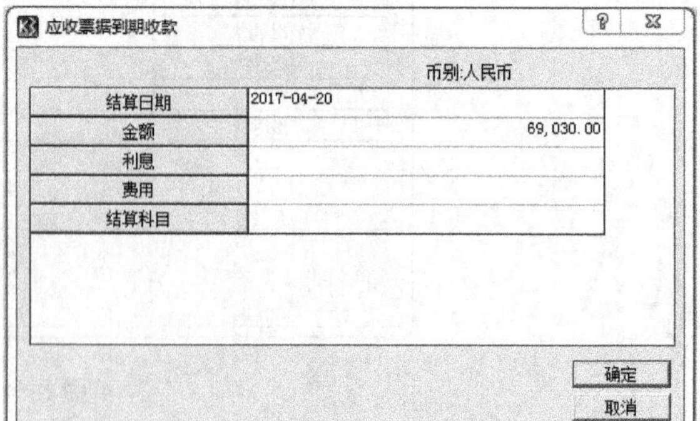

图 8-56

应收票据只有审核后才能做收款处理。应收票据收款凭证只能在凭证处理模块中生成。应收票据进行收款处理后,不在应收款管理系统产生任何单据,只是状态变为"收款"。应收票据收款处理后,也不应再做收款单的录入。取消票据的收款处理，是在“应收票据”查询窗口中单击菜单“编辑—取消处理”选项。

6. 退票

应收票据收到后，做贴现处理或到期提款时，因票据填写错误或印章不清晰等原因，有可能要做退票处理。

在“应收票据”查询窗口，选中要退票的票据，单击工具栏“退票”按钮，可以对应收票据进行退票操作。

系统提供应收票据退票的情况有应收票据审核后、应收票据背书冲减应付款、应收票据背书转预付款、应收票据背书转其他、期初应收票据、期初应收票据背书冲减应付款、期初应收票据背书转预付款和期初应收票据背书转其他等情况。

（1）应收票据审核后退票。对已审核的应收票据进行退票处理时，首先必须反核销原已核销的相关记录，如收款单、预收单等，退票成功后，在应收款管理系统自动产生一张应收退款单，与原票据审核时自动产生的收款单（或预收单）自动核销。应收退款单摘要中注明。票据×××退票的字样。退票的凭证在凭证处理模块的应收票据退票中进行处理。

退票后的应收票据在“应收票据”查询窗口的状态栏中显示“作废”字样。

如果取消退票，要手工删除相关凭证，并在核销日志中反核销收款单（或预收单）与应收退款单的记录，同时系统会自动删除原退票产生的应收退款单，并且该应收票据取消退票且状态变为“审核”。

（2）应收票据背书冲减应付款退票。应收票据背书冲减应付款后进行退票处理时，首先必须反核销原已核销的相关记录（包括应收款管理系统与应付款管理系统），退票成功后在应收款管理系统产生一张应收退款单，在应付款管理系统产生一张应付退款单，应收退款单冲销原应收票据审核时自动产生的收款单（或预收单），应付退款单冲销背书冲减应付款处理时产生的付款单。应收退款单和应付退款单的摘要中均要注明“票据×××退票”字样。退票的凭证在凭证处理模块的应收票据退票中进行处理。

背书冲减应付款退票后的应收票据，在“应收票据”查询窗口状态栏中显示为“背书、作废”。

如果要取消退票，应手工删除相关凭证，并在应收款管理系统的核销日志中反核销收款单（或预收单）与应收退款单、付款单和应付退款单的记录，同时系统会自动删除原退票产生的应收退款单和应付退款单，并且取消该应收票据背书冲减应付款的退票操作，应收票据的状态变为“背书”。

（3）应收票据背书转预付款退票。应收票据背书转预付款后进行退票处理时，首先必须反核销原已核销的相关记录（包括应收款管理系统与应付款管理系统），退票成功后在应收费管理系统产生一张应收退款单，在应付款管理系统产生一张应付退款单，应收退款单冲销原应收票据审核时自动产生的收款单（或预收单），应付退款单冲销背书转预付款处理时产生的预付单。应收退款单和应付退款单的摘要中均要注明“票据×××退票”字样。退票的凭证在凭证处理模块的应收票据退票中进行处理。

背书转预付款的应收票据退票后在“应收票据”查询窗口状态栏中显示为“背书、

作废”。

如果取消退票,应手工删除相关凭证,并在应收款管理系统的核销日志中反核销收款单(或预收单)与应收退款单、预付单和应付退款单的记录,同时系统会自动删除原退票产生的应收退款单和应付退款单,并且取消该应收票据背书转预付款的退票操作,应收票据的状态变为“背书”。

(4) 应收票据背书转其他退票。应收票据背书转其他进行退票处理时,系统直接在应收票据序时簿的状态栏中显示“背书、作废”,并且不在应收应付款系统中增加任何单据。

(5) 期初应收票据退票。期初应收票据进行退票处理时,系统在应收款管理系统中自动产生一张其他应收单,摘要中注明“期初票据×××退票”,并且该应收单处于未审核未核销状态,由用户自行核销。期初应收票据退票的凭证只能在“凭证处理”|“凭证—生成”中的应收票据退票中进行处理。

(6) 期初应收票据背书冲减应付款退票。期初应收票据背书冲减应付款后进行退票处理时,首先必须反核销原已核销的相关记录(应付款管理系统),退票成功后在应付款管理系统产生一张应付退款单,并与期初应收票据背书冲减应付款生成的付款单自动核销,该应付退款单摘要中注明“期初票据×××退票”字样。同时在应收款管理系统产生一张其他应收单,并且该其他应收单处于未审核未核销状态,由用户自行核销,该应收单的摘要中注明“期初票据×××退票”字样。期初应收票据背书冲减应付款退票的凭证只能在“凭证处理”|“凭证—生成”中的应收票据退票中进行处理。

(7) 期初应收票据背书转预付款退票。期初应收票据背书转预付款后进行退票处理时,首先必须反核销原已核销的相关记录,退票成功后在应付款管理系统产生一张应付退款单,并与期初应收票据背书转预付款生成的预付单自动核销,该应付退款单摘要中注明“期初票据×××退票”字样;同时在应收款管理系统产生一张其他应收单,并且该其他应收单处于未审核未核销状态,由用户自行核销,该其他应收单的摘要中注明“期初票据×××退票”字样。期初应收票据背书转预付款退票的凭证只能在“凭证处理”|“凭证—生成”中的应收票据退票中进行处理。

(8) 期初应收票据转其他退票。期初应收票据背书转其他进行退票处理时,系统自动产生一张其他应收单,摘要中注明“期初票据×××退票”,并且该其他应收单是未审核未核销状态,由用户自行核销。期初应收票据转其他退票的凭证只能在“凭证处理”|“凭证—生成”中的应收票据退票中进行处理。

注意: 退票后,不能查看原背书记录。取消退票只能针对当前期间已经退票的票据。

(四) 结算

结算管理主要是指应收发票、其他应收单与收款单、退款单的核销处理,系统提供了7种核销类型和3种核销方式。

1. 核销类型

(1) 到款结算:包括收款单、退款单与销售发票、其他应收单核销,或收款单与退款单互冲,红字销售发票、其他应收单与蓝字销售发票、其他应收单互冲,不包括预收单。

（2）预收款冲应收款：预收款与销售发票、其他应收单核销，或预收单与退款单互冲。预收款冲应收款与到款结算的区别之处在于预收冲应收要根据相应的核销记录生成预收冲应收凭证，而到款结算则不用。

（3）应收款冲应付款：销售发票、其他应收单与采购发票、其他应付单的核销处理。

（4）应收款转销：属于单边核销，即从一个客户转为另一个客户，实际应收款的总额并不减少。

（5）预收款转销：属于单边核销，即从一个客户转为另一个客户，实际预收款的总额并不减少。

（6）预收款冲预付款：预收单与预付单进行核销。

（7）收款冲付款：收款单与付款单进行核销。

2. 核销方式

（1）单据：用户选择单据进行核销时，系统内部仍然按行依次核销。

（2）存货数量：用户可以对发票上的存货数量进行选择并核销。

（3）关联关系：对存在结算关联关系的单据进行核销，包括收款单关联应收单、退款单关联负数应收单、退款单关联收款单和退款单关联预收单。

3. 到款结算

（1）在主界面窗口双击“财务会计”|“应收款管理”|“结算”|“应收款核销—到款结算”，系统弹出“单据核销”对话框，如图 8-57 所示。

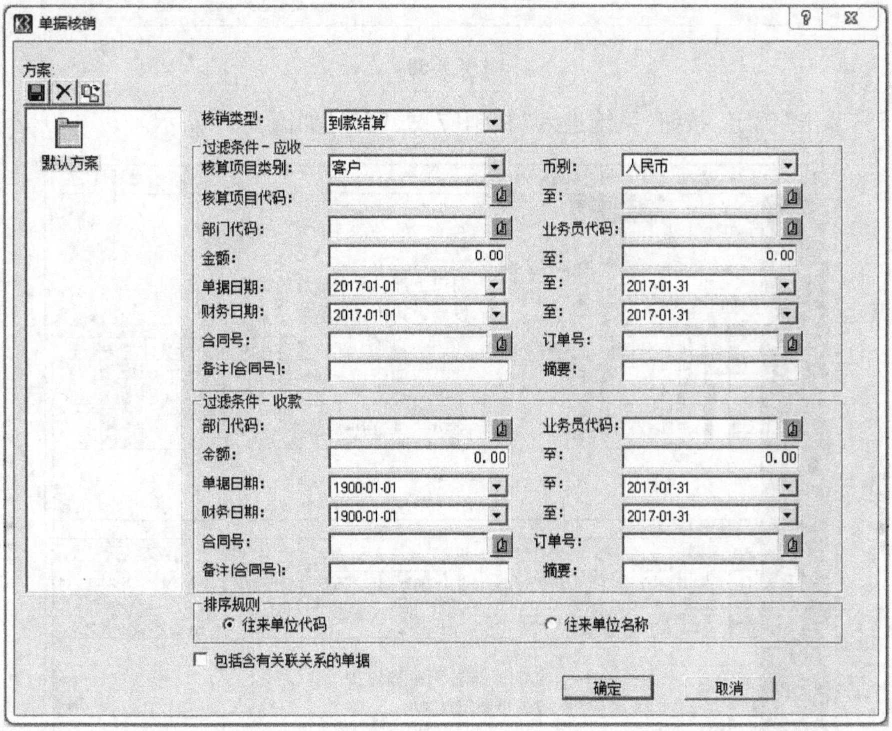

图 8-57

（2）选择“核销类型”和设置过滤条件后（此处应收单据应包括期初发票的单据日期，且必须勾选包括含有关联关系的单据，因为前面在录入收款单时都与销售发票进行了关联），如图 8-58 所示。

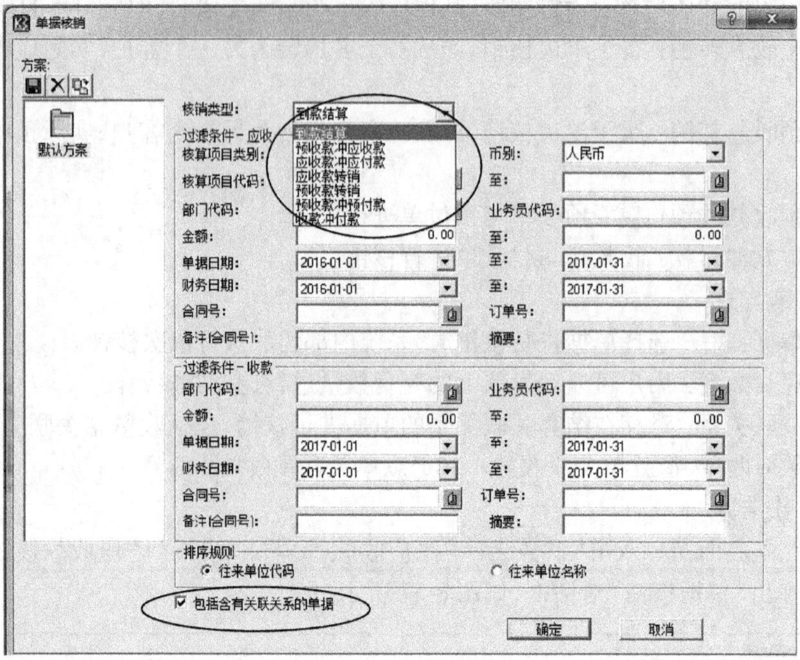

图 8-58

（3）单击“确定”按钮，系统进入“核销应收”窗口，如图 8-59 所示。

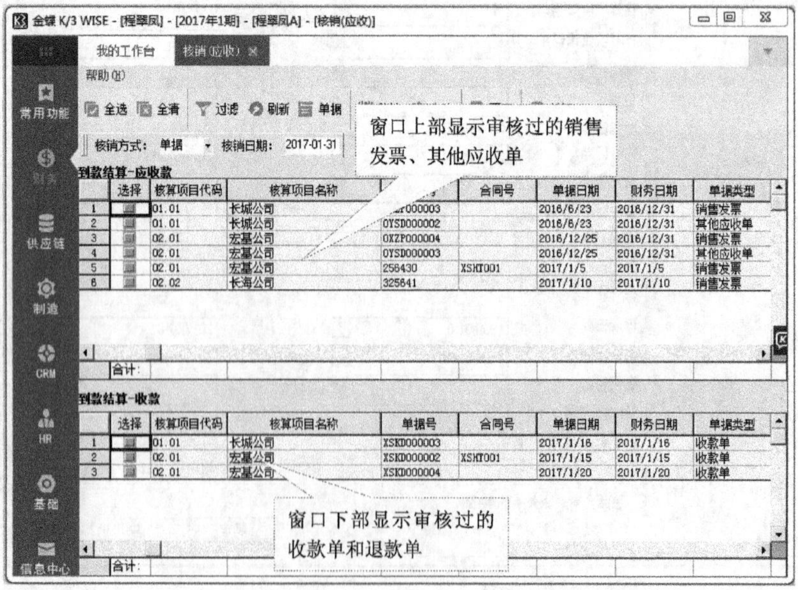

图 8-59

(4) 选择核销方式后,可以单击“自动”按钮,此时系统会根据选项设置自动进行核销处理;“核销”则是对选中的单据进行核销处理。

在此单击“自动”按钮,稍后窗口中被选中的记录被隐藏,表示核销成功。

注意: 系统参数中选择“审核后自动核销”,则单据在审核时就自动与存在关联的单据进行核销处理,核销日志可以在“核销日志—查看”中查询。如前面填制的表 8-3 中两张收款单据,当收款单审核时,由于是关联发票生成的收款单,系统已经自动进行核销处理。

核销日志用于查看当前系统中的单据核销情况,如 × × × 应收单与 × × × 收款单进行核销时,核销了多少金额等。当已核销的单据需要修改时,可以在“核销日志”中反核销单据,之后再进行修改。

在主界面窗口,双击“财务会计”|“应收款管理”|“结算”|“核销日志—维护”,系统弹出“过滤条件”窗口,设置查询条件后单击“确定”按钮进入“核销日志”窗口,如图 8-60 所示。

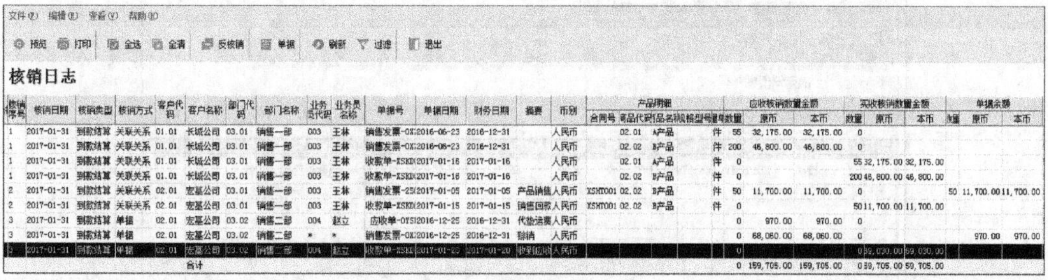

核销序号	核销日期	核销类型	核销方式	客户代码	客户名称	部门代码	部门名称	业务员代码	业务员名称	单据号	单据日期	财务日期	摘要	币别	产品明细						应收核销数量金额		实收核销数量金额			单据余额		
															合同号	商品代码	品名称	规格型号	单位	数量	原币	本币	数量	原币	本币	数量	原币	本币
1	2017-01-31	到款结算	关联关系	01.01	长城公司	03.01	销售一部	003	王林	销售发票-OX	2016-06-23	2016-12-31		人民币		02.01	A产品		件	55	32,175.00	32,175.00	0					
1	2017-01-31	到款结算	关联关系	01.01	长城公司	03.01	销售一部	003	王林	销售发票-OX	2016-06-23	2016-12-31		人民币		02.02	B产品		件	200	46,800.00	46,800.00	0					
1	2017-01-31	到款结算	关联关系	01.01	长城公司	03.01	销售一部	003	王林	收款单-XSKD	2017-01-16	2017-01-16		人民币		02.01	A产品		件	0			55	32,175.00	32,175.00			
1	2017-01-31	到款结算	关联关系	01.01	长城公司	03.01	销售一部	003	王林	收款单-XSKD	2017-01-16	2017-01-16		人民币		02.02	B产品		件	0			200	46,800.00	46,800.00			
2	2017-01-31	到款结算	关联关系	02.01	宏基公司	03.01	销售一部	003	王林	销售发票-25	2017-01-05	2017-01-05	产品销售	人民币	XSHT001	02.02	B产品		件	50	11,700.00	11,700.00	0			50	11,700.00	11,700.00
2	2017-01-31	到款结算	关联关系	02.01	宏基公司	03.01	销售一部	003	王林	收款单-XSKD	2017-01-15	2017-01-15	销售回款	人民币	XSHT001	02.02	B产品		件	0			50	11,700.00	11,700.00			
3	2017-01-31	到款结算	单据	02.01	宏基公司	03.02	销售二部	004	赵立	应收单-OYS	2016-12-25	2016-12-31	代垫运费	人民币						0	970.00	970.00	0					
3	2017-01-31	到款结算	单据	02.01	宏基公司	03.02	销售二部	*	*	销售发票-OX	2016-12-25	2016-12-31	赊销	人民币						0	68,060.00	68,060.00	0				970.00	970.00
3	2017-01-31	到款结算	单据	02.01	宏基公司	03.02	销售二部	004	赵立	收款单-XSKI	2017-01-20	2017-01-20	收到应收	人民币						0			0	69,030.00	69,030.00			
					合计															0	159,705.00	159,705.00	0	59,705.00	59,705.00			

图 8-60

通过核销日志能有效地查询每一笔单据的结算情况。若要查看记录的单据情况,选中记录后,单击“单据”按钮即可。

反核销的方法是双击选中核销记录,再单击工具栏上的“反核销”按钮。

(五) 凭证处理

凭证处理是指将应收款系统中的各种单据生成凭证并转到总账系统,总账经过过账、汇总后得出相关的财务报表,这样可省去在总账系统中手工录入凭证的工作量。若应收款系统单独使用,则可不做凭证处理。

(1) 在主界面窗口,双击“财务会计”|“应收款管理”|“凭证处理”|“凭证—生成”,系统弹出“选择事务类型”窗口,如图 8-61 所示。

(2) 选择“销售增值税发票”,单击“确定”按钮,系统进入过滤窗口,在过滤窗口中勾选产品明细,其他保持默认值(如图 8-62 所示),单击“确定”按钮,进入“生成记账凭证”窗口,如图 8-63 所示。

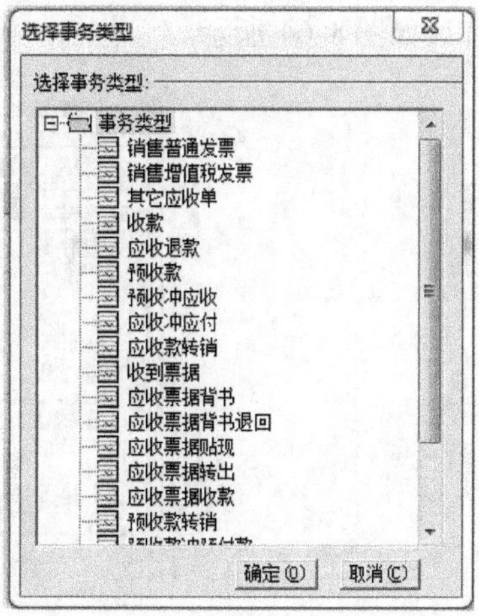

图 8-61

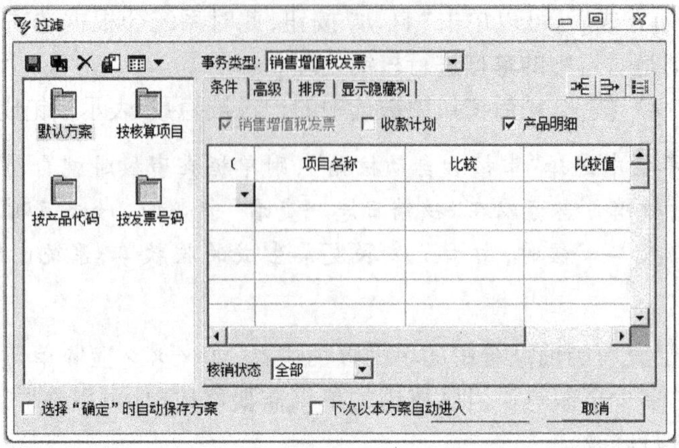

图 8-62

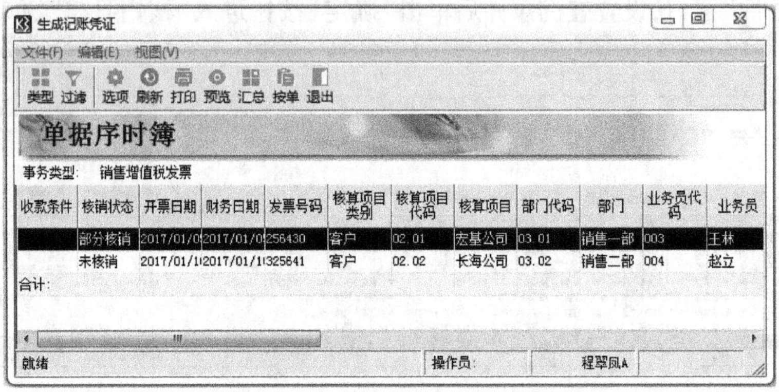

图 8-63

（3）单击工具栏“类型”按钮，可以切换到要生成凭证的单据列表，再选择要生成的记录，单击“按单”按钮则系统是按照当前单据的内容生成一张凭证，单击“汇总”按钮系统会将所有的单据汇总成一张凭证。单击“选项”按钮，系统弹出“生成凭证选项”设置窗口，如图 8-64 所示。

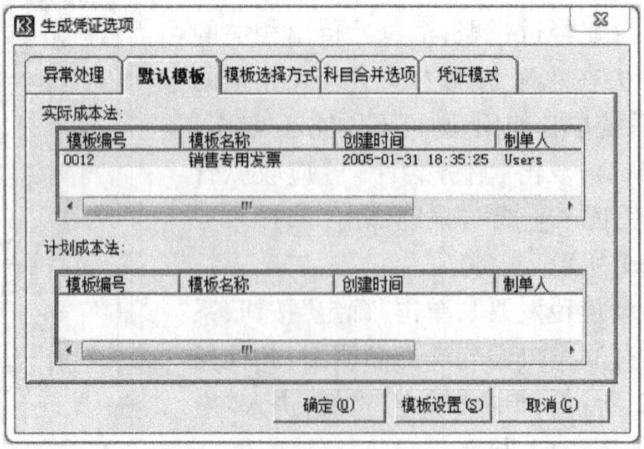

图 8-64

在选项窗口可以对生成凭证时的异常处理、凭证模板和科目合并选项等设置进行控制。

当选中单据，单击按单或汇总后，系统会自动生成凭证，如有错误，系统会显示相应的信息，操作员根据信息进入调整后，再生成凭证即可。

(4) 要查询、修改和删除凭证，执行“财务会计”|“应收款管理”|“凭证处理”|“凭证—维护”，系统弹出过滤窗口，设置条件后，单击“确定”按钮，系统会将满足条件的凭证显示，如图 8-65 所示。选中相应的凭证后可单击“修改”按钮对凭证进行修改保存，如图 8-66 所示。

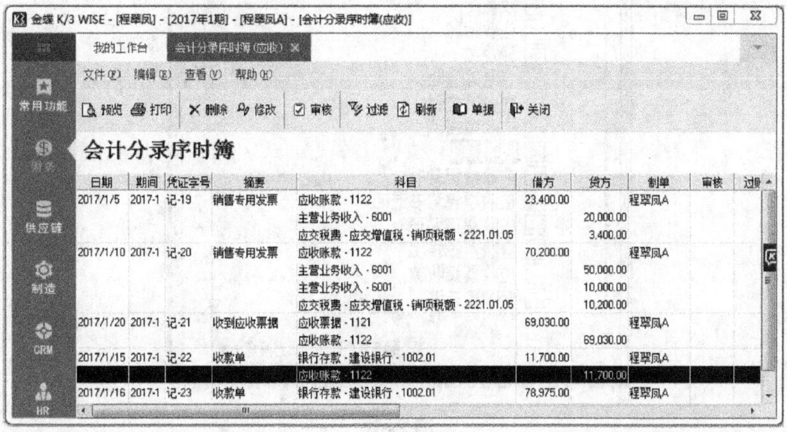

图 8-65

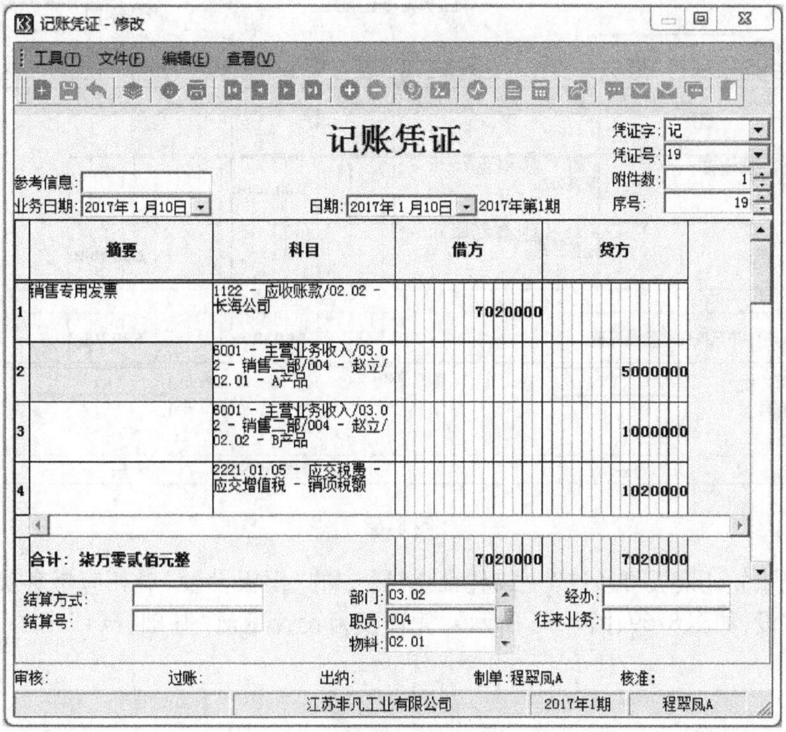

图 8-66

(5) “收款单”凭证生成时“事务类型”需选择“收款”,应收票据制单时,“事务类型”需选择“收到票据”,如图 8-67、图 8-68 所示。

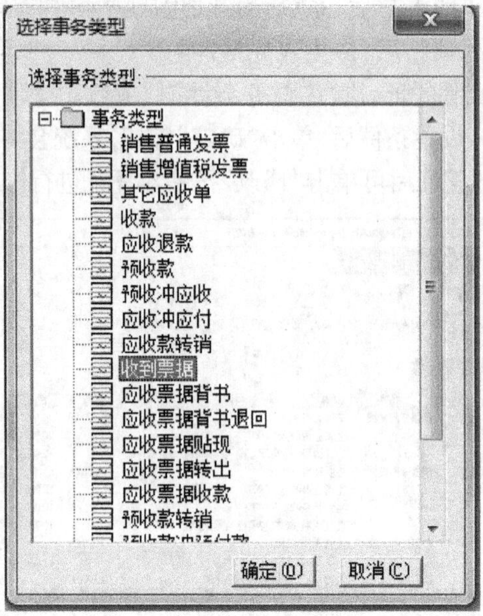

图 8-67

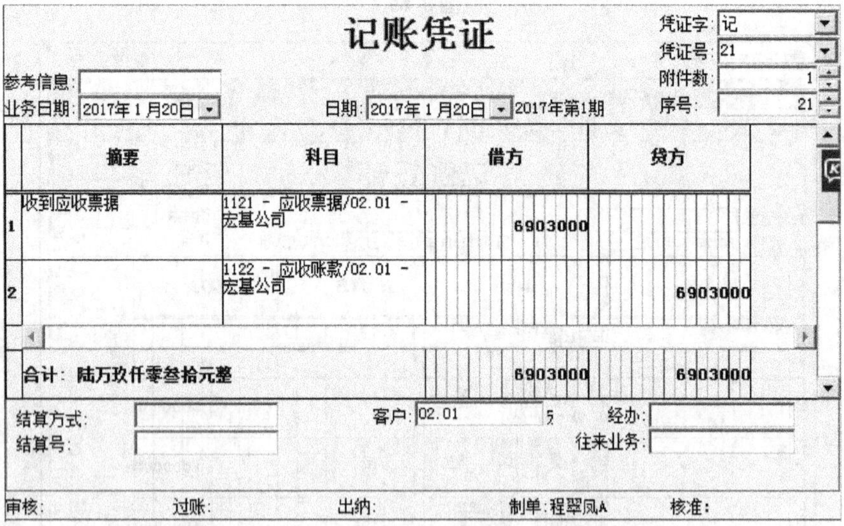

图 8-68

重设记账凭证模板可通过“生成凭证选项”中的“模板设置”对相应事务类型的记账凭证模板重设,如图 8-69、图 8-70 所示。凭证模板设置见前“基础资料”中的“凭证模板维护”。

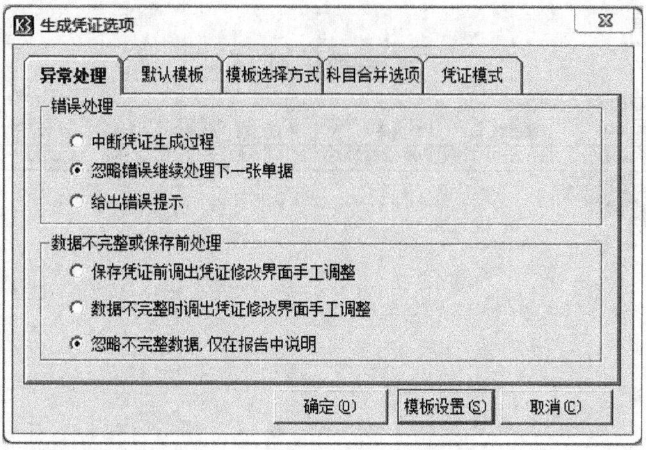

图 8-69

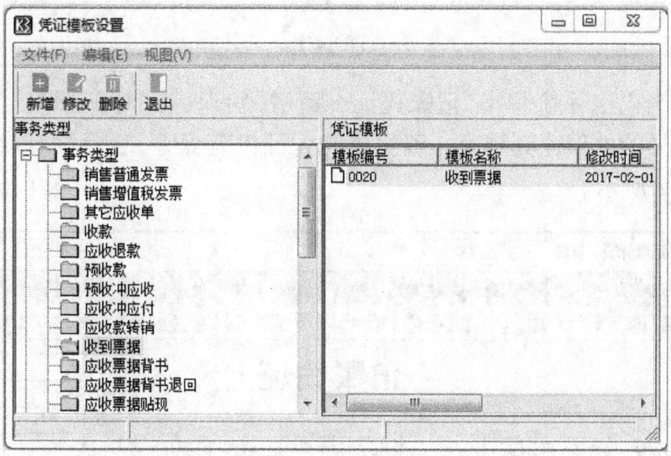

图 8-70

（六）坏账处理

坏账处理包括坏账损失、坏账收回、计提坏账准备、生成坏账的相关凭证及生成坏账备查簿、坏账计提明细表等。

1. 坏账损失

这是指由于某种原因导致应收款无法收回时，需要做坏账损失处理，并要说明损失原因和损失金额。

坏账损失处理的单据只能是初始化的销售发票、其他应收单，初始化结束后新增的已生成凭证的销售发票、其他应收单、未生成凭证的销售发票及其他应收单不能进行坏账损失处理。

在主界面窗口，执行“财务会计”|“应收款管理”|“坏账处理”|“坏账损失”，系统弹出“过滤条件”窗口，在条件窗口中录入“核算项目的代码”，并选择要处理的“单据类型”，单击“确定”按钮，系统进入“坏账损失处理”对话框，在“坏账”项目下的方框上打勾表示选中，选择“坏账原因”，设置“坏账日期”和“本次坏账金额”，如图 8-71 所示。

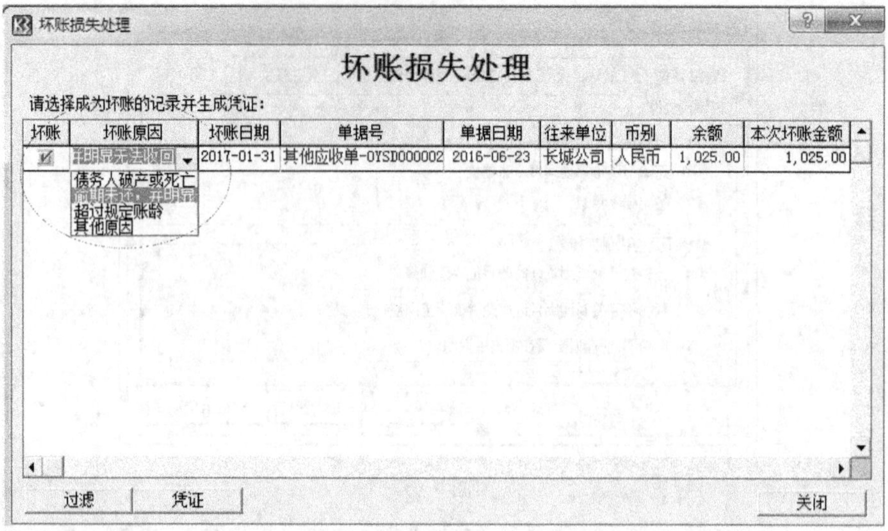

图 8-71

单击“凭证”按钮,系统弹出“记账凭证—新增”窗口,将“坏账损失”凭证修改正确并保存后,坏账损失的处理才算结束。若生成的凭证没有保存,表示没有成功设置好“坏账损失”,如图 8-72 所示。

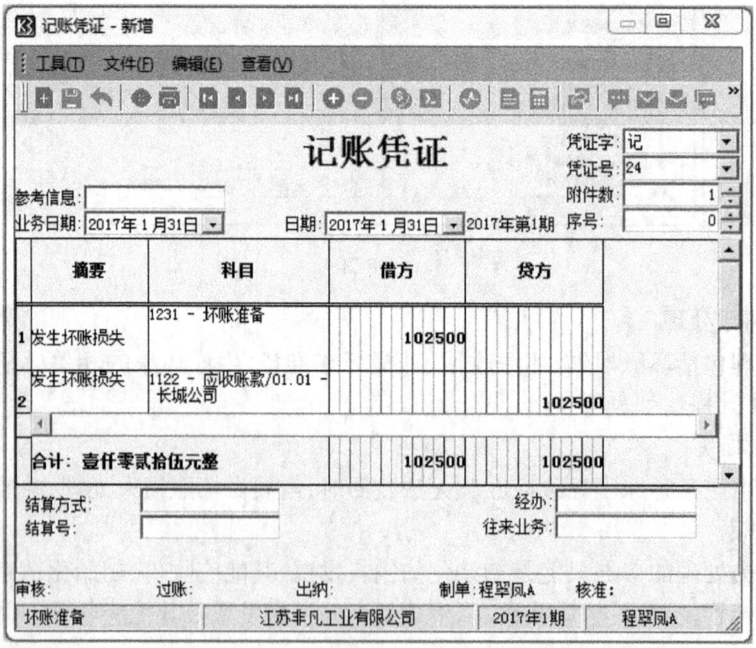

图 8-72

2. 坏账收回

(1) 执行“财务会计”|“应收款管理”|“坏账处理”|“坏账收回”,系统弹出“过滤条件”窗口,在条件窗口中设置要进行坏账收回的客户代码,选择单据类型、单据号和凭证字

等。如果收回的是期初坏账,则选中右下角的"期初坏账",单击"确定"按钮,系统弹出"坏账收回"窗口,如图 8-73 所示。

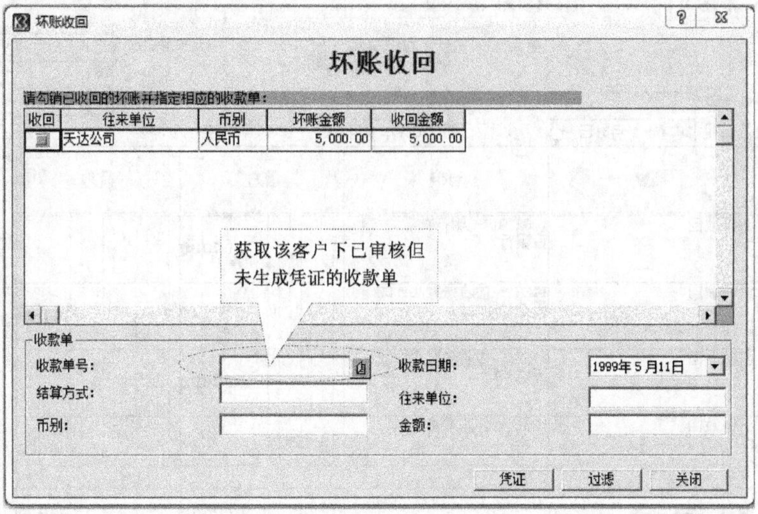

图 8-73

(2) 在要收回处理单据的"收回"项上打勾,修改"收回金额",获取对应的收款单,一次只能选择一张收款单进行坏账收回处理。坏账收回金额与收款单的金额必须相等,如图 8-74 所示。单击"凭证"按钮,系统将生成一张有关坏账收回的凭证,如图 8-75 所示。

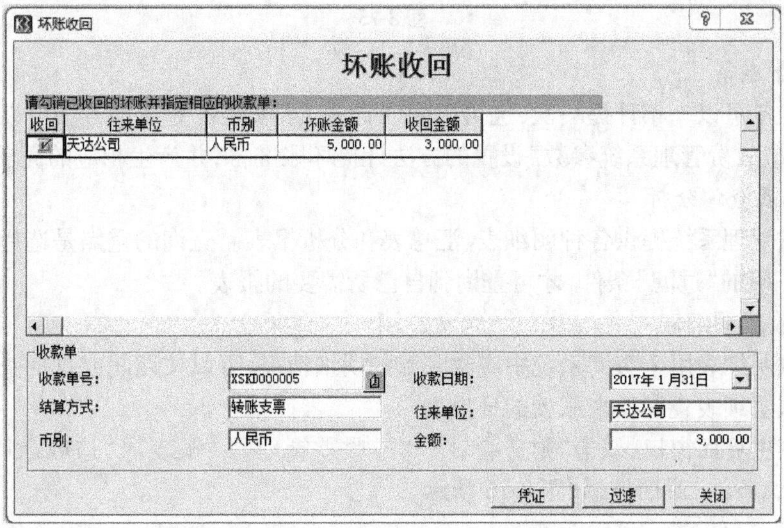

图 8-74

注意: 进行坏账收回时,一定要有该客户的收款单,只有已审核但未生成凭证的收款单才可以参与坏账收回处理。

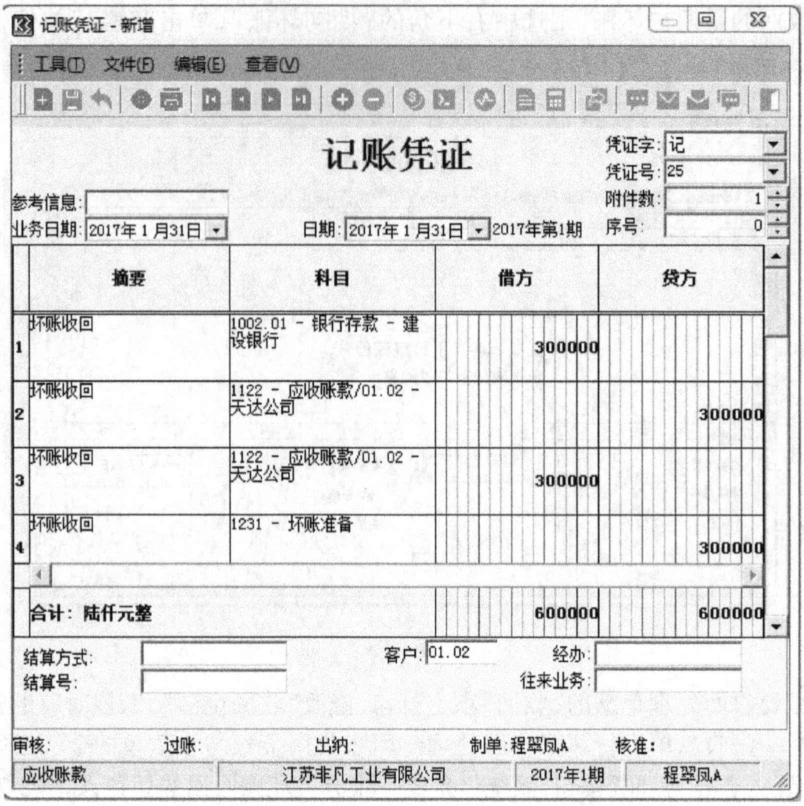

图 8-75

3. 坏账准备

坏账准备可以一年计提一次,也可以随时计提,坏账准备的计提方法可以随时更改,系统根据"应收费管理系统参数"设置的方法计提坏账准备,并产生相应的凭证。

三、账表查询分析

应收款管理系统提供各种明细表、汇总表和分析报表。查询的重点是选择正确的"报表",设置正确的"过滤"条件,才可查询到自己所需要的报表。

1. 应收款明细表

应收款明细表用于查询系统中应收账款的明细情况,可以按期间或日期查询,也可以通过应收款明细表查询往来账款的日报表。

(1) 在主界面窗口,双击"财务会计"|"应收款管理"|"账表"|"应收款明细表",系统弹出"过滤条件"对话框,如图 8-76 所示。

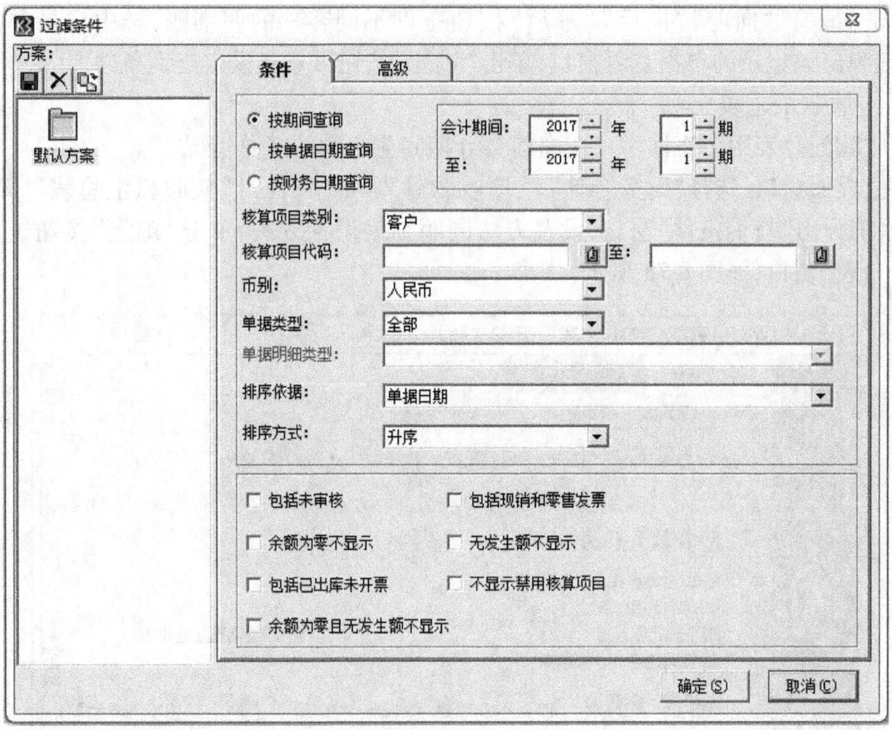

图 8-76

（2）在窗口中可以选择“按期间查询”“按单据日期查询”或“按财务日期查询”，并设置期间或日期范围，设定查询的“核算项目代码”范围、单据类型等条件，单击“高级”按钮，可设定“地区”范围和“行业”范围。查询条件设置完成后单击“确定”按钮进入“应收款明细表”窗口，如图 8-77 所示。

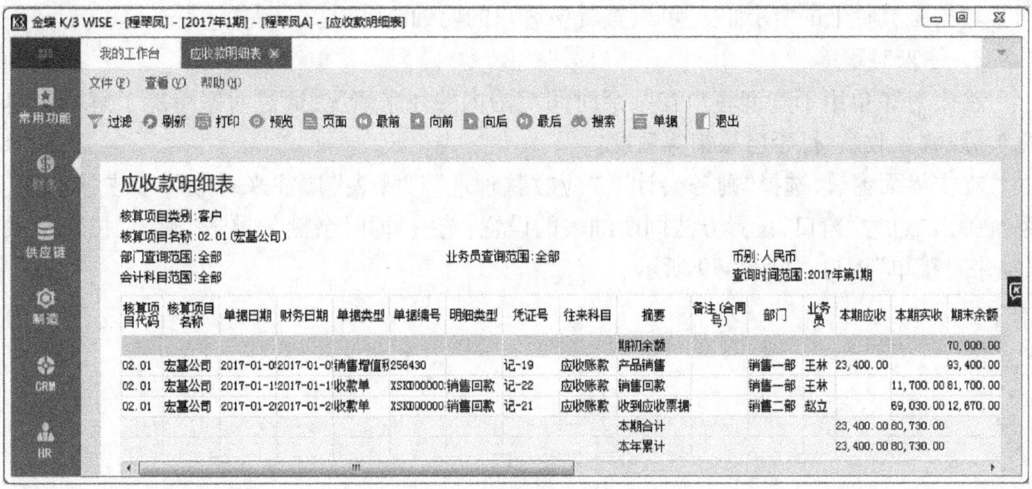

图 8-77

单击“最前”“向前”“向后”“最后”按钮查询不同客户的明细账，选中记录单击“单据”按钮弹出该记录的单据查看窗口，单击“过滤”按钮可重新设定查询条件。

2. 应收款汇总表

应收款汇总表用于查询客户在岗前会计期间应收款的汇总情况。

在主界面窗口，选择“财务会计”|“应收款管理”|“账表”|“应收款汇总表”，双击该功能，系统弹出“查询条件”窗口，设置方法同明细表设置方法，单击“确定”按钮进入“应收款汇总表”窗口，如图 8-78 所示。

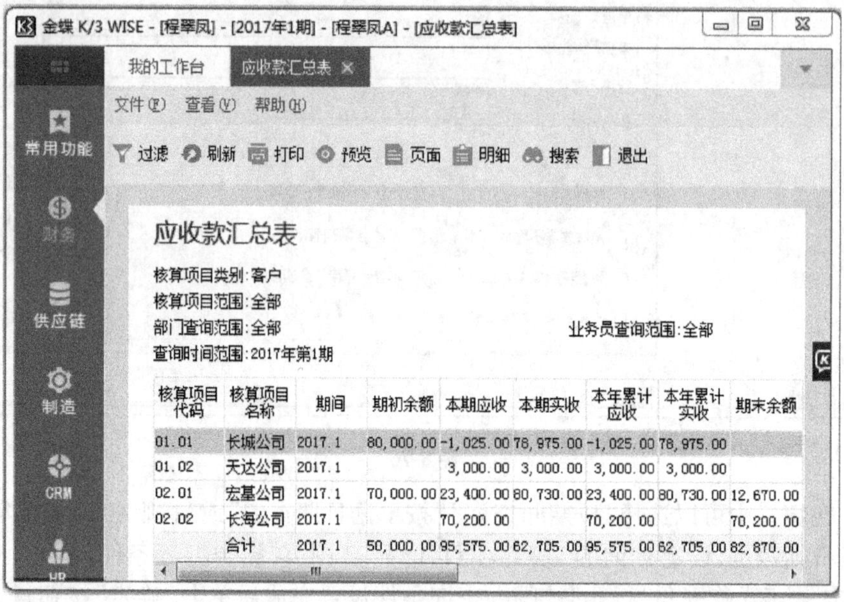

核算项目代码	核算项目名称	期间	期初余额	本期应收	本期实收	本年累计应收	本年累计实收	期末余额
01.01	长城公司	2017.1	80,000.00	-1,025.00	78,975.00	-1,025.00	78,975.00	
01.02	天达公司	2017.1		3,000.00	3,000.00	3,000.00	3,000.00	
02.01	宏基公司	2017.1	70,000.00	23,400.00	80,730.00	23,400.00	80,730.00	12,670.00
02.02	长海公司	2017.1		70,200.00		70,200.00		70,200.00
	合计	2017.1	50,000.00	95,575.00	62,705.00	95,575.00	62,705.00	82,870.00

图 8-78

单击工具栏上的“明细表”可以查看该客户的明细账情况。

3. 往来对账单

往来对账单用于查询客户在某个时间范围内的往来情况，通过对账单能了解哪张单据欠款、哪张收款、是否已核销等情况。

在主界面窗口，选择“财务会计”|“应收款管理”|“账表”|“往来对账”，双击该功能，系统弹出“过滤”窗口，设置方法同明细表的设置，选中“即时余额”，单击“确定”按钮进入“往来对账单”窗口，如图 8-79 所示。

往来对账

核算项目类别:客户　　　　　　　　核算项目范围:全部
部门代码范围:全部　　业务员代码范围:全部　　币别:人民币
地区:　　行业:　　查询日期范围:2017-01-01 至 2017-01-31

客户代码	客户名称	部门代码	部门名称	业务员代码	业务员名称	单据日期	财务日期	到期日期	单据类型	单据号码	凭证字号	摘要	应收	已收	现金折扣	状态	单据余额(收款单(-))
01.01	长城公司								期初余额								80,000.00
		03.01	销售一部	003	王林	2017-01-1	2017-01-1		收款单	XSKD00000	记-23			78,975.00		完全核销	1,025.00
		03.01	销售一部	003	王林	2017-01-3	2017-01-3		坏账损失	OYSD00000	记-24	代垫运费	-1,025.00			完全核销	
小计	长城公司												-1,025.00	78,975.00			
01.02	天达公司	*	*	*	*	2017-01-3	2017-01-3		收款单	XSKD00000	记-25	收回坏账	3,000.00	3,000.00		完全核销	
小计	天达公司												3,000.00	3,000.00			
02.01	宏基公司								期初余额								70,000.00
		03.01	销售一部	003	王林	2017-01-0	2017-01-0	2017-01-0	销售发票	256430	记-19	产品销售	23,400.00			部分核销	93,400.00
		03.01	销售一部	003	王林	2017-01-1	2017-01-1		收款单	XSKD00000	记-22	销售回款		11,700.00		完全核销	81,700.00
		03.02	销售二部	004	赵立	2017-01-2	2017-01-2		收款单	XSKD00000	记-21	收到应收		69,030.00		完全核销	12,670.00
小计	宏基公司												23,400.00	80,730.00			12,670.00
02.02	长海公司	03.02	销售二部	004	赵立	2017-01-1	2017-01-1	2017-01-1	销售发票	325641	记-20	产品销售	70,200.00			未核销	70,200.00
小计	长海公司												70,200.00				70,200.00
	总计												95,575.00	82,705.00			82,870.00

图 8-79

4. 账龄分析表

账龄分析表主要是用来对未核销的往来账款进行分析。

在主界面窗口,选择“财务会计”|“应收款管理”|“分析”|“账龄分析”,双击该功能,系统弹出“过滤条件”对话框,如图 8-80 所示。

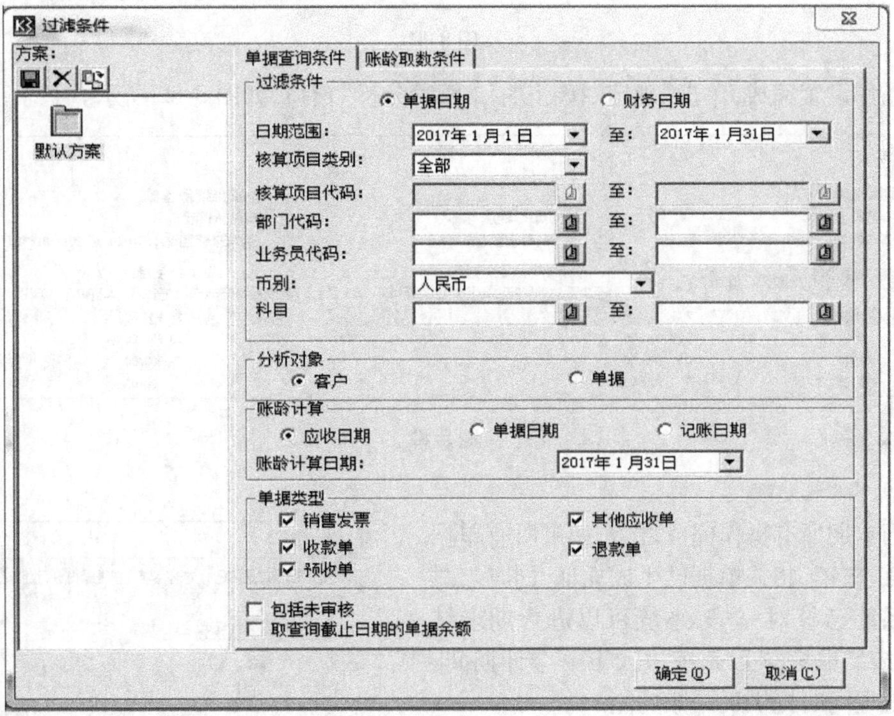

图 8-80

在窗口中可以设置日期、方向和账龄分组,设定账龄分组的方法是直接在“账龄取数条件”下录入要分组的“数值”,如图 8-81 所示。

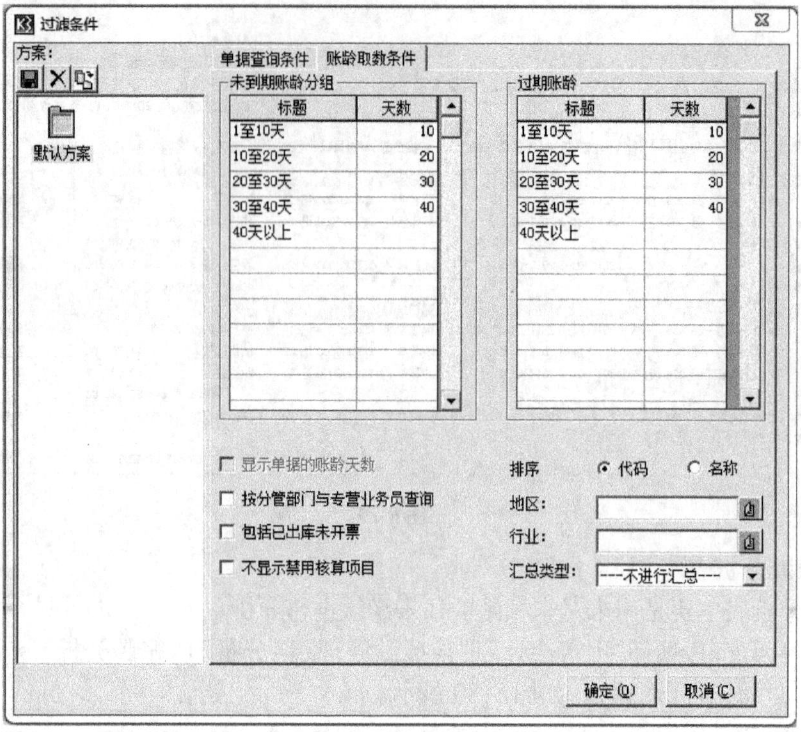

图 8-81

条件设置完成,单击“确定”按钮进入“账龄分析”窗口,如图 8-82 所示。

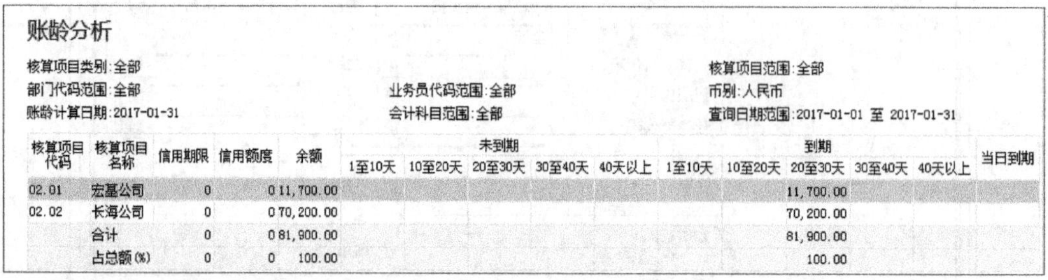

账龄分析

核算项目类别:全部　　核算项目范围:全部

部门代码范围:全部　　业务员代码范围:全部　　币别:人民币

账龄计算日期:2017-01-31　　会计科目范围:全部　　查询日期范围:2017-01-01 至 2017-01-31

核算项目代码	核算项目名称	信用期限	信用额度	余额	未到期					到期					当日到期
					1至10天	10至20天	20至30天	30至40天	40天以上	1至10天	10至20天	20至30天	30至40天	40天以上	
02.01	宏基公司	0	0	11,700.00								11,700.00			
02.02	长海公司	0	0	70,200.00								70,200.00			
	合计	0	0	81,900.00								81,900.00			
	占总额(%)	0	0	100.00								100.00			

图 8-82

四、期末处理

当本期所有操作完成之后,如果所有单据已审核、核销,相关单据已生成凭证,同时与总账等系统已核对完毕,系统可以进行期末结账,期末结账完毕后系统进入下一会计期间。期末处理同时提供反结账功能。

期末处理前,系统提供对账检查提示,如果不需要检查,则单击“否”按钮后,系统进入“结账”向导对话框,如图 8-83 所示。

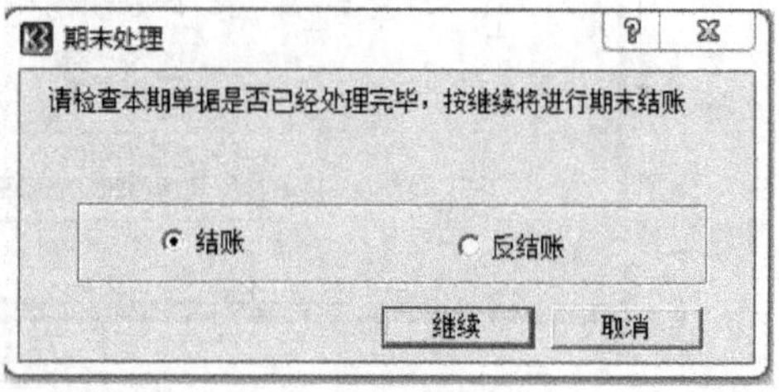

图 8-83

选择“结账”或“反结账”,单击“继续”按钮,若本期所有单据处理正确,稍后系统将弹出“期末结账完毕”提示框。

若系统参数选中“期末处理前凭证处理应该完成”和“期末处理前单据必须全部审核”选项,结账前必须保证本期所有的单据已生成凭证且本期所有的单据已全部审核,否则弹出“不予结账”的提示。

对已结账期间的单据不能再进行反审、修改等操作,若要修改已结账的数据,可以反结账,然后系统回到上一会计期间,再重新录入、修改上一期间的数据资料。

注意: 反结账前,必须保证当前期间的单据已取消审核、取消核销且取消坏账处理。

五、账套备份

在“D:\非凡\”文件夹下建“应收款管理”文件夹。由系统管理员 admin 登录账套管理,手动将账套备份输出至“D:\非凡\应收款管理”。

第九章
现金管理系统

一、系统概述

现金管理系统主要处理企业中的日常出纳业务，包括现金业务、银行业务、票据管理及其相关报表和系统维护等内容。会计人员在该系统中可以根据出纳录入的收付款信息生成凭证并将其传递到总账系统。现金管理系统既可同总账系统连用，也可单独使用。

二、使用现金管理系统需要设置的内容

公共资料：包括科目、币别、供应商、客户、部门和职员等。公共资料是本系统所涉及的最基础资料，必须设置，否则在进行单据处理时会受到相应的限制。

系统设置资料：系统设置是针对该模块的参数进行再详细化设置。

三、现金管理系统可执行的查询的报表

现金日报表、现金收付流水账、银行对账日报表、银行存款日报表、资金头寸表和到期预警表。

四、现金管理系统应用流程

现金管理系统应用流程如图 9-1 所示。

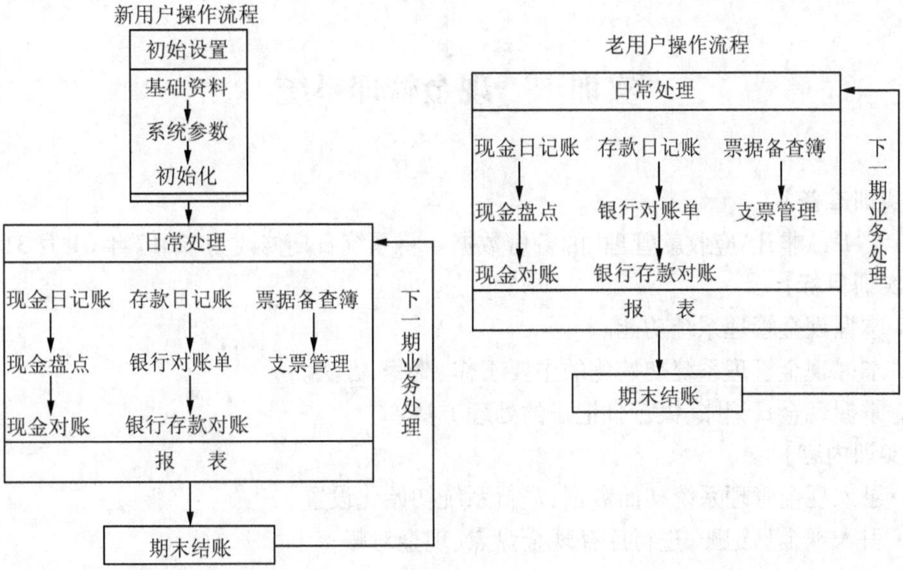

图 9-1

新用户的使用需从系统初始化开始；老用户使用时因已经完成系统初始设置，所以直接进行日常业务处理即可。

五、现金管理系统与其他系统间的数据流向

现金管理系统与其他系统的数据传输如图 9-2 所示。

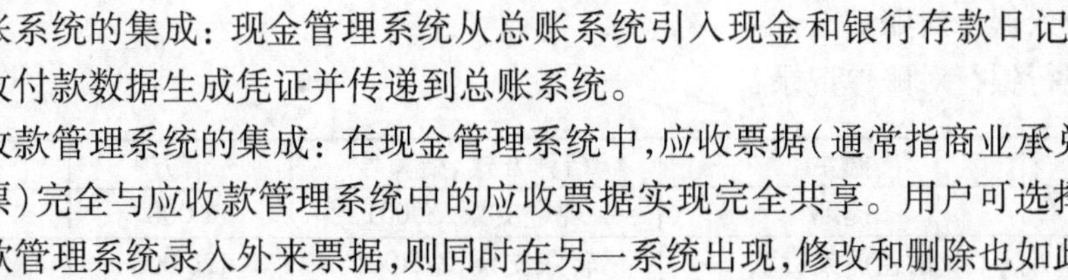

图 9-2

与总账系统的集成：现金管理系统从总账系统引入现金和银行存款日记账数据，根据录入的收付款数据生成凭证并传递到总账系统。

与应收款管理系统的集成：在现金管理系统中，应收票据（通常指商业承兑汇票和银行承兑汇票）完全与应收款管理系统中的应收票据实现完全共享。用户可选择在现金管理或应收款管理系统录入外来票据，则同时在另一系统出现，修改和删除也如此。

与应付款管理系统的集成：在现金管理系统中，应付票据（通常指商业承兑汇票和银行承兑汇票）与应付款管理系统中的应付票据实现完全共享。用户可选择在现金管理或应付款管理系统录入外来票据，同时在另一个系统出现，修改和删除也是如此。

实训十　现金管理系统

【实训准备】

引入“D:\非凡\应收款管理”的备份数据。将系统日期修改为“2017 年 01 月 31 日”。

【实训目标】

1. 掌握现金管理系统功能。

2. 掌握现金管理系统初始化的主要工作、流程、方法。

3. 掌握现金日记账、银行日记账的处理方法。

【实训内容】

1. 录入现金管理系统初始数据,进行系统初始化设置;

2. 引入现金日记账,进行库存现金盘点、现金对账;

3. 引入银行日记账、银行对账单录入,进行银行对账、编制银行存款余额调节表;

4. 报表查询。

【实训资料】

1. 现金管理系统参数:结账与总账期间同步。

2. 初始数据录入

(1) 从总账系统引入现金、银行存款科目;

(2) 从总账系统引入 2017 年 1 月 1 日的现金、银行存款科目余额;

(3) 进行试算平衡检查,如已平衡则结束初始化,将现金管理系统启用期间定在 2017 年 1 月 1 日。

3. 现金处理

(1) 登记现金日记账:(从总账引入)

(2) 进行 1 月 31 日的库存现金对账。

4. 银行存款处理

(1) 登记银行存款日记账:(从总账引入)

(2) 录入银行对账单

建设银行银行对账单记录:

日期	摘要	结算方式、结算号	借方	贷方
01-05	提现	现金支票,XJ001	1 000	
01-10	偿还前欠货款	转账支票,ZZR001	120 000	
01-15	购买办公设备	转账支票,1367	28 080	
01-15	收回货款	转账支票,ZZ2198		11 700
01-16	收回货款	转账支票,ZZ1963		78 975
01-20	清理固定资产收入	转账支票,1369		4 500
01-20	购料	转账支票,ZZR002	81 900	
01-31	收回坏账	转账支票,ZZ3216		3 000

（3）进行建行账户的银行对账

（4）生成银行存款余额调节表

【实训要求】

以第一个操作员“你的姓名 A”的身份登录金蝶 K/3 主控台进行现金管理操作。

【操作指导】

一、初始设置

初始设置包括基础资料、系统参数和初始化数据录入，公共资料设置方法前面第三章已作详细介绍，这里重点讲解系统参数设置的初始化数据录入。

（一）现金管理参数

现金管理参数是针对“现金管理”系统模块的。

执行“系统设置”|“系统设置”|“现金管理”|“系统参数”，系统弹出“系统参数”设置对话框，如图 9-3 所示。

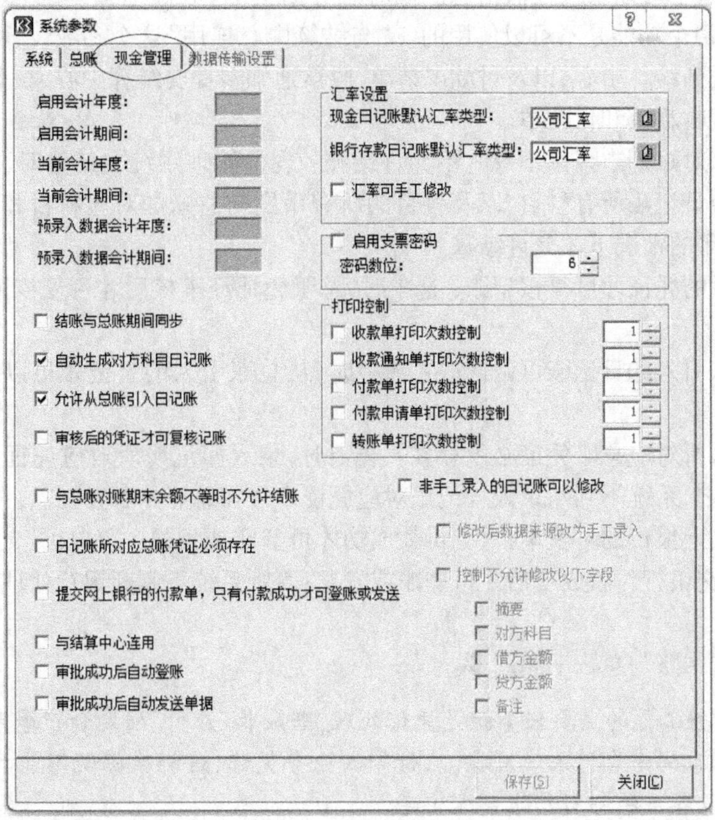

图 9-3

现金管理系统参数详解：

· 启用会计年度、会计期间：启用现金管理系统的会计年度和会计期间。

· 当前会计年度、会计期间：现金管理系统目前的会计年度和会计期间。

· 预录入数据会计年度、会计期间：现金管理系统预录入数据的会计年度和会计期间。

·现金汇率、银行汇率：设置有固定汇率和浮动汇率选择，并设置汇率的小数位。

·启用支票密码：选中，当支票核销时要求录入密码。

·结账与总账期间同步：总账必须在现金管理系统结账后方可结账。

·自动生成对方科目日记账：选中，在现金日记账中新增，对方科目有现金、银行存款科目时，自动生成该现金、银行存款科目的日记账；同样，在银行存款日记账中新增，对方科目有现金或银行存款科目时，也自动生成该现金或银行存款科目的日记账。

·允许从总账引入日记账：选中，则表示可以从总账引入现金日记账和银行存款日记账，反之，则双击"总账数据—引入日记账"提示"没有选择'允许从总账引入日记账'参数，禁止从总账引入日记账"，不可操作，同时现金日记账和银行存款日记账的"引入"按钮和文件菜单中"从总账引入日记账"都为灰色。

·与结算中心连用：选中，数据传输设置表页的各个参数才可以进行设置，否则数据传输表页为灰，不可以录入任何信息。同时主界面上的"收款通知单录入"和"收款通知单序时簿"这两个功能是不可以使用的。"与结算中心连用"这个参数设置主要是用于进行将票据发送到结算中心，以及付款申请单、收款通知单提交结算中心，获取结算信息；从结算中心下载收款单和付款单。

·与总账对账期末余额不等时不允许结账：现金管理系统在结账时，系统判断银行日记账与现金日记账所有科目，以及科目的所有币别与总账的对应科目和币别余额是否相等，只有相等的情况下才允许结账。

·审核后的凭证才可复核记账：选中时，总账凭证经审核后才可复核记账；否则不能复核记账。

·从总账引入的日记账可以修改：选中时，从总账引入的日记账可以修改；反之，不可修改。

·日记账所对应总账凭证必须存在：选中时，录入回记账所对应凭证字号在总账中必须存在；反之，系统不判断录入日记账对应凭证字号在总账是否存在。

·提交网上银行的付款单，只有付款成功才可登账或发送：选中，提交网上银行的付款单，只有提交银行付款成功后才可登账或发送；否则系统不判断银行处理状态就可以登账或发送。

在此勾选结账与总账期间同步。

注意： 财务工作的主要任务就是凭证处理，若应收、应付、固定资产等系统单独使用，则只能在总账系统中自行录入应收、应付等的业务凭证，这样数据既不能共享，而且费时费力，所以建议各系统都与总账系统相连。

（二）现金管理初始数据录入

现金管理初始数据涉及单位的现金科目和银行存款科目的引入，期初余额、累计发生额录入，银行未达账、企业本达账初始数据的录入和余额调节表的平衡检查、综合币的定义等内容。

1．科目维护

现金管理系统没有自己的科目，必须从总账系统中引入现金和银行科目。使用从“从总账中引入科目”功能引入科目。

（1）执行“系统设置”|“初始化”|“现金管理”|“初始数据录入”，系统进入“初始数据录入”窗口，如图9-4所示。

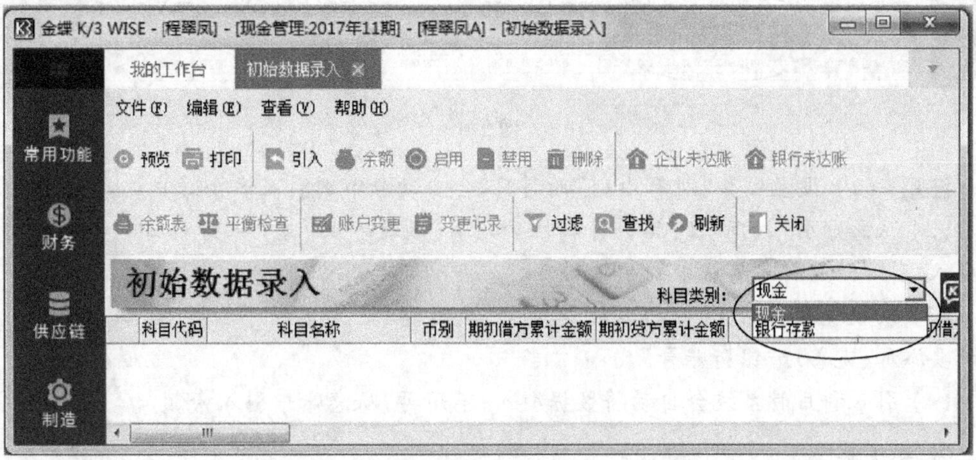

图9-4

（2）单击菜单“编辑”|“从总账引入科目”，系统弹出“从总账引入科目”设置对话框，如图9-5所示。

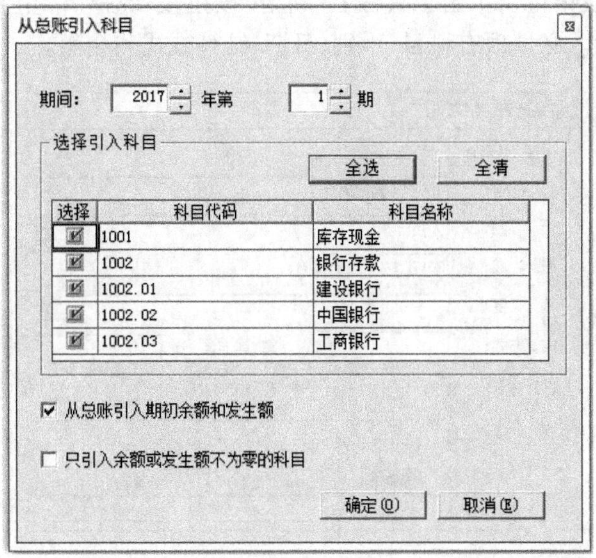

图9-5

（3）采用默认值，单击“确定”按钮。稍后系统会将引入的数据显示在窗口中，如图9-6所示。

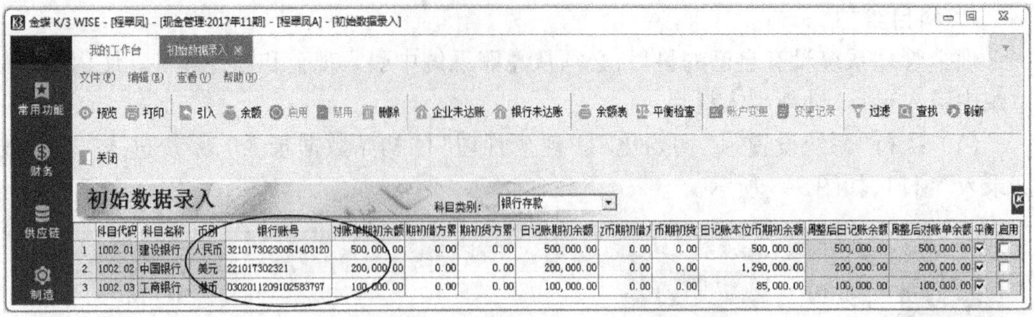

图 9-6

注意: (1) 设置核算“所有币别”的科目,会自动分币别引入多个账户。

(2) 从总账引入的科目,其科目属性必须有“现金科目”或“银行科目”,否则科目不能引入;引入时只引入总账中的明细科目。

(3) 切换现金、银行科目的方法是单击“科目类别”右侧的下拉按钮,属银行存款科目的要添加、完善好“银行账号”。

(4) 引入科目时系统会自动将数据引入,不用再“从总账中引入余额”。

2. 未达账

未达账设置包括企业未达账和银行未达账设置。

(1) 企业未达账。

单击工具栏上“企业未达账”按钮,系统切换到“企业未达账”窗口,选中未达账的科目,如“1002.01 建设银行”,单击工具栏上“新增”按钮,系统弹出“企业本达账—新增”对话框,如图 9-7 所示。必填项有科目、币别、日期、结算方式和金额。

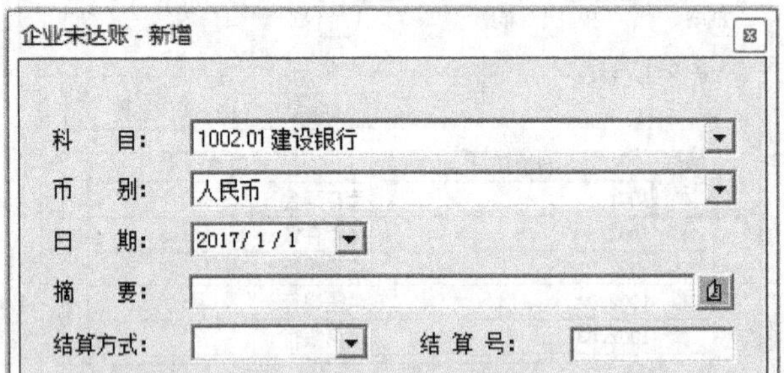

图 9-7

(2) 银行未达账。

在“初始数据录入”窗口,单击工具栏上“银行未达账”按钮,系统切换到“银行未达账”窗口,单击工具栏上的“新增”按钮,系统弹出“银行未达账—新增”窗口,如图 9-8 所示。必填项有科目、币别、日期和金额。

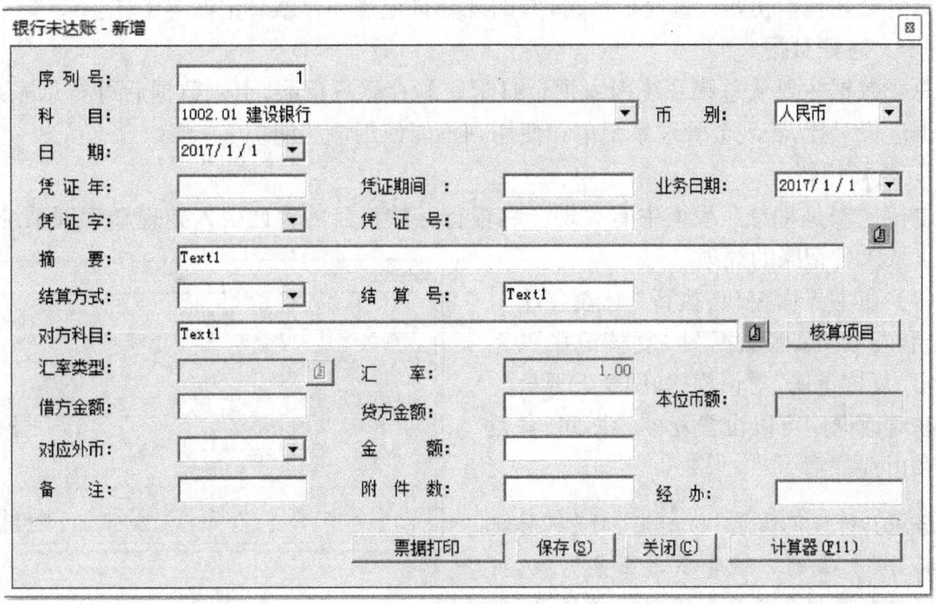

图 9-8

3. 余额调节表

存在未达账时,企业单位银行存款日记账的余额和银行对账单的余额往往是不相等的,可以通过单击工具栏上的“余额表”进行查看。

具体调整方法如下:银行存款日记账的余额 + 银行已收,企业未收的金额 - 银行已付,企业未付的金额 = 调整后(企业账面)余额;银行对账单的余额 + 企业已收,企业本收的金额 - 企业已付,银行未付的金额 = 调整后(银行对账单)余额。调整后两者的余额相等,表明企业银行存款账相符。

4. 平衡检查

平衡检查是指检查所有的银行存款科目的余额调节表是否都平衡,系统会给予相应提示。

5. 结束初始化

科目维护完成,所有的银行存款科目的余额调节表都平衡后,单击菜单“编辑”|“结束初始化”,系统弹出“启用会计期间”窗口,选择正确的期间后单击“确定”按钮,系统提示“结束初始化后不能修改数据,是否继续?”,这里单击“是”按钮,系统稍后弹出“初始化完毕”提示。

结束初始化后,若发现初始数据错误,在启用当期可选择菜单“编辑”|“反初始化”,回到初始化状态,修改初始数据。待数据修改完成后,再结束初始化。

注意: 初始化账套的启用时间和引入的总账科目及其余额的时间应一致。

结束初始化后,若发现初始数据错误,在启用当期可选择菜单“编辑”|“反初始化”。

二、日常处理

日常处理包括初始设置完成后，日常的现金日记账和存款日记账等工作。

(一) 总账数据

总账数据主要从总账系统引入现金日记账和存款日记账，引入数据后可与总账系统的数据进行对比，若现金管理系统单独使用则不能使用该功能。

1. 复核记账

复核记账是将总账系统中有关现金和银行存款科目的凭证引入到现金管理系统，省去手工录入日记账的烦琐。

(1) 在主界面窗口，执行“财务会计”|“现金管理”|“总账数据”|“复核记账”，系统弹出“复核记账”对话框，如图 9-9 所示。

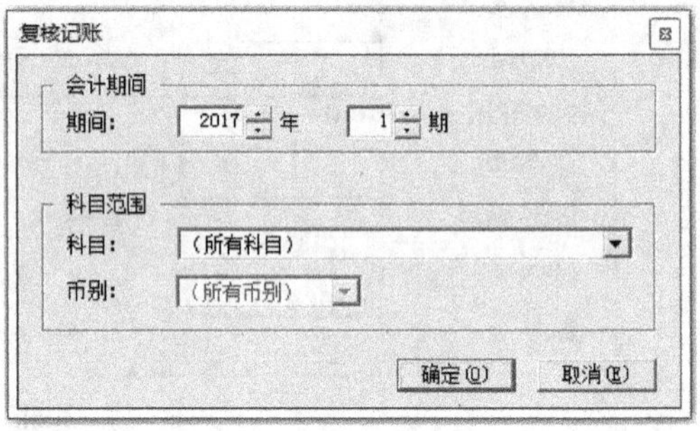

图 9-9

在对话框中可以设置复核的期间、科目范围和币别范围。

注意：科目范围是“初始化”时“从总账引入科目”生成的。随着公司业务发展，可能会随时新增现金科目和银行存款科目，若这些新增科目需要“现金管理”时，可在“现金管理”系统的“初始数据录入”窗口，通过“从总账引入科目”引入新增的科目。

(2) 选择科目范围后，单击“确定”按钮，系统进入“复核记账”窗口，如图 9-10 所示。

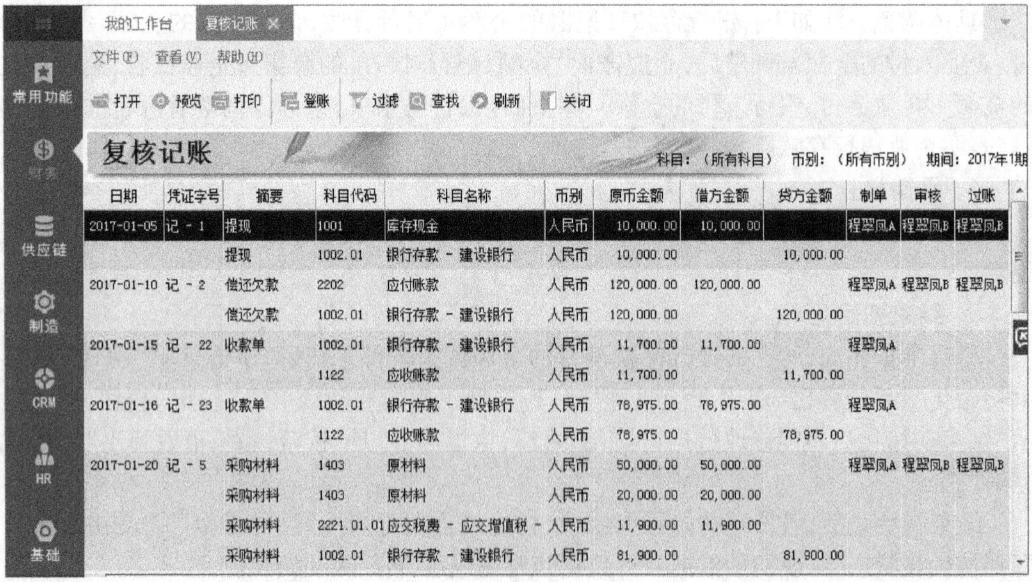

日期	凭证字号	摘要	科目代码	科目名称	币别	原币金额	借方金额	贷方金额	制单	审核	过账
2017-01-05	记 - 1	提现	1001	库存现金	人民币	10,000.00	10,000.00		程翠凤A	程翠凤B	程翠凤B
		提现	1002.01	银行存款 - 建设银行	人民币	10,000.00		10,000.00			
2017-01-10	记 - 2	偿还欠款	2202	应付账款	人民币	120,000.00	120,000.00		程翠凤A	程翠凤B	程翠凤B
		偿还欠款	1002.01	银行存款 - 建设银行	人民币	120,000.00		120,000.00			
2017-01-15	记 - 22	收款单	1002.01	银行存款 - 建设银行	人民币	11,700.00	11,700.00		程翠凤A		
			1122	应收账款	人民币	11,700.00		11,700.00			
2017-01-16	记 - 23	收款单	1002.01	银行存款 - 建设银行	人民币	78,975.00	78,975.00		程翠凤A		
			1122	应收账款	人民币	78,975.00		78,975.00			
2017-01-20	记 - 5	采购材料	1403	原材料	人民币	50,000.00	50,000.00		程翠凤A	程翠凤B	程翠凤B
		采购材料	1403	原材料	人民币	20,000.00	20,000.00				
		采购材料	2221.01.01	应交税费 - 应交增值税 -	人民币	11,900.00	11,900.00				
		采购材料	1002.01	银行存款 - 建设银行	人民币	81,900.00		81,900.00			

图 9-10

(3) 登账设置，单击菜单“文件”|“登账设置”，系统弹出“登账设置”对话框，如图 9-11 所示。

· 按现金科目、银行存款科目登账：选择按现金科目或银行存款科目登账，系统会根据凭证中的现金、银行科目的第一个对应科目登记日记账，凭证是一对一分录形式时按两种登账方式引入的记账是相同的；凭证是一对多、多对一分录形式时，登录现金和银行对应的摘要、金额、对方第一科目等内容；凭证是多对多分录形式时，不论登录形式如何，登录现金、银行对应的摘要、金额，对方科目为对方的第一科目。

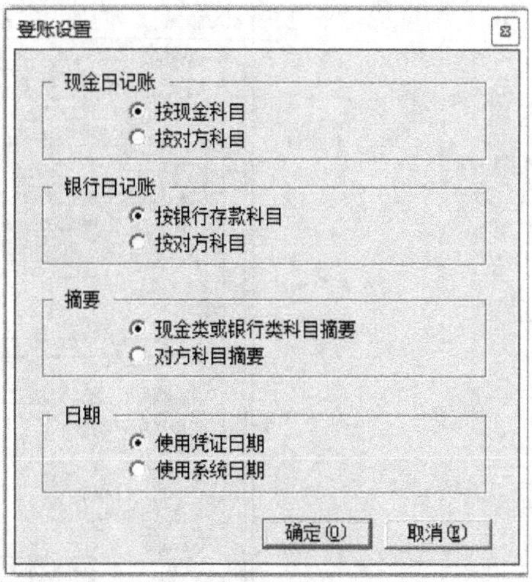

图 9-11

· 按对方科目登账：选择按对方科目登账，系统会根据凭证中现金、银行科目的所有对应科目登记日记账。凭证是一对一分录形式时按两种登账方式引入的记账是相同的；凭证是一对多、多对一分录形式时，登录对方科目对应的摘要、金额或是现金、银行对应的摘要、金额，对方科目是对方的第一科目；凭证是多对多分录形式时，不论登录形式如何，登录现金、银行对应的摘要和金额，对方科目为对方的第一科目。

· 登账日期：登账日期方式有两种，使用凭证日期作为登账日期时，系统首先取凭证的业务日期，若业务日期为空，取凭证记账日期；若凭证日期和业务日期在相同月份，则取业务日期；若凭证日期和业务日期不在相同月份，则登账日期为凭证日期。使用系统日期作为登账日期时，日记账取计算机当前日期。

"登账设置"保持不变。选中要复核的凭证，单击工具栏上的"登账"按钮，稍后系统隐藏该条记录，表示登账成功。

2. 引入日记账

引入日记账是从总账系统中引入现金日记账和银行存款日记账。

(1) 在主界面窗口，双击"财务会计"|"现金管理"|"总账数据"|"引入日记账"，系统弹出"引入日记账"对话框，如图 9-12 所示。选中现金日记账科目和银行存款科目，并设置引入方式、日期和期间模式等条件。

(2) 选中"引入本期所有凭证"，单击"引入"按钮，稍后系统弹出提示"引入现金日记账完毕"，应注意科目名称后的"状态"栏。

(3) 单击"银行存款日记账"选项卡，采用默认设置，单击"引入"按钮，稍后系统弹出"引入成功"提示。

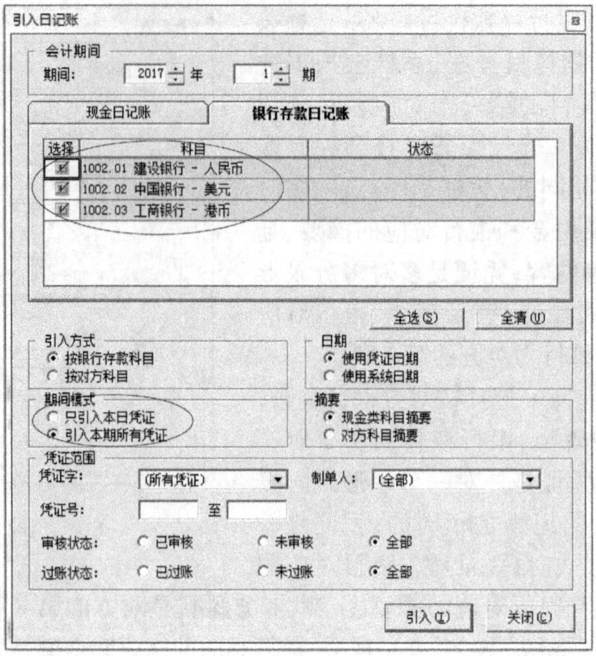

图 9-12

3. 与总账对账

与总账对账是指现金管理系统中的现金、银行存款日记账与总账系统中的日记账进行核对，以保证现金管理系统的日记账和总账登账的一致性。

在主界面窗口，执行“财务会计”|“现金管理”|“总账数据”|“与总账对账”，系统弹出“与总账对账”窗口，勾选“显示明细记录”和“显示科目对账”，单击“确定”按钮，系统进入“与总账对账”窗口，如图 9-13 所示。

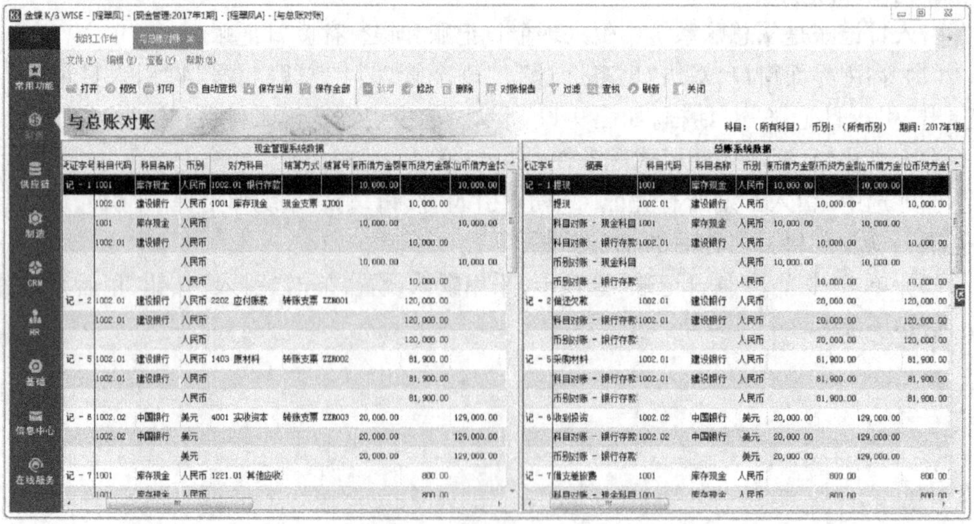

图 9-13

窗口左侧显示已登记的日记账数据，右侧显示总账系统的日记账数据。

若要修改、删除日记账，选中后单击工具栏上的相应按钮即可。日记账修改后，单击工具栏上的“对账报告”按钮，可以重新查看对账情况。

（二）现金

现金模块主要处理现金日记账的新增、修改、盘点和对账等操作。

1. 现金日记账

现金日记账处理现金日记账的新增、修改、删除和打印等操作，具体步骤如下。

（1）在主界面窗口，执行“财务会计”|“现金管理”|“现金”|“现金日记账”，系统弹出“现金日记账”过滤窗口，在窗口中选择要过滤的期间和在报表中要显示的项目。选中“显示已生成凭证记录”，单击“确定”按钮系统弹出“现金日记账”窗口，如图 9-14 所示。若账套中有多个现金日记账科目，分别单击工具栏上的“第一”“上一”“下一”和“最末”按钮可进行不同科目数据的查看。

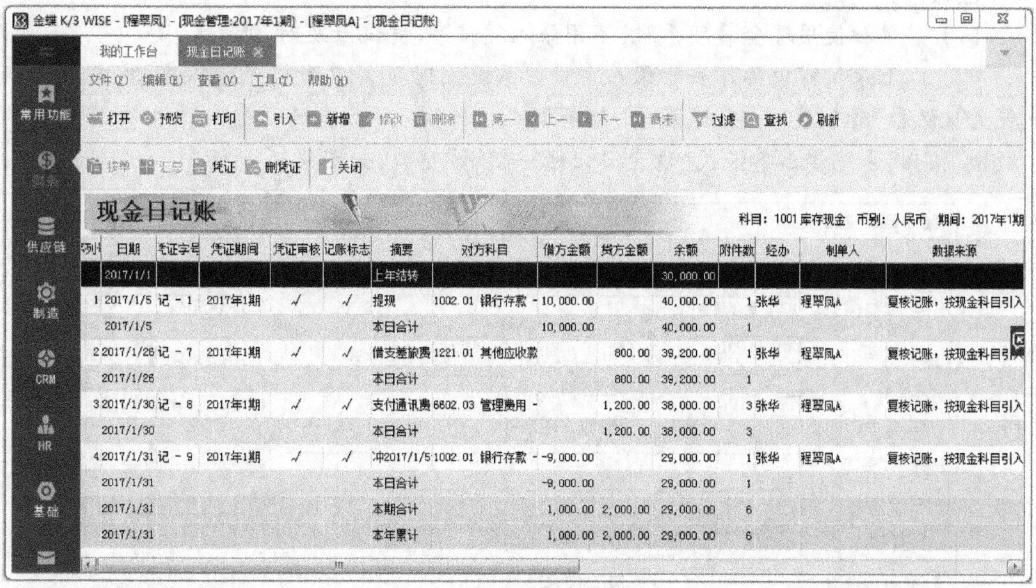

图 9-14

（2）现金日记账新增方式有 3 种。第 1 种是“总账数据”下的“复核记账”；第 2 种是单击工具栏上“引入”按钮，从总账系统引入现金日记账，该方式与“总账数据”下的“引入日记账”相同；第 3 种是单击工具栏上“新增”按钮，系统进入“现金日记账录入”窗口，如图 9-15 所示。

在窗口中选择科目、币别和期间后，双击表格中的日期栏修改日期，录入现金日记账的凭证字、凭证号及对方科目等内容，录入完成后单击工具栏上“保存”按钮保存录入数据，单击“关闭”按钮，退出录入窗口返回现金日记账管理窗口。

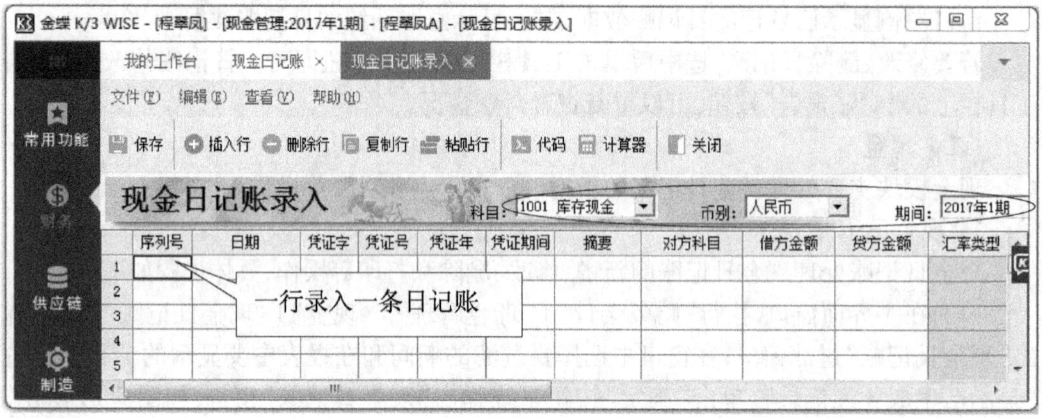

图 9-15

注意：

（1）若单独使用现金管理系统，不用录入凭证字、凭证号及对方科目。

（2）以上录入窗口称作多行录入窗口。系统同时提供单张记录录入窗口，前提是在“现金日记账”管理窗口，去掉菜单“编辑”|“多行输入”功能的勾选。单击工具栏上的“新增”按钮，系统弹出单张式“现金日记账—新增”窗口，如图 9-16 所示。

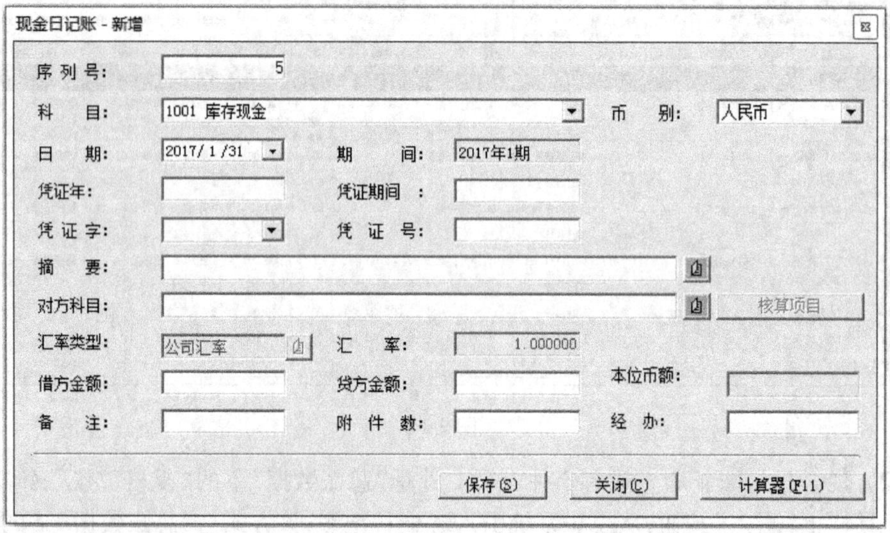

图 9-16

若要修改某条现金日记账的内容，则在“现金日记账”管理窗口选中记录后单击工具栏上“修改”按钮，系统弹出“现金日记账—修改”对话框，修改完成后，单击“保存”按钮保存修改工作。

若要删除某条日记账，则在“现金日记账”管理窗口选中记录后，单击工具栏上“删除”按钮即可。若重新设置窗口项目，单击“打开”按钮，系统弹出“现金日记账”窗口，在窗口中重新设置所要显示的项目。

2. 现金盘点单

现金盘点单显示出纳人员在每天业务完成以后对现金进行盘点的结果。

下面以录入人民币的盘点单为例，介绍具体操作步骤。

(1) 在主界面窗口，执行“财务会计”|“现金管理”|“现金”|“现金盘点单”，系统进入“现金盘点单”窗口，如图 9-17 所示。

(2) 单击工具栏上“新增”按钮，系统弹出“现金盘点单—新增”对话框，选择现金科，修改日期，在窗口中相应位置录入数据。在录入数据时，一定要注意把握尾款数的含义。

(3) 单击“保存”按钮保存录入数据，并返回“现金盘点单”窗口，系统将刚才新增的盘点记录显示在窗口上。

若要修改、删除某日的盘点单，选中窗口左侧的日期或科目中的记录后单击相应按钮即可。

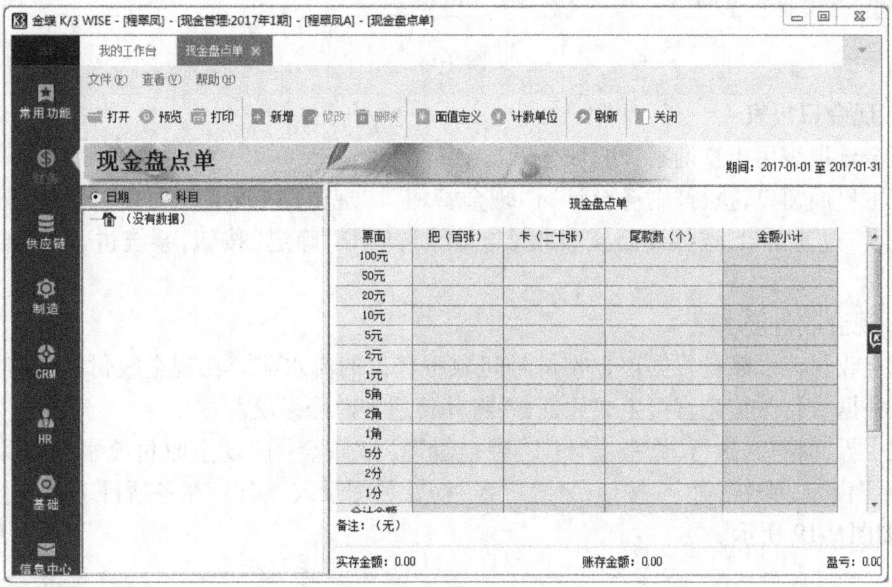

图 9-17

3. 现金对账

现金对账是指现金管理系统自动将出纳账与总账的日记账当期现金发生额和现金余额进行核对，并生成对账表。

在主界面窗口，执行“财务会计”|“现金管理”|“现金”|“现金对账”，系统弹出“现金对账”过滤窗口，在窗口上可以选择要对账的科目和期间范围。保持默认值，单击“确定”按钮进入“现金对账”窗口，如图 9-18 所示。单击工具栏上“第一”“上一”“下一”和“最末”按钮，可以进行不同科目的查询。

图 9-18

4. 现金日报表

现金日报表用于查询某日的现金借贷情况。

在主界面窗口，执行“财务会计”|“现金管理”|“现金”|“现金日报表”，系统弹出“现金日报表”过滤窗口，选择要查询日报表的日期，单击“确定”按钮，系统进入“现金日报表”窗口。

5. 现金收付流水账

现金收付流水账是根据现金收付时间顺序登记的流水账。在现金收付流水账中，系统可以根据收付款信息直接生成凭证，并将其传递到总账系统。

在主界面窗口，执行“财务会计”|“现金管理”|“现金”|“现金收付流水账”，系统弹出“提示”窗口，单击“确定”按钮，系统进入“初始数据录入”窗口，在各项目下录入相应的金额，如图 9-19 所示。

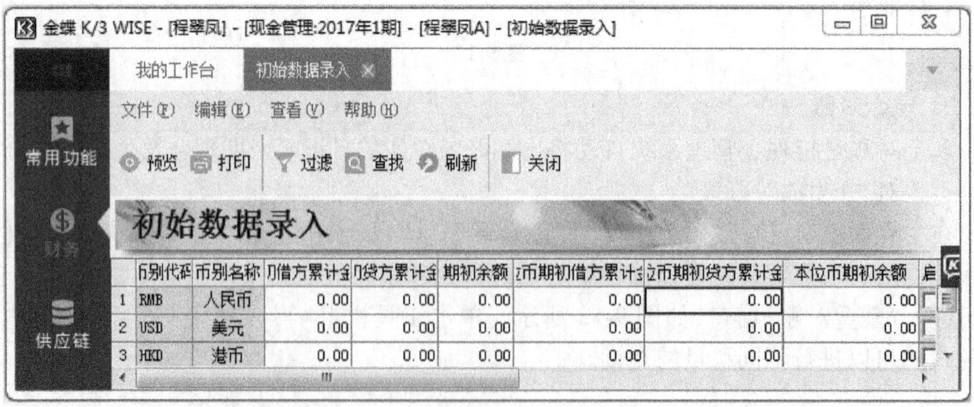

图 9-19

注意：因为是第一次使用该功能，所以要初始化。

初始数据录入完成，单击菜单“编辑”|“结束初始化”，系统弹出“启用会计期间”对话框，单击“确定”按钮，系统弹出提示，单击“确定”按钮结束初始化，稍后系统弹出结束成功的提示。

单击“关闭”按钮退出初始化窗口，双击“现金收付流水账”，系统弹出“现金收付流水账”过滤窗口。币别选择“人民币”，单击“确定”按钮，系统进入“现金收付流水账”窗口，单击工具栏上的“新增”按钮，系统进入“现金收付流水账录入”窗口，如图9-20所示。

现金收付流水账的录入方法与“现金日记账”的直接新增类似，录入日期、凭证字、凭证号、摘要和金额等内容，录入完成后单击“保存”按钮保存录入资料。

若要修改流水账记录，在“现金收付流水账”窗口选中记录，单击相应按钮即可，要查看、删除该记录的凭证时，单击工具栏上的相应按钮即可。

图 9-20

注意：（1）录入的现金收付流水账若带有凭证字和凭证号时，系统会自动检测该记录是否与总账系统中的记录相匹配，若不匹配则不能保存。若录入的流水账经检测有凭证字和凭证号也可以保存，在返回的“现金流水账”窗口，选中该条目，单击工具栏上的“按单、汇总”按钮，则可以生成凭证传递到总账系统。

（2）生成凭证时，操作员一定要有操作总账的凭证权限才行。

（三）银行存款

银行存款主要处理银行存款日记账的新增、修改等操作，并与银行对账单进行对账。

1. 银行存款日记账

银行存款日记账处理银行存款科目日记账的新增、修改、删除和打印等操作。

修改、删除银行存款日记账的方法是选中要进行修改或删除的记录，单击工具栏上的相应按钮即可。

勾对项目下显示“未勾对”，是指该条日记账暂未与银行对账单进行对账。

2. 银行对账单

银行对账单是银行出具给企业的有关该企业银行账号在一定时间内的收支情况表，可与企业的银行存款日记账进行核对。银行对账单既可以是打印文本，也可以是数据文件。

现金管理系统提供两种录入银行对账单方式，一种是根据银行对账单的打印文本手工录入，另一种是从银行取得对账单数据文件（要求必须转化成文本文件，即扩展名为.TXT文件），直接引入对账单，引入界面如图9-21所示。这里主要讲述第一种方式。

执行“财务会计”|“现金管理”|“银行存款”|“银行对账单”，系统弹出“银行对账单”过滤窗口，设定过滤条件后，单击“确定”按钮，系统进入“银行对账单”窗口。

单击工具栏上的“新增”按钮，系统进入“银行对账单录入”窗口，选择正确的科目、币别和期间，录入银行对账单。

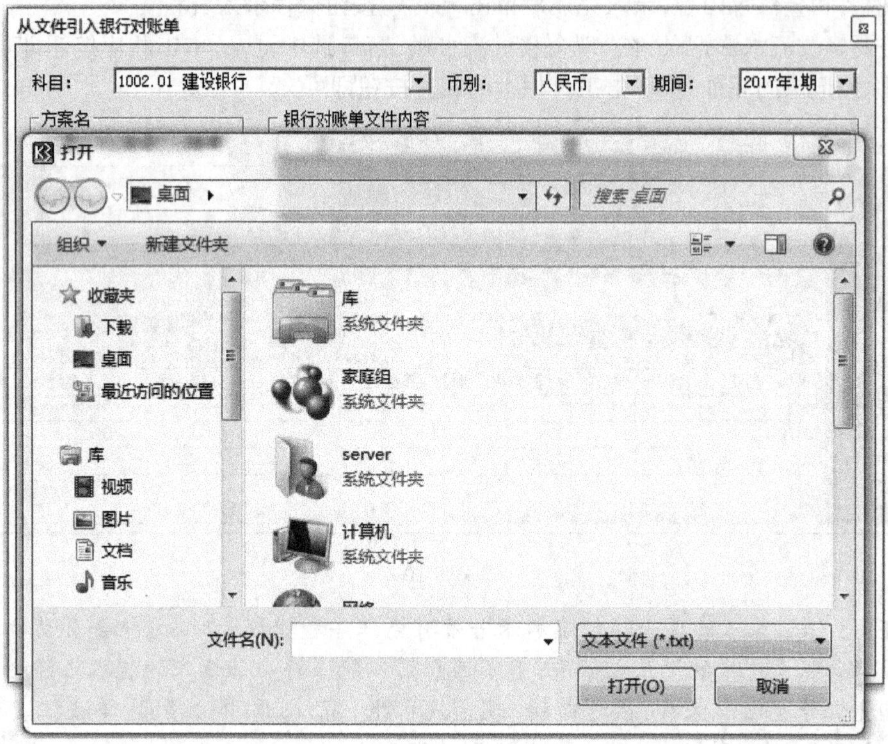

图9-21

3. 银行存款对账

银行存款对账是指银行对账单与银行存款日记账进行核对。

（1）在主界面窗口，双击“财务会计”|“现金管理”|“银行存款”|“银行存款对账”，系统弹出“银行存款对账”过滤窗口，在窗口中可以设置要对账的科目、期间范围和是否包含已勾对记录等选项。

（2）保持默认设置，单击“确定”按钮，系统进入“银行存款对账”窗口，如图9-22所示。窗口上部是“银行对账单”，窗口下部是“银行存款日记账”。

（3）对账设置。

单击工具栏上的“设置”按钮，系统弹出“银行存款对账设置”对话框，单击“表格设置”选项卡，在“表格设置”界面中设置对账单和日记账的显示位置，如图9-23所示。

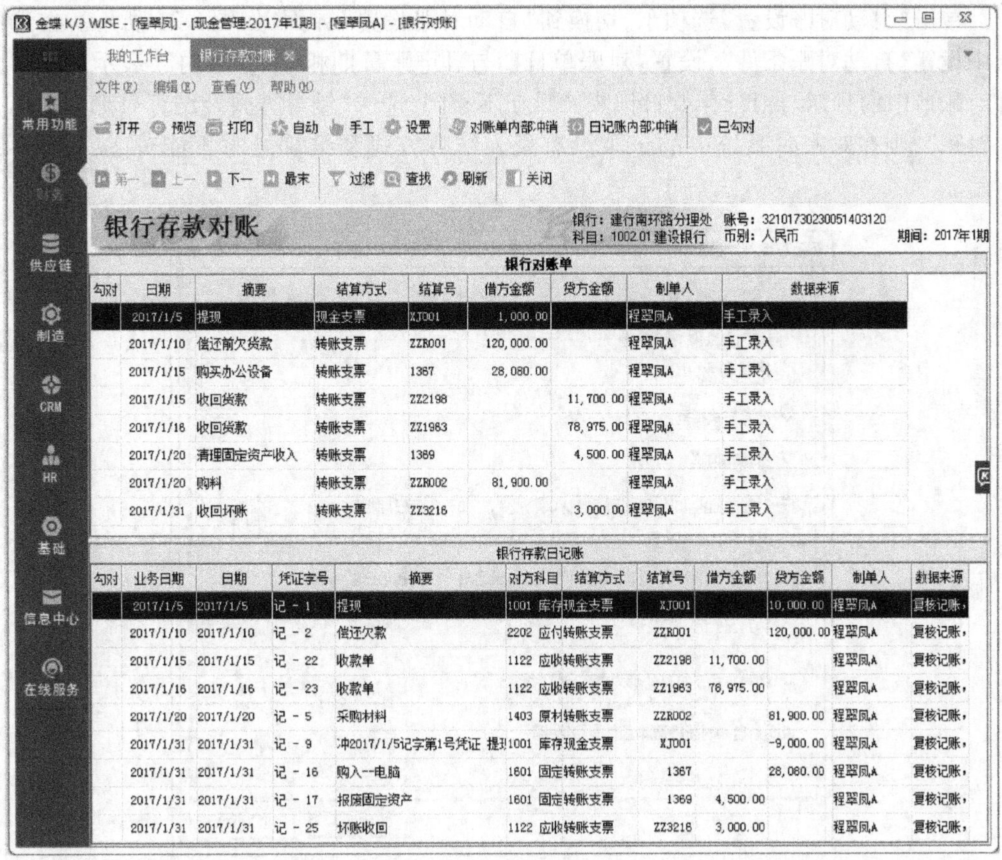
金蝶 K/3 WISE - [程翠凤] - [现金管理:2017年1期] - [程翠凤A] - [银行对账]
我的工作台
银行存款对账
文件(F) 编辑(E) 查看(V) 帮助(H)
打开 预览 打印 自动 手工 设置 对账单内部冲销 日记账内部冲销 已勾对
第一 上一 下一 最末 过滤 查找 刷新 关闭
常用功能 财务 供应链 制造 CRM HR 基础 信息中心 在线服务
银行存款对账
银行：建行南环路分理处 账号：32101730230051403120
科目：1002.01 建设银行 币别：人民币
期间：2017年1期
银行对账单
勾对 日期 摘要 结算方式 结算号 借方金额 贷方金额 制单人 数据来源
2017/1/5 提现 现金支票 XJ001 1,000.00 程翠凤A 手工录入
2017/1/10 偿还前欠货款 转账支票 ZZR001 120,000.00 程翠凤A 手工录入
2017/1/15 购买办公设备 转账支票 1367 28,080.00 程翠凤A 手工录入
2017/1/15 收回货款 转账支票 ZZ2198 11,700.00 程翠凤A 手工录入
2017/1/16 收回货款 转账支票 ZZ1963 78,975.00 程翠凤A 手工录入
2017/1/20 清理固定资产收入 转账支票 1369 4,500.00 程翠凤A 手工录入
2017/1/20 购料 转账支票 ZZR002 81,900.00 程翠凤A 手工录入
2017/1/31 收回坏账 转账支票 ZZ3216 3,000.00 程翠凤A 手工录入
银行存款日记账
勾对 业务日期 日期 凭证字号 摘要 对方科目 结算方式 结算号 借方金额 贷方金额 制单人 数据来源
2017/1/5 2017/1/5 记 - 1 提现 1001 库存 现金支票 XJ001 10,000.00 程翠凤A 复核记账,
2017/1/10 2017/1/10 记 - 2 偿还欠款 2202 应付 转账支票 ZZR001 120,000.00 程翠凤A 复核记账,
2017/1/15 2017/1/15 记 - 22 收款单 1122 应收 转账支票 ZZ2198 11,700.00 程翠凤A 复核记账,
2017/1/16 2017/1/16 记 - 23 收款单 1122 应收 转账支票 ZZ1963 78,975.00 程翠凤A 复核记账,
2017/1/20 2017/1/20 记 - 5 采购材料 1403 原材 转账支票 ZZR002 81,900.00 程翠凤A 复核记账,
2017/1/31 2017/1/31 记 - 9 冲2017/1/5记字第1号凭证 提现 1001 库存 现金支票 XJ001 -9,000.00 程翠凤A 复核记账,
2017/1/31 2017/1/31 记 - 16 购入--电脑 1601 固定 转账支票 1367 28,080.00 程翠凤A 复核记账,
2017/1/31 2017/1/31 记 - 17 报废固定资产 1601 固定 转账支票 1369 4,500.00 程翠凤A 复核记账,
2017/1/31 2017/1/31 记 - 25 坏账收回 1122 应收 转账支票 ZZ3216 3,000.00 程翠凤A 复核记账,

图 9-22

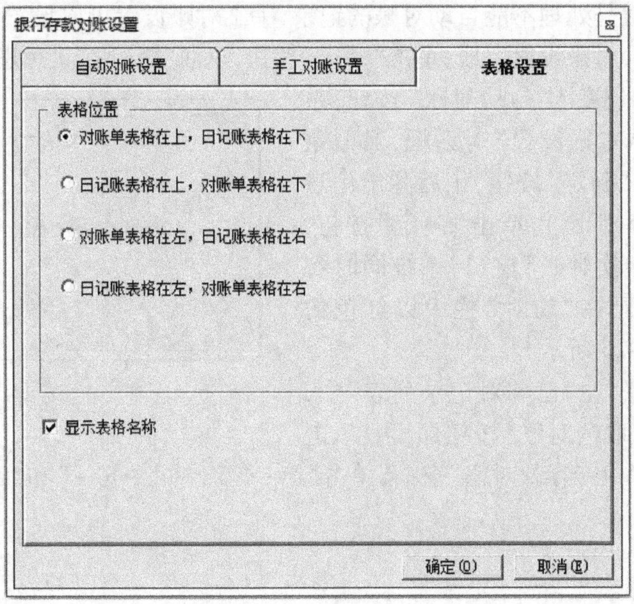
银行存款对账设置
自动对账设置
手工对账设置
表格设置
表格位置
对账单表格在上，日记账表格在下
日记账表格在上，对账单表格在下
对账单表格在左，日记账表格在右
日记账表格在左，对账单表格在右
显示表格名称
确定(O)
取消(C)

图 9-23

单击“自动对账设置”选项卡，切换到“自动对账设置”界面，如图 9-24 所示。在选面卡中设置“自动对账条件”，设置“对账单日期与日记账日期相差 20 之内”，表示对账时允许对账单中的日期与银行存款日记账的日期不相同；选中“结算方式及结算号都为空不允许对账”，则在对账时系统中的记录没有录入结算方式和结算号时不能对账，如图9-24所示。

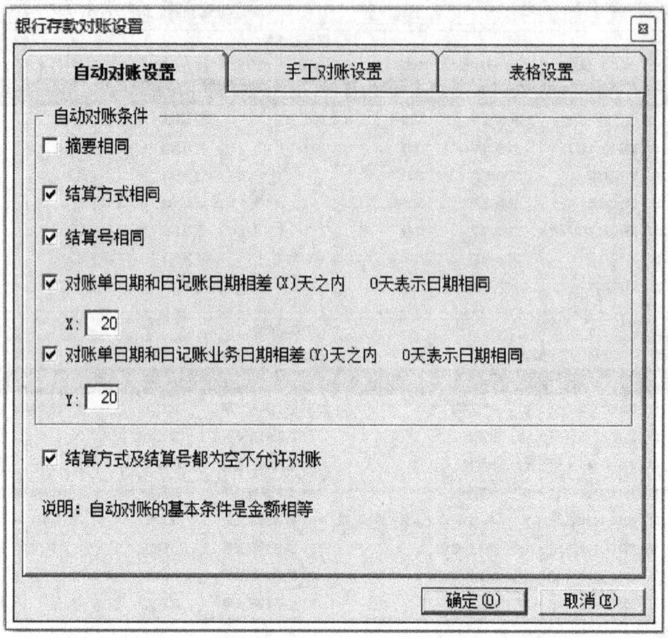

图 9-24

手工对账一般是处理不能自动对账的记录，手工对账设置可以设置记录的查找条件，以方便手工对账。对账设置完成，单击“确定”按钮，返回“银行存款对账”窗口。

（4）单击工具栏上“自动对账”按钮，系统弹出“银行存款对账设置”对话框，对账条件保持不变，单击“确定”按钮，稍后弹出信息提示框（如图 9-25 所示），单击“确定”按钮，系统返回“银行存款对账”窗口，系统同时将已经对上账的记录在“勾对”栏中以红色的“√”显示，如图 9-26 所示。

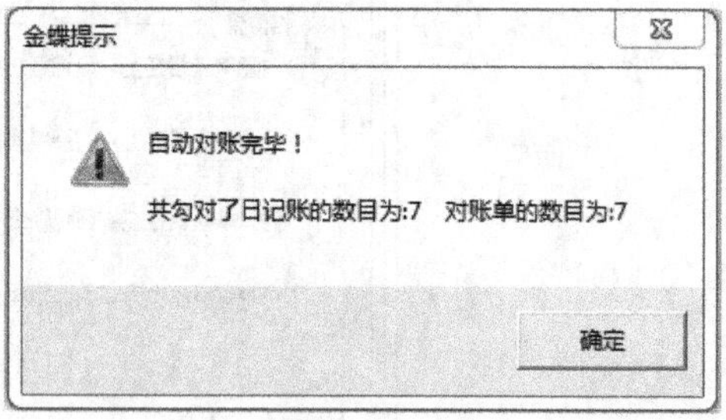

图 9-25

若要取消对账，在“已勾对记录列表”中，选中记录后单击“取消对账”按钮即可。单击“对账”按钮返回“银行存款对账”窗口，单击“第一”“上一”“下一”和“最末”按钮进行科目切换。

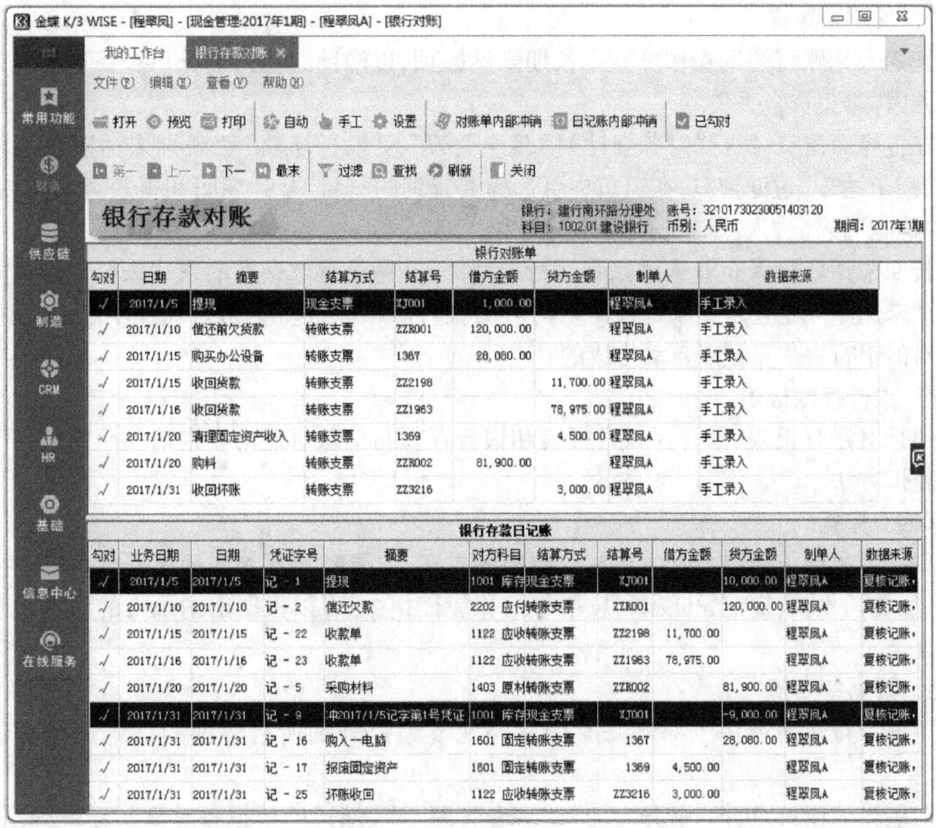

图 9-26

4. 余额调节表

余额调节表是在对账完毕后，为检查对账结果是否正确或查询对账结果，系统自动编制的银行存款报表。

在主界面窗口，执行“财务会计”|“现金管理”|“银行存款”|“余额调节表”，系统弹出“余额调节表”过滤窗口，可以选择“科目”，保持默认查询条件，单击“确定”按钮，系统进入“余额调节表”窗口，如图 9-27 所示（注：本实训案例不存在未过账项）。单击“第一”“上一”“下一”和“最末”按钮，切换不同科目。

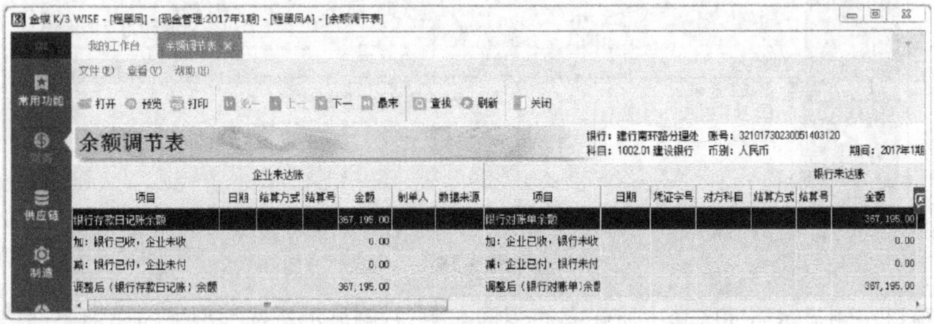

图 9-27

5. 长期未达账

长期未达账可协助操作员查询长期未达账项,以辅助财会人员分析查找造成长期未达的原因,避免资金丢失。

在主界面窗口,执行“财务会计”|“现金管理”|“银行存款”|“长期未达账”,系统弹出“长期未达账”过滤窗口,在窗口中可选择要查询的科目、会计期间和报表类型等内容。单击“确定”按钮进入“长期未达账”查询窗口。

长期未达账分为企业未达账和银行未达账,凡是上月末存在的未达账全部形成本月的长期未达账。企业未达账是根据未勾对的银行对账单自动生成的,银行未达账是根据未勾对的银行存款日记账自动生成的。

6. 银行存款报表

银行对账日报表、银行存款日报表和银行存款与总账对账的查询请参照前面章节的报表查询方法。

(四)票据

票据主要用于管理企业往来账中使用的支票、本票和汇票等各种票据,以及汇兑、托收承付、委托收款、贷记凭证和利息单等结算凭证,它还可以根据出纳录入的票据信息生成凭证。

1. 票据备查簿

票据备查簿功能用于对本账套中除空头支票以外的所有票据的信息进行登记和管理。

在主界面窗口,执行“财务会计”|“现金管理”|“票据”|“票据备查簿”,系统弹出“票据备查簿”过滤窗口,可以设置要查询的日期和各种核销情况,设置完成后单击“确定”按钮,系统进入“票据备查簿”窗口,如图 9-28 所示。

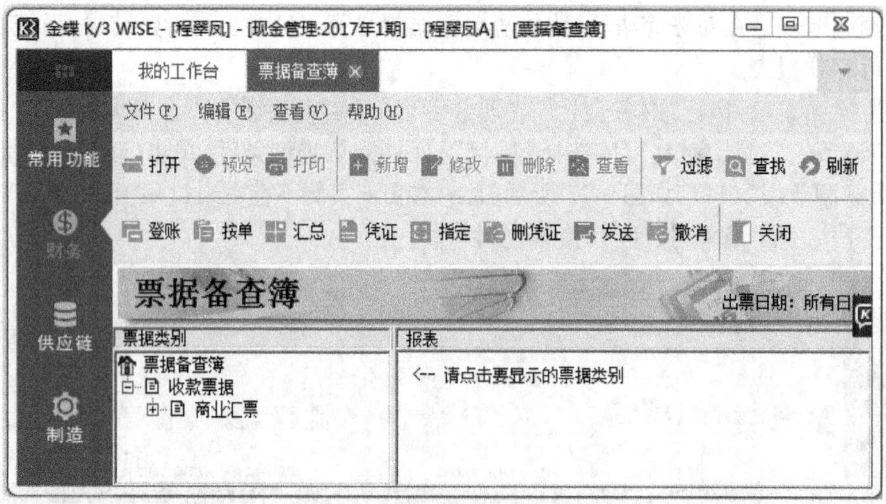

图 9-28

窗口左侧显示当前账套中所建立的票据类型,右侧显示所选类型下的详细票据信息。

在“票据备查簿”窗口,单击工具栏上的“新增”按钮,系统弹出“收款票据—新增”窗口,单击“新增收款”或“新增付款”按钮,系统弹出“票据类型”选择菜单,单击相应类型票据系统切换到该票据类型新增窗口,如图 9-29 所示。

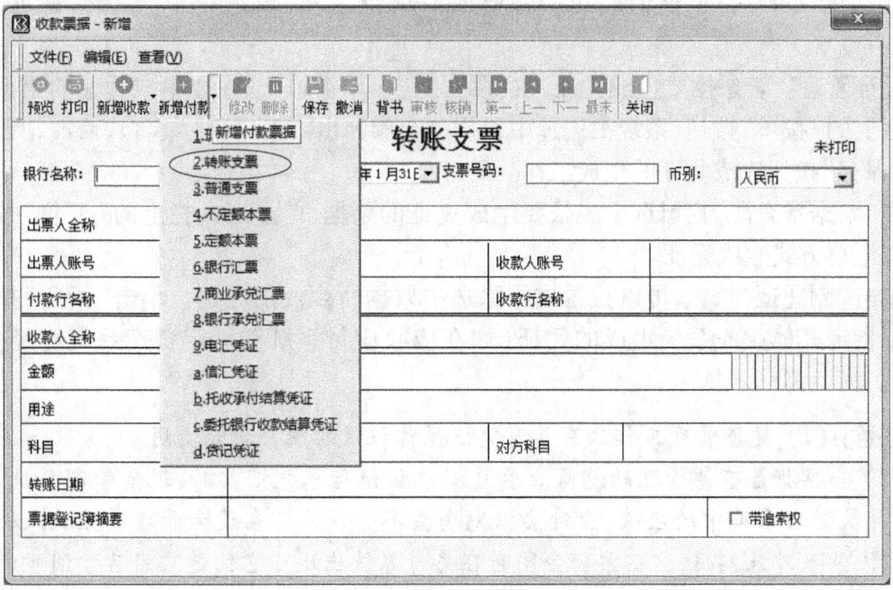

图 9-29

系统提供以下票据,如表 9-1 所示。

表 9-1

大类	票据类型	备注
收款票据	现金支票、转账支票、普通支票、不定额本票、定额本票、银行汇票、商业承兑汇票、银行承兑汇票、电汇凭证、信汇凭证、托收承付结算凭证、委托银行收款结算凭证、贷记凭证、利息单	
付款票据	现金支票、转账支票、普通支票、不定额本票、定额本票、银行汇票、商业承兑汇票、银行承兑汇票、电汇凭证、信汇凭证、托收承付结算凭证、委托银行收款结算凭证、贷记凭证	现金支票、转账支票和普通支票只能在支票管理中处理

当票据录入完成后,要更换操作员再次进入“票据备查簿”窗口,选中要审核的票据,单击工具栏上的“审核”按钮,这时窗口下“审核”处将显示审核人的名字,表示审核成功,若取消审核,单击菜单“编辑”|“反审核”即可。

贴现、背书、删除。在“票据备查簿”窗口,选中要贴现、背书的票据,单击工具栏上的“修改”按钮,系统弹出“修改”窗口,在贴现年利率和贴现日期处录入相应内容,系统会自动算出贴现所得;在“修改”窗口,单击工具栏上的“背书”按钮,系统会切换到“背书”信息录入窗口。背书信息录入完成,单击“保存”按钮保存录入资料,单击“背书”按钮系统切换到票据查看窗口。

若要删除新增的票据,在“票据备查簿”窗口,选中相应票据后,单击工具栏上的“删除”按钮即可。只有未审核过的票据才能删除。

核销。在“票据备查簿”窗口,选中要核销的票据,单击工具栏上的“查看”按钮,系统弹出“查看”窗口,单击工具栏上的“核销”按钮,这时窗口下部的“核销”处会显示核销人的名字,表示核销成功。若要取消核销工作,单击菜单“编辑”|“反核销”即可。

凭证管理。若票据要生成凭证,在“票据备查簿”窗口,选中要生成凭证的票据,单击工具栏上的“按单”按钮,系统根据选中票据的金额弹出“记账凭证”窗口,修改记账凭证,单击“保存”按钮完成凭证的生成工作。

在“票据备查簿”窗口选中多张要生成凭证的票据,单击工具栏上的“汇总”按钮,系统将按汇总方式生成凭证。

单击“删凭证”按钮,可以查看或删除选中票据所生成的凭证。单击“指定”按钮,系统可以指定其他业务系统生成的凭证(如在应收应付系统和固定资产系统已经生成的凭证)。

注意:(1)凭证管理工作只有具有凭证操作权限的用户才能使用。

(2)当票据备查簿管理的是商业承兑汇票和银行承兑汇票时,现金管理系统与应收款、应付款管理系统中的应收、应付票据完全共享。用户可在现金管理或应收款、应付款管理系统录入外来票据,这些票据会同时在另外系统出现。它们是启用后才同步的,票据最好在一个系统录入(如现金管理系统),这更利于企业的管理和控制。初始化的信息必须在两个系统中分别建立。

2. 支票管理

支票管理功能是对企业的现金支票、转账支票和普通支票进行管理,以表9-2和表9-3中数据为例介绍支票管理方法。

表9-2 购置支票

银行名称	币别	支票类型	支票规则	起始号码	结束号码	购置日期
建设银行	人民币	转账支票	ZZ****	0001	0030	2017-01-08

表9-3 领用发票

银行名称	支票号码	领用日期	领用部门	领用人	对方单位	使用限额	领用用途	预计报销日期
建设银行	ZZ0001	2017-01-11	供应部	钱益明	南方公司	100 000	付货款	2017-01-12

(1)购置支票

① 以“你的姓名A”身份登录本账套。在主界面窗口,执行“财务会计”|“现金管理”|“票据”|“支票管理”,系统进入“支票管理”窗口,单击工具栏上“购置”按钮,系统弹出“支票购置”窗口,如图9-30所示。

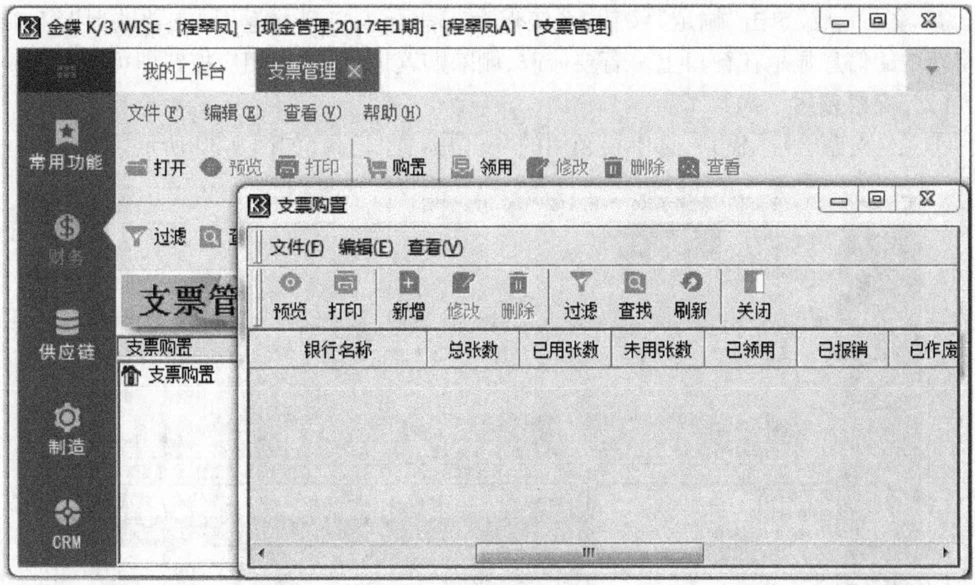

图 9-30

② 单击工具栏上的“新增”按钮，系统弹出“新增支票购置”窗口，选中账号“建设银行 32101730230051403120 本币”，选择支票类型“转账支票”，录入支票规则“ZZ＊＊＊＊”、起始号码“0001”、结束号码“0030”，修改购置日期为“2017-01-08”，如图 9-31 所示。

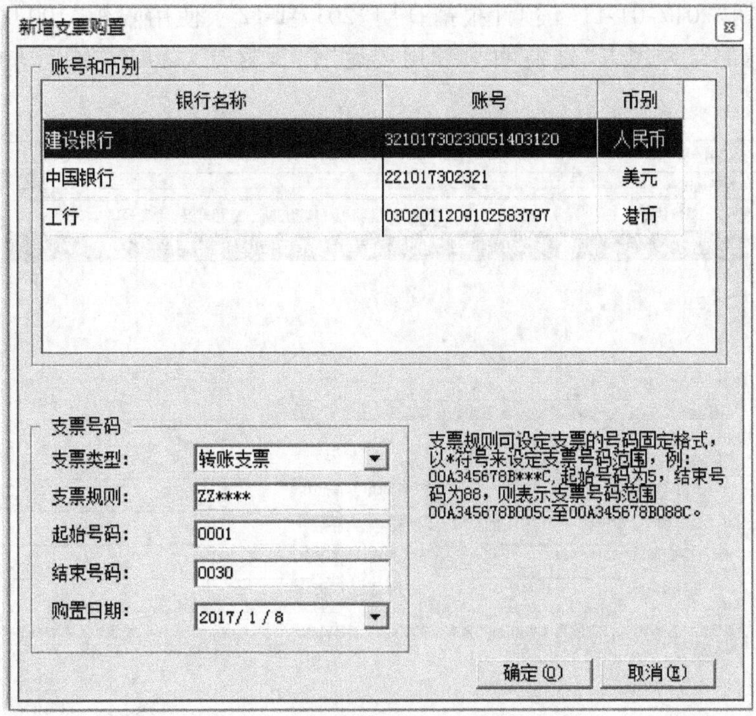

图 9-31

③ 输入完成,单击“确定”按钮,系统保存当前录入资料并返回“支票购置”窗口,系统将新增的信息显示在窗口上。若要修改、删除购置记录,单击相应按钮即可。

(2) 支票领用

① 在“支票管理”窗口,选中要领用的“支票购置”记录,如图 9-30 所示。

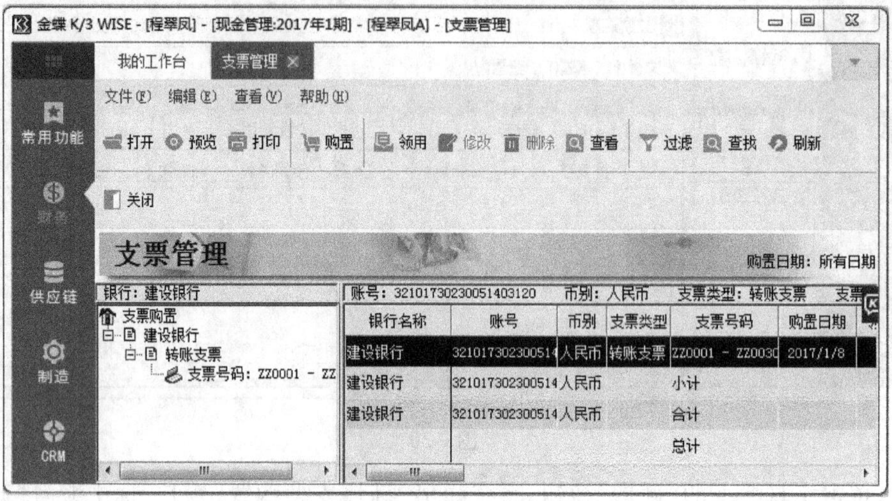

图 9-32

② 单击工具栏上的“领用”按钮,系统弹出“支票领用”窗口,保持支票号码不变,录入领用日期“2017-01-11”、预计报销日期“2017-1-12”、使用限额“100 000”,获取领用部门“供应部”、领用人“钱益明”、领用用途“付货款”,对方单位“南方公司”,如图 9-33 所示。

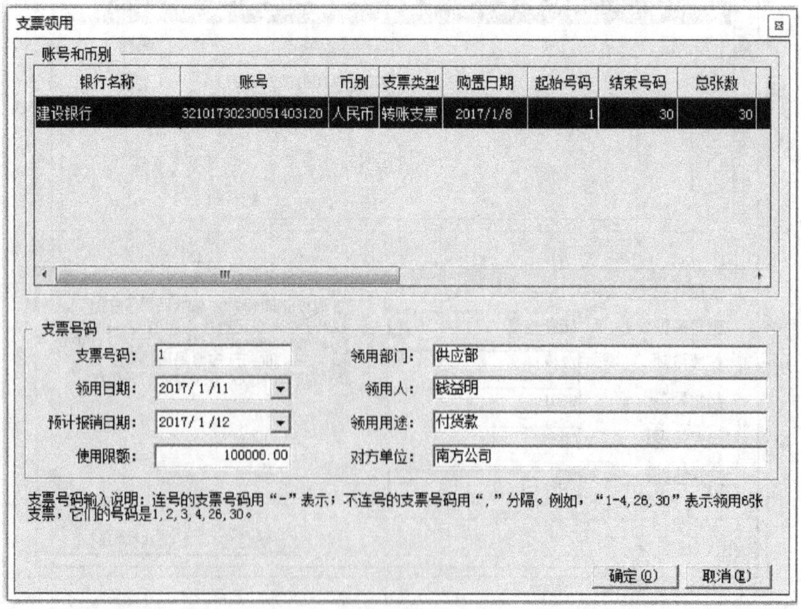

图 9-33

③ 单击“确定”按钮保存当前领用记录，系统弹出提示“已领用的支票数目：1”，单击“确定”按钮返回“支票管理”窗口，同时在窗口中显示领用的记录。

若要修改、删除领用记录，选中该记录后单击相应工具按钮即可。

(3) 支票作废、审核与核销

在“支票管理”窗口，选中要作废、审核、核销的支票记录，例如选中“ZZ0001”，单击工具栏上“查看”按钮，系统弹出“支票—查看”窗口，如图 9-34 所示。

在查看窗口中单击作废、审核和核销按钮可完成相应功能，若取消相应操作，则单击菜单“编辑”下相应的取消功能方可。

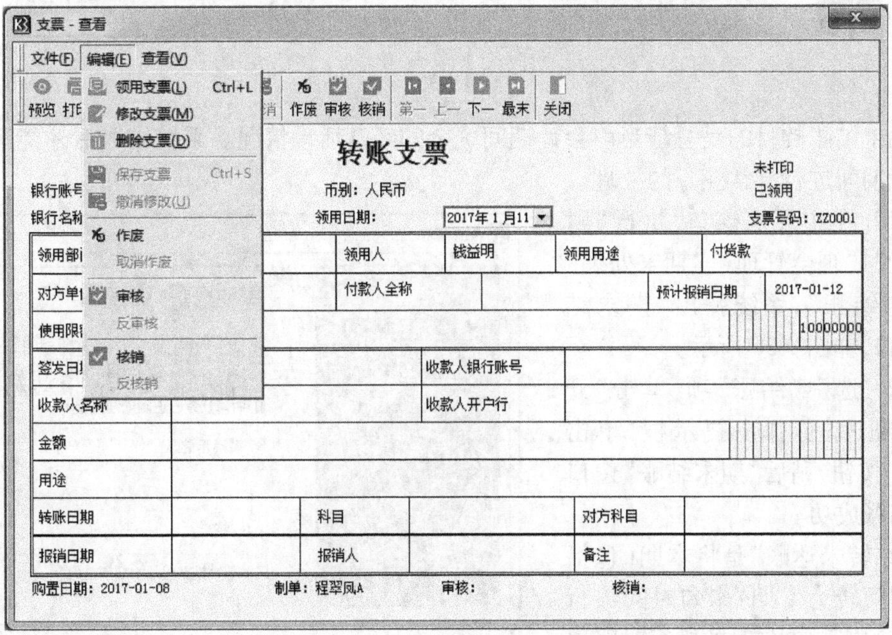

图 9-34

注意：支票的审核人不能是制单人。

（三）报表

报表包含资金头寸表和到期预警表。资金头寸表用于查阅各个日期或期间的资金（现金和银行存款）余额，到期预警表主要是提供应收商业汇票及应付商业汇票的到期预警功能。以查询资金头寸表为例，介绍报表的查询方法。

执行“财务会计”|“现金管理”|“报表”|“资金头寸表”，系统弹出“资金头寸表”过滤窗口，在窗口上可以选择会计期间范围并设置条件后，单击“确定”按钮，系统进入“资金头寸表”对话框，如图 9-35 所示。

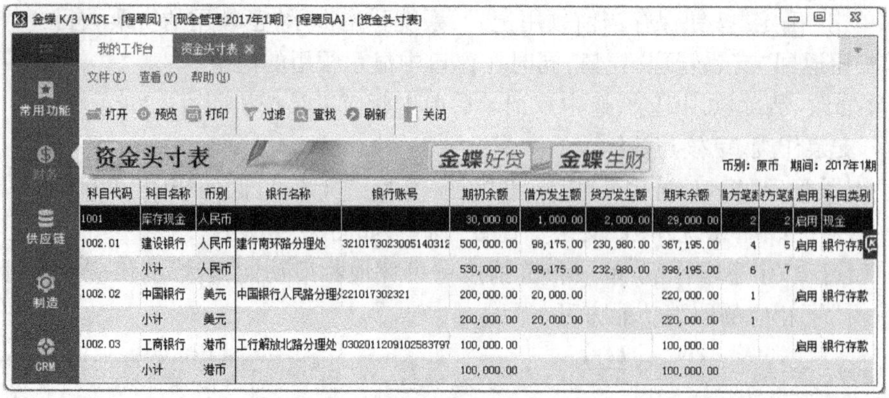

图 9-35

期末结账的目的是总结当前会计期间资金的经营活动情况。系统结账后才能进入下一会计期间进行日常业务的处理。

（1）在主界面窗口，执行“财务会计”|“现金管理”|“期末处理”|“期末结账”，系统弹出“期末结账”窗口，如图 9-36 所示。

（2）选中“结账”项，单击“开始”按钮，系统弹出提示框，单击“确定”按钮，稍后“期末结账”窗口显示结账成功。

“结转未达账”是将本期（包括以前期间转为本期）未勾对的银行存款日记账和未勾对的银行对账单结转到下一期。结转未达账的选项必须打上标记，否则将造成下期余额调节表不能平衡。

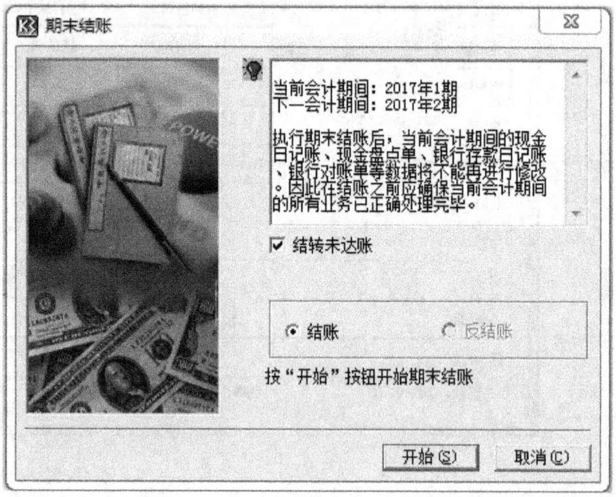

图 9-36

系统同时提供反结账功能，操作方法与结账类似，在系统弹出“期末结账”对话框中勾选“反结账”即可，只有系统管理员才能反结账。

注意：进行反结账时，上期结转的银行存款日记账、银行对账单，以及与这些记录进行勾兑的银行存款日记账、银行对账单的勾兑标记将被取消。结账返回上期后需要重新进行勾对。

凭证管理是指对现金管理系统生成的凭证进行管理，包括查看、修改、删除和审核等功能，操作方法与总账中凭证处理类似。本账套中现金管理系统没有生成凭证，在此不做讲解。

注意：操作凭证管理功能时，操作员一定要有操作记账凭证的权限。

参考文献

1. 教育部,中国工程院:《卓越工程师教育培养计划通用标准》,2014 年。
2. 教育部:《国家中长期教育改革和发展规划纲要(2010—2020 年)》,2010 年。
3. 何亮,朱力伟:《会计信息系统实用教程》,人民邮电出版社,2012 年。